Métamorphoses du logement social

Collection « Le Sens social »

Dirigée par Françoise Le Borgne-Uguen,
Rémy Le Saout, Pierre Périer et Sami Zegnani

Yasmine Bouagga,
Humaniser la peine ? Enquête en maison d'arrêt, 2015, 312 p.

Catherine Le Galès, Martine Bungener et le groupe Capabilités,
Alzheimer : préserver ce qui importe. Les « capabilités » dans l'accompagnement à domicile, 2015, 416 p.

Maxime Quijoux (dir.),
Bourdieu et le travail, 2015, 376 p.

Adeline Beyrie,
Vivre avec le handicap. L'expérience de l'incapacité motrice majeure, 2015, 328 p.

Omar Zanna,
Le corps dans la relation aux autres. Pour une éducation à l'empathie, 2015, 216 p.

Anne Unterreiner,
Enfants de couples mixtes. Liens sociaux et identités, 2015, 310 p.

Laurent Nowik et Alain Thalineau (dir.),
Vieillir chez soi. Les nouvelles formes du maintien à domicile, 2014, 240 p.

Sylvain Maresca,
Basculer dans le numérique. Les mutations du métier de photographe, 2014, 190 p.

Antoinette Chauvenet, Yann Guillaud, François Le Clère et Marie-Pierre Mackiewicz,
École, famille, Cité. Pour une coéducation démocratique, 2014, 368 p.

Charlotte Debest,
Le choix d'une vie sans enfant, 2014, 216 p.

Simone Pennec, Françoise Le Borgne-Uguen et Florence Douguet (dir.),
Les négociations du soin. Les professionnels, les malades et leurs proches, 2014, 288 p.

Yolande Benarrosh,
Les sens du travail. Migration, reconversion, chômage, 2014, 208 p.

Séverine Depoilly,
Filles et garçons au lycée pro. Rapport à l'école et rapport de genre, 2014, 222 p.

Cornelia Hummel, Isabelle Mallon et Vincent Caradec (dir.),
Vieillesses et vieillissements. Regards sociologiques, 2014, 408 p.

Thierry Berthet et Joël Zaffran (dir.),
Le décrochage scolaire. Enjeux, acteurs et politiques de lutte contre la déscolarisation, 2014, 192 p.

Frédérique Giuliani,
Accompagner. Le travail social face à la précarité durable, 2013, 192 p.

Gabriel Girard,
Les homosexuels et le risque du sida. Individu, communauté et prévention, 2013, 410 p.

Caroline Mazaud,
L'artisanat français. Entre métier et entreprise, 2013, 218 p.

Philippe Bregeon,
Parcours précaires. Enquête sur la jeunesse déqualifiée, 2013, 192 p.

Bernard Zarca,
L'univers des mathématiciens. L'ethos professionnel des plus rigoureux des scientifiques, 2012, 362 p.

Lucie BONNET

Métamorphoses du logement social

Habitat et citoyenneté

Collection « Le Sens social »

Le prix de la recherche sur l'habitat social
L'Union sociale pour l'habitat – Caisse des Dépôts

En récompensant les meilleurs travaux (thèses, articles scientifiques) conduits par de jeunes chercheurs, le prix de la recherche organisé annuellement par l'Union sociale pour l'habitat, le Groupe Caisse des Dépôts et son Institut CDC pour la recherche vise à améliorer la compréhension d'un secteur d'activité, l'habitat social, qui représente 4 700 000 logements, construits et gérés par quelque 740 organismes Hlm présents dans tous les territoires et accueillant plus de 10 millions de personnes. Les opérateurs de logement social sont aussi des acteurs importants de l'accession sociale à la propriété.

Le prix de la recherche a pour objectif d'encourager de jeunes chercheurs à développer des travaux de recherche dans ce secteur : son économie, sa production, son renouvellement, sa gestion, ses usages, son histoire, son rapport aux politiques de l'habitat, sa contribution à la transition énergétique et écologique ; tant au niveau national, voire international, que local ou micro-local.

Ce prix est délivré par un jury composé de dirigeants d'organismes Hlm, de représentants de la Caisse des Dépôts et d'universitaires reconnus. Il est élaboré tous les ans avec l'appui du Réseau recherche habitat logement. En 2015, il a reçu le soutien du Ministère de l'Éducation nationale, de l'Enseignement supérieur et de la Recherche.

Les promoteurs de ce prix ont souhaité partager la connaissance issue des meilleurs travaux de recherche avec l'ensemble des acteurs et des citoyens qui s'intéressent au logement social. C'est le sens de la présente publication du travail de recherche de Lucie Bonnet, prix 2014 de thèse sur l'habitat social. Ce travail, d'une très grande qualité est profondément ancré dans l'observation rigoureuse et très fine des pratiques des agents des organismes Hlm (gardiens, secrétaires d'agence…). Il comporte d'ailleurs de très beaux portraits sociologiques. Il éclaire de manière remarquable les politiques managériales à l'œuvre aujourd'hui dans le logement social et les effets de ces politiques sur les pratiques de ceux qui font la qualité du service au quotidien.

UHB Rennes 2 – Campus de La Harpe
2, rue du doyen Denis-Leroy
35044 Rennes Cedex

www.pur-editions.fr

Mise en page par Bénédicte Flouriot

ISBN 978-2-7535-4353-9
ISSN 1269-8644
Dépôt légal : 2nd semestre 2015

REMERCIEMENTS

Je tiens à exprimer ma gratitude à celles et ceux qui ont contribué à ce que cet ouvrage voit le jour, et tout d'abord à Laurent Thévenot qui a dirigé la thèse de sociologie dont il est issu. Je veux ici le remercier pour sa disponibilité, son enthousiasme et le chemin parcouru sous sa direction. Cette thèse s'est inscrite dans le prolongement des nombreuses contributions au programme de recherches sur les « politiques du proche », initié au sein de Groupe de sociologie politique et morale, et notamment de celles de Nicolas Auray, Marc Breviglieri, Laura Centemeri, Julien Charles, Olga Kovénéva, Audrey Richard-Ferroudji, Joan Stavo-Debauge et Luca Pattaroni. Je dois tout particulièrement dire ma dette envers Marc Breviglieri dont les remarques ont structuré les premières orientations de ce travail. J'ai pu plus largement bénéficier des échanges au sein de ce laboratoire, notamment avec les autres doctorants avec qui j'ai partagé ces années de thèse : Thomas Angeletti, Caroline Datchary, Maxime Drouet, Sandra Jacqueline, Jeanne Lazarus, Delphine Moreau, Cyprien Tasset.

Le séminaire de Laurent Thévenot à l'EHESS fut un lieu précieux dans la progression de ce travail. L'atelier de doctorants de l'EHESS, constitué sur le thème de l'« autonomie » avec Benoît Eyraud, Matthieu Elgard, Arnaud Esquerre, Jeanne Lazarus, Delphine Moreau et Eliza Herman, l'a accompagnée également. Le présent ouvrage doit beaucoup aux discussions stimulantes et aux liens amicaux noués autour de ces différents lieux.

Mes pensées vont aussi à tous ceux qui ont suivi la progression de ce travail, et notamment à l'ensemble des membres du GIS socio-économie de l'habitat pour lequel j'ai travaillé lors des premières années de la thèse. Je remercie également les organisateurs du prix de thèse sur l'habitat social, créé par l'Union sociale pour l'habitat et la Caisse des dépôts et consignations, grâce auxquels j'ai bénéficié d'une aide à la publication. Parmi eux, Dominique Belargent et Marie-Christine Jaillet ont, par leurs encouragements, contribué à ce que ce travail se transforme en livre.

Enfin, cet ouvrage n'aurait pas été possible sans les personnes qui m'ont permis de réaliser les enquêtes qui le composent. Merci à François Cariou et à Jean-Michel David, de la Fédération des associations pour la promotion et l'insertion par le logement, de m'avoir accueillie et autorisée à les accompagner dans leurs activités. Merci également à Georges Lançon, qui a joué un rôle extrêmement précieux, à l'origine des enquêtes auprès de trois organismes de logements sociaux. Ma reconnaissance va aussi aux dirigeants et aux salariés de ces entreprises, qui ont répondu à mes questions et qui m'ont accueillie sur leurs lieux de travail. S'il m'est impossible de les citer ici, j'espère que ce livre, qui s'appuie sur leurs expériences, saura répondre à leurs attentes et contribuer à leurs réflexions.

INTRODUCTION

Qu'est-ce qu'un logement doit assurer à ceux qui y sont logés ? C'est à cette interrogation qu'est consacré ce travail, et plus précisément à la manière dont les politiques publiques en France ont traité de cette question. La notion de logement renvoie, par rapport à celle, plus large, d'habitat, à un objet matériel qui a été façonné par des politiques. Des catégories statistiques et administratives s'en sont saisies pour distinguer, parmi les différents lieux où se loge une population, ce qui relevait ou non d'un logement, et les critères pertinents pour ordonner leur description. Plus généralement, les propriétés de ces logements, leurs qualités et plus encore leurs défauts, furent au cœur des débats sur les politiques du logement. Les portraits des taudis et faubourgs ouvriers ont émaillé les discours réformateurs de la fin du XIXe siècle et de la première moitié du XXe. Ils ont décrit les intérieurs d'habitations peu salubres, dans lesquelles on vit à l'étroit. Les représentations de logements modernes et confortables, ouvrant l'accès à de nouvelles commodités, leur ont succédé. À partir des années 1960, les descriptions d'intérieurs cèdent le pas à la considération d'un environnement plus large. La référence à la monotonie des quartiers nouvellement construits scande la remise en cause des grands ensembles, avant que leur architecture de tours et de barres ne vienne, quelques décennies plus tard, illustrer l'enclavement physique de quartiers sensibles. Ces changements de vocabulaire pour décrire les propriétés d'un environnement habité sont allés de pair avec les déplacements dans la définition des problèmes qui affectent les personnes logées. Aux portraits des familles ouvrières physiquement et moralement dégradées par l'insalubrité et la promiscuité du taudis, se sont ajoutées les enquêtes scrutant l'aspiration des ménages à de nouveaux modes de vie, moins marqués par les contraintes matérielles pesant sur l'existence des plus modestes. À ces questionnements sur les conditions de logement et les aspirations de la vie hors travail ont fait place les inquiétudes envers des populations captives de territoires qui les excluent, freinant leurs mobilités sociales et spatiales, et leur possibilité de saisir des opportunités d'emploi. Les controverses soulevées par la question des sans-abri portent régulièrement sur l'espace public l'injustice faite aux exclus du logement, et la nécessité d'hébergements qui viennent en soutien des plus vulnérables, pour leur permettre de s'insérer durablement.

Ces déplacements conjoints des catégories mobilisées pour décrire des logements et les problèmes qui affectent leurs occupants illustrent combien la caractérisation du logement, lorsqu'il est constitué comme enjeu de politiques, est associée à l'exercice de certaines capacités. Pour comprendre comment des politiques définissent ce qu'un logement assure, il nous faut enquêter sur la manière dont elles façonnent la définition de ce dont ont besoin les personnes pour se loger ou de ce à quoi, légitimement, elles aspirent. Mais il nous faut également étudier la manière dont est qualifié un environnement matériel venant en soutien à ces besoins ou ces aspirations. Autrement dit, il nous faut prendre pour objet d'étude la manière dont des politiques vont mettre en forme une dépendance des personnes à un environnement matériel qui les soutient.

Cette attention aux objets n'est pas le propre des politiques du logement. Parmi tant d'autres, les politiques de l'éducation se sont également préoccupées de la manière dont l'enseignement dépend des édifices scolaires et de leur mobilier. Ceux-ci furent pensés en fonction des conduites attendues et des principes d'ordonnancement des êtres et des choses qui devaient prévaloir[1]. Cette attention aux propriétés d'un environnement d'objets se retrouve à l'évidence dans des politiques qui traitent de l'habitation.

Au commencement de ce travail, nous pensions qu'étaient engagées aujourd'hui des transformations profondes dans la façon de concevoir ce qu'un logement doit assurer aux personnes logées. Dans ces politiques, nous cherchions des recompositions à l'œuvre plus généralement dans les politiques sociales et dans les protections qu'elles garantissent aux individus, telles qu'elles ont pu être analysées par Robert Castel[2]. La fragilisation du travail salarié et d'un ensemble de garanties, de protections et de statuts qui lui étaient attachés, vient directement affecter les formes d'intervention publique en matière de logement. Selon Henri Coing et Christian Topalov[3], la politique du logement depuis la Seconde Guerre mondiale s'est ordonnée autour d'un modèle de référence : une famille, composée d'un couple et de ses enfants, reposant sur un emploi stable et un revenu croissant, et pour laquelle un habitat réformé devait constituer le cadre matériel d'une succession d'apprentissages. Le système de construction et de financement du logement a été construit autour de ce modèle et c'est par conséquent cet édifice que viennent ébranler les transformations qui

1. DEROUET-BESSON M.-C., *Les murs de l'école. Éléments de réflexion sur l'espace scolaire*, Paris, Métailié, 1998; NORMAND R., « La délégation aux objets dans le mobilier scolaire », *in* DEROUET J.-L. (dir.), *L'école dans plusieurs mondes*, Bruxelles, De Boeck, 2000, p. 103-124.
2. CASTEL R., *Les métamorphoses de la question sociale. Une chronique du salariat*, Paris, Fayard, 1995.
3. COING H. et TOPALOV C., « Crise, urgence et mémoire : où sont les vraies ruptures ? », *in* ASCHER F. (dir.), *Le logement en questions*, La Tour d'Aigues, Éditions de l'Aube, 1995, p. 261-289.

se jouent au niveau de l'emploi. Les dernières décennies ont vu la mise en place d'un ensemble de mesures destinées à répondre aux difficultés de ceux que ces évolutions venaient fragiliser. Elles ont été analysées comme une inflexion des politiques du logement dans le champ des politiques sociales, opérant une disjonction entre une politique du logement, traitant des équilibres entre l'offre et la demande de logements et l'extension de mesures sociales, destinées à l'accueil et à l'accompagnement de publics en voie d'insertion[4].

Pour appréhender ces recompositions, nous avons souhaité faire retour sur l'histoire des politiques du logement pour envisager dans sa durée une transformation de cette caractérisation conjointe d'un logement et d'une personne logée. Au lieu d'envisager la stabilisation progressive d'un modèle – le logement confortable et normé – et la manière dont des politiques organisent les conditions de son accessibilité, nous voulons envisager en quoi ce modèle est remis au travail.

Nous aborderons les politiques du logement dans une perspective de sociologie politique et morale, en analysant comment des acteurs vont qualifier ce rapport des personnes aux lieux qu'elles habitent, et définir les principes et les actions auxquels un logement doit venir en soutien. Nous voulons comprendre comment, dans le traitement de l'habitat en tant que chose publique, est mis en forme ce lien entre une personne et un environnement matériel dans lequel elle habite. Notre ambition est également de suivre ces politiques jusque dans le détail de leur réalisation pour documenter, à partir d'un travail empirique, la manière dont ces définitions de ce qu'un logement assure structurent l'action publique. C'est pourquoi nous avons envisagé un emboîtement de situations, depuis les lieux où sont définies les orientations d'une politique, jusqu'aux espaces où des agents mettent en œuvre ces politiques au plus près de lieux habités.

Pour traiter ces variations, nous aurons recours au cadre théorique développé par les travaux communs de Luc Boltanski et Laurent Thévenot, et d'une sociologie des régimes d'engagement développée par Laurent Thévenot[5]. Ceux-ci consacrent une place importante aux objets, en tant qu'ils participent à des « mondes » cohérents et aux principes d'ordonnancement de personnes et de choses qui leur sont propres. Nous étudierons donc des opérations de « qualification » qui vont stabiliser ces ordonnancements, et préparer ainsi des « épreuves » de jugement. Nous ferons ainsi référence à une pluralité d'« ordres de grandeur », susceptibles de fonder des jugements en justice en référence à des « biens communs ». Nous considèrerons également les différents « régimes

4. Voir COING H., TOPALOV C., art. cité, qui font référence aux travaux développés par René Ballain et Élisabeth Maurel sur cette inflexion sociale des politiques du logement (BALLAIN R. et MAUREL É., *Le logement très social*, La Tour d'Aigues, Éditions de l'Aube, coll. « Société et territoire », 2002).

5. BOLTANSKI L. et THÉVENOT L., *De la justification. Les économies de la grandeur*, Paris, Gallimard, 1991 ; THÉVENOT L., *L'action au pluriel : sociologie des régimes d'engagement*, Paris, La Découverte, 2006.

d'engagement » avec lesquels doivent composer des agents qui interviennent au plus près de lieux habités, pour envisager comment ils vont apprécier ce qui doit être garanti aux personnes à travers un logement.

Avant de présenter nos enquêtes et le plan de l'ouvrage, nous voudrions revenir sur les implications de ce programme. Pour le mener à bien, il nous a fallu diversifier les points d'entrée sur notre objet d'étude. Les questions à l'origine de ce travail nous ont conduite à combiner une approche historique des politiques publiques, une analyse de la manière dont des acteurs en débattent dans des arènes publiques et une étude d'organisations qui mettent en œuvre ces politiques. Ce sont par conséquent à chaque fois des méthodes spécifiques d'enquête que nous avons employées, pour des objets traités, comme ces méthodes, dans des domaines disciplinaires et avec des théories ordinairement distincts. Nous présenterons ici les grandes lignes des questionnements qui sous-tendent ces différentes enquêtes, qui seront approfondies par la suite.

UNE APPROCHE HISTORIQUE DES POLITIQUES PUBLIQUES

Une première enquête porte sur les différentes conceptions engagées dans la constitution des principes et des méthodes d'intervention en matière de logement. Elle s'appuie sur les travaux d'historiens et de sociologues qui ont décrit les acteurs impliqués dans cette constitution. Ce travail à partir de sources secondaires sera complété, sur une période plus contemporaine, par notre analyse d'un corpus de documents. Les rapports produits au sein des instances de planification en matière de logement, puis des institutions créées pour succéder à la planification, ne couvrent certainement pas l'ensemble des débats et des expertises traitant du logement. Ils offrent toutefois un matériau fécond pour suivre l'évolution des questionnements politiques associés au logement, dans des espaces qui organisent une mise en débat institutionnalisée de l'action publique. Leur examen nous permet d'analyser, au plus près des catégories mobilisées, la manière dont est formulé ce qui doit être garanti aux personnes à travers un logement.

Notre intention n'est pas de dégager les conditions d'émergence des catégories d'action publique en matière de logement. Cette perspective a fait l'objet de nombreux travaux, auxquels nous ferons référence. Ces travaux ont rendu compte des groupes qui, dans une configuration historique et politique donnée, ont façonné des formes d'intervention publique et se sont affrontés pour en définir les orientations. Nous reviendrons notamment sur les outils statistiques de description et de mesure des besoins en logement. Ce faisant nous ne rencontrerons pas seulement des acteurs, dotés de conceptions et de représentations auxquelles ils adossent leurs discours. Les sciences humaines font partie intégrante de cette histoire, qu'il s'agisse des théories sociales des premiers tenants d'une réforme de l'habitat populaire, ou des démographes, économistes, sociologues, impliqués dans la mise en forme de ces besoins ou dans sa critique.

En tirant bénéfice des travaux sur l'histoire et la sociologie des statistiques[6], nous verrons se faire et se défaire la prétention de ces outils à décrire des « besoins » ou à prendre en charge des « aspirations ». L'approche adoptée consistera à identifier des modes de saisie de la personne et de ses relations au lieu habité dans la visée d'un traitement ayant validité publique. Nous mettrons par conséquent l'accent sur les tensions très fortes entre différentes spécifications de ces relations, pour analyser des dynamiques critiques intervenant dans la définition de ce qui doit être assuré par des politiques lorsqu'elles traitent du logement. Nous souhaitons éclairer un renversement intrigant. Nous aborderons en effet une histoire qui s'ouvre sur des efforts intenses pour décrire les qualités des logements, pour étudier ensuite des conceptions où le logement, dans sa matérialité même, semble s'effacer, pour apparaître comme un support dont les propriétés n'ont de valeur qu'au regard des capacités individuelles qu'il doit permettre de réaliser.

Une approche pragmatique de la participation à des arènes conflictuelles de confection des politiques

À un ancrage dans l'histoire s'est adjointe la nécessité de suivre ces politiques en train d'être discutées dans des arènes *ad hoc*. Une deuxième enquête portera par conséquent sur des dispositifs et des acteurs impliqués dans la réalisation de ces politiques, et qui débattent sur les bonnes manières de le faire. Nous suivrons les représentants d'une fédération d'associations spécialisées dans l'hébergement et l'accès au logement. Ces représentants sont impliqués dans des consultations avec les pouvoirs publics. Ils organisent également les discussions internes à leur fédération, pour que ceux qu'ils représentent mettent en commun leurs expériences et discutent des problèmes qu'ils rencontrent dans l'exercice de leurs activités. Ils débattent enfin avec d'autres collectifs associatifs, pour établir des positions communes à défendre auprès des pouvoirs publics.

Pour approfondir notre enquête, il nous fallait analyser des espaces où se confrontent différentes manières de qualifier ce qu'un logement assure, sans en rester aux enceintes les plus publiques de discussion. La variété des arènes que nous avons étudiées ne cherche pas à inclure tous les protagonistes intervenant dans la définition de politiques. Elle rend compte des espaces dans lesquels sont très ordinairement engagés des représentants d'associations intervenant dans les domaines de l'insertion par le logement. En deçà des prises de positions

6. Nous ferons bien sûr référence aux travaux d'Alain Desrosières, et à son ouvrage sur l'*histoire de la raison statistique* (DESROSIÈRES A., *La politique des grands nombres. Histoire de la raison statistique*, Paris, La Découverte, 2000 [1993]), et plus largement aux travaux développés, notamment avec Laurent Thévenot, sur le réalisme des conventions statistiques (THÉVENOT L., « Conventions for measuring and questioning policies. The case of 50 years of policies evaluations through a statistical survey », *Historical Social Research*, vol. 36, n° 4, 2011, p. 192-217).

publiques susceptibles d'être adoptées par ces acteurs, nous avons cherché à rendre compte d'une dynamique d'ensemble, où vont être discutés, composés et mis en tension des problèmes d'inégale extension. Selon les arènes étudiées, nous verrons des agents s'affronter sur les positions à tenir pour revendiquer le droit au logement, contester la manière dont l'administration définit les propriétés d'hébergements d'insertion, mettre en commun les problèmes rencontrés par des travailleurs sociaux lorsqu'ils accompagnent des publics dans l'accès à un logement. À chaque fois, ce sont des publics distincts qui sont constitués dans ces discussions. Pour saisir la différenciation de ces arènes et des manières de s'y engager, nous avons travaillé sur des formes d'appréciation qui ne relèvent pas d'emblée de l'expression publique d'une position ou d'un point de vue. Ceci nous semble utile pour comprendre des prises de position à première vue paradoxales. Comment des acteurs de l'insertion, prenant la défense de publics marginalisés, pouvaient faire valoir la capacité du jeu libre de l'offre et de la demande sur des marchés immobiliers à apporter une réponse ajustée aux besoins de certains publics ? Comment des travailleurs sociaux accompagnant des personnes dans leur accès à un logement autonome en venaient à justifier des sanctions envers des individus manquant de volonté, s'installant dans des logements d'insertion sans s'impliquer assez activement à préparer leur sortie ? Pour comprendre ces jugements, il faut certes rendre compte de transformations des politiques du logement, de déplacements dans les catégories de jugement et d'action, des tensions ou des articulations entre ces politiques sociales et l'affirmation d'un droit au logement. Mais il faut aussi les voir s'élaborer et s'affronter dans les arènes où ils sont portés.

Au regard des nombreux travaux sur les problèmes publics et l'action publique[7], nous avons une attention particulière aux conséquences de changements d'arène mais aussi aux changements de modes de mise en commun, d'attestation et de contestation, dans la même arène. En suivant ces représentants, ce sont les articulations entre ces différentes arènes que nous avons étudiées, et les différents formats d'appréciation avec lesquels ils doivent composer. Par rapport à une sociologie de la participation attentive aux différentes figures de participants sollicités, ainsi qu'aux procédures qui règlent la confec-

7. Nous renvoyons ici tant aux approches en termes de construction des problèmes publics (CEFAÏ D., « La construction des problèmes publics. Définitions de situations dans des arènes publiques », *Réseaux. Communication, Technologie, Société*, n° 75, 1996, p. 43-66 ; CEFAÏ D. et TROM D. [dir.], *Les formes de l'action collective. Mobilisations dans des arènes publiques*, Paris, Éditions de l'EHESS, 2001) qu'aux travaux relevant d'une approche cognitive des politiques publiques, qui ont intégré progressivement une pluralité de scènes où des représentations structurant des politiques étaient élaborées (FAURE A., POLLET G. et WARIN P., *La construction du sens dans les politiques publiques. Débats autour de la notion de référentiel*, Paris, L'Harmattan, 1995 ; JOBERT B., « Une approche dialectique des politiques publiques : l'héritage de *L'État en action* », *Pôle Sud*, vol. 21, n° 21, 2004, p. 43-54).

tion des accords[8], nous avons prolongé l'enquête vers des différences de régimes d'engagements mutuels qui modifient ce qui peut être communiqué.

Nous décrirons les manières de s'engager dans ces discussions, selon qu'elles sollicitent la figure du représentant, du citoyen organisé ou du professionnel concerné. Nous envisagerons les manières de faire valoir un argument ou d'arrêter un accord, en lien avec des modèles politiques sous-jacents. Mais nous considérerons également des moments qui se tiennent en retrait des exigences d'une participation à des débats publics lorsque, par exemple, s'échangent de petites histoires que des participants à une réunion mettent en commun, sans les rapporter d'emblée à des arguments généraux sur un problème donné. Tout autant que les contraintes spécifiques à ces différents lieux de mise en débat, nous envisagerons les basculements entre différentes formes d'appréciation qui scandent ces échanges et éclairent en retour les exigences requises pour prendre position sur un problème ou satisfaire aux attendus d'une délibération organisant l'expression de points de vue argumentés.

UNE ANALYSE COMPARATIVE D'ORGANISATIONS TRANSFORMÉES PAR DES IMPÉRATIFS DE MODERNISATION

Nous avons enfin réalisé une analyse comparative de trois organismes de logements sociaux. Il s'agit d'organismes de droit privé qui mettent en œuvre les politiques du logement social. Ils ont répondu de manière différente aux obligations réglementaires qui leur ont été imposées à un rythme soutenu depuis 2003. Celles-ci ont motivé des « projets d'organisation » devant mobiliser l'ensemble des salariés, allant, selon les cas étudiés, d'une volonté de reprise en main de la gestion de proximité, jusqu'à un redéploiement des activités anticipant une refonte du statut de ces organismes et leur alignement sur les directives européennes sur les services. Ces projets d'organisation ont été accompagnés de la mise en place d'outils de gestion de la qualité. Ils supposent une délimitation précise des fonctions imparties à chaque agent, pour l'efficacité d'un schéma fonctionnel étendu à l'échelle de l'organisation. Ils s'accompagnent de l'instauration d'un ensemble de repères formels, qui ont connu une extension sans précédent dans ces différentes organisations – fiches de poste détaillées, procédures, indicateurs de suivi – sur lesquels les agents doivent aligner leurs conduites. Ces dispositifs sont venus répondre à des exigences portées par les pouvoirs publics, enjoignant les organismes du logement social à rendre compte, sur la base d'indicateurs objectifs, de la qualité du service rendu aux locataires. Elles s'inscrivent dans un contexte plus général de révision des formes

8. BACQUÉ M.-H., REY H. et SINTOMER Y., « Introduction. La démocratie participative, un nouveau paradigme de l'action publique ? », *in* BACQUÉ M.-H., REY H. et SINTOMER Y. (dir.), *Gestion de proximité et démocratie participative. Une perspective comparative*, Paris, La Découverte, 2005, p. 9-46.

de pilotage par l'État des organisations du logement social et de transformation de leur modèle économique.

Pour comprendre les déplacements engagés au sein de ces organisations, nous avons enquêté aussi bien auprès de leurs directions, chargées de définir les principes et les modalités d'une réorganisation de leurs activités, qu'auprès des agents devant mettre à exécution ces décisions prises à un autre niveau.

Les travaux sociologiques qui se sont intéressés aux organisations du logement social les ont le plus souvent assimilées à des services publics[9]. Ils se sont intéressés à ces organisations par rapport à la place et au statut accordés aux usagers de logements sociaux. Les rapports de pouvoir qui structurent ces organisations vont par conséquent renvoyer à un partage entre des agents investis d'une capacité à représenter ces usagers et d'autres, devant faire l'apprentissage de ces représentations ou luttant pour maintenir à distance ces usagers.

Nous n'assimilerons pas trop rapidement ces organisations à un service public, pour mieux rendre compte de leurs spécificités. Il ne s'agit pas seulement de plaider en faveur d'un souci du détail et du particulier. Au contraire, les trois sociétés étudiées peuvent être considérées comme exemplaires dans ce qu'elles représentent de l'histoire du logement social. Pour comprendre la manière dont les dirigeants de ces organisations se sont approprié des réformes, la démarche adoptée consiste à étudier les compromis structurant ces organisations et les tensions que suscitent les réorganisations engagées. Nous aborderons ces organisations en tant qu'entreprises, c'est-à-dire comme des entités complexes, devant composer avec des logiques d'action et des formes d'évaluation distinctes dans la production du service logement.

Nous reviendrons ensuite sur la littérature sur les relations entre administrations et usagers, à partir d'une analyse de l'activité d'agents qui doivent nécessairement composer avec le plus intime pour intervenir dans des lieux habités. L'approche adoptée pour décrire ces relations nous conduira à discuter ce que peuvent négliger des approches exclusivement attentives aux temporalités courtes de l'interaction ou aux manifestations de l'arbitraire d'agents qui travaillent au contact direct de ceux qui doivent bénéficier de leurs services.

C'est en traitant de questionnements approfondis dans des champs disciplinaires distincts que nous analyserons ces organisations comme des lieux de tension et d'articulation entre différentes manières de définir ce qui doit être garanti aux locataires. Partant, nous rencontrerons au sein de ces organisations des formes d'implication extrêmement différenciées dans ces transformations : des agents qui en portent activement certaines composantes, qui engagent des critiques ou estiment, au bout du compte, qu'elles ne changent rien à la manière dont ils font leur métier.

---

9. Selon la perspective adoptée par Philippe Warin (WARIN P., *Les usagers dans l'évaluation des politiques publiques. Étude des relations de service*, Paris, L'Harmattan, 1993) puis Yan Maury (MAURY Y., *Les HLM. L'État providence vu d'en bas*, Paris, L'Harmattan, 2001).

PRÉSENTATION DES ENQUÊTES

L'étude d'un emboîtement d'arènes, allant des débats publics sur le droit au logement jusqu'aux colloques singuliers entre des travailleurs sociaux et ceux qu'ils accompagnent dans l'accès à un logement, fut le point de départ de cette recherche. J'ai donc suivi durant plus de six mois, en qualité de stagiaire, le délégué général d'une fédération d'associations gérant des dispositifs d'insertion et d'accès au logement. Nous présenterons cette fédération dans la deuxième partie de la thèse. Précisons toutefois que le terme « association » renvoie de fait à des statuts juridiques variés, adoptés par des structures selon leurs activités privilégiées : l'aide à la recherche et à l'installation dans un logement, la gestion, voire la construction de différentes formes d'hébergements. Créée en 1988, cette fédération comptait en 2004 trois salariés permanents. J'ai assisté en tout à vingt réunions organisées avec les pouvoirs publics, d'autres collectifs associatifs ou auprès des membres de cette fédération. Plus généralement, j'ai suivi l'activité ordinaire de ses responsables, ce qui m'a permis notamment de recueillir leurs explications sur ces réunions. Cette première étape aurait dû se poursuivre par des observations au sein de structures gérant des hébergements ou accompagnant des personnes dans l'accès à un logement. L'une d'entre elles fut disposée à m'accueillir. Elle préparait l'ouverture d'une nouvelle structure d'hébergement qui, hélas, n'a vu le jour, après de nombreux retards, que six ans après. Ce début d'enquête a donné lieu à des entretiens auprès de responsables des Affaires sociales suivant le développement de ces structures, de services de la ville impliqués dans leur réalisation, ainsi qu'à des observations réalisées auprès de l'association portant ce projet, et notamment de réunions publiques devant préparer l'inscription de cette structure dans un quartier. Nous ferons référence aux entretiens avec les responsables administratifs réalisés dans ce cadre.

Pour observer des acteurs qui mettent en œuvre des politiques au plus près de lieux habités, nous avons réalisé une enquête, entre le début de l'année 2007 et la fin de l'année 2008, auprès de trois organismes de logements sociaux. De taille relativement comparable en termes de nombre de salariés et de logements gérés, ils sont situés dans des espaces géographiques distincts. L'un gère un patrimoine dispersé dans l'ensemble de l'Île-de-France, l'autre des logements concentrés dans la ville-centre d'une agglomération de 200 000 habitants, la dernière un patrimoine diffus, réparti sur trois départements. Dans chacune de ces sociétés, deux agences ont été sélectionnées, afin de permettre une certaine diversité des lieux d'enquête, que ce soit au niveau des types de sites gérés, mais aussi au niveau des équipes au sein d'une même société. Une première série d'entretiens a été réalisée pour prendre connaissance de la configuration de chacune des sociétés, des changements organisationnels apportés, de la manière dont ceux-ci avaient été conçus et justifiés. Il s'agissait d'explorer en premier lieu les cadres conventionnels d'action, et de recueillir les appréciations des agents à ce niveau.

L'enquête s'est poursuivie par des rencontres effectuées auprès d'une soixantaine de personnes, allant du cadre d'agence au gardien. Le terme peu spécifié de « rencontres » vise ici à souligner la combinaison spécifique de différentes méthodes d'enquête. Nous avons, autant que possible, suivi les agents dans leurs activités, pour comprendre les compétences qu'ils mobilisent au cours de leurs actions. C'est par conséquent en observant ces acteurs et en sollicitant leurs commentaires sur ces observations que l'enquête a alors été menée. Ceci permettait de se placer au plus près des engagements des agents, des savoirs et des évaluations qui y étaient engagés, à partir de cheminements effectués avec les gardiens et des observations réalisées au sein d'agences ou de loges. Au cours de cette deuxième phase d'enquête, un recentrage sur les questions techniques directement liées à l'entretien des bâtiments et des logements s'est avéré pertinent. Ce recentrage sur une entrée thématique commune aux trois sociétés favorisait un travail comparatif, en permettant de réduire la complexité introduite par la différence des schémas organisationnels entre ces trois organisations. Mais surtout, cette dimension est particulièrement propice pour saisir un cheminement qui va de la manière dont un problème technique fait irruption dans le quotidien d'un habitant, jusqu'à son imputation à un agent et à sa transformation pour qu'il soit traitable aux différents niveaux de l'organisation. Cette enquête a été réalisée dans le cadre d'une convention de coopération scientifique passée entre le Groupe de sociologie politique et morale (EHESS-CNRS) et ces trois sociétés, sous la responsabilité de Laurent Thévenot.

Sur ces différents terrains, nous verrons que des acteurs se réfèrent à une historicité de l'action publique, pour dessiner l'horizon de transformations en cours, ou dresser une critique de ce qu'il ne faut plus faire. Pour resituer ces justifications et ces critiques des formes d'action publique, nous avons fait appel à des travaux scientifiques retraçant cette histoire et à un corpus de documents qui seront présentés dans la première partie de cette thèse. Pour la période contemporaine, nous avons également eu recours à un corpus de rapports d'expertise produits sur le logement, pour analyser la manière dont ils définissent ce qui doit être assuré aux personnes à travers un logement.

PLAN DE L'OUVRAGE

Les trois parties qui composent cet ouvrage correspondent aux trois enquêtes que nous avons présentées. Une première partie est consacrée à l'histoire des politiques du logement. Un premier chapitre retrace les qualités associées au logement par les premiers réformateurs investis dans l'élaboration des principes et des méthodes d'une réforme de l'habitat ouvrier, pour envisager les déplacements successifs qui ont accompagné la mise en forme des conventions de mesure des besoins en logement. Un deuxième chapitre explore la variété des critiques adressées à ces conventions à partir des années 1950 et la manière dont elles sont intégrées dans les groupes de travail constitués dans les instances de la planification. Il se poursuit par l'étude d'une succession de modèles, qualifiant les conduites des ménages en matière de logement et ce vers quoi ils doivent pouvoir se porter.

Une deuxième partie analyse les différentes arènes investies par des représentants de structures d'insertion par le logement. Nous commencerons par étudier les consultations avec les pouvoirs publics, et les principes commandant la définition des qualités d'hébergements, devant faire cheminer leurs publics vers l'autonomie. Dans un chapitre suivant, nous nous rapprocherons des expériences problématiques convoquées par des travailleurs sociaux accompagnant ces publics, pour envisager la manière dont ils font éventuellement retour sur des enjeux de qualification des personnes, de leurs besoins ou des principes auxquels elles auraient manqué. Nous envisagerons enfin des arènes où les représentants de différents collectifs associatifs composent leurs différends, pour faire cause commune et établir des positions à défendre dans l'espace public.

À partir de ces premières études, et de ce qu'elles nous enseignent sur les mises en forme de la personne logée et de son rapport aux lieux habités, nous nous tournerons, dans une troisième partie, vers des organisations du logement social.

Première partie

CE QU'UN LOGEMENT ASSURE LES QUALITÉS DU LOGEMENT COMME OBJET DE POLITIQUES DEPUIS LA SECONDE GUERRE MONDIALE

Lorsque le logement est constitué comme objet de politiques, celui-ci n'a pas pour fonction d'assurer la seule survie, par la mise à disposition d'un abri. Il est défini au regard d'autres enjeux, à travers lesquels s'élaborent différentes conceptions de ce qui doit être assuré aux individus à travers un logement, ce dont ils ont besoin ou ce à quoi légitimement ils aspirent. Le logement social a constitué un levier d'action privilégié pour promouvoir, dans les années qui ont suivi la Seconde Guerre mondiale, un accès généralisé à des conditions de logement jugées normales dans des sociétés développées. Selon Michael Harloe[1], cet « âge d'or » du logement social au niveau européen a été suivi d'une réorientation générale vers une économie de marché libérale, organisant une « résidualisation du logement social ». Cette résidualisation se traduit par une volonté de désengagement financier de l'État, par une baisse de la production de logements sociaux et par un recentrage des interventions sur les populations les plus démunies. Par-delà la diversité des trajectoires nationales, ces dynamiques constituent une inflexion majeure observable dans l'ensemble des pays européens. Elles vont dans le sens d'une marchandisation accrue du logement, dans la mesure où l'État interviendrait sur un segment plus restreint[2].

Ce diagnostic quant à un tournant libéral qui se traduirait par un retrait de l'État et une réduction de son périmètre d'intervention a été contesté. Il ne rendrait pas suffisamment compte d'un engagement actif de l'État à promouvoir d'autres formes de régulation et se focaliserait exclusivement sur la production de logements sociaux et le ciblage de leurs bénéficiaires, au détriment d'autres instruments d'action publique en matière de logement, et notamment les aides fiscales[3]. Mais, plus fondamentalement, ces analyses manquent certaines spécificités des politiques du logement, en les réduisant au logement social et en assimilant ce dernier à un secteur public dont le périmètre serait réduit sous le coup de l'extension de logiques de marché. Une des thèses fortes de Michael Harloe

1. Harloe M., *The People's Home? Social Rented Housing in Europe & America*, Oxford, Blackwell Publishers, 1995.
2. Lévy-Vroelant C. et Tutin C. (dir.), *Le logement social en Europe au début du xxie siècle. La révision générale*, Rennes, PUR, 2010.
3. Pollard J., « Soutenir le marché : les nouveaux instruments de la politique du logement », *Sociologie du travail*, vol. 52, n° 3, 2010, p. 323-339.

dans son analyse comparative des politiques du logement et de leurs évolutions consistait à pointer cette spécificité. Selon lui, et à la différence de l'éducation ou de la santé, le logement n'a jamais été constitué comme l'objet d'un service public, en rupture avec les logiques de marché. Les responsables politiques en charge du logement ont considéré que le marché devait et pouvait « en temps normal » pourvoir aux besoins du plus grand nombre, pour concevoir les interventions de l'État comme un adjuvant ou un correctif au marché.

Penser les évolutions actuelles en termes de marchandisation laisse par conséquent dans l'ombre la montée en puissance difficile d'une intervention publique en matière de logement en France, et ses remises en cause particulièrement précoces par rapport à d'autres secteurs d'action publique. Plus fondamentalement, cela ne permet pas de rendre compte des déplacements intervenus depuis les années 1960 dans la conception des marchés du logement, de leurs principes de segmentation, et des leviers permettant d'agir efficacement sur ces marchés. Autrement dit, cela ne permet pas d'analyser la succession de constructions très diverses de ces « marchés », et de la manière dont elles ont articulé des enjeux « économiques » et « sociaux ».

De nombreux travaux ont décrit l'histoire de ces politiques à travers les affrontements entre les partisans d'une intervention publique en matière de logement et les défenseurs des principes d'une économie de marché libérale. Roger-Henri Guerrand[4] ou Jean-Paul Flamand[5] ont placé cette opposition au principe de l'histoire du logement social. Les travaux sociologiques qui ont analysé les transformations de ces politiques ont restitué les affrontements, au sein même de l'État, entre les tenants d'une politique interventionniste et ceux qui ont défendu des orientations libérales, favorables aux principes d'une économie de marché[6]. Sans méconnaître l'importance de ces débats et la manière dont ils ont structuré l'espace des prises de position sur les orientations d'une politique publique, on peut regretter une attention sans doute trop exclusive à ces seuls principes d'opposition. Il nous a semblé fécond d'aller au-delà du diagnostic d'une influence croissante des orientations libérales dans la conception des politiques du logement, pour analyser une succession de thèses très diverses de ce que l'économie de marché peut impliquer comme construction du rapport au logement.

C'est pourquoi nous ferons retour sur les conceptions engagées par les acteurs qui ont façonné les principes et les méthodes d'une intervention publique en

4. Guerrand R.-H., *Propriétaires et locataires. Les origines du logement social en France (1850-1914)*, Paris, Quintette, 1987.

5. Flamand J.-P., *Loger le peuple. Essai sur l'histoire du logement social*, Paris, La Découverte, 1989.

6. Bourdieu P. et Christin R., « La construction du marché. Le champ administratif et la production de la "politique du logement" », *Actes de la recherche en sciences sociales*, n° 81-82, 1990, p. 65-85 ; Zittoun P., *La politique du logement. 1981-1995. Transformations d'une politique publique controversée*, Paris, L'Harmattan, 2001.

matière de logement. Ceux-ci ont questionné la place de l'État et son efficacité relative vis-à-vis du marché. Mais ils ont aussi problématisé ce qui devait être garanti à travers un logement. Cette première partie revient par conséquent sur l'histoire des politiques du logement. Sans prétendre à l'exhaustivité, elle se concentre sur un aspect particulier de cette histoire. Son objectif est d'éclairer les déplacements observés entre les années 1950 et 2000 dans les expertises économiques qui mettent en forme les conduites attendues des ménages en matière de logement.

Pour ce faire, un premier chapitre fera retour sur la constitution, entre la fin du XIXe siècle et le début du XXe, des catégories informant la description des besoins en logement, pour se clore sur les critiques adressées à ces catégories. En prenant pour objet les rapports produits par les instances de planification, un deuxième chapitre analysera comment ces critiques furent portées au sein de groupes de travail du Commissariat général du plan dans les années 1960, avant d'être reformulées dans les décennies suivantes en termes d'une capacité de choix à organiser par l'action publique. En analysant les stylisations plus récentes du fonctionnement de ces marchés dans les instances de la planification, nous suivrons les variations observées tant au niveau des questionnements politiques relatifs au logement, que dans les cadres théoriques mobilisés. Ces déplacements éclairent la manière dont le rapport à un environnement habité peut être traité comme objet de politiques dans ces expertises économiques, en tant que condition d'existence d'une population donnée ou en tant que ressource permettant le déploiement de projets et l'exercice de capacités individuelles. Ce faisant, à l'issue de cette première partie, sont mises en lumière les déclinaisons, au niveau des expertises économiques sur le logement, des impératifs récents de « capacitation » ou d'« activation » des destinataires de l'action publique.

Chapitre I

DE LA MODERNISATION DE L'HABITAT À SA MISE EN CRITIQUE

Ce premier chapitre étudie les différentes qualités associées au logement dès lors que celui-ci a été porté en tant que chose publique et enjeu politique. Ces qualités sont alors directement rapportées à des manières de consolider une dignité, de qualifier ce que doit être l'assise nécessaire dans un « bien habiter ». Cette assise a été mise en valeur selon un principe d'ordre domestique, appelant indissociablement le bien du logement et celui de la famille. Conforter cette assise domestique, c'est détourner les membres du foyer des mauvaises attaches auxquelles ils peuvent être exposés, et conforter leurs efforts pour se maintenir dans un état de dignité et de respectabilité. Cette politique renvoie à ce que Robert Castel a qualifié de « politique sans État » et de « retour des tutelles[1] », par le refus de ses promoteurs de toute intervention de l'État. Si l'initiative des interventions doit rester aux mains de personnes privées, c'est que leur efficace réside dans l'exemplarité de personnes bienveillantes, soucieuses du genre de responsabilité qu'appelle leur position dans la communauté. Cette aide bienveillante, portée par des personnes privées, suppose des formes d'évaluation de l'usage qui ne peuvent être détachées de territoires ou de communautés sur lesquels s'exerce leur autorité.

C'est toutefois dans un réseau de normes et de catégories statistiques que vont s'inscrire la description des conditions de logement et l'appréciation de besoins. Leur constitution, dans les premières décennies du XXe siècle, va être soutenue par les transformations internes aux groupes réformateurs mobilisés dans un projet de réforme de l'habitat populaire, qui vont inscrire cette réforme dans le projet d'une ville rationalisée. Dans le même temps, les enquêtes sociales analysant les budgets familiaux vont connaître des développements nouveaux. Plutôt qu'à éclairer les autorités par la connaissance approfondie de types familiaux, elles devront équiper des négociations salariales et mettre en regard les salaires avec des indices permettant d'évaluer le coût de la vie.

1. CASTEL R., *op. cit.*, 1995, p. 231.

Le logement est alors saisi comme participant des consommations nécessaires, devant être garanties au travailleur, comme juste et nécessaire contrepartie de son travail. La dignité qu'il s'agit de consolider par une politique du logement s'énonce ce faisant dans d'autres registres. Assurer la promotion de la classe ouvrière à travers le logement, c'est œuvrer à son émancipation, par l'accès à des conditions d'existence qui ne relèvent plus des expédients de la seule survie. C'est également assurer les conditions d'un ordre productif, par l'essor d'une population utile à la nation. Nous envisagerons par conséquent la constitution des catégories destinées à décrire les besoins en logement comme le produit de ces déplacements et de ces tensions entre différentes manières de qualifier les principes et les actions auxquels un logement doit venir en soutien.

Les modèles économétriques développés à partir des années 1950 pour évaluer les besoins en logement prennent appui sur ces catégories. Il suppose également l'introduction d'une convention de coordination marchande, dans laquelle des individus opèrent, sous contrainte de revenu, des choix sur un marché. L'accès à un logement moderne et confortable est dès lors constitué comme une finalité, objectivement souhaitable et activement recherchée par ces entités autonomes que sont, dans ces modèles, les ménages. Si ces enquêtes doivent permettre d'orienter les politiques sur la base de perspectives quantifiées, elles entendent également, dans la continuité des argumentaires qui ont accompagné leur constitution, décrire un état moral des Français et scruter un élan qui les porte vers la modernité. Aussi nous terminerons ce chapitre sur les débats qui s'instaurent autour de ces enquêtes, et les différentes manières de contester, jusque dans les arènes de la planification, la prétention de ces catégories à décrire ce dont les ménages ont besoin ou ce à quoi ils aspirent réellement à travers un logement.

Compromis autour de la promotion de l'ouvrier par son habitat

Insalubrité et promiscuité sont les maux majeurs pointés dans les conditions d'habitations, depuis les premières enquêtes sociales sur les taudis et faubourgs, et jusque dans les enquêtes menées par l'Insee et le Credoc dans la première moitié des années 1960. De la fin du XIXe au milieu du XXe siècle, nous retrouverons des descriptions identiques de ces intérieurs ouvriers, des portraits typiques, rendant compte des maux associés à la promiscuité et l'insalubrité et de leurs effets. Ils ont partie liée avec de mauvaises attaches de la personne qui ruinent l'entrée dans un « bien habiter », conçu comme base morale de l'ouvrier. En retraçant les manières dont le logement a été constitué comme objet de politique, nous nous intéresserons aux épreuves qui ont été formalisées pour régler les exigences de justice auxquelles ces politiques devaient satisfaire. Les premières formulations d'une politique du logement s'inscrivent dans un ordre domestique d'évaluation, où l'état de grandeur de chacun est fonction de la place occupée dans des chaînes de dépendances personnelles fortement hiérarchisées[2]. Nous verrons ensuite comment l'épreuve s'est déplacée, intégrant des critiques dénonçant ces dépendances comme des formes d'assujettissement, mais aussi des exigences d'efficacité et de rationalisation des actions. Ce faisant, les qualités de cette nécessaire assise domestique ont été déplacées, passant de la maison ouvrière au logement moderne et confortable dans une ville rationalisée.

Le soin du foyer comme base morale de l'ouvrier

Dès le milieu du XIXe siècle, la question du logement est prise en charge par de nombreux observateurs qui s'attachent à décrire les conditions d'habitat dans les quartiers denses et populaires des grandes villes. Ces enquêtes révèlent à un public aisé les conditions de vie d'une partie de la population ouvrière. Elles sont le fait de médecins, tel le docteur Villermé, d'universitaires tel Blanqui, de notables tels que le baron de Gérando ou encore de socialistes[3]. Par-delà leurs orientations idéologiques distinctes, les descriptions de ces observateurs se rejoignent dans leurs constats. Insalubrité, absence d'hygiène et promiscuité : les maux de ces habitats sans qualités sont posés. Ceux-ci renvoient, dans les discours réformateurs à la pauvreté matérielle des indigents, et à la dégradation physique et morale que ces conditions d'habitat sont supposées entraîner[4]. À l'origine de ces alarmes, il y a bien sûr les premières formulations sanitaires de la question du logement. En vertu d'une doctrine aériste, les intérieurs confinés sont propices à la contagion des maladies. Mais plus généralement, les taudis constituent un « milieu » où se combinent un ensemble de facteurs qui conduisent à cette dégradation tant physique que morale. Aux intérieurs confinés s'ajoutent les tentations du dehors. La rue et le cabaret illustrent les mauvaises habitudes que ces habitats disposent à contracter. L'ouvrier y gaspille ses maigres ressources et ravage sa santé, sans plus s'inquiéter du lendemain ou de sa famille. Les traces de cette déchéance se lisent dans les intérieurs négligés, qui témoignent d'un laisser-aller des êtres comme des choses. Alors que l'époux se laisse attirer par les cafés voisins, l'épouse s'étiole dans un intérieur délabré, guettée par la tuberculose, tandis que les enfants jouent dans les rues, exposés à ses influences. À l'égal des tentations du dehors, la promiscuité de ces intérieurs expose l'intimité de la famille au regard de l'hôte de passage, et mêle dans une

---

2. Les notions d'épreuves et d'ordres de grandeur « domestiques », « civiques » et « industriels » sont empruntées à BOLTANSKI L. et THÉVENOT L., *op. cit.*, 1991.
3. MORET F., « Logement et habitat de la monarchie de Juillet à la fin du Second Empire », *in* SEGAUD M., BONVALET C. et BRUN J. (dir.), *L'état des savoirs. Habitat et logement*, Paris, La Découverte, 1998, p. 19-26.
4. MAGRI S., « Des "ouvriers" aux "citoyens modestes". Naissance d'une catégorie : les bénéficiaires des habitations à bon marché au tournant du XXe siècle », *Genèses*, n° 5, 1991, p. 35-53.

même pièce les générations et les sexes[5]. Ces portraits dessinent en creux des attentes morales sur le lieu habité, en tant qu'objet de soin et lieu d'édification d'une famille. C'est par le souci de sa famille et le soin que celle-ci apporte à son habitat que l'ouvrier doit asseoir sa dignité.

Le mouvement hygiéniste acquiert une audience incontestable au milieu du XIXe siècle, comme l'atteste la création, à partir de 1829, des *Annales d'hygiène publique et de médecine légale*, ou la réception des travaux du docteur Villermé. C'est par conséquent sous l'angle de l'hygiène et de l'assainissement que seront instituées les premières interventions de l'État sur le logement. Il est en effet courant de faire remonter la première intervention de l'État en matière de logement au décret du 18 décembre 1848 instituant des conseils d'hygiène et de salubrité sur l'ensemble du territoire, puis à la loi du 13 avril 1850[6]. Par cette loi, le pouvoir législatif recommande aux conseils municipaux la création de commissions chargées de contrôler l'insalubrité des logements et d'indiquer les mesures indispensables d'assainissement. Cette loi aura peu d'impact. Les sanctions prévues en cas de non-application sont dérisoires, afin de ne pas porter atteinte au principe de la propriété privée[7]. De plus, si l'impératif hygiéniste fait l'objet d'un relatif accord dans l'administration et dans certains milieux réformateurs parisiens, il sera en revanche perçu comme une tentative d'ingérence abusive de l'administration centrale dans nombre de villes et de villages. L'édiction de prescriptions en matière de salubrité porte atteinte au respect de la propriété privée. Elle constitue également une aberration pour des autorités locales qui ne peuvent concevoir d'agir sans une prise en compte des habitudes d'une population ou des caractéristiques propres à un milieu. Yankel Fijalkow a ainsi décrit l'accueil réservé par ces commissions aux propositions du docteur Du Mesnil en faveur d'un concept d'« habitabilité », proposant d'établir une mesure du caractère habitable d'un logement à travers des normes universelles :

> « Ce point de vue heurte fortement les prérogatives des quelques médecins, architectes, gros propriétaires et notables siégeant dans les conseils et commissions d'hygiène des villes de France. Pour ces élites locales, appelées dans le cadre de la loi de 1850 à se prononcer sur l'insalubrité dénoncée par les locataires en application du droit, proposer une uniformité dans la mesure des conditions d'habitat revient à remettre en question leur capacité à juger de la salubrité d'une habitation différente selon les régions, les climats, les habitudes des populations[8]. »

5. MORET F., art. cité, 1998.
6. GUERRAND R.-H., *op. cit.*, 1987 ; FIJALKOW Y., *La construction des îlots insalubres. Paris, 1850-1945*, Paris, L'Harmattan, 1998.
7. FLAMAND J.-P., *op. cit.*, 1989.
8. FIJALKOW Y., *op. cit.*, 1998, p. 53.

Ces premières interventions illustrent les insuccès d'un savoir médical, constitué sous le terme d'« hygiène », à s'ériger en technique de gouvernement. Ce n'est par conséquent que dégagés « des impératifs dictés par le corps médical[9] » que les hygiénistes participeront aux groupes et institutions à l'origine des politiques en matière de logement.

En effet, un autre ensemble d'agents et d'institutions va problématiser ce que doit être une intervention publique en matière de logement, en promouvoir les solutions et les méthodes. Ceux-ci vont se rassembler autour de la Société française des habitations bon marché (SFHBM) et constituer, selon Susanna Magri[10], le premier « laboratoire de la réforme de l'habitat populaire ». Rassemblant les initiatives variées qui ont vu le jour dans le cadre des œuvres sociales du patronat, elle va contribuer à une formalisation de pratiques qui vont constituer un socle commun de discussion pour les promoteurs d'une politique du logement.

La création de cette société a été décidée en 1889, lors du premier Congrès international des habitations à bon marché, organisé en marge de l'Exposition universelle de 1889. Les Expositions universelles de 1855, 1867 et 1889 ont constitué des moments de visibilité importants pour ces réformateurs. Elles leur ont donné l'occasion d'exposer à un large public les réflexions menées en matière de logement ouvrier. L'Exposition de 1867, dont l'organisation a été confiée à Frédéric Le Play, comporte ainsi une section d'« économie sociale », et présente une exposition consacrée aux habitations ouvrières. Se côtoient autour de cette manifestation un patronat « éclairé », préoccupé des conditions de vie de ses ouvriers, mais aussi des philanthropes et des hygiénistes, fédérés pour certains depuis de longues années autour de Le Play et de la Société d'économie sociale qu'il a fondée en 1856[11].

Les réalisations exemplaires présentées lors de ces expositions universelles permettent de préciser le dispositif matériel qui, pour ces réformateurs, doit soutenir la régénérescence de l'ouvrier par son habitat. Elles donnent à voir l'élaboration d'une typologie de l'habitation ouvrière, fixant les éléments d'un modèle. Ces typologies sont informées par des références négatives. Contre les « casernes ouvrières », la préférence est manifeste pour la maison monofamiliale. Dans l'intérieur de l'habitation, c'est la « chambre » unique, ouverte à tous les usages, qui fait office de repoussoir. À la chambre est ajoutée une salle commune, appelée également cuisine ou salle à manger. L'existence de deux

9. Claude V., « Technique sanitaire et réforme urbaine : l'Association générale des hygiénistes et techniciens municipaux, 1905-1920 », *in* Topalov C. (dir.), *Laboratoires du nouveau siècle. La nébuleuse réformatrice et ses réseaux en France, 1880-1914*, Paris, Éditions de l'EHESS, 1999, p. 269-298, ici p. 274.

10. Magri S., *Les laboratoires de la réforme de l'habitation populaire en France*, Paris, ministère de l'Équipement, du Logement, des Transports et du Tourisme, coll. « Recherche », 1995.

11. Savoye A., « Présentation Le Play et la méthode sociale », *in* Le Play F., *La méthode sociale. Abrégé des ouvriers européens*, Paris, Éditions Méridiens Klincksieck, 1989, p. 7-61.

pièces constituait, en ce milieu de XIXe siècle, un degré relatif d'aisance et le maximum de confort auquel pouvait prétendre un ménage ouvrier. Elle est progressivement généralisée dans les plans de logements ouvriers analysés par Jean-Pierre Frey au Creusot[12].

Les parties communes, quand elles existent, appellent également une attention spécifique. Elles sont conçues pour ménager au mieux l'indépendance de chaque famille. Les attentes portées sur ces espaces s'illustrent particulièrement dans les débats autour de la cité Napoléon[13]. Destinée à loger quatre cents familles ouvrières, elle fut construite entre 1849 et 1853 à Paris, avec les fonds du président, puis empereur Napoléon III. Sa conception veillait à ménager une distance entre les familles et posait un principe de séparation, par un système de coursives et d'escaliers. Elle illustra toutefois bientôt, au même titre que le familistère de Guise, l'exemple même de ce qu'il ne fallait pas faire. Du côté des réformateurs, de telles concentrations inquiètent. Villermé considérait ces habitations fort « salubres », « commodes » et « peu coûteuses ». Il se préoccupait toutefois de l'existence « de grandes casernes, où les mauvais exercent constamment une fâcheuse influence sur les bons[14] ». Par conséquent, c'est le pavillon monofamilial qui va constituer la figure rassemblant au mieux les attentes portées par ce projet réformateur. Ce modèle sera privilégié au Creusot de 1865 jusqu'au tournant du siècle.

Quant au statut d'occupation qui emporte l'adhésion de ces réformateurs, c'est sans conteste la propriété. Elle sanctionne des dispositions morales qu'il convient d'encourager. En se constituant une épargne ou en remboursant sa dette pour acquérir son logement, le sacrifice de l'ouvrier prévoyant est tout autant celui qu'il consent à une saine gestion que celui qu'il doit à sa famille. La propriété sanctionne la permanence dans le temps d'une conduite modeste et précautionneuse et signe « un goût pour l'ordre établi des choses et une volonté de pérenniser le cours de celles-ci[15] ».

Ce sont enfin les méthodes de cette réforme de l'habitat populaire qui sont problématisées. Elles configurent des épreuves d'ordre domestique, où la recherche de ce qui est juste ne peut se faire sans considération des personnes engagées et de la place qu'elles occupent dans un ensemble de relations fortement hiérarchisées. Nous avons déjà évoqué la présence de ces figures domestiques de l'autorité au sein des commissions chargées de contrôler l'insalubrité des logements. De leur côté, les réalisations patronales et philanthropiques ont été largement pensées dans le cadre de relations de patronage. Tel qu'il a été

---

12. FREY J.-P., *Société et urbanistique patronale*, t. II : *La généalogie des types de logements patronaux (1836-1939)*, Paris, MULT-DUP-MRU, 1987.
13. FLAMAND J.-P., *op. cit.*, 1989.
14. Villermé, cité *in* FLAMAND J.-P., *op. cit.*, 1989, p. 65.
15. SIRINELLI J.-F., « Chapitre XIX : Le patrimoine », in *Histoire des droites en France*, t. III : *Les sensibilités*, Paris, Gallimard, p. 731-755.

défendu par Le Play, le concept de patronage, qu'il développe dans *La réforme sociale en France*, s'inscrit dans une perspective de restauration des figures, sinon de l'Ancien Régime, du moins de « rapports sociaux qui pouvaient paraître archaïques aux yeux des contemporains[16] ». Ses conceptions sont diffusées et promues par de nombreuses institutions et associations dont il est à l'origine. En plus de la Société d'économie sociale fondée en 1856, il est à l'origine des Unions de la paix sociale qui se développent à partir de 1874 pour promouvoir les formes d'autorités sociales promues par Le Play. Ce dernier les définit comme des personnalités exemplaires, agissant pour la paix et le bien-être collectif au sein de leurs communautés respectives, et qui se reconnaissent « au respect unanime de ceux qui sont soumis à leur influence[17] ». Se tenant à distance des soubresauts de la politique, ces autorités sociales encouragées par Le Play doivent rejeter aussi bien l'égoïsme de nouvelles élites dirigeantes préoccupées de leur seul intérêt que les passions néfastes, encouragées par des utopistes qui, en plus de leur incompétence à traiter des affaires sérieuses, s'activent à défaire la nécessaire harmonie des relations sociales. Les relations de patronage impliquent une asymétrie forte entre des autorités dont la grandeur réside dans leur capacité à préserver l'harmonie et à veiller au bien-être collectif et ceux qui subissent cette influence et auxquels protection doit être accordée. Telle que défendue par Frédéric Le Play, la relation de patronage s'applique aux diverses réalisations relevant de l'« économie sociale ». La compagnie Schneider au Creusot développe par exemple une politique du logement avec la construction de logements, la vente de terrains à prix réduits ou l'octroi de prêts pour l'accès des ouvriers à la propriété. Les solutions adoptées sont variables, il peut s'agir de l'acquisition de logements existants, de la maîtrise d'ouvrage assurée par le patronat dans la construction de logements qui s'accompagne alors d'une politique d'acquisition foncière, ou de l'encouragement à l'accession à la propriété où le patronat pourra jouer le rôle de maître d'œuvre ou celui de banquier[18]. De telles initiatives ont été développées à Roubaix par l'Association des patrons chrétiens créée en 1878, ainsi qu'à Mulhouse, où le patronat protestant rassemblé au sein de la Société industrielle de Mulhouse fonde en 1853 la Société mulhousienne des cités ouvrières. Dans l'espace de ces cités ouvrières, les principes qui règlent la distribution légitime des biens posent une qualification des personnes selon leur place dans un ordre productif et leur état de respectabilité dans une petite communauté ordonnée. Les logements construits, souvent en faible quantité, sont destinés avant tout à s'attacher les compétences d'une élite ouvrière plus qu'à loger l'ensemble des ouvriers[19]. Ces principes sont

16. SAVOYE A., art. cité, 1989, p. 13.
17. *Ibid.*, p. 21.
18. FREY J.-P., *Le rôle social du patronat. Du paternalisme à l'urbanisme*, Paris, L'Harmattan, 1995.
19. FAURE A., « Paris, le peuple, la banlieue », *in* FAURE A. (dir.), *Les premiers banlieusards. Aux origines des banlieues de Paris (1860-1940)*, Paris, Créaphis, 1991, p. 73-119.

redoublés par des considérations de moralité. Les meilleures maisons du site du Creusot sont attribuées à des familles jugées propres et calmes, tandis que ceux ayant une réputation de désordre et de « coucheurs » s'en trouvent éloignés[20].

Le logement moderne et confortable comme vecteur de promotion

Les changements politiques qui s'amorcent avec la IIIe République vont porter « la question sociale » dans de tout autres registres. Les succès remportés par les républicains et les socialistes à l'Assemblée, ainsi que la mise en place d'institutions de représentation et d'organisation des intérêts, contribuent à placer les débats relatifs au logement dans le registre de la solidarité collective.

La relation de patronage a fait l'objet de vives critiques tout au long du XIXe siècle de la part de syndicalistes ouvriers. Ceux-ci dévoilent, sous les manifestations de la bienveillance patronale, l'existence d'intérêts bien compris et l'extension d'un contrôle. C'est ce que dénonce en 1862 un ouvrier typographe, protestant contre le projet de son patron, M. Dupont, de déplacer son usine de Paris à Clichy et de créer une cité ouvrière :

> « M. Dupont a beau vouloir dorer la pilule de tous les noms les plus philanthropiques : on le croit pas et son phalanstère ne sera jamais qu'une manufacture au rabais, destinée à faire rapporter le plus possible aux terrains de Clichy. Est-ce de gaieté de cœur qu'un ouvrier ira demeurer chez son patron, sera soumis au contrôle jusque dans le sein de sa famille, et verra sa femme et ses enfants travailler à la ruine du métier qui autrefois le faisait vivre honorablement[21] ? »

Le réseau de dépendances personnelles que constitue la relation de patronage est critiqué comme un véritable assujettissement. Lorsqu'un différend naît avec son employeur, les liens contractés pour la réalisation d'un travail ne sont pas les seuls affectés. Les engagements noués pour se loger ou ceux d'autres membres de la famille qui auront trouvé à s'embaucher chez le même employeur risquent de l'être pareillement. Les intérêts de ces patrons philanthropes sont également dénoncés, en mettant à jour ce que les œuvres sociales doivent aux retenues effectuées sur les salaires des ouvriers, ou encore ce qu'un projet de cité ouvrière doit aux volontés de réorganisation de la production. C'est ainsi au nom d'un principe d'ordre civique, valorisant l'affranchissement des dépendances personnelles et la solidarité collective, que la relation de patronage est critiquée.

Les critiques adressées par les représentants ouvriers à l'encontre du projet réformateur vont également se centrer spécifiquement sur la propriété. La relation de patronage est critiquée comme assujettissement de l'ouvrier par

20. MURARD L. et ZYLBERMAN P., *Le petit travailleur infatigable. Villes-usines, habitat et intimités au XIXe siècle*, Paris, Recherches, 1976.
21. FAURE A., art. cité, 1991, p. 90.

son inscription dans un ensemble de dépendances personnelles. La propriété conduit à ce même assujettissement, en arrimant l'ouvrier à son employeur et en portant atteinte à sa liberté. À un niveau collectif, la propriété affecte ce qui fait la grandeur de l'ouvrier, en le détournant de ses devoirs de solidarité. Être propriétaire, c'est se conformer aux projets d'une bourgeoisie à la recherche de paix sociale. Y souscrire, c'est tomber dans un piège et faire acte de trahison. Susanna Magri a rendu compte de ces critiques en analysant les débats autour de l'adoption du projet de loi Siegfried. Elle décrit plus largement les transformations du projet réformateur au tournant du XXe siècle et l'accord qui se fraye alors, en partie sous le coup de ces critiques, pour détacher la question du logement de celle du travail, la faisant ainsi entrer dans le domaine des politiques urbaines[22].

Les orientations de la loi de 1894, dite « loi Siegfried », ont été définies par les réformateurs réunis au sein de la Société française des habitations à bon marché. Elle vise en effet à encourager les initiatives privées en matière de construction de logements en leur donnant un cadre juridique, en favorisant l'accession à la propriété par le biais d'exonérations fiscales, et en permettant aux caisses d'épargne et à la Caisse des dépôts et consignations d'ouvrir leurs fonds aux prêts pour la construction de logements. L'examen de ce projet de loi constitue une occasion pour les représentants ouvriers présents au Conseil supérieur du travail, créé quelques années plus tôt[23], d'exprimer leurs critiques. Ils pointent la dépendance dans laquelle est placé l'ouvrier auprès d'un employeur à qui il doit rembourser l'achat de son logement. Ils critiquent également la propriété en tant que telle. L'« appât de la possession d'une maison[24] » fait craindre que les ouvriers ne perdent « la générosité des sentiments » et « la notion de leurs devoirs corporatifs ». Enfin, c'est le caractère irréaliste de cette loi qui est critiqué : si la propriété peut faire « disparaître cette terrible instabilité du domicile propre au prolétaire », elle reste inaccessible à la plupart d'entre eux ou les contraint à des privations excessives. Ces critiques seront en partie validées et des formes plus indirectes d'actions patronales – Sociétés anonymes d'habitations à bon marché ou formules plus coopératives – seront promues dans les réécritures de la loi Siegfried.

Ces critiques sont d'autant plus aisément recevables que la mise en cause de la tutelle directe du patronat n'est pas seulement portée par les représentants ouvriers. Une certaine figure de l'autorité est contestée parmi les réformateurs, du fait de l'évolution des modes de recrutement et de renouvellement des élites.

---

22. MAGRI S., art. cité, 1991.
23. Organe consultatif créé en 1891 et rassemblant, outre les membres de droit émanant des ministères, des hommes nommés par le ministère du Commerce et de l'Industrie notamment parmi les députés, les chefs d'entreprise, les membres des syndicats professionnels et des conseils de prud'hommes.
24. Cité *in* MAGRI S., art. cité, 1991, p. 45.

Au sein même de l'entreprise, le développement de la division du travail et la hiérarchisation de plus en plus technique des tâches entrent en contradiction avec un modèle qui suivrait à la lettre les préceptes de Le Play[25]. La conception d'un patron omniprésent sur son usine cède le pas à celles d'ingénieurs et d'un personnel d'encadrement qui se diversifie. Émile Cheysson illustre cette figure de l'ingénieur social qui s'émancipe des prescriptions leplaysiennes, en s'attachant à redéfinir, en 1897, « le rôle social de l'ingénieur[26] ». Le terme de « rôle social » fait alors florès au sein des réformateurs sociaux, permettant de transcender certains clivages, et de poser une réflexion en termes de professionnalité et de compétence. Émile Cheysson, polytechnicien, ingénieur des Ponts et Chaussées, associé aux travaux engagés par Le Play et directeur des forges du Creusot de 1871 à 1875, fait partie de ces réformateurs disposés à faire des concessions aux critiques adressées au logement patronal, pour rallier les principes et les méthodes d'un champ professionnel qui se structure alors autour de la question de l'organisation rationnelle des villes.

La SFHBM va progressivement perdre son rôle de catalyseur des initiatives et des réflexions concernant l'habitat populaire[27], au profit d'un champ professionnel qui se structure alors autour d'un objectif de réaménagement urbain global, dans lequel s'inscrit une réflexion sur l'habitat populaire et la promotion des cités-jardins. Ces professionnels de l'urbanisme vont développer une visée rationalisatrice de la ville et s'attacher à promouvoir un urbanisme de plan. La loi Cornudet, votée en 1919, crée ainsi l'obligation d'établir un plan d'aménagement, d'embellissement et d'extension pour toutes les villes de plus de dix mille habitants. Cette loi sera peu appliquée par les communes, et son échec contribuera à accroître les tensions entre les différents corps professionnels qui revendiquent un savoir sur la ville. Des conflits quant à la division du travail et la hiérarchie des compétences autour de la conception du rôle de « chef d'orchestre » opposent notamment architectes, géomètres et ingénieurs[28]. La volonté d'une intervention des pouvoirs publics est largement partagée par ce milieu où les professions libérales sont pourtant dominantes.

Ce positionnement ne recoupe pas forcément leurs opinions politiques. Le fait qu'Henri Sellier, socialiste, défendant la création de cités-jardins au Conseil général de la Seine et l'enseignement de l'urbanisme comme nouvelle discipline, se déclare favorable à l'intervention foncière publique, ne surprend guère. Cependant, Augustin Rey, architecte de la fondation Rothschild, s'est aussi rallié à une intervention publique[29]. L'intervention publique apparaît

25. COHEN Y. et BAUDOUI R. (dir.), *Les chantiers de la paix sociale (1900-1940)*, Fontenay Saint-Cloud, ENS Éditions, 1995.
26. *Ibid.*, p. 12.
27. TOPALOV C., « Nouvelles spécialités », *in* TOPALOV C., *op. cit.*, 1999, p. 419-459.
28. GAUDIN J.-P., *Desseins de villes*, Paris, L'Harmattan, coll. « Villes et entreprises », 1991, p. 129.
29. DUMONT M.-J., *Le logement social à Paris (1850-1930)*, Liège, Mardaga, 1991.

moins comme un choix politique que comme le moyen de faire aboutir ce qui est à leurs yeux une nécessité : la rationalisation de la croissance urbaine et du logement ouvrier par le biais de plans prévisionnels. Cette demande s'est tout d'abord adressée au niveau communal, dans la lignée des travaux d'Unwin et du mouvement en faveur des cités-jardins en Angleterre. Mais, dès les lendemains de la promulgation de la loi Cornudet, la déception est grande et les propos deviennent amers. Pour Henri Sellier : « Ni les élus parisiens, étant donné le système dont ils sont issus, ni l'administration, sous leur dépendance croissante, ne peuvent utilement se dresser contre les intérêts locaux et particuliers[30]. » Les conflits se multiplient entre une vision technicienne, insistant sur les compétences portées par les urbanistes, et la légitimité portée par les élus. La demande d'intervention publique va se reporter sur le pouvoir central à partir des années 1920, parfois même dans des conceptions du pouvoir très autoritaires qui trouveront un écho favorable sous le régime de Vichy.

L'exemple de la cité-jardin de Suresnes permet de disposer d'un éclairage plus précis sur les compromis frayés alors pour faire valoir l'habitat comme instrument de promotion sociale. La moralité des familles et l'harmonie des rapports sociaux valorisées par les premiers réformateurs se conjuguent à des exigences civiques de solidarité, devant permettre l'accès à des conditions d'existence meilleures de populations qui en étaient jusque-là privées. Mais ces conditions d'existence doivent également permettre de forger des êtres utiles à la nation, en élevant la qualité de la population. Exemple local, le cas de Suresnes peut prétendre à plus de généralité à travers la figure d'Henri Sellier. Promoteur actif du logement social et de l'urbanisme de plan, il sera ministre de la Santé publique et contribuera à une première organisation nationale des services sociaux. Dans sa municipalité de Suresnes, il met sur pied une politique reposant sur un agencement de services sociaux et une politique du logement. Les principes qui sous-tendent cet agencement sont l'organisation rationnelle des compétences et le ciblage des populations. C'est ce que souligne Katherine Burlen[31], en analysant les mécanismes de la « doctrine de Suresnes ».

Cette doctrine constitue la ville comme « un laboratoire fécond de solidarité sociale[32] », ce qui passe tant par la composition urbaine, l'organisation des services sociaux sur la commune que par une politique active de construction de logements sociaux par l'intermédiaire d'un office public. Ce « laboratoire » ne doit pas seulement répondre à des exigences de solidarité sociale et d'organisation rationnelle. Il doit aussi préfigurer un « nouvel être » : la « famille » et le « milieu » sont la cible de cette intervention « qui vise bien entendu à la protection des individus, mais par-dessus tout, poursuit un but de sauvegarde

30. GAUDIN J.-P., *op. cit.*, 1991, p. 129.
31. BURLEN K., « Henri Sellier et la doctrine de Suresnes : techniques du social et services urbains », *in* COHEN Y. et BAUDOUI R., *op. cit.*, 1995, p. 265-286.
32. Henri Sellier, cité *ibid.*, p. 269.

collective[33] ». Dans une conception qui reprend la métaphore du corps malade, cette sauvegarde collective passe par une action envers les familles qu'il s'agit d'élever socialement et moralement, mais ne s'attache pas *a priori* à tout individu. La création de l'Office départemental d'HBM en 1915 est justifiée par Sellier en termes d'efficacité, de justice sociale, mais aussi selon des arguments eugénistes : « Étant donné le grand nombre d'hommes d'âge divers, plus ou moins anémiés, suspects de tuberculose [...], le renforcement de la concentration urbaine [...], le fléchissement de la moralité et les habitudes d'excès et d'intempérance [...], il faut améliorer la qualité des familles et éviter les tarés et les malingres[34]. » La « doctrine de Suresnes » permet d'analyser les articulations opérées entre des arguments relatifs à la respectabilité des familles, des perspectives de justice sociale et d'efficacité technique, mais aussi des constructions eugénistes sur la qualité des populations[35]. Nous retrouverons cette diversité d'argumentaires dans les premières enquêtes statistiques sur l'étude des besoins en logement.

LES « CANDIDATS AU DÉMÉNAGEMENT » : DES ASPIRANTS À LA MODERNITÉ

La planification, qui prend son essor dans les années 1950, suppose le développement de perspectives quantifiées. Elle prend appui sur un équipement de normes et de mesures progressivement stabilisé : normes de peuplement et d'habitabilité décrivant les conditions de logement normales et souhaitables, taux d'effort permettant d'apprécier la part de leur budget que les ménages consacrent à se loger. Les modèles économétriques développés progressivement au sein du Credoc et de l'Insee prennent appui sur ces équipements. Ils vont, à partir des années 1960, introduire dans l'étude des besoins en logement une convention de coordination marchande, posant des attentes de comportements spécifiques pour décrire et rendre prédictibles les mouvements qui animent un marché. Des unités autonomes – les ménages – animent les mouvements de ces marchés en se portant, sous contrainte de revenu, vers certains biens. Ils délimitent un espace de calcul dans lequel les ménages se portent vers un logement adapté à leurs besoins, c'est-à-dire à leur configuration familiale et vers un logement moderne et confortable. En amont des grandes enquêtes qui se développent à partir des années 1960, l'étude du « désir » des Français pour les commodités du logement moderne et confortable était déjà au cœur des enquêtes développées à l'Institut national d'études démographiques dans les années 1940. Ces enquêtes documentent les opinions de consommateurs potentiels vis-à-vis de nouvelles commodités et celles pour lesquelles ils seraient prêts

33. *Ibid.*, p. 274.
34. *Idem.*
35. Ce classement de la population « en qualité » a été analysé par Laurent Thévenot, retraçant les argumentaires mobilisés dans les enquêtes de mobilités sociales (THÉVENOT L., « La politique des statistiques : les enquêtes de mobilité sociale », *Annales ESC*, n° 6, 1990, p. 1275-1300).

à payer. Toutefois, ces études de marché visent également à établir un portrait moral des Français, et leur propension à porter l'élan créatif utile à la nation. Dans les arguments d'Alfred Sauvy, qui propose dès 1946 les services de l'Ined pour développer « l'étude mathématique » des besoins en logement, comme pour Eugène Claudius-Petit, ministre de la Reconstruction et de l'Urbanisme à partir de 1948, ce qui est de l'ordre du « désir », capable de mouvoir les individus vers certains biens de consommation, est fermement subordonné à une appréciation de son utilité sociale. Il doit être un élan créatif, un élan vers le progrès. Sans quoi, il est dénoncé comme propension à se laisser distraire des obligations que chacun doit avoir envers sa famille et sa nation. Pour ces figures de la planification et de la modernisation, les contraintes dans lesquelles étaient jusque-là tenues les classes populaires pour se loger doivent être desserrées, et cette solidarité appelle en retour des devoirs envers la collectivité.

Les mises en forme statistique des conditions de logement

L'essor des grandes enquêtes statistiques sur les conditions de logement suppose que soit défini un ensemble de repères conventionnels, permettant leur mesure et leur évaluation. Il s'inscrit plus généralement dans l'évolution des liens entre statistique et action publique, tels qu'ils furent analysés par Alain Desrosières[36]. Les enquêtes décrivant les conditions d'habitation vont passer d'une démarche s'appuyant sur la mobilisation d'éléments épars fournis par la statistique administrative, à la formalisation de normes et de catégories statistiques sur le logement.

Dans ce mouvement, la promiscuité devient surpeuplement. L'analyse du recensement de 1891 s'attache pour la première fois à une description des conditions de logement et met en avant cette notion[37]. Les développements de la statistique, mis au point par le docteur Jacques Bertillon au sein de la Statistique municipale de la ville de Paris, rencontrent alors le courant de pensée qui s'organise dans la perspective d'une rationalisation de l'organisation urbaine et de l'habitat populaire. La notion statistique de surpeuplement a supposé en amont de longues discussions autour des catégories de « ménage » et de « pièce », afin de poser le ratio acceptable de personnes par logement[38]. Les données issues du recensement permettront désormais d'évaluer les besoins en logement qui ne sont pas satisfaits et de mettre en avant l'inégale distribution sur le territoire des logements surpeuplés et inconfortables. On s'écarte par conséquent

36. DESROSIÈRES A., *op. cit.*, 2000 [1993] ; DESROSIÈRES A., « Du singulier au général. L'argument statistique entre la science et l'État », *in* CONEIN B. et THÉVENOT L. (dir.), *Cognition et information en société*, Paris, Éditions de l'EHESS, 1997, p. 267-282.

37. FIJALKOW Y., *op. cit.*, 1998.

38. FIJALKOW Y., « Hygiène du logement, l'évolution des normes », *in* SEGAUD M., BRUN J. et DRIANT J.-C. (dir.), *Dictionnaire critique de l'habitat et du logement*, Paris, Armand Colin, 2002, p. 238-243.

des monographies sur les « taudis », rassemblant en un type idéal tous les maux mis en exergue par ceux qui les ont observés.

En 1954, les données du recensement seront jugées suffisamment homogènes pour fournir une base de sondage fiable[39], permettant le développement d'autres enquêtes, et notamment les enquêtes Logement développées à partir de 1955. Cette uniformisation des données du recensement permet un autre changement dont l'importance mérite d'être soulignée. À une présentation des données recueillies par zones du territoire, succède leur présentation sous forme de tableaux à plusieurs entrées, décrivant les ménages et leurs logements selon la taille de l'agglomération, la catégorie socioprofessionnelle, l'âge, le sexe, etc. Il sera ainsi possible de saisir au niveau national le « ménage » comme unité statistique à laquelle est attaché un certain nombre de caractéristiques. Ces évolutions consacrent le glissement souligné par Susanna Magri dans l'analyse des débats sur la loi Siegfried[40] : le problème du logement n'est plus rattaché seulement à la condition ouvrière, mais à la condition de mal-logé.

Indépendamment de la réforme de l'habitat populaire, la nécessité d'arbitrages de l'État se fait pressante dans les questions relatives au travail et amène les développements des enquêtes budgétaires sur de plus larges échelles. En 1905, la Société générale de statistique, rattachée à l'Office du travail, lance une enquête portant sur quarante ménages, donnant matière à un projet de loi sur le salaire minimum légal des ouvrières à domicile. Après la Première Guerre mondiale, le Bureau international du travail (BIT), sous la direction d'Albert Thomas, ambitionne de généraliser et de systématiser les enquêtes sur les budgets en vue de la coordination, de l'unification et de la standardisation des statistiques se rapportant au travail[41]. Lors de la conférence du BIT de 1923, un rapport sur la méthode d'établissement des « nombres-indices du coût de la vie » est commandé, en vue d'ajuster les augmentations de salaires dans les conventions collectives. Des commissions sont créées, dans chaque département, pour étudier la consommation des familles et connaître la part prise dans le budget par les différentes dépenses, dont celles allouées au logement. Ces enquêtes doivent informer des politiques sociales votées par le Parlement, ou des politiques partenariales dans lesquelles l'État est désormais impliqué.

Cet arrière-plan n'a pas été sans incidence sur la régulation juridique des rapports locatifs durant l'entre-deux-guerres. Tels qu'analysés par Susanna Magri, ces changements résultent d'une série de crises plus que d'un projet cohérent des pouvoirs publics en matière locative. Aussi, lorsque débute la Première

39. DURIF P., « Les sources statistiques relatives aux conditions de logement des ménages », *in* AFFICHARD J. (dir.), *Pour une histoire de la statistique*, Paris, Insee/Economica, 1987, p. 303-313.

40. MAGRI S., art. cité, 1991.

41. SAVOYE A., « Les enquêtes sur les budgets familiaux : la famille au microscope », *in* COHEN Y. et BAUDOUI R., *op. cit.*, 1995, p. 33-54.

Guerre mondiale, un moratoire est décrété sur les loyers, comme cela avait été le cas en 1870. D'emblée contesté par les organisations de propriétaires, il sera reconduit tout au long de la guerre pour les mobilisés et les petits loyers[42]. Ces derniers se voient donc reconnu la possibilité de conserver la jouissance de leur logement, quand bien même ils sont dans l'incapacité temporaire d'assurer le paiement du loyer. À l'issue de la guerre, la question de l'exonération des dettes de loyer devient un enjeu majeur. La loi du 9 mars 1918 relative aux modifications apportées aux baux à loyer par l'état de guerre, prévoit, sous certaines conditions, l'exonération de leur dette des mobilisés. Elle autorise en revanche les propriétaires à réclamer leur dû aux petits loyers. Cela donnera lieu à de vifs conflits au sein des commissions arbitrales *ad hoc*, composées de représentants des locataires, des propriétaires, et présidées par un juge de paix. Mobilisés contre ces mesures d'exception dès le début de la guerre, les représentants des propriétaires laissent planer la menace d'augmentations importantes de loyer et de congés massifs. Devant l'ampleur des réactions, les pouvoirs publics prennent des mesures. La loi du 23 octobre 1919 prévoit la reconduction des baux, le maintien des exonérations et un blocage des loyers. Conçues initialement comme temporaires et ajustées à une situation de crise, ces mesures seront reconduites tout au long de l'entre-deux-guerres. Comme le souligne Susanna Magri[43], « la "sécurité du foyer" en vient à être réclamée comme un "droit" et l'augmentation du loyer combattue comme illégitime, à moins d'être justifiée par la remise en état de salubrité de l'habitation. »

Selon Hélène Michel[44], ces arbitrages relativement défavorables à la propriété privée sont à rapprocher de la difficulté que rencontrent ses représentants à faire valoir leurs intérêts dans les catégories politiques et économiques qui s'imposent alors. Le Conseil national économique, rassemblant les représentants des différentes « forces de la nation », les classe en trois catégories : « Population et consommation », « Travail », et « Capital ». Au sein de cette instance, les représentants de la Propriété bâtie ont du mal à légitimer la détention d'un capital qui n'est pas un capital productif investi dans un secteur de l'économie, et ne parviennent pas à s'y ménager une représentation à la hauteur de leurs attentes. Aussi, dans l'entre-deux-guerres, les intérêts des propriétaires ont été « sacrifiés » aux exigences d'une politique de gestion de la main-d'œuvre et de

42. La notion de « petits loyers » renvoie aux règles qui régissent la location des habitations et des boutiques à Paris au XIXe siècle. Relevant du Code Napoléon et de la jurisprudence, elles fixent un régime distinct aux locations selon le niveau du loyer. Les règles applicables en matière de congé, de délais fixés pour le paiement du loyer, et les modalités d'expulsion sont plus défavorables aux locataires des « petits loyers » (MAGRI S., « Les propriétaires, les locataires, la loi. Jalons pour une analyse sociologique des rapports de location, Paris 1850-1920 », *Revue française de sociologie*, vol. 37, n° 3, 1996, p. 397-418).

43. *Ibid.*, p. 414.

44. MICHEL H., *La cause des propriétaires. État et propriété en France, fin XIXe-XXe siècle*, Paris, Belin, coll. « Socio-histoires », 2006.

prévention des conflits. Dans un ordre où la grandeur est attachée à la qualité de producteur, ces représentants peinent à faire valoir leur « utilité sociale » et à se détacher de la figure du rentier improductif, compté comme « population inactive » par la statistique publique. C'est également durant l'entre-deux-guerres que l'opposition entre locataires et propriétaires va se structurer autour de la question des rapports locatifs[45], selon une opposition qui reproduit le clivage ouvrier/patronat : « Être ouvrier, c'est forcément être locataire et les différents syndicats se mobilisent sur ce terrain du coût de la vie[46]. »

Le désir de modernité comme état moral des populations

Le logement, au même titre que les autres consommations étudiées dans les nomenclatures utilisées par l'Insee ou le Credoc, renvoie à un poste de consommation désormais étudié en tant que tel, et non systématiquement dans ses liens avec les autres postes de consommation. À travers ces nomenclatures, le logement a donc le statut d'un besoin « naturel », d'une « fonction », à côté d'autres postes de consommation tels que l'alimentation. Toutefois, la description des consommations que permettent ces enquêtes est polarisée sur un questionnement : la diffusion du logement moderne et confortable au sein de nouvelles catégories de population. C'est par conséquent ce mouvement que suivent ces enquêtes, celui par lequel un « candidat au déménagement » se porte vers un nouveau logement. Il révèle l'horizon d'attente de ces mobilités, qui est celui d'une entrée dans la modernité.

L'Institut national d'études démographique, en la personne d'Alfred Sauvy, a proposé ses services pour l'« étude mathématique des relations entre le logement et la famille[47] » dès 1946. Toutefois, ce sont l'Insee, créé en 1946, et le Credoc, créé en 1953, qui seront directement sollicités pour la production d'information en vue de guider les politiques publiques. Des économistes y développeront les premiers modèles économétriques. Au-delà des divergences qui peuvent se faire jour entre Alfred Sauvy et les économistes de l'Insee, ils se rejoignent alors sur un point essentiel :

> « Une planification de moyen et long terme, reposant sur des perspectives quantifiées, est nécessaire pour prendre en compte dans les décisions d'aujourd'hui les contraintes déjà inscrites dans la situation présente, ou "tendances lourdes", à commencer par celle de la démographie[48]. »

45. Avant la Première Guerre mondiale, les organes des propriétaires ne rendent compte que de manière anecdotique des organisations de locataires et traitent la question des rapports locatifs essentiellement « sous la forme d'un commentaire juridique s'appuyant sur les coutumes locales » (*ibid.*, p. 57).
46. *Idem.*
47. SAUVY A., « Logement et population », *Population*, n° 3, 1946, p. 441.
48. DESROSIÈRES A., « Démographie, science et société : le cas français », *in* CHASTELAND J.-C. et ROUSSEL L. (dir.), *Les contours de la démographie*, Paris, Ined/PUF, 1997, p. 80.

La première enquête menée par l'Ined en vue « d'informer une politique de l'habitation » se penche sur les « désirs des Français en matière d'habitation urbaine ». Conçue avant la guerre dans le cadre de la Fondation française pour l'étude des problèmes humains, cette enquête par sondage ne fut réalisée qu'en 1945 par la Section de psychosociologie de l'Institut national d'études démographiques nouvellement créé. Ayant pour ambition « d'informer une politique de l'habitation », elle recueille les opinions des Français sur des propositions de conceptions de l'habitat : maisons individuelles ou logements collectifs, aménagements extérieurs et intérieurs, désirs des nouvelles commodités conçues par les architectes et, pour ces dernières, celles pour lesquelles les Français se déclarent prêts à payer. Cette enquête sur les « désirs » ou les « réticences » peut ainsi être assimilée à une étude de marché, visant à définir les caractéristiques rendant un bien attractif. Toutefois, elle entend aussi dresser, à travers l'examen de ses désirs et de ses réticences, un état moral des Français face à la modernité, leurs réponses reflétant tantôt « le caractère fondamental du Français, tantôt des particularités afférentes au sexe, à l'âge ou au niveau social[49] ».

Dans son article programmatique en vue de l'étude des rapports entre logement et population[50], Alfred Sauvy se réfère directement à cet horizon de modernité. Ses promesses de réalisation ne sont pas recherchées dans les attitudes et réticences des Français vis-à-vis des nouvelles commodités mais, rétrospectivement, comme ce à quoi aurait abouti une population plus jeune et plus nombreuse. L'accroissement de la population a été quasi nul depuis près de quinze ans. Par conséquent, l'« effort productif » à engager en France pour assurer l'accroissement ou le renouvellement du parc de logement était limité. La France, par rapport à ses voisins européens, devrait être caractérisée par « une situation euphorique, et un logement suffisant, tout au moins du point de vue de l'espace et des aménagements intérieurs[51] ». Or, les Français sont mal logés, dans un parc de logements largement obsolescent. Le blocage des loyers, décrété en 1914, ne peut être tenu pour seul responsable de ce marasme : l'élan vers la création porté par une population jeune et en croissance a fait défaut à la France. Cela explique l'obsolescence des logements et leur dépréciation par rapport à l'évolution des goûts et des techniques. Le désir de modernité est rapporté à un état moral de la population, susceptible d'orienter une nation vers le progrès et l'essor de ses capacités de production.

Si l'entrée dans la modernité est le mouvement vers lequel les ménages doivent tendre, elle revêt le caractère d'un effort. Elle est à la fois ce qui confère une dignité en consacrant la déprise de mauvaises habitudes, et ce par quoi le ménage manifeste sa volonté. Pour conforter cette volonté, il ne s'agit plus de

49. Pour un compte rendu de cette enquête, voir BERGUES H., « Publications de l'Institut national d'études démographiques », *Population*, Ined, n° 4, 1946, p. 763.
50. SAUVY A., art. cité, 1946.
51. *Ibid.*, p. 446.

pallier les vulnérabilités ou l'imprévoyance des ouvriers par le soutien à des conduites exemplaires, mais de soutenir l'effort de consommation des ménages.

Or, en matière de logement, cet effort de consommation est jugé, aux lendemains de la Seconde Guerre mondiale, largement insuffisant. La loi sur les loyers adoptée en 1948 a donc eu pour objectif d'en augmenter à terme le montant et d'instituer une normalisation des loyers en fonction de la qualité des logements loués[52].

Pour déplorer l'insuffisance des dépenses consacrées au logement, la critique des mauvaises habitudes contractées par ceux dont les revenus sont modestes refait surface. Cette « mauvaise habitude » fait référence à ce que Maurice Halbwachs avait établi comme un « trait essentiel de la condition ouvrière[53] », à savoir la modération de la dépense pour le logement :

> « Pour l'ouvrier, le logement fait partie du nécessaire, et ne répond pas à ce besoin de fantaisie et d'ostentation, de distraction ou de vie sociale élargie auxquels il consacre quand il le peut tout le surplus disponible de son revenu[54]. »

Dans son article de 1946, Alfred Sauvy, pour étayer les liens observés entre logement et mortalité, rappelle le cercle vicieux dans lequel est pris celui qui vit « trop à l'étroit ». Il trouve son origine dans les contraintes de celui qui, « mal logé, trop à l'étroit pour recevoir des amis, est tenté de chercher ailleurs la vie sociale qui lui est refusée[55] ». Les conséquences s'enchaînent inéluctablement : le débit de boisson comme « principal dérivatif », la « complication financière » qui s'ensuit, et le « fléau social [qui] s'alimente ainsi lui-même ». Ce portrait typique lui semble appeler une certaine compréhension : celles des contraintes qui pèsent et influent sur le budget et les formes de « vie sociale » de l'ouvrier. L'engouement plus récent des ouvriers pour des œuvres du progrès technique tout à fait « superflues » – le cinéma et la « radiodiffusion » – semble par contre davantage provoquer son exaspération.

De la même manière, au sujet de la loi de 1948, Eugène Claudius-Petit qui allait devenir, trois mois plus tard, ministre de la Reconstruction, affirme lui aussi :

---

52. Il faut rappeler que, en 1948, le loyer représente en moyenne 4 % du salaire de base. L'objectif des pouvoirs publics est alors d'en tripler le montant et de porter le niveau de loyer à 12 % (COMMISSARIAT GÉNÉRAL DU PLAN, *Rapport du groupe de travail Habitat 2000. Préparation du VIIIe plan 1981-1985*, Paris, La Documentation française, 1979, p. 11). En effet, la loi de 1948 visait, par cette élévation du niveau « normal » des loyers, une amélioration du confort des logements et une adéquation entre le montant des loyers et la qualité des logements. Posant que les blocages des loyers instaurés dans l'entre-deux-guerres avaient découragé l'investissement, cette loi dispose que, sous conditions de mise aux normes de confort des logements, les propriétaires pourront augmenter les loyers.
53. HALBWACHS M., *L'évolution des besoins dans les classes ouvrières*, Paris, Alcan, 1933, p. 28.
54. *Ibid.*, p. 146.
55. SAUVY A., art. cité, 1946, p. 449.

> « La loi n'est pas parfaite, c'est une loi de désintoxication s'appliquant à un organisme malade qui s'est laissé prendre au jeu de laisser les hommes dépenser tous les jours ce qu'ils ont gagné. Oui, nous avons à nous débarrasser d'une mauvaise habitude : nous avons perdu de vue que la part essentielle de l'activité d'une nation doit être consacrée à abriter les familles, et les pères de familles ont oublié que l'essentiel de leur travail était d'abord de donner un toit à leurs enfants, à leur famille, au moment même où les Françaises ont repris une bonne habitude, celle de faire des enfants utiles à la nation[56]. »

La critique de ces mauvaises habitudes de dépenses stigmatise le manquement de pères de familles à leurs devoirs et, partant, à la nation. Dans le cadre d'une croissance de l'économie et des revenus, la modération de la dépense en matière de logement comme trait essentiel des pratiques de consommation des ouvriers ne doit plus valoir comme excuse.

Les enquêtes menées par l'Insee et le Credoc à partir de 1955 sur le logement ne se réfèrent pas aux problèmes de population, tels qu'ils étaient traités par Alfred Sauvy à l'Ined. Elles reprennent toutefois l'articulation entre conditions de logement et désir de modernité. S'appuyant sur les enquêtes Logement réalisées pour la première fois en 1955 sur la base d'un échantillon représentatif, l'Insee et le Credoc ont été chargés par le Commissariat général du plan d'orienter leurs travaux sur les problèmes économiques du logement. L'exploitation de ces enquêtes[57] scrute la diffusion, d'une enquête à l'autre, du sentiment d'être mal logé dans de nouvelles catégories de la population et tente d'expliquer la liaison entre ce sentiment et les « conditions objectives » de logement, décrites à partir des normes de confort et de peuplement. Leur analyse tente donc d'apporter des éléments de réponses à des résultats qui surprennent : « La liaison qui existe entre le sentiment d'être mal logé et les mauvaises conditions de logement n'est pas aussi tendue qu'on pourrait le penser. Par ailleurs, une proportion non négligeable des ménages qui s'estiment mal logés déclare ne pas souhaiter déménager[58]. » Comment se fait-il que de mauvaises conditions de logement objectives ne se traduisent pas par le sentiment d'être mal logé ? Comment expliquer aussi que le sentiment d'être mal logé ne se traduise pas toujours par un désir de changer de logement ? Le sentiment d'être mal logé et le désir de changer de logement sont les indices à partir desquels s'apprécie la diffusion, au sein de la population, de nouvelles aspirations.

56. Cité *in* HENRARD J., *Le système économique urbain. Le financement public du logement*, Paris, Centre d'études des techniques économiques modernes, 1975, p. 159.

57. INSEE et CREDOC, *Aspects du logement en France en 1963. Extraits du bulletin statistique du ministère de la Construction*, Paris, Insee/Credoc, 1965. Cet ouvrage rassemble les études réalisées à la demande du ministère de la Construction et du Commissariat général du plan d'équipement et de la productivité sur la base des enquêtes Logement de 1955, 1961 et 1963.

58. *Ibid.*, p. 9.

Dans les enquêtes portant sur l'étude des besoins en logement, le point d'équilibre visé est le suivant : il s'agit de proportionner le nombre et la taille des logements à celles des familles. Pour parvenir à cet équilibre, la cible privilégiée de l'intervention publique ne sera pas l'ouvrier, ni même le « salarié modeste » ayant droit aux habitations bon marché. Les enquêtes menées sous l'égide de l'Insee et du Credoc s'inquiètent d'une autre figure : le « candidat au déménagement ». L'analyse des besoins en logement doit permettre d'anticiper les inflexions majeures au niveau de l'offre comme de la demande et d'atteindre un équilibre de marché. Dans cette perspective, les ménages capables d'alimenter une demande et d'imprimer des flux sur ce marché sont au centre de l'analyse du « fonctionnement du marché du logement[59] ».

Aussi, ce sont les « candidats au déménagement » que vont permettre d'analyser les enquêtes Logement. Elles s'ajoutent aux données recueillies dans le cadre du recensement permettant la description des « conditions de logement » en termes d'éléments de confort et de peuplement. Elles complètent également les enquêtes budgétaires saisissant les consommations en logement parmi l'ensemble des pratiques de consommation, pour apprécier l'évolution du coût de la vie et les variations de ces pratiques selon les groupes sociaux. Les enquêtes Logement comportent des indications sur l'immeuble et son ancienneté, les conditions financières dans lesquelles s'effectuent l'achat et la location, ainsi que les dispositifs publics dont ont pu bénéficier les ménages (type de parc pour les locataires et nature des prêts pour les accédants à la propriété). Ces différents éléments viennent informer la description du fonctionnement d'un marché, c'est-à-dire, dans les analyses qui sont faites de ces enquêtes, de savoir quels types de ménages occupent tel type de logements, ce qu'il leur en coûte, et ce vers quoi ils entendent se porter.

L'appréciation de la demande future en logement s'appuie également, dans ces enquêtes Logement, sur des questions d'opinions, afin d'identifier les ménages désirant changer de logement, la nature et les conditions financières de leurs projets. Elles doivent permettre d'observer et de prévoir l'évolution de la « demande » en logement, et de programmer les logements neufs devant la satisfaire. C'est la structuration de l'effort de construction – et donc la construction de logements neufs – qui conduira à terme à proportionner le nombre et la taille des logements à celles des familles.

La normativité des normes : besoins, aspirations, émancipation

Outre le dialogue engagé entre des personnalités telles qu'Alfred Sauvy et les économistes de l'Insee, les analyses sociologiques mettent également, à partir des années 1950, en débat les conventions adoptées par ces derniers

59. *Ibid.*, p. 60.

pour décrire les besoins en logements. Dans le prolongement d'une tradition de pensée marxiste, la question des besoins en logement est alors réinscrite dans la visée d'une émancipation des travailleurs, où le développement du temps libre et des loisirs est associé à une mise à distance de la contrainte matérielle et à la possibilité d'une vie moins aliénée. C'est un aspect central des travaux développés par Paul-Henry Chombart de Lauwe et Henri Coing au début des années 1960. Ils analysent les pratiques ouvrières dans l'espace du logement et du quartier, pour comprendre les conditions dans lesquelles l'entrée dans un logement moderne et confortable peut se traduire par l'adoption d'un genre de vie nouveau. Ces travaux fondateurs de la sociologie urbaine française seront toutefois contestés. Au regard des analyses critiques qui se développent dans la seconde moitié des années 1960, ils ne font pas suffisamment écart avec l'idéologie des modernisateurs. D'autres travaux vont politiser autrement la question des inégalités, et contester la prétention des modernisateurs à prendre en charge l'intérêt général au nom du progrès de l'humanité et de l'industrialisation de la nation. Ces approches critiquent la définition des besoins en logement comme le produit d'une construction idéologique, tout en thématisant diversement les capacités de résistance à son extension.

Modes de vie et émancipation de la contrainte matérielle

Nous nous intéresserons dans un premier temps aux travaux de Paul-Henry Chombart de Lauwe, et au dialogue qu'il a tenté d'engager avec les planificateurs de l'INSEE. Bien que critique sur les conventions à la base de leurs analyses, Paul-Henry Chombart de Lauwe s'inscrit dans une articulation entre satisfaction des besoins en logement et horizon d'émancipation qui n'est pas étrangère à ceux qu'il critique, ainsi que dans une ambition de fournir les fondements scientifiques à la définition de ces besoins. À partir des travaux développés au sein du bureau d'études qu'il fonde en 1954, il propose d'intégrer les apports d'une connaissance anthropologique des besoins et des aspirations dans les conventions utilisées par les planificateurs[60].

Partant, dans le sillage de Maurice Halbwachs, d'analyses de la morphologie sociale et des comportements sociaux de consommation, il va développer les apports de l'anthropologie pour décrire les comportements des différents groupes sociaux. Il va également développer une analyse des transformations sociales où les aspirations jouent un rôle moteur[61]. Cette prise en compte des aspirations est, selon lui, rendue nécessaire par les transformations que connaît la société française à partir des années 1950. Une problématique des besoins pouvait suffire

60. Amiot M., *Contre l'État, les sociologues : éléments pour une histoire de la sociologie urbaine en France. 1900-1980*, Paris, Éditions de l'EHESS, 1986, p. 40.

61. Collectif, *Les hommes, leurs espaces et leurs aspirations. Hommage à Paul-Henry Chombart de Lauwe*, Paris, L'Harmattan, 1994.

à une situation dans laquelle les ouvriers devaient maintenir leurs ambitions limitées par un équilibre économique précaire. Cette problématique est bouleversée par les développements de l'urbanisation, de l'industrialisation et plus généralement des conditions de vie. Ce n'est donc plus aux seuls besoins que doit s'attacher le sociologue, mais à la dynamique complexe entre besoins et aspirations. Ce que P.-H. Chombart de Lauwe nomme les « comportements de préoccupation » renvoient à des situations où le poids des contraintes interdit toute possibilité de choix et de développement de besoins nouveaux. Ils se placent donc résolument du côté des besoins. Les comportements dits « d'intérêt libre » renvoient quant à eux à des situations dans lesquelles les contraintes peuvent être mises à distance et où des aspirations personnelles peuvent se développer. Sur cette base, P.-H. Chombart de Lauwe entreprend une réélaboration des notions de besoins et d'aspirations. Sans rentrer dans l'ensemble des distinctions qu'il a opérées[62], nous relèverons ici le rôle moteur qu'il attribue à l'expression des aspirations dans la fixation des besoins susceptibles d'être reconnus « objectivement ». Ce mouvement passe par la transformation de ces aspirations en revendications, mais aussi par la médiation du sociologue, à même de faire connaître au planificateur les besoins réels des populations qu'il étudie et leurs aspirations. On a donc une articulation entre satisfaction de besoins – « objectifs » et promis au dépassement – et émancipation – avec une perspective d'accès à une certaine liberté par mise à distance de la contrainte. P.-H. Chombart de Lauwe critique par conséquent les réductions opérées par les planificateurs à travers les notions de « besoin » et de « demande » dans leurs modèles « sous le prétexte d'une trop grande difficulté de définition[63] ». Toutefois, il partage avec eux l'inscription de cette satisfaction des besoins dans une perspective plus générale d'émancipation, portée par un progrès économique et social.

Ses premiers travaux mettent en avant la situation matérielle dans les logements et les quartiers ouvriers et les comportements adoptés face aux difficultés que ces derniers ont à surmonter, en comparaison avec les autres classes sociales. Pour l'homme, ces difficultés renvoient essentiellement à des aspects liés au travail. Pour la femme, à des difficultés rencontrées dans les tâches domestiques, tandis que les conséquences de l'exiguïté et l'insalubrité des logements sur la santé physique et mentale de l'ensemble des membres de la famille sont soulignées. Pour l'équipe qui se constitue autour de P.-H. Chombart de Lauwe, la construction des grands ensembles qui prend à partir du milieu des années 1950 fait figure de laboratoire pour la sociologie urbaine. Les comportements dans ces nouveaux quartiers sont analysés en lien avec les modifications des conditions matérielles (contraintes budgétaires, logement), pour y guetter les implications de l'entrée dans ce nouvel habitat, les aspirations qu'elle génère et leur degré de réalisation.

62. Chombart de Lauwe P.-H., « Introduction : hypothèses sur la genèse et le rôle des aspirations et des besoins », *in* Chombart de Lauwe P.-H., *Aspirations et transformations sociales*, Paris, Anthropos, 1970, p. 15-30.

63. *Ibid.*, p. 17.

Le livre d'Henri Coing sur la rénovation urbaine[64] s'inscrit dans ce cadre problématique, bien qu'il marque un scepticisme accru envers les promesses portées par cet habitat moderne. Comme nous l'avons vu dans les propos d'Alfred Sauvy, les conduites associées au surpeuplement sont réhabilitées. L'investissement de la rue est un désir bien compréhensible des ménages de se soustraire à l'encombrement des logements. Plus fondamentalement, il participe d'une culture, ancrée dans les conditions d'existence de cette population à dominante ouvrière, et que la rénovation contribue à défaire. L'ambiance du quartier et les liens qui s'y constituent sont à la fois l'expression de cette culture, celle des nécessités d'entraide et de solidarité de populations marquées par l'insécurité du lendemain, et celle d'un besoin de détente à la mesure des loisirs auxquels ces populations peuvent accéder.

L'ouvrage s'inscrit également dans les débats sur les attitudes des habitants face à la modernité. Il critique, dans son introduction, la place dévolue au sociologue par la commande publique : appelé à trouver des remèdes pour lever les obstacles psychologiques et sociaux face à la rénovation, le rôle qui lui est dévolu s'apparenterait à celui d'une assistante sociale. Par la connaissance ainsi accumulée, il s'agirait de porter au mieux des ménages réticents vers des conditions considérées comme objectivement meilleures. Or, expliquer les obstacles à la rénovation urbaine suppose de mettre en lumière les inégales « possibilités matérielles et psychologiques d'évolution[65] » des ménages ayant opté pour le relogement dans les logements sociaux modernes nouvellement construits sur l'ancien quartier.

Les enquêtes du Credoc servent à la fois de cadrage statistique aux résultats d'une étude monographique et de point d'appui critique. L'auteur évalue l'importance des facteurs tels que l'âge, la catégorie socioprofessionnelle, la taille du ménage, ou les conditions de logement antérieures, et met ses résultats en perspective avec les enquêtes du Credoc. Ces différents facteurs ne suffisant pas à interpréter les choix des ménages, une étude plus qualitative s'impose. L'auteur souligne l'irréductibilité des choix opérés à de simples calculs économiques entre logement neuf et logement ancien. Ces choix sont tributaires des conditions de vie des ménages, de leurs mentalités et aspirations, qui expliquent une variété d'attitudes envers le logement et la rénovation.

Le livre d'Henri Coing se situe à une période charnière. L'enthousiasme suscité par la construction de ces logements modernes fait place aux premières remises en cause. L'ouvrage s'inscrit ainsi dans la veine critique portée par l'équipe de Paul-Henry Chombart de Lauwe, discutant la capacité des politiques à soutenir de nouvelles aspirations ou, au contraire, à déplacer à un autre niveau les comportements contraints. Mais plus qu'il ne scrute les conditions matérielles et psychologiques rendant possible l'adoption d'un nouveau mode

64. COING H., *Rénovation urbaine et changement social. L'Îlot n° 4 (Paris 13ᵉ)*, Paris, Les Éditions ouvrières, 1976 [1966].
65. *Ibid.*, p. 160.

de vie, il décrit la destruction d'un autre genre de vie : celui du quartier ouvrier. C'est essentiellement pour cet aspect que l'ouvrage a accédé à une postérité certaine en sociologie urbaine. La thèse de Henri Coing constitue en effet une référence importante parmi les travaux qui, dans les années 1950 et 1960, ont contribué à faire valoir la figure du quartier ouvrier traditionnel comme figure positive, marquée par une culture et des modes de vie communs[66], et les projets modernisateurs comme l'un des vecteurs de leur destruction.

Les « besoins sociaux » : l'exploitation capitaliste et la vie hors travail

À partir de la seconde moitié des années 1960, la sociologie urbaine va s'orienter, en référence aux théories marxistes, sur l'analyse de la production capitaliste de la ville et ses effets. En 1966, le bureau d'études fondé par P.-H. Chombart de Lauwe est devenu le Centre de sociologie urbaine. Une nouvelle équipe se met en place et développe une sociologie urbaine marxiste. Elle bénéficie, comme celle qui l'a précédée, de financements des pouvoirs publics pour développer ses travaux[67]. La question des besoins en logement et de leur satisfaction est traitée à partir de l'analyse de la reproduction de la force de travail. Dans ce cadre, la question de savoir si les évolutions récentes correspondent ou non à une relative émancipation de la contrainte reste centrale, mais sa résolution est opérée à un autre niveau. Il ne s'agit plus d'étudier si l'entrée dans un logement neuf se traduit par la réalisation de nouvelles aspirations ou, au contraire, par de nouveaux comportements dits de « préoccupation ». Scruter l'extension d'un nouveau genre de vie, c'est trop concéder aux conceptions idéologiques portées par les modernisateurs et masquer la persistance de rapports sociaux structurellement inégaux. Les aspirations générées par les développements de l'urbanisation et de l'industrie constituent seulement la translation de la contrainte à un autre niveau. Elles sont la forme historiquement déterminée d'une même « nécessité objective » : permettre au travailleur la reproduction de sa force de travail. La satisfaction des besoins en logement est située du côté du nécessaire et du contraint, et non du désir ou de l'aspiration. Dans ce cadre également, la satisfaction des besoins en logement est saisie dans un cadre théorique qui permet d'imputer des responsabilités. Si les besoins sociaux ne sont pas satisfaits, c'est que la rémunération d'un travailleur ne permet pas que celui-ci puisse faire face à l'ensemble des dépenses qui lui sont nécessaires[68].

---

66. Bacqué M.-H. et Sintomer Y., « Peut-on encore parler de quartiers populaires ? », *Espaces et sociétés*, n° 108-109, 2002, p. 29-45.
67. Topalov C., « Le Centre de sociologie urbaine », *Politix*, n° 20, 1992, p. 195-201.
68. Nous nous appuyons ici sur le bilan critique effectué par Michel Pinçon en 1978 sur l'analyse des besoins dans les travaux de sociologie urbaine marxiste : Pinçon M., *Besoins et habitus. Critique de la notion de besoin et théorie de la pratique*, Paris, CSU, 1978.

S'il y a crise du logement, c'est d'une part que les entreprises ne rémunèrent pas la force de travail de manière à permettre la satisfaction de ces besoins sociaux. C'est d'autre part parce que la production, immobilière notamment, n'est pas réglée par la recherche de la satisfaction des besoins, mais par des mécanismes qui tendent à assurer la rentabilité des capitaux investis dans ces activités. Plus généralement, les mécanismes de production de l'urbain et de ses différenciations sont au centre de l'analyse. L'État n'est plus dès lors posé comme le garant de l'intérêt général, mais comme l'instance qui permet à des agents capitalistes de générer leurs profits et d'atténuer certaines contradictions. En intervenant sur la construction de logements sociaux ou l'aménagement urbain, il permet d'agir sur la reproduction élargie de la force de travail, ce qui renvoie aussi bien au logement qu'à l'accès à un ensemble d'équipements.

La critique adressée aux planificateurs ne porte donc pas, comme chez Paul-Henri Chombart de Lauwe ou Henri Coing, sur le caractère réducteur des conventions retenues pour décrire les besoins en logement. En prenant appui sur ces conventions, il s'agit de montrer en quoi les conditions de rémunérations de la main-d'œuvre ne permettent pas de satisfaire des pratiques de consommation « objectivement requises », c'est-à-dire le plus souvent statistiquement observées, à un moment et pour une catégorie de force de travail donnés. Dans le dialogue critique engagé avec l'administration, la perspective d'une vie hors travail qui ne soit pas trop marquée du sceau de la contrainte demeure un horizon central. Il est toutefois constitué comme un principe externe par rapport à ce que ferait objectivement l'État, à savoir permettre à des agents capitalistes de générer leurs profits en palliant leur incapacité à satisfaire aux nécessités objectives de chaque travailleur.

L'aliénation de la vie quotidienne

D'autres approches critiques auront pour références majeures les perspectives ouvertes par Michel Foucault dans *Surveiller et punir*[69]. L'ouvrage de Lion Murard et Patrick Zylberman[70], proposant de retracer la genèse du « socle épistémique » de la ville disciplinaire, procède à une inversion par rapport aux discours réformateurs. Le taudis, le faubourg ou la caserne ouvrière sont porteurs d'une polarité positive. En tant que lieux du « contact » et de la « confusion des corps[71] » qui indisposaient tant les réformateurs, ils constituent les obstacles à l'extension de techniques coercitives du comportement. À l'inverse, la cité ouvrière, l'urbanisme moderne, qui préfigurent le développement de l'habitat pavillonnaire, constituent les lieux exemplaires de la « non-ville ». Cette « non-ville », dans une perspective foucaldienne, consacre l'extension des

69. FOUCAULT M., *Surveiller et punir. Naissance de la prison*, Paris, Gallimard, 1995 [1975].
70. MURARD L. et ZYLBERMAN P., *op. cit.*, 1976.
71. *Ibid.*, p. 23.

dispositifs disciplinaires qui opèrent, par une organisation analytique de l'espace, un dressage des corps utiles et constituent comme pathologique la confusion de la ville en tant qu'entassement, propice au développement de la maladie, du crime et de la débauche.

Cette potentialité de la ville comme lieu de déprise des relations de pouvoir est développée également dans une référence explicite aux travaux d'Henri Lefebvre[72]. Pour ce dernier, l'aliénation capitaliste conduit au dépouillement et à l'appauvrissement de la vie quotidienne. La quotidienneté qui en résulte est un rapport inauthentique au monde, une sédimentation d'habitudes qui traduisent ce rapport inerte et aliéné au quotidien. C'est dans la ville qu'est recherché le lieu d'une potentielle insurrection contre cette aliénation, par un mouvement de réappropriation et d'affirmation des capacités créatrices de l'habitant.

Avant d'être ceux du mouvement moderne, les principes de la ville disciplinaire sont à rechercher chez les hygiénistes et dans les premières cités patronales. L'indignation des réformateurs face à la promiscuité des habitats ouvriers s'inscrit dans une entreprise plus vaste de séparation des corps, au principe de la ville disciplinaire. La cité ouvrière constitue une « micropolitique du voisinage » où les bonnes familles sont distinguées des mauvaises par un examen rapproché de leur moralité et par le jeu des faveurs accordées aux familles estimées propres, calmes et travailleuses. Telle est donc la généalogie du « socle épistémique » de la ville disciplinaire, que l'ouvrage de Lion Murard et Patrick Zylberman entend retracer.

L'organisation de ces cités minières et la « micropolitique du voisinage » qu'elle instaure font également naître un « art du paraître » qui instaurent un genre d'émulation particulier entre voisins. La critique de la ville disciplinaire rejoint ici les critiques de la consommation. « Sous le feu des regards croisés » les travailleurs et leurs épouses « succombent à cette rhétorique des apparences ». Il « s'établit entre les femmes d'une même cité une émulation un peu mesquine et très onéreuse en ce qui concerne l'ameublement, la lingerie, la table[73] ». Ces désirs orientés vers des objets de consommation détournent de tout désir de révolte : « La population ouvrière occupée à ces vaines rivalités a moins de temps à consacrer aux récriminations contre les patrons[74]. » À l'identification des techniques coercitives qui participent à l'agencement d'une société disciplinaire, s'ajoute par conséquent une critique de la société de consommation. Faire siens ces objets de consommation, c'est s'inscrire dans ce que Jean Baudrillard analysait comme une « économie politique du signe[75] » où la valeur d'usage disparaît au profit de la valeur symbolique. La consommation n'est plus dès lors le moyen de satisfaire des besoins. Elle est ce par quoi passe la morale, chaque individu étant soumis à un impératif d'affirmation distinctive. Elle est également une forme

72. *Le droit à la ville* d'Henri Lefebvre (Lefebvre H., *Le droit à la ville*, Paris, Anthropos, 1968) constitue une référence citée par les auteurs pour qualifier la positivité associée à la ville.
73. Murard L. et Zylberman P., *op. cit.*, 1976, p. 45.
74. *Ibid.*, p. 45.
75. Baudrillard J., *Pour une critique de l'économie politique du signe*, Paris, Gallimard, 1972.

renouvelée d'aliénation, dans la mesure où ce qui est vécu comme aspiration ou liberté du consommateur n'est qu'obéissance à des messages, symboles ou signes et à des différenciations formatées par l'industrie et le marché.

La critique ne vise pas ici à relancer des exigences de justice sociale dans la délimitation des besoins. Normes de confort, de surpeuplement, de consommation et d'effort : ces équipements répondent à une logique sous-jacente, qui est l'extension des dispositifs de normalisation. Cette extension sert un projet, mais l'intentionnalité de ce projet ne peut être attribuée à aucune instance. La généalogie de ce dispositif qu'est la ville disciplinaire fait apparaître un ensemble de techniques qui convergent, à partir d'éléments disparates, dans une forme analogue à tout autre dispositif disciplinaire, empruntant des traits à la prison, l'atelier et l'hôpital[76]. Il ne s'agit donc pas de prendre appui sur des qualifications pour les critiquer comme injustes, mal ajustées, ni même idéologiquement biaisées. Elles en appellent à une activité polémique autre que la critique, marquant une déprise de ces catégories et de l'assujettissement qu'elles opèrent par le seul fait de dire la norme et d'ordonner ainsi des comportements. Cette déprise passe par une mise en valeur des sites d'une possible résistance à cette extension, dans la possibilité d'un agir créatif comme acte de réappropriation ou dans l'expression d'un désir authentique, car non formaté par l'industrie et le marché. Toutefois, dans l'ouvrage de Lion Murard et Patrick Zylberman, cette positivité figure plutôt comme un état passé, à travers des figures vaincues par l'extension des dispositifs de normalisation : la ville cède le pas à la « non-ville » ; le « petit travailleur infatigable » prend le pas sur le prolétaire.

Par-delà la diversité des approches, l'ensemble de ces travaux témoignent d'un glissement de la notion de logement à celles, plus larges, de ville et d'habitat. Les critiques qui s'énoncent dans les années 1960 contre le projet modernisateur ne visent pas seulement une conception réductrice ou normative des besoins. Elles s'inquiètent ou dénoncent la réduction de l'espace habité au logement et le repli organisé sur la sphère domestique, du fait de l'environnement appauvri que constitue désormais le nouveau quartier. L'étude de cet appauvrissement programmé de l'espace est au cœur des travaux sociologiques, pointant un espace, en dehors du logement, désormais inappropriable.

En effet, dans les travaux d'Henri Coing, l'appauvrissement de l'espace qui résulte de la création du nouveau quartier ou du grand ensemble renvoie à l'incapacité d'êtres socialement situés d'investir un espace et de s'inscrire dans les relations qu'il supporte. La relative homogénéité d'un groupe social sur un espace donné conditionne l'appropriation d'un espace qui ne se borne pas au logement, et qui porte en cela une promesse de solidarité. Dans le passage d'une vie de quartier à un « genre de vie urbain », Henri Coing[77] décrit des ménages épuisés face aux nouvelles exigences générées par leur logement. Pour eux,

76. Sauvêtre P., « Michel Foucault : problématisation et transformation des institutions », *Tracés*, n° 17, 2009, p. 165-177.

77. Coing H., *op. cit.*, 1976 [1966].

comme pour ceux qui regrettent les relations anciennes, pointe la « tentation du repliement[78] ». Les premiers ne peuvent se sentir chez eux au sein même de leur logement. Les seconds voient ce sentiment se restreindre désormais à leur seul logement, à travers la perte de l'ambiance et des relations qui structuraient l'ancien quartier. Les travaux développés dans le sillage de Michel Foucault vont pointer d'autres formes de capacités affectées par cet appauvrissement de l'espace urbain. Ils thématisent l'expression d'un désir et la possibilité d'un agir créatif, révélant les formes de pouvoirs à l'œuvre dans une société et bornant leur extension. Les praticiens et chercheurs mobilisés dès 1965 autour de la revue *Recherches* sont partis d'une réflexion sur l'institution psychiatrique, pour l'élargir ensuite aux équipements collectifs urbains[79]. Au sein du CERFI (Centre d'étude de recherche et de formation institutionnelles), fondé par Félix Guattari en 1966, Michel Foucault assure la direction scientifique d'une première recherche sur la généalogie des équipements collectifs. L'ouvrage de Murard et de Zylberman en fait partie. Le repli sur la sphère domestique y figure comme le produit d'une micropolitique du voisinage, par laquelle sont édictées des normes sur ce que doit être une bonne famille et orientés les désirs vers des objets de consommation. La ville, en tant que lieu de confusion, constitue alors le site d'une possible résistance à cette entreprise de normalisation. Dans les deux cas, le projet modernisateur prive d'un élan politique, qu'il s'agisse du mouvement par lequel un groupe social peut s'approprier un espace et se constituer en acteur collectif, ou des formes de résistance à des dispositifs de pouvoir qui, ce faisant, les révèlent comme tels.

78. *Ibid.*, p. 185.

79. Parmi les travaux qui ont décrit les liens entre recherche et administration au cours des Ve et VIe plans, Anne Querrien, qui fut secrétaire du CERFI, a rendu compte de la rédaction de l'appel d'offres pour l'action concertée « Urbanisation », lancée au début des années 1970 par la DGRST (Délégation générale à la recherche scientifique et technique), sous la direction du Plan. Elle décrit le travail engagé pour mobiliser des équipes de recherches, et intégrer leurs propositions dans un plan de questionnements élaboré par de hauts fonctionnaires du Service urbain du Commissariat du plan, du ministère de l'Équipement et du secrétariat général des villes nouvelles. Tandis que les chercheurs marxistes trouvent leur inscription dans une partie consacrée au système économique urbain, le CERFI est invité à répondre à une autre partie de cet appel d'offres dont il a donné les éléments de contenu, portant sur les « techniques de planification des équipements politiques » (Querrien A., « Le CERFI, l'expérimentation sociale et l'État : témoignage d'une petite main », *in* Bezès P., Chauvière M., Chevallier J., Montricher N. de et Ocqueteau F. [dir.], *L'État à l'épreuve des sciences sociales. La fonction recherche dans les administrations sous la Ve République*, Paris, La Découverte, 2005, p. 72-87).

Chapitre II

DE L'EXPRESSION DES CHOIX À LA FLUIDITÉ DES MARCHÉS

Dans ce deuxième chapitre, nous envisagerons les réponses apportées aux critiques des modes de production de l'urbain et de détermination des besoins en logement. Nous analyserons ainsi comment différents groupes de travail du Commissariat au plan se sont saisis de ces critiques, pour envisager la manière dont elles ont été reformatées en termes de choix, éminemment individuels et subjectifs, sur lesquels l'action publique ne saurait et ne devrait trancher. Les diagnostics sur l'incapacité de l'action publique à prendre en compte une diversité de modes de vie, les désirs d'usagers ou encore l'édification de communautés solidaires ont été portés jusque dans les instances de planification au cours des années 1960. Ces « aspirations » ont toutefois été progressivement rabattues sur une capacité à choisir entre différents segments de l'offre de logement : logements locatifs ou accession à la propriété.

Cette valorisation d'une capacité de choix dans la planification économique des politiques du logement est directement liée à une reconnaissance de la grandeur du marché, où la concurrence entre opérateurs doit permettre une diversité des produits proposés. Toutefois, dans les expertises plus récentes produites par les instances qui, à partir de 2006, ont succédé au Commissariat au plan, la valorisation de cette capacité de choix s'efface derrière l'impératif de fluidité des marchés. Il ne s'agit plus de diversifier l'offre et de délimiter différentes options entre lesquelles les individus pourraient effectuer des choix sous contrainte de revenus. Les biens comme les personnes doivent être en état de faciliter les ajustements requis pour un fonctionnement optimal des marchés. Les propositions d'action visent par conséquent les conditions d'une mobilité parfaite, en pointant un ensemble de freins la contrariant : la réglementation des rapports locatifs, les mécanismes de prêts immobiliers, ou encore la réglementation du logement social. Ce faisant, l'abstention toute libérale vis-à-vis des choix susceptibles d'être opérés par les individus n'est plus de mise. Les conduites d'individus campant sur des positions acquises ou leurs réticences infondées sont de nouveau critiquées.

La planification urbaine à l'épreuve de nouvelles aspirations

Au sein des modernisateurs, les critiques adressées aux grands ensembles sont analysées dans un premier temps comme le résultat de concessions à l'urgence. L'année 1954, dans le prolongement de la mobilisation lancée par l'appel de l'abbé Pierre, place le logement au cœur de l'actualité. Des crédits pour la construction de logements de première nécessité sont votés, et s'engage alors la construction massive de logements *via* la réalisation de ces grands ensembles. Le IVe Plan, pour les années 1962-1965 doit constituer une nouvelle étape. Après le temps de l'urgence, le projet modernisateur doit être pleinement réalisé. Il faut construire pour répondre aux besoins des mal-logés, mais également mener des politiques de rénovation urbaine pour agir sur les logements vétustes et insalubres et structurer des agglomérations aptes à supporter le développement moderne des fonctions urbaines. Le projet modernisateur n'est remis en cause ni dans ses méthodes, ni dans son contenu. Le Ve Plan, élaboré au début des années 1960, affirme également cette nécessité d'un rattrapage : il faut désormais mener une politique active en matière d'équipements pour faire vivre ces nouveaux quartiers et structurer le développement urbain. Toutefois, ce rattrapage s'accompagne d'un questionnement sur les modalités d'action. C'est dans ce contexte, décrit par Michel Amiot[1], que les sciences sociales sont mobilisées pour éclairer l'action d'un État planificateur.

Ces questionnements renvoient également aux transformations internes au Commissariat au plan et à l'ouverture de réflexions prospectives, appuyées sur la constitution de groupes de travail, qui élargissent les arènes administratives de la planification au-delà du cercle restreint des modernisateurs de l'après-guerre[2]. Ils accompagnent ce que Philippe Bezès a analysé comme la progressive remise en question du paradigme planificateur au cours des années 1960, au sein des instances du Commissariat général du plan et des grands ministères, dont celui de l'Équipement et du Logement créé en 1966. Nous verrons par conséquent comment est posée, au sein des instances de la planification, cette remise en question du projet modernisateur.

L'arbitraire des conventions : une occultation de la diversité des modes de vie et des inégalités

À la fin des années 1960, les études des « besoins en logement » produites pour le Commissariat au plan témoignent d'une remise en cause des principes et des méthodes des modernisateurs de l'immédiat après-guerre.

---

1. Amiot M., *op. cit.*, 1986.
2. Guiader V., « L'invention des groupes de prospective du Plan : sélection des acteurs légitimes, politisation de l'expertise et transformation des modes de publicisation de l'action publique », communication au Colloque international « Sélection des acteurs et des instruments dans l'action publique contemporaine », Lyon, Institut d'études politiques de Lyon, 26 juin 2008.

Le rapport consacré au logement pour la préparation du VIe Plan (1971-1975)[3] illustre les volontés d'inflexion de la planification portées par de hauts fonctionnaires du Commissariat au plan, de l'Insee ou du ministère des Finances[4]. Ce rapport, rédigé par de jeunes fonctionnaires des administrations de l'Équipement, des Finances et de l'Insee, ambitionne de pousser plus avant le recours à la modélisation économétrique, conçue comme une amélioration de la démarche planificatrice, qui doit faire l'objet d'une régionalisation. Sous la direction de Pierre Durif, corédacteur de ce rapport et responsable de la Division des études sur le logement à l'Insee, des travaux économétriques seront développés pour le compte du ministère de l'Équipement pour évaluer les conséquences quantitatives de diverses hypothèses d'action. Un premier modèle de simulation du marché du logement – le modèle SMALA – a permis des versions simplifiées pour asseoir la répartition par région des aides au logement, utilisées pour la préparation des VIe et VIIe Plans[5].

Mais ce rapport témoigne également de l'intégration d'autres critiques, qui pointent comme arbitraires les conventions retenues pour étudier les besoins en logement et leur satisfaction. Publié en 1970 dans une collection qui entend faire connaître à un large public les analyses prospectives menées sous l'égide du Commissariat général au plan, ce rapport est une présentation de trois études menées par le groupe « Long terme Logement[6] », dont les travaux se sont déroulés entre 1967 et 1969. Les auteurs de cette présentation, assortie d'un long avant-propos et de commentaires préalables, entendent circonscrire la portée de leur analyse des « besoins en logement ». L'appareillage statistique visant à saisir la demande future et la production nécessaire pour la satisfaire se trouve rapporté à l'étude d'un certain type de besoins, d'ordre « sociopsychologique ». On retrouve donc la catégorie que nous avons déjà rencontrée dans les travaux de l'Ined ou dans ceux de Paul-Henry Chombart de Lauwe, avant qu'elle ne s'efface au profit de la catégorie de « besoins quantitatifs ». Nulle référence toutefois dans ce rapport à l'état moral des Français, à leur élan productif ou à leur désir de modernité. Les argumentaires sont très nettement recentrés sur des principes d'efficacité technique et de justice sociale. Les auteurs de ce rapport indiquent avoir conscience du caractère réducteur des besoins qu'ils mettent en œuvre. D'autres types de besoins, plus « qualitatifs », prenant acte d'une diversité des « modes de vie » et des « aspirations », devraient être appréhendés. N'étant en mesure de se consacrer qu'à cette catégorie limitée de besoins, les

3. COMMISSARIAT GÉNÉRAL DU PLAN, *Le logement*, Paris, Armand Colin, coll. « Plan et prospectives », 1970.
4. Pour une présentation de ces différents groupes, voir BEZÈS P., *Réinventer l'État. Les réformes de l'administration française (1962-2008)*, Paris, PUF, coll. « Le lien social », 2009, p. 69.
5. DURIF P., art. cité, 1987.
6. Ces trois études s'intitulent : « Les objectifs à long terme en matière de construction de logements » ; « Les perspectives d'évolution du coût de la construction » ; « L'évolution de la demande solvable ».

rédacteurs de ce rapport revendiquent une posture de « techniciens ». C'est à l'analyse de cette catégorie de besoins que se bornent leurs compétences et leurs outils. Ils renvoient par conséquent aux travaux développés au sein d'autres commissions devant réfléchir à l'évolution des modes de vie à plus long terme – et notamment au groupe Habitat 2000 que nous envisagerons par la suite – ou aux travaux du groupe « Consommation et mode de vie ». Ces groupes doivent permettre d'éclairer l'analyse des besoins en logement en tenant compte des évolutions jugées plus « qualitatives », à savoir l'évolution de la vie familiale, le développement de nouvelles exigences en matière de confort, de forme, de surface et de localisation des logements.

Ces propos liminaires mettent en avant un ensemble de « conventions arbitraires[7] » retenues dans l'estimation des besoins en logement. Les critères choisis pour définir l'offre qui devra être produite en termes de nombre de pièces et d'équipements de confort ne sauraient rendre compte d'aspirations et de modes de vie qui varient selon les groupes sociaux. De la même manière, la détermination d'un taux d'effort normal ne saurait rendre compte de l'effort que différentes catégories sociales sont prêtes à consentir pour se loger. Assimiler une variation de revenu à une variation de la demande néglige, selon les auteurs de ce rapport, le fait que, face à une même élévation de revenus, les exigences en matière de logement peuvent connaître des évolutions différentes selon les contextes locaux et les groupes sociaux :

> « On ne saurait affirmer, *a priori*, sans une meilleure connaissance de la réalité, qu'ouvriers et employés se font la même idée de leur logement, sont disposés à faire le même effort pour se loger, à y consacrer le même pourcentage de l'accroissement de leur revenu[8]. »

Si les auteurs devancent les critiques sur l'incapacité des conventions adoptées à rendre compte d'une pluralité de modes de vie et de pratiques sociales, ils pointent également les limites d'une approche restreinte à la seule étude de la demande solvable. Aussi les auteurs renvoient à la question de la « nouvelle pauvreté », qu'ils estiment centrale pour une véritable prospective du logement et pour la réduction des inégalités. La seule prise en compte du revenu pour anticiper l'évolution de la demande constitue dès lors une limite : une convention arbitraire, faute de mieux. Elle ne saurait décrire de manière réaliste des pratiques, qui dépendent à la fois de leur inscription dans certains milieux sociaux et de contextes locaux.

La réponse aux critiques des réductions opérées dans l'analyse des besoins passe par conséquent par une insistance sur le caractère conventionnel des méthodes d'évaluation des besoins et de la demande en logement. L'approfondissement, par d'autres groupes de travail, d'aspects qualitatifs

7. COMMISSARIAT GÉNÉRAL DU PLAN, *op. cit.*, 1970, p. 10.
8. *Ibid.*, p. 11.

jugés en dehors de leurs domaines de compétence, n'est pas présenté seulement comme le développement de travaux complémentaires, selon l'opposition qui sera durcie par la suite entre des approches « quantitatives » des besoins et d'autres, plus « qualitatives ». Cet approfondissement doit permettre une réouverture des repères formels et des conventions adoptées pour prendre la mesure des besoins en logement.

Comme l'a analysé Michael Pollak, le VIe Plan prévoyait, dans le prolongement des événements de mai 1968, des mesures spécifiques pour prévenir de futures crises[9]. La Commission de l'habitation pour le VIe Plan (1971-1974) demande ainsi qu'un groupe de travail soit constitué afin d'étudier les « mal-logés[10] ». Toutefois, ce n'est pas dans la persistance du mal-logement que l'horizon d'une crise est identifié. Les rapports publics produits au cours des années 1970 avancent le diagnostic suivant : d'une crise du logement, la France doit désormais faire face à une crise de l'habitat, d'une crise quantitative, elle doit faire face à une crise qualitative.

Développer une « économie de la qualité » : intégrer l'irréductible diversité des aspirations

C'est à cette dimension qualitative que se consacrent les travaux de la commission Barre, lancée peu après l'élection de Valéry Giscard d'Estaing à la présidence de la République. Cette commission ne s'inscrit pas dans le cadre du Plan. Selon ses promoteurs, sa création doit au contraire permettre le dépassement de confrontations institutionnalisées, au sein du Commissariat au plan, entre administration des Finances et administration de l'Équipement. Une commission indépendante – « à l'anglaise[11] » – sera donc créée. À partir du milieu des années 1970, un ensemble de rapports publics soulignent la nécessaire prise en compte d'un resserrement de la contrainte budgétaire. Ce resserrement de la contrainte budgétaire est ici présenté comme une opportunité de réforme des interventions. Il s'agit de passer du soutien direct à l'effort de construction des années 1950 et 1960 à des actions plus ciblées, ambition qui se résume dans la formule suivante : améliorer l'efficacité économique et sociale des interventions. La lettre de mission qui, en 1975, institue la Commission d'étude d'une réforme du financement du logement situe ainsi ses travaux « dans le

9. POLLAK M., « La planification des sciences sociales », *Actes de la recherche en sciences sociales*, n° 2-3, 1976, p. 105-121.
10. MARPSAT M. et FIRDION J.-M., « Introduction », *in* MARPSAT M. et FIRDION J.-M. (dir.), *La rue et le foyer. Une recherche sur les sans-domicile et les mal-logés dans les années 1990*, Paris, PUF/Ined, 2000, p. 1-27.
11. Nous reprenons le terme utilisé par l'une des personnes interviewées dans l'article de Pierre Bourdieu et Rosine Christin analysant la création de cette commission et l'espace des prises de positions autour de la réforme des financements du logement de 1977. Voir BOURDIEU P. et CHRISTIN R., art. cité, 1990, p. 65-85.

cadre d'une réflexion générale sur les modes d'habiter répondant aux aspirations diverses des Français[12] », avant de l'engager à étudier « les moyens d'accroître l'efficacité économique et sociale des aides de l'État, de simplifier et d'assouplir les circuits et les procédures de financement, de moderniser et de décloisonner les structures de production et de gestion[13] ».

Quelles sont donc ces aspirations auxquelles les politiques publiques se doivent de répondre, pour améliorer leur efficacité économique et sociale ? À cette question, la commission Barre apporte une réponse : « Nul ne peut prévoir avec certitude quelle forme prendra en l'an 2000 la demande d'un meilleur habitat[14]. » Plus qu'une incapacité à dire l'avenir, le rapport indique une posture a-normative, qui met en valeur le respect du « choix » de chacun : « Chacun définit l'habitat de son choix selon des critères qui lui sont propres et qui sont très largement subjectifs[15]. » Cette réponse s'appuie sur une grammaire libérale de composition, dans laquelle les différences s'expriment comme opinions ou intérêts d'égale valeur, et non par le recours à un supérieur commun[16].

Toutefois, cette commission avance des réponses sur le contenu probable de ces « besoins nouveaux » : un désir de confort accru, mais surtout des aspirations à une meilleure qualité de l'environnement de l'habitat. À cette « mutation des besoins », doit donc correspondre le passage d'une « économie de la construction » à une « économie de la qualité ». L'absence de qualité des logements issus de cette économie de la construction rejoint des thèmes récurrents : « uniformité architecturale », « monotonie dans le dessin des nouveaux quartiers », « morne alternance de tours et de barres qui encerclent nos villes[17] ». Une économie de la qualité doit permettre de satisfaire une plus grande variété, contre des réglementations à l'origine de cette uniformité. Les défauts de cet habitat sont aussi leur surface insuffisante, leur faible isolation phonique et thermique, et le peu de soin apporté aux finitions. Pour aller vers une économie de la qualité, il faut accroître la concurrence. Si le « zèle administratif » peut bloquer « l'imagination des professionnels » et « paralyser leurs initiatives », l'introduction de la

12. Commission instituée par le Conseil des ministres du 22 janvier 1975, et dont la lettre de mission introduit le rapport final : *Rapport de la commission d'étude d'une réforme du financement du logement présidée par Raymond Barre*, Paris, La Documentation française, 1976.
13. *Ibid.*, p. 7.
14. *Ibid.*, p. 12.
15. *Ibid.*, p. 14.
16. THÉVENOT L., « Autorités à l'épreuve de la critique. Jusqu'aux oppressions du "gouvernement par l'objectif" », *in* FRÈRE B. (dir.), *Le tournant de la théorie critique*, Paris, Desclée de Brouwer, 2015, p. 216-235. La notion de « grammaire libérale », telle qu'elle est développée dans cet article, fait contraste avec le modèle des grandeurs, dans lequel les différends se règlent par la référence à des « biens communs ». Elle vient au contraire saisir des formes de construction de l'accord qui considèrent comme illégitime cette prétention à caractériser un « bien commun », pour reconnaître des individus choisissant parmi des options reconnues par d'autres individus.
17. *Rapport de la commission d'étude…*, *op. cit.*, 1976, p. 14.

concurrence entraînera nécessairement une meilleure qualité et une plus grande diversité des produits. Aussi la critique du mal des grands ensembles, l'ennui et le repli qu'il génère, se porte sur une critique de la standardisation des qualités du logement. Cette standardisation n'affecte pas cette fois le désir d'appropriation et la volonté de maîtrise des habitants. Elle empêche que se déploie une épreuve proprement marchande, dans laquelle est grand celui qui, en situation de concurrence, offre des produits rencontrant les désirs des acquéreurs et des consommateurs. En introduisant de la concurrence et en garantissant une meilleure information des clients, les qualités des logements pourront être améliorées.

Faire participer les habitants à la conception de l'urbain : vie hors travail et besoin d'identification personnelle

Revenons désormais aux travaux du groupe Habitat 2000 chargé, comme annoncé dans les travaux préparatoires au VIe Plan, d'approfondir cette dimension « qualitative » des besoins et des aspirations. Son rapport, publié en 1979[18], part du même constat que la commission Barre : le mode de construction caractérisant les décennies précédentes a conduit à une standardisation et à des habitats dans lesquels aucune vie sociale ne pouvait se déployer. Si le diagnostic est identique, il propose toutefois d'autres manières de thématiser les aspirations négligées par les formes d'interventions publiques et les réponses qui doivent être apportées.

Il ne s'agit pas cette fois d'introduire de la concurrence pour permettre une diversification des produits, mais de promouvoir la participation des habitants aux modes de production et de conception de l'urbain. La composition de ce groupe de travail illustre l'élargissement des groupes de travail mobilisés autour du Commissariat au plan, selon une logique de compétence et de représentation des partenaires sociaux. Il rassemble de hauts fonctionnaires issus des administrations de la Construction, de l'Architecture, de l'Environnement et du Cadre de vie, ainsi qu'un représentant du groupe interministériel Habitat et vie sociale. Il comporte également des professionnels, avec la présence d'un promoteur, d'un architecte et d'un membre de la Fédération nationale du bâtiment. Il se compose enfin d'experts, à travers la présence d'un chercheur et d'un membre d'un bureau d'études techniques dépendant du ministère de l'Équipement[19] et des représentants d'associations de défense du cadre de vie.

Le rapport de ce groupe de travail tente de dégager quelques « facteurs structurants de l'avenir de l'habitat[20] ». Le développement de la maison individuelle,

18. COMMISSARIAT GÉNÉRAL DU PLAN, *Rapport du groupe de travail Habitat 2000. Préparation du VIIIe plan 1981-1985*, Paris, La Documentation française, 1979.
19. Le Centre scientifique et technique du bâtiment (CSTB).
20. COMMISSARIAT GÉNÉRAL DU PLAN, *op. cit.*, 1979.

tout comme les critiques des grands ensembles, signent selon ce rapport la crise d'« une certaine conception de l'habitat collectif » et le développement de nouvelles exigences en matière d'habitat : le souhait de logements plus grands et le « désir d'appropriation d'un espace » dont témoigne le succès de la maison individuelle, et le « besoin d'identification personnelle[21] » qu'aurait négligé la conception des grands ensembles. Ces désirs de singularisation et d'appropriation constituent les traits caractéristiques d'une nouvelle demande sociale, qui « aspire à une plus grande maîtrise de son temps ». Les auteurs formulent par conséquent l'hypothèse d'un investissement accru dans la « vie hors travail », porté par les nouvelles générations, et s'interrogent sur les aspirations susceptibles de se développer dans ce temps « hors travail » : sera-t-il consacré à d'autres domaines que l'habitat, à un logement présenté comme « refuge » et dont témoigne la préférence pour la maison individuelle, ou vers l'habitat « au sens large » ? Dégageant les formes possibles d'évolution à long terme, la dernière partie de ce rapport aboutit à la présentation de deux scénarios. Soit le changement dans les modes de production et de conception de l'urbain est assuré par les fabricants et les gestionnaires de l'habitat, et ce dans un contexte économique marqué par la crise, où « l'habitat au sens large pourrait être considéré comme un "luxe" qu'une société ne peut pas s'offrir[22] ». Soit ces transformations s'accompagnent de l'émergence d'un rôle réel des habitants dans le cadre d'une maîtrise accrue des problèmes. Les habitants doivent donc disposer de cette maîtrise, à travers une participation aux processus de conception et de production des formes architecturales et urbaines. Cette participation n'est pas thématisée selon une grammaire libérale, selon laquelle devrait être composée une pluralité de choix éminemment individuels. Elle doit permettre que se déploient, à distance des contraintes de la sphère productive, un désir d'appropriation et un besoin d'identification personnelle, qui caractérise dans ce rapport ce à quoi aspirent les habitants.

PROMOUVOIR LE CHOIX DE SON HABITAT : RECONFIGURATIONS D'UN ESPACE DE CALCUL

Le rapport de la commission Barre prend appui sur la critique d'une offre standardisée, incapable de répondre aux aspirations des habitants, pour développer une critique libérale des maux inhérents à l'action étatique lorsqu'elle s'étend au-delà de ses missions essentielles. La réforme des financements du logement de 1977 vient donc porter un recentrage de l'action publique. Ce recentrage s'appuie la formalisation d'une trajectoire résidentielle typique et de mécanismes d'aide ajustés à chacune des séquences de ces trajectoires. Ce sont par conséquent à la fois une conception des marchés du logement, de leurs

21. *Ibid.*, p. 13.
22. *Ibid.*, p. 21.

principes de segmentation pertinents et de l'espace de calcul dans lequel se situent les ménages actifs sur ces marchés qui font l'objet de nouvelles élaborations. Au cours des années 1980, c'est à travers la notion de choix résidentiels que vont être décrits les comportements des ménages en matière de logement. Pour les gouvernements de gauche au pouvoir dans les années 1980, permettre l'exercice des choix résidentiels renvoie à justifier des mesures soutenant le développement de l'accession à la propriété ou l'investissement locatif privé, en rupture avec les arguments portés par le parti socialiste lorsqu'il était dans l'opposition. Le « tournant libéral » qui s'observe à partir des années 1980 réside par conséquent dans l'adoption, par des gouvernements de gauche, de formes de régulation faisant appel au marché pour envisager la manière la plus efficace de financer le logement. Outre cette concession à l'efficace du marché pour assurer le financement adéquat des besoins en logement, ce sont aussi les différends structurant jusque-là les controverses qui sont reformatés. Les controverses sur la valeur relative accordée à l'accession à la propriété ou au logement social sont déclarées vaines : l'action publique n'a pas à se prononcer sur les bienfaits associés à tel ou tel segment de marché. Elle doit organiser un marché diversifié, capable de permettre aux ménages d'exercer leurs choix.

Logement et cycle de vie :
la formalisation d'une trajectoire résidentielle typique

Nous nous intéresserons désormais aux modèles économétriques sur lesquels la réforme des financements du logement de 1977 – dite « réforme Barre » – a été adossée. Ces instruments de mesure sont en premier lieu des modèles d'analyse économétrique évaluant l'efficacité économique des aides en matière de logement. Le développement de ces modèles a été porté par de jeunes fonctionnaires de la direction de la Prévision du ministère des Finances, dirigée, avant son élection à la présidence de la République, par Valéry Giscard d'Estaing. Ces débats sur l'efficacité des aides à la pierre – à savoir le financement direct de la construction –, par rapport à des aides à la personne, versées directement aux ménages, ne sont pas nés avec la réforme de 1977. Le rapport consacré au logement pour la préparation du VIe Plan (1971-1975)[23] questionne déjà l'opportunité du maintien à terme d'une aide publique à la construction, ainsi que la possibilité de substituer aux aides directes à la construction des aides à la personne une fois la pénurie résorbée. Toutefois, d'autres modèles économétriques viennent également étayer la réforme des financements du logement de 1977. Comme les précédents, ils supposent des individus – les ménages – qui opèrent des choix sur des marchés, dans un espace de calcul toutefois reconfiguré. À l'alternative entre un logement inconfortable et un logement moderne et

23. COMMISSARIAT GÉNÉRAL DU PLAN, *op. cit.*, 1970.

confortable, succède un arbitrage entre consommation et épargne et, ce faisant, entre différents segments de marché, structurant des trajectoires orientées vers l'accession à la propriété.

Cet horizon de mobilité est sous-jacent à la réforme des financements du logement de 1977. Elle part du postulat d'une ascension sociale des ménages, auxquels une aide momentanée doit être fournie dans les premières étapes de leur cycle de vie, le marché étant désormais suffisamment structuré et la pénurie quantitative résorbée pour pouvoir faire face aux besoins en logement. De manière schématique, les jeunes « décohabitants », quittant leurs parents et constituant ainsi un nouveau ménage, iront dans un premier temps dans le secteur locatif privé, bénéficiant éventuellement d'aides pour le paiement de leur loyer. Ils se marieront ensuite. Le secteur locatif social pourra leur permettre de trouver un logement adapté à leur nouvelle situation familiale et de se constituer une épargne. Ils accéderont ensuite à la propriété, en bénéficiant éventuellement d'une aide à l'accession pour une première acquisition, et n'en ayant plus besoin ensuite lorsqu'ils changeront de logement. Cette formalisation des trajectoires est adossée à des modèles économiques du cycle de vie, dans lequel un individu – le chef de ménage – passe par différentes séquences ordonnées d'états familiaux, depuis la constitution d'un nouveau ménage, la naissance et le départ des enfants, jusqu'à l'extinction de ce ménage par le décès des deux conjoints. À ces différentes séquences correspondent des besoins changeant en matière de logement et des modifications des comportements d'épargne et de consommation. En effet, dans les modèles économiques du cycle de vie, un ménage a le choix entre épargner ou consommer. L'accumulation patrimoniale est permise par l'investissement de l'épargne dans l'acquisition de biens durables, dont le logement. L'accumulation patrimoniale est donc faible aux premiers âges de la vie, pour augmenter ensuite sous l'effet conjugué de l'âge et de l'accroissement des revenus. Elle baisse de nouveau au moment de la retraite, jusqu'à son complet épuisement. Un ménage a, selon le modèle du cycle de vie, consommé l'ensemble de ses revenus au terme de sa vie[24]. C'est par conséquent en fonction de cette position au sein du cycle de vie qu'un individu détermine son type d'habitat[25]. L'aide publique, pour être juste et efficace, doit par conséquent se porter sur le début de cette trajectoire, en améliorant la solvabilité de jeunes ménages et en leur permettant de se constituer une épargne, puis un patrimoine. La propriété du logement est placée comme le terme de cette trajectoire, à la fois en tant que « préférence collective » des Français, et sortie du système d'aides publiques.

24. La possibilité d'un héritage, et donc d'un actif non consommé au terme du cycle de vie, est rejetée au motif que cet héritage sera de nature involontaire ou accidentelle, résultant de l'incertitude de la durée de vie. Pour une présentation de ces modèles, voir ARRONDEL L. et MASSON A., « Le patrimoine et ses logiques d'accumulation », *in* SUPIOT A. (dir.), *Tisser le lien social*, Paris, Éditions de la Maison des sciences de l'homme, 2004, p. 253-273.

25. LELIÈVRE E., « Cycle de vie », *in* SEGAUD M., BRUN J. et DRIANT J.-C. (dir.), *op. cit.*, 2002, p. 99-100.

Ce faisant, la critique des injustices se déplace des conditions de satisfaction des besoins à l'allocation des aides. Alfred Sauvy s'indignait de ces jeunes ménages qui occupent de grands logements, sans pour autant s'inscrire dans la perspective de faire des enfants[26]. Il proposait ainsi des mesures fiscales à même de corriger ces effets, pour que la distribution des logements soit conforme à leur peuplement. Ce principe de bonne distribution se lit également dans les travaux sur les besoins en logements des années 1960. À défaut d'une « mobilité parfaite » des ménages – hypothèse que ces « techniciens » jugeaient « parfaitement irréaliste » – pour assurer cette répartition souhaitable des logements, il faut introduire dans le calcul des besoins en logement une certaine dose de sous-peuplement et modifier par conséquent la structure du parc au profit des grands logements[27]. La « répartition souhaitable » des logements était donc ordonnée de manière privilégiée par l'adéquation entre le type du logement et la taille du ménage.

Dans le rapport de la commission Barre, le gaspillage que représente un logement sous-occupé n'entraîne plus l'indignation. Ce sont en revanche les rentes de situation conférées aux locataires « aisés » habitant un logement aidé qui sont dénoncées. Dans une section portant sur la justice du système de financement, le rapport Barre dénonce ainsi les avantages indûment accordés : des disparités de taux d'effort ne s'expliquant pas par la situation financière du ménage mais par le type de logement occupé, des ménages bénéficiant d'un service quasiment « gratuit » alors qu'ils disposent d'un capital ou de capacités d'emprunt. Les « locataires aisés vivant dans des immeubles HLM anciens ou des appartements encore soumis à la loi du 1er septembre 1948[28] » témoignent de l'injustice d'un système de financement qu'il convient de réformer. Aussi, une des ambitions de la réforme de 1977 est de mettre fin à ces « rentes de situation » et de lier les aides à la solvabilité du ménage, en prenant appui sur des mesures économétriques de l'efficacité relative des « aides à la personne », versées directement aux ménages, et des aides « à la pierre », finançant directement la construction[29]. La réforme des financements du logement de 1977 n'entérinera finalement pas la suppression des aides à la pierre. Elle inscrit en revanche le logement social en tant qu'étape dans une trajectoire, dont l'horizon est la sortie du système d'aides publiques. Elle appelle de ce fait nécessairement la spécialisation du parc social, saisi dès lors davantage par ses qualités de logement « aidé » que de logement « moderne et confortable ».

---

26. SAUVY A., art. cité, 1946, p. 450.
27. COMMISSARIAT GÉNÉRAL DU PLAN, *op. cit.*, 1970, p. 22.
28. *Rapport de la commission d'étude ...*, *op. cit.*, 1976, p. 14.
29. Concernant les modèles économétriques mobilisés et, plus généralement, l'institution et le fonctionnement de la commission Barre : voir BOURDIEU P. et CHRISTIN R., art. cité, 1990.

Des trajectoires résidentielles aux parcours biographiques

Au cours des années 1980, un ensemble de travaux vont dresser une analyse des parcours biographiques en matière de logement. Il s'agit tout d'abord des enquêtes menées pour développer de nouvelles approches de la pauvreté, qui vont passer progressivement d'un questionnement sur la mesure des inégalités à une analyse biographique des situations d'exclusion. À la fin des années 1970, l'Insee est chargé de concevoir des enquêtes qui doivent permettre d'aller au-delà de l'enregistrement régulier d'une amélioration générale des conditions de logement. L'objectif est de décrire, en vue de comparaisons européennes, la manière dont des inégalités persistent dans des pays développés, et de caractériser des états de « pauvreté relative » dans ces pays. Ceux-ci sont définis non selon un seuil de pauvreté absolue, mais en tant qu'exclusion des conditions de vie jugées normales au sein d'un pays donné. Sous le coup de la montée du chômage, ces enquêtes vont progressivement s'orienter vers la compréhension des processus qui conduisent des catégories de populations fragilisées à basculer vers un état d'exclusion[30].

En 1975, un groupe de travail « Hauts et bas revenus » du Conseil national de l'information statistique (CNIS) préconise de recueillir des indications de mauvaises conditions de vie pour « savoir dans quelle mesure les diverses "pauvretés" se cumulent sur les mêmes personnes[31] ». Ces recommandations aboutiront à la mise en place de l'enquête « Situations défavorisées ». Réalisée une première fois en 1978 et 1979, cette enquête par échantillon visait à documenter « une approche multidimensionnelle des pauvretés (ou des richesses)[32] ». Le logement constituait l'une des dimensions de cette enquête, saisi à travers l'étude des « mal-logés », dans le prolongement des demandes de la Commission de l'habitation du VIe Plan évoquées précédemment. Le croisement de cette dimension avec d'autres inégalités visées par cette enquête a donné lieu à des constats sur la forte corrélation observée entre revenu, patrimoine et confort du logement ou la moindre corrélation observée entre ces indicateurs et la santé ou l'isolement familial. La deuxième édition de cette enquête, menée en 1986 et 1987, affirme une autre ambition, présentée comme l'originalité de cette seconde enquête. Il s'agit, à partir d'une approche biographique, de décrire des processus et la manière dont s'enchaînent les situations : « On recueillera donc, lors de l'interview des personnes, des renseignements détaillés sur leur biographie, de manière à éclairer, le cas échéant, leurs difficultés présentes, en

30. THOMAS H., *La production des exclus. Politiques sociales et processus de désocialisation socio-politique*, Paris, PUF, 1997.
31. Cité *in* MARPSAT M. et FIRDION J.-M., *op. cit.*, 2000, p. 6.
32. BORKOWSKI J.-L., CHARRAUD A., CHOQUET O. et LEMEL Y., « La construction d'indicateurs par dimensions de pauvreté à partir de l'enquête "Situations défavorisées" », *Courrier des statistiques*, n° 24, 1982, p. 49.

essayant même, s'il se peut, de déceler leur origine principale et la nature de leur processus de développement[33]. »

Au cours des années 1980, les sciences sociales sont par ailleurs convoquées dans le cadre de programmes de recherches pour analyser les mobilités résidentielles. L'attention se porte par conséquent sur des mobilités moins déterminées, et inscrites dans des empans temporels plus courts, dans une tension critique avec des modèles de trajectoires jugés inaptes à saisir la diversité des situations. Au niveau de la commande publique de recherche, des programmes vont être développés pour analyser de manière plus fine les comportements résidentiels des ménages. Un séminaire de recherche est organisé en 1988 conjointement par l'Ined, le ministère de l'Équipement et le plan Construction pour travailler sur les statuts résidentiels, en intégrant une approche intergénérationnelle[34]. Au sein de l'Ined, des enquêtes vont être développées pour étudier à grande échelle des trajectoires familiales et résidentielles, en intégrant à la fois le rôle des flux patrimoniaux et des histoires familiales[35]. Contre les réductions opérées par les modèles économiques du cycle de vie, ces travaux montrent la diversité des trajectoires et leur dépendance à des pratiques sociales et à une histoire familiale[36]. Ils vont décrire des dynamiques d'ancrage dans un espace donné, mais aussi l'inscription de cet espace dans un réseau familial et amical où se règlent des jeux de distance et de proximité[37].

D'autres travaux vont par ailleurs mettre l'accent sur des séquences de vie spécifiques. L'allongement de la durée de vie, les changements intervenus dans les comportements matrimoniaux contestent la pertinence des modèles retenus pour décrire le cycle de vie des ménages. Ces travaux ont porté sur le recul de l'âge à la décohabitation des jeunes du domicile de leurs parents[38], sur l'impact

33. Borkowski J.-L., « Étude des conditions de vie : une enquête sur le cumul des inégalités », *Courrier des statistiques*, n° 40, 1986, p. 49.

34. Voir notamment Bonvalet C., Gotman A. et Grafmeyer Y. (dir.), *Le logement : une affaire de famille. L'approche intergénérationnelle des statuts résidentiels*, Paris, L'Harmattan, 1993.

35. Nous renvoyons par exemple à l'enquête réalisée par Claudine Attias-Donfut en 1992 dans le cadre de la Caisse nationale d'assurance vieillesse (CNAV), avec le soutien de l'Insee, intitulée « Trois générations », ainsi qu'à l'enquête « Proches et parents » menée cette fois à l'Ined : Bonvalet C., Maison D., Le Bras H. et Charles L., « Proches et parents », *Population*, n° 1, 1993, p. 83-110.

36. Bonvalet C., « Sociologie de la famille, sociologie du logement. Un lien à redéfinir », *Sociétés contemporaines*, n° 25, 1997, p. 25-44.

37. Bonvalet C., Gotman A. et Grafmeyer Y. (dir.), *La famille et ses proches. L'aménagement des territoires*, Paris, PUF/Ined, 1999.

38. Galland O., « Formes et transformations de l'entrée dans la vie adulte », *Sociologie du travail*, n° 1, 1985, p. 32-52 ; Godard F. et Blöss T., « Décohabitation juvénile : stratégies juvéniles et conjoncture de l'existence », *in* Bonvalet C. et Fribourg A.-M. (dir.), *Stratégies résidentielles*, Paris, Ined/PCA/MELT, 1990, p. 205-222 ; Godard F., Blöss T. et Frickey A., « Cohabiter, décohabiter, recohabiter : itinéraires de deux générations de femmes », *Revue française de sociologie*, n° 31, 1990.

du divorce et des séparations en matière de logement[39], sur les arbitrages opérés au moment de la retraite[40]. La prise en compte de trajectoires moins linéaires tient à la fois aux transformations de la famille, mais aussi à une mise en évidence, de la part des chercheurs, de la complexité des parcours et de leur diversité, que les modèles de « cycle de vie » des ménages sont inaptes à saisir.

Ces travaux convergent vers une analyse sociologique des choix résidentiels. Les approches économiques des choix résidentiels visent à établir les qualités des biens auxquels aspirent, sous contrainte de revenu, les ménages, en termes de statut d'occupation, de caractéristiques des biens immobiliers et de localisation. Ces travaux sociologiques vont situer l'analyse des choix résidentiels dans un ensemble de « contraintes » plus larges, qui délimitent l'espace des possibles pour différentes catégories de ménages. Ces contraintes relèvent des ménages eux-mêmes, dans la mesure où la délimitation de ces possibles varie selon les âges et les milieux sociaux. Mais elles découlent également d'un contexte économique et de politiques publiques, qui viennent également définir l'espace des possibles ouverts à ces différentes catégories de ménages[41].

Réguler les marchés : neutralité des aides et inanité des controverses sur le « droit à l'habitat »

Cette articulation entre choix résidentiels et statuts d'occupation du logement est alors centrale dans les questionnements relatifs au fonctionnement des marchés du logement et leur régulation. À partir des années 1980 et du diagnostic de crise porté par les gouvernements successifs, une nouvelle conception des marchés du logement et de leur caractère concurrentiel s'impose dans les documents liés à la planification. Dans les travaux des commissions qui, pour les IXe (1984-1988) et Xe Plans (1989-1992), sont consacrés au financement du logement, la concurrence n'est plus avancée comme vecteur des transformations souhaitables pour conforter la qualité et la diversité des biens produits. Elle figure désormais comme « contrainte », à travers la concurrence entre différents types de placements financiers. Le logement doit rester un placement attractif, afin de capter l'épargne et l'investissement des ménages et d'assurer ce faisant le financement du logement. Pour parvenir à un état d'équilibre et permettre aux ménages d'exercer leurs choix résidentiels, l'État doit agir sur l'ensemble des segments des marchés et mettre en place des mécanismes à même de drainer l'épargne et les investissements vers le financement du logement.

39. FESTY P., « Statut d'occupation du dernier domicile conjugal et mobilité résidentielle à partir de la séparation », *Transformations de la famille et habitat*, Paris, Ined/DREIF/MELT, 1988, p. 95-106.

40. CRIBIER F. et KYCH A., « La migration de retraite des Parisiens : une analyse de la propension au départ », *Population*, n° 3, 1992.

41. Pour une synthèse des ces travaux et un bilan des approches économiques et sociologiques des choix résidentiels, voir AUTHIER J.-Y., BONVALET C. et LÉVY J.-P. (dir.), *Élire domicile. La construction sociale des choix résidentiels*, Lyon, PUL, 2010.

Dans une certaine mesure, ces travaux reprennent donc l'option de la réforme de 1977, et entérinent le libre jeu d'acteurs diversifiés intervenant sur un marché. C'est davantage le fait qu'elle se soit basée sur des hypothèses économiques qui se sont avérées erronées que critiquent ces rapports. Le bilan de la réforme de 1977 est appréhendé depuis le diagnostic formulé à travers la politique de « rigueur » adoptée en mars 1983 : instabilité sur les marchés financiers, fuite des capitaux et forte montée des taux d'intérêts, tels sont les scénarios qui n'avaient pas été anticipés et qui ont conduit à une baisse du nombre de logements construits. Dans le même temps, le montant des aides personnelles au logement a considérablement augmenté. Aussi, ces rapports pointent des inquiétudes quant à l'existence de déséquilibres locaux importants, provenant d'une offre insuffisante de logements, tout en indiquant que l'effort budgétaire de l'État a atteint ses limites du fait de la progression des aides à la personne[42]. Ceci ne conduit pas pour autant à remettre en cause les principes de la réforme de 1977. Dans son prolongement, les investisseurs privés et les établissements de crédit sont appelés à prendre une part active dans la couverture des besoins et le financement du secteur.

Dans le même temps, des oppositions structurant les controverses politiques des décennies précédentes sont déclarées obsolètes. En plaçant comme « composante fondamentale du droit au logement » la « faculté de choisir le mode d'usage et les caractères essentiels du logement que l'on veut occuper », le rapport du groupe de travail sur le financement du logement de 1983 fait encore référence à la valeur accordée à la propriété par la réforme de 1977. La revendication d'un « droit à l'habitat », dans le contexte des débats politiques de la fin des années 1970, fait en effet sens dans une alternative entre accession à la propriété et politique du logement social[43]. L'essentiel de la critique portée par le parti socialiste à la réforme des politiques du logement de 1977 portait sur la revendication d'un « droit à l'habitat » et d'une « liberté de choix », renvoyant à la défense de l'habitat HLM et à des revendications en faveur de l'autogestion dans l'habitat. Furent ainsi critiquées des mesures par lesquelles les HLM voyaient « leur rôle confiné dans un habitat dit "social", dont le poids relatif diminuait progressivement et dont la médiocrité traduisait bien sur le terrain sa fonction réelle[44] ».

Le rapport de 1991 considère désormais cette controverse comme vaine. Ce rapport sur le financement du logement est rédigé entre mars et juillet 1991, sous la présidence de Daniel Lebègue, alors directeur général de la Banque nationale de Paris. Il répond à la commande qui lui a été faite par le Premier

42. COMMISSARIAT GÉNÉRAL DU PLAN, *Rapport du groupe de travail « Financement du logement », préparation du IXe Plan (1984-1988)*, Paris, La Documentation française, 1983.
43. Voir notamment PARTI SOCIALISTE, *Logement. L'autre politique*, Paris, Club socialiste du livre, 1981.
44. *Ibid.*, p. 57.

ministre, Michel Rocard, sur la recherche d'« un équilibre entre les secteurs de propriété d'occupation, du locatif privé et du locatif social[45] ». L'introduction de ce rapport est consacrée à l'évocation de débats désormais dépassés :

> « Cette recherche d'un juste équilibre a guidé les travaux de la Commission. Le temps n'est plus où l'on pouvait dissocier dans le diagnostic et les politiques, les propriétaires et les locataires, le logement social et le logement privé, les aides publiques au logement et l'épargne des ménages. Aujourd'hui, chacun sait bien qu'en dépit d'une segmentation sans doute excessive entre ses divers secteurs, le marché immobilier est une entité économique unique. Toute pénurie globale de logements finit toujours par pénaliser les plus défavorisés. *A contrario*, toute augmentation de l'offre de logements dans l'un des quelconques de ces secteurs se traduit généralement, à la suite d'une série de mutations, par une amélioration des conditions de logement des ménages les plus modestes[46]. »

Pour enrayer la baisse de la construction neuve qui inquiète alors, l'effort doit par conséquent être porté vers l'ensemble des segments du marché immobilier. Dans un contexte de concurrence accrue sur les marchés financiers, chacun d'entre eux doit pouvoir trouver les ressources appropriées, qu'il s'agisse de l'accession à la propriété d'occupation, de l'investissement locatif privé, ou du parc locatif social. Cet équilibre entre différents segments doit permettre un développement harmonieux des villes, la réponse aux besoins des plus défavorisés, et la satisfaction de la demande en logement des ménages solvables. C'est par conséquent depuis une grammaire politique libérale que cette controverse est déclarée vaine, c'est-à-dire une grammaire selon laquelle l'action publique doit rejeter toute définition des fins susceptibles d'être poursuivies par des individus. La « liberté de choix » renvoyait, dans le rapport précédent, à une valorisation du logement social comme vecteur d'extension d'un habitat de qualité accessible à chacun. Elle renvoie désormais à un arbitrage entre différentes options, correspondant à des segments de marché et à leur financement.

Dans cette perspective, le rapport du groupe de travail sur le financement du logement de 1991 insiste sur la nécessaire neutralité que doivent avoir les aides publiques vis-à-vis des différents segments des marchés du logement. L'achat dans le neuf ne saurait être plus favorisé que celui dans l'ancien. Les différentes réglementations qui s'appliquent aux loyers et ont des incidences sur leurs montants n'apparaissent pas plus justifiées. Ces différences, attachées à un type de logements du fait de sa réglementation plutôt qu'à la situation économique de leurs occupants, apparaissent comme le résultat d'un processus de sédimentation passif, imposant une remise à plat. L'action publique doit être neutre vis-à-vis

45. COMMISSARIAT GÉNÉRAL DU PLAN, *Financement du logement. Rapport de la commission présidée par M. Daniel Lebègue*, Paris, La Documentation française, 1991, p. 3.
46. *Idem*.

des différents types de segments du marché immobilier. Elle doit garantir que les ménages puissent bien se porter vers les biens dont ils ont besoin ou qui correspondent à leurs aspirations. Cette capacité de choix est rabattue dès lors sur une capacité de mobilité, entendue comme exercice de cette liberté de choix. De ce fait, c'est comme freins à la mobilité que sont posées les distorsions introduites par les aides et réglementations qui privilégient un segment du parc immobilier plutôt qu'un autre.

Pour favoriser le développement d'un marché actif et diversifié, les aides publiques doivent inciter les agents actifs sur différents segments de ces marchés. Dans ce cadre, l'aide à l'accession à la propriété comme les mesures en faveur de l'investissement locatif privé doivent orienter l'épargne et l'investissement vers le financement des logements. Aussi le soutien à l'investissement locatif privé par le biais d'incitations fiscales peut être justifié. Les logements ainsi financés viendront alimenter une offre et, par une série de mobilités, améliorer les conditions de ménages les plus modestes qui prendront les logements ainsi libérés[47]. Ces logements n'ont pas forcément à être destinés à des populations ayant des difficultés à se loger, dans la mesure où, par effet de chaîne supposé, la construction d'un logement viendra atténuer les tensions sur un marché. Ce postulat sera largement tenu pour acquis. Des dispositifs fiscaux destinés à drainer l'épargne de ménages pour financer du logement locatif privé seront mis en œuvre par tous les gouvernements à partir de 1984, avec des modalités distinctes selon les gouvernements qui se sont succédé sur les contreparties posées à l'octroi de ces aides en termes d'occupation sociale des logements ainsi financés[48].

Cet appel au secteur privé n'est pas propre aux années 1980. Dans les documents de planification que nous avons consultés, l'engagement direct de l'État dans la construction était, dès la fin des années 1960, posé comme un correctif temporaire, dans l'attente du retour à un équilibre de marché. La spécificité doit être recherchée dans la caractérisation de ce marché et le principe de coordination valorisé : de garant d'une coordination de nature industrielle en vue d'une production à même de satisfaire les besoins en logement, l'État devient le garant d'une coordination caractérisée selon un principe marchand, tablant sur les anticipations d'agents économiques pour réguler ces marchés. Ce faisant, nous partageons en partie les critiques formulées par Julie Pollard quant au diagnostic d'un tournant libéral qui se traduirait par un retrait de l'État[49]. Plus que le

47. *Idem.*
48. Ces dispositifs sont destinés à des investisseurs privés, bénéficiant de réductions d'impôts pour l'achat d'un bien destiné à être loué. Ils doivent permettre de capter l'épargne de ces ménages et de soutenir la promotion privée, qui bénéficie indirectement de cette aide. Les premiers dispositifs d'aide à l'investissement locatif sont créés en 1984 sous l'impulsion de Paul Quilès, ministre socialiste de l'Équipement. Ils occuperont toutefois une part marginale jusqu'en 1996 (voir Pollard J., art. cité, 2010, p. 323-339).
49. *Ibid.*

désengagement de l'État, il faut en effet pointer son engagement actif à promouvoir d'autres formes de régulation.

Fluidifier les marchés : lever les freins à la mobilité

Nous nous intéresserons pour finir aux productions des instances qui furent créées après la disparition du Commissariat général au plan. En 2006, le Commissariat général au plan est en effet remplacé par la création du Centre d'analyse stratégique et du Conseil d'analyse économique. Ces changements institutionnels sont la conséquence des remises en cause de la planification. La lettre de mission du Premier ministre, confiant à l'ancienne commissaire au plan le soin d'opérer cette transition, souligne ainsi les mérites passés de « la logique de planification » portée par le Commissariat général au plan depuis 1946, pour en signifier l'obsolescence : elle n'est « plus adaptée aux caractéristiques d'une économie ouverte et d'une société complexe[50]. » Ces deux institutions, sous tutelle du Premier ministre, sont appelées à fournir des expertises pour éclairer les choix de l'action gouvernementale.

Parmi les travaux réalisés par ces instances, nous nous sommes intéressés aux produits des groupes de travail constitués au Centre d'analyse stratégique en 2008 pour établir une réflexion prospective à l'horizon 2025. Nous avons également pris en compte les travaux du Conseil d'analyse économique portant sur le logement. Nous y verrons le déploiement de nouveaux cadres théoriques appelés à se saisir des questionnements relatifs au logement. Nous envisagerons les déplacements opérés par des approches qui se réfèrent aux notions de parcours de vie et de capacités, tout en opérant la synthèse de ces travaux dans le cadre théorique des approches économiques en termes de capital humain. Les comportements ainsi délimités ne visent plus une entité autonome arbitrant en fonction de la qualité du logement ou entre consommation et épargne : le logement et l'habitat ne valent que comme contexte de rendements futurs sur le marché de l'emploi. Plus généralement, nous verrons comment ces travaux valorisent une mobilité qui consiste dès lors à mettre les biens et les personnes dans un état de disponibilité à l'ajustement marchand. Il ne s'agit pas de définir différentes options entre lesquelles choisir sur les marchés du logement, mais de mettre des individus et des organisations en état de réagir à des signaux de prix et de saisir des opportunités pour assurer un fonctionnement efficace et optimal des marchés.

---

50. Services du Premier ministre, *Lettre de mission du Premier ministre à la future directrice générale du Centre d'analyse stratégique*, *in* Centre d'analyse stratégique, « L'espace presse. Communiqués de presse », [http://www.strategie.gouv.fr/content/lettre-de-mission-du-premier-ministre-la-future-directrice-generale-du-centre-d%E2%80%99analyse-stra] (page consultée le 13 août 2013).

Parcours de vie et capital humain

Le Conseil d'analyse stratégique a rendu public les conclusions des différents groupes de travail mis en place en 2008, chargés d'engager une démarche prospective à l'horizon 2025. Le logement et l'habitat y ont été traités par le groupe de travail « vivre ensemble[51] ». Ce groupe de travail est présidé par Jean-Paul Fitoussi, économiste, et coordinateur, à la même époque, de la Commission sur la mesure de la performance économique et du progrès social, créée également en 2008[52]. Le groupe de travail ainsi constitué rassemblait une vingtaine de personnes, dont une très forte majorité d'universitaires[53]. C'est donc une autorité académique qui est convoquée, le pluralisme de ce groupe de travail reposant essentiellement sur la diversité des disciplines convoquées. On peut par conséquent, pour ce groupe de travail, faire un constat similaire à celui que Thomas Angeletti dresse pour le Conseil d'analyse économique[54], en soulignant, en rupture avec le fonctionnement des groupes de travail du Commissariat au plan, l'absence de représentation des groupes professionnels.

Le rapport est organisé en trois parties, déclinant à chaque fois des constats et des scénarios prospectifs : la première concerne le modèle européen, la deuxième le modèle national et la troisième le modèle sociospatial.

Concernant le modèle national, après une description d'un ensemble d'inégalités, sont dégagés deux scénarios néfastes et une perspective valorisée. Le premier scénario à éviter est celui d'une « société fixiste » dans son modèle de gestion de la main-d'œuvre, associée à l'incapacité d'un modèle social à se réformer, entraînant « la naissance comme destin ». Le deuxième scénario, à éviter également, renvoie à la « guerre des générations », caractérisée par un conflit entre les générations ayant bénéficié de l'État providence et les cohortes de la « génération sacrifiée ». Sont thématisés ainsi les maux d'une société bloquée soit par un « modèle social » soit par les positions acquises par d'autres générations, en opposition à une société ouverte dans laquelle les destins des individus ne seraient pas *a priori* déterminés. Le troisième scénario en appelle à une nouvelle forme de régulation, développée dans les sections suivantes.

51. CENTRE D'ANALYSE STRATÉGIQUE, *France 2025 – Diagnostic stratégique. Rapport du groupe de travail « Vivre ensemble »*, Paris, CAS, 2008.
52. Cette commission, dite « commission Stiglitz » devait permettre l'élaboration de nouveaux indicateurs de richesse. Elle associait un groupe d'experts internationaux autour des figures majeures de Joseph Stiglitz et d'Amartya Sen.
53. Ce groupe comporte ainsi, par ordre d'importance numérique, des économistes, des sociologues, des philosophes, puis un géographe, une psychologue, un politiste, une chercheuse en études cognitives et un architecte enseignant en école d'architecture. Le poids des « acteurs sociaux » est particulièrement limité, avec la présence de deux membres du MEDEF et d'un du syndicat FSU. Il en est de même des membres des administrations, qui ne sont présents qu'au nombre de deux.
54. ANGELETTI T., « (Se) rendre conforme. Les limites de la critique au Conseil d'analyse économique », *Tracés*, n° 17, 2009, p. 55-72.

Celle-ci passe par une régulation du parcours de vie devant s'inscrire « dans une stratégie plus globale de valorisation du capital humain ». C'est donc dans ce cadrage problématique qu'est restituée la synthèse des constats dressés en matière d'inégalités et d'évolutions des parcours biographiques.

Concernant les scénarios prospectifs sur l'urbain, la ségrégation sociospatiale constitue une inquiétude majeure. Pour figurer les maux que l'action publique doit prévenir et établir des scénarios prospectifs, ce rapport fait référence aux travaux d'Éric Maurin et de Jacques Donzelot[55]. Le problème lié à la ségrégation spatiale est défini comme « hystérésis spatiale ». Ce terme a été plus longuement développé dans un rapport présenté au Conseil d'analyse économique[56], également dirigé par Jean-Paul Fitoussi. Cherchant à définir l'ombre portée sur un territoire par les effets conjoints du chômage de masse et de la ségrégation urbaine, ce terme vise à décrire un processus de perte de capacité, de mobilité ou d'information des chômeurs, qui perdure au-delà de la disparition de ses causes. Le territoire figure ainsi comme facteur influant de manière positive ou négative la valorisation des compétences individuelles. L'habitat est un contexte social et culturel de proximité ayant des effets sur la mise en valeur des compétences, appréciée en termes de réussite scolaire, de valorisation des diplômes obtenus sur le marché de l'emploi ou de perte de capacités des chômeurs. La situation résultant de ces processus conduit à des équilibres inefficaces, « en ce qu'elle s'accommode d'un sous-emploi durable, et même cumulatif, de forces productives[57] ».

55. L'ouvrage d'Éric Maurin (MAURIN É., *Le ghetto français. Enquête sur le séparatisme social*, Paris, Éditions du Seuil, coll. « La République des idées », 2004), à la différence des travaux de Jacques Donzelot, s'inscrit dans les approches économiques en termes de capital humain. La tonalité de l'ouvrage fait signe aux travaux de Pierre Bourdieu, qui ne figure pas toutefois parmi les références citées. Il s'ouvre ainsi par la dénonciation de la « misère » de zones déshéritées, du « verrouillage général, durable et silencieux des destins sociaux » au sein d'un espace qui est le « théâtre sur lequel chaque groupe s'évertue à fuir ou à contourner le groupe immédiatement inférieur dans l'échelle des difficultés » (*ibid.*, p. 6). Toutefois, ces stratégies distinctives sont placées au principe des processus de ségrégation et des inégalités que l'action publique devrait corriger, les différences de performance des enfants à l'école ou les difficultés des jeunes adultes à accéder à l'emploi étant expliquées par les effets du voisinage. Jacques Donzelot développe quant à lui une approche critique des politiques de la ville, appelant à « élever la "capacité de pouvoir" des gens sur leur vie » et « à faciliter leur mobilité dans la ville ». Si cette approche permet des compromis avec les approches en termes de capital humain, cette « capacité de pouvoir » ne se limite pas aux seules perspectives de rendements futurs d'un individu en titres scolaires ou en revenu. Elle vise également une émancipation politique que permettrait la ville comme lieu de flux et d'échange, et l'action effectuée par des « *community builders* » réunissant et rapprochant des personnes sur un quartier autour d'objectifs communs (DONZELOT J., MÉVEL C. et WYVEKENS A., *Faire société, la politique de la ville aux États-Unis et en France*, Paris, Éditions du Seuil, 2003 ; DONZELOT J., *Quand la ville se défait. Quelle politique face à la crise des banlieues ?*, Paris, Éditions du Seuil, 2006, p. 156).

56. FITOUSSI J.-P. (dir.), *Ségrégation urbaine et intégration sociale*, Paris, La Documentation française/CAS, 2004.

57. *Ibid.*, p. 66.

Les solutions préconisées par ce rapport pour réguler les marchés du logement partent du constat d'une crise de l'offre locative : l'offre de logements locatifs accessibles aux ménages les plus modestes est trop faible, du fait de l'insuffisante construction de logements sociaux et de la raréfaction du « parc social de fait[58] ». Ce constat d'une crise de l'offre locative est avant tout une invalidation de la « demande » en maisons individuelles en accession à la propriété. Consommatrices d'espace et éloignées des zones d'emplois et de services, elles ont le désavantage de lester la mobilité de leurs habitants, sachant que les propriétaires sont moins enclins que les locataires à la mobilité. Aussi les leviers d'action proposés ne concernent pas les moyens d'accroître une offre de logements locatifs accessibles, mais se consacrent aux moyens d'accroître la mobilité. Les réglementations des rapports locatifs induiraient des difficultés d'entrée, puis une stabilité des locataires, « figeant » ainsi leurs parcours résidentiels. De nouvelles pistes doivent être recherchées pour assurer une « flexicurité » des locataires. Une deuxième proposition vise à mettre fin à la « dichotomie » entre logement locatif social et privé en attachant la qualification de « logement social » à son occupant, quel que soit le type de logement occupé, et non plus à un type de logements, déterminé par son financement.

Cette mobilité doit donc permettre la fluidité assurant le fonctionnement efficace des marchés du logement. Par rapport aux documents jusque-là étudiés, la mobilité valorisée ici renvoie à un impératif d'ajustement marchand, appelant à freiner ces ajustements par la propriété d'une maison ou par des réglementations risquant de freiner ces mobilités.

Le déplacement proposé par ce rapport fait écho au déplacement préconisé par Amartya Sen dans les théories de la justice. Ce déplacement suppose le passage d'une conception de la justice qui s'appuie sur la notion de « biens premiers », telle que l'a formulée John Rawls, à des conceptualisations qui mettent en avant la notion de « capacités », telle qu'elle découle des travaux d'Amartya Sen[59]. Il ne s'agirait pas de garantir l'accès le plus large à des libertés formelles, des revenus ou des ressources, mais à des « capacités », ce qui suppose une attention à ce que les individus sont réellement capables de faire des revenus, ressources ou libertés qui leur sont garantis. Toutefois, associée à des théories économiques en termes de capital humain, la délimitation des capacités susceptibles d'être valorisées tend à être réduite aux seules perspectives de valorisation des compétences d'un individu sur le marché de l'emploi. Nous rejoignons par conséquent la critique portée par J. De Munck sur la manière de « ne pas mener une politique des capacités[60] », par des politiques et

58. C'est-à-dire un parc de logements locatifs privés souvent inconfortables et, de ce fait, bon marché.
59. Sen A., *L'économie est une science morale*, Paris, La Découverte, 2003.
60. De Munck J., « Qu'est-ce qu'une capacité ? », *in* De Munck J. et Zimmermann B. (dir.), *La liberté au prisme des capacités. Amartya Sen au-delà du libéralisme*, Paris, Éditions de l'EHESS, coll. « Raisons pratiques », 2008, p. 44.

des cadres théoriques qui revendiquent ce même déplacement, tout en réduisant les « capacités » devant être garanties aux personnes aux schémas utilitaristes que ces approches entendaient dépasser. Dans des approches économiques qui s'en réfèrent au capital humain, la forme que prend l'expérience ne vaut que « rapportée à son influence sur la carrière future[61] » des individus. C'est sur ce fond que s'analyse la question des territoires ségrégés, en tant qu'effets du territoire sur la capacité des chômeurs à se porter vers l'emploi, ou sur les rendements futurs attendus d'un individu de ses investissements en formation. Ce faisant, c'est également la nature des inégalités qu'il convient de résorber qui se trouve modifiée. L'objectif n'est pas d'apprécier l'amélioration relative des conditions d'existence de certaines catégories de la population. Il s'agit de s'inquiéter du degré d'ouverture des sociétés et des chances d'ascension individuelle permises, en compensant les situations initiales trop dégradées.

Libérer la demande et activer le parc social

Nous nous intéresserons désormais à un rapport produit par le Conseil d'analyse économique sur le marché du logement. Ce rapport a fait l'objet d'une commande publique et a été présenté à la ministre ayant en charge le Logement en 2008. Sa rédaction est par ailleurs concomitante aux travaux engagés dans le cadre de la Révision générale des politiques publiques (RGPP). Il ne vise pas à proposer une réponse à la ségrégation urbaine et la constitution de ghettos. Comme le signalent ses auteurs, il doit répondre à des questionnements beaucoup plus classiques : le logement des « classes moyennes », c'est-à-dire « en termes économiques, de la demande solvable[62] ». Il donne par conséquent, conformément aux fonctions attribuées aux CAE, les gages d'une expertise réalisée par des économistes indépendants[63], se prononçant sur l'opportunité d'un

61. Thévenot L. et Monso O., « Les questionnements sur la société française pendant quarante ans d'enquêtes Formation et qualification professionnelle », *Économie et statistique*, n° 431-432, 2010, p. 13-36, ici p. 22.

62. Mistral J. et Plagnol V., *Loger les classes moyennes. La demande, l'offre et l'équilibre du marché du logement*, Paris, Conseil d'analyse économique, 2008, p. 33, p. 12. Le Conseil d'analyse économique élabore des rapports soit par autosaisine, soit à la demande des pouvoirs publics. Le rapport que nous abordons ici s'inscrit dans une commande publique, et a été présenté à la ministre ayant en charge le Logement en 2008.

63. Le Conseil d'analyse économique, tel que le positionnement de cette instance a été défini en 1997 lors de sa création, doit constituer un espace de confrontation et de dialogue, rassemblant les différents courants de la pensée économique. Il dispose de ce fait d'une légitimité essentiellement disciplinaire et académique qui permet, selon Thomas Angeletti, de justifier une spécificité de ce conseil par rapport à ceux qui l'avaient précédé, à savoir l'absence des partenaires sociaux. Cette instance de conseil au Premier ministre organise donc une expression pluraliste, restreinte dans la définition même de cette instance à un pluralisme propre aux positionnements professionnels et intellectuels des économistes. Sur les autres formes de limitations de cette expression pluraliste et contradictoire, liées à la composition de cette instance, voir Angeletti T., art. cité, 2009.

ensemble de mécanismes d'intervention. Les propositions de ce rapport visent essentiellement le financement de l'accession à la propriété et la modernisation du logement social. Il ne fait pas, à la différence du rapport précédent, de la réforme du secteur locatif la clé des interventions, mais discute l'ensemble des mécanismes d'intervention existant et les objectifs gouvernementaux en matière de logement. Les questions étudiées diffèrent, mais les transformations à engager sont énoncées en vertu des mêmes principes que dans le rapport précédent, à savoir lever les obstacles à la mobilité et assurer ainsi un fonctionnement optimal des marchés.

Ce rapport dresse en premier lieu des constats sur les déséquilibres entre offre et demande. Les ménages manifesteraient toujours une préférence pour la maison individuelle, mais l'élévation des prix immobiliers augmente le nombre de ménages qui ne peuvent plus accéder à la propriété. Du côté de l'offre, ce rapport pointe le ralentissement de la construction de logements sociaux et le fait que les mécanismes fiscaux favorisant l'investissement locatif ont, dans l'ensemble, conduit à la constitution d'une offre inadaptée[64]. Aussi, le rapport dégage deux axes d'intervention. Sous contrainte de rareté de la ressource budgétaire, il faut réfléchir, à « périmètre constant », à des dispositifs qui permettent de libérer l'expression de la demande solvable, mais aussi à des formes de régulation des marchés plus ajustées.

Pour libérer l'expression de la demande solvable, ce rapport préconise de relancer les réflexions sur l'extension des mécanismes de crédits hypothécaires. Le constat est fait d'une dépendance des financements de l'accession à la propriété aux fluctuations des marchés financiers, celles-ci laissant présager une remontée des taux d'intérêts et, par conséquent, un renchérissement du crédit. Il ne s'agit pas d'instaurer des circuits de financements protégés pour le développement de l'accession à la propriété. Il faut au contraire chercher à « réintroduire des facteurs de concurrence, une certaine libéralisation des marchés, un rôle accru des financements privés[65] », tout en mettant en place de nouvelles formes de régulations.

De ce point de vue, les solutions trouvées jusque-là par les organismes bancaires et le gouvernement pour faire face au renchérissement des prix ne peuvent être que « conjoncturelles[66] ». Le crédit hypothécaire doit permettre de résoudre ce problème en favorisant l'accès au crédit, tout en présentant par ailleurs l'avantage de ne pas placer les acquéreurs « dans une situation qui inter-

64. Ce rapport indique que ces mécanismes fiscaux auraient conduit, le plus souvent, à la construction d'immeubles collectifs dans des secteurs où la demande se portait essentiellement sur des maisons individuelles et, plus généralement, à la construction de logements en dehors des secteurs à marchés tendus, ne remédiant pas aux déséquilibres existants, voire en les créant localement.

65. MISTRAL J. et PLAGNOL V., *op. cit.*, 2008, p. 12.

66. Ces solutions consistaient d'une part en l'allongement des durées d'endettement et en diverses mesures destinées à encourager l'accession à la propriété.

dit de fait toute mobilité[67] ». Pour comprendre ces arguments, il faut décrire en quoi les prêts hypothécaires se différencient des prêts immobiliers « classiques ». Ces derniers sont des prêts dits « personnels ». Leur distribution par les banques se fonde sur une appréciation de la solvabilité de l'acquéreur et de sa capacité à faire face à ses charges de remboursement, selon un ensemble de critères fortement standardisés. Un prêt hypothécaire permet d'assouplir en partie ces critères, les garanties étant alors appréciées non sur le seul profil de l'acquéreur, mais également sur la valeur estimée du bien immobilier. Il peut permettre également, selon les mécanismes employés, de transformer une dette associée à l'achat d'un logement, en un actif immobilier, susceptible d'être échangé.

Toutefois, l'instauration de ces mécanismes rencontre un obstacle auquel ce rapport consacre différents arguments. La crise dite « des *subprimes* » en 2008 conduit les auteurs de ce rapport à s'interroger, sinon sur la pertinence, du moins sur l'acceptabilité de cette solution. Elle a placé au cœur de l'actualité ces mécanismes, renforçant ainsi une « mauvaise réputation » qui leur était déjà attachée. Il faut donc lever à la fois des contraintes institutionnelles freinant l'extension de ces mécanismes dans le système français, mais aussi des réticences auprès du public, qui l'associe, selon les termes du rapport, à des risques de surendettement, voire à l'usure.

En attendant, ce rapport propose le développement d'un mécanisme particulier de crédits hypothécaires : l'« hypothèque viagère ». Celle-ci doit autoriser des propriétaires âgés à emprunter, contre l'hypothèque d'une partie de leur logement, une somme d'argent qu'ils n'auront pas à rembourser, mais qui sera déduite du patrimoine venant à succession[68]. Le patrimoine accumulé à travers l'acquisition d'un logement ne doit plus seulement être consommé lors de la retraite à travers la jouissance du logement acquis. Il doit permettre de financer des surcoûts associés à l'allongement de la durée de vie en matière de santé, de retraite ou des politiques de maintien à domicile des personnes âgées dépendantes[69]. Anne Gotman a analysé ce mécanisme, porté dans des instances internationales, à travers les usages qui en sont faits aux États-Unis. Elle relève que ces formes de crédits sont peu mobilisées, contrevenant à une certaine idée de la propriété et de sa transmission. Quand elles le sont, il s'agit de faire face à des dépenses ordinaires que des ménages n'arrivent pas à assumer, et non de dégager

67. Mistral J. et Plagnol V., *op. cit.*, 2008, p. 11.

68. Gotman A., « Vers la fin de la transmission ? De l'usage du logement pour assurer ses vieux jours. Le prêt à hypothèque inversée », *Sociologie*, vol. 1, n° 1, 2010, p. 141-159.

69. Conformément aux réflexions engagées à travers la notion de « *asset-based welfare* ». Celles-ci impliquent que, plutôt que de prendre appui sur les formes de protection assurées par l'État social, les individus prennent plus de responsabilité en investissant dans des produits financiers et des actifs immobiliers dont la valeur est supposée augmenter avec le temps. Dans ce cadre, la propriété du logement est envisagée depuis les enjeux de financement des retraites et de la protection sociale dans un contexte de limitation des dépenses publiques. Voir : Doling J. et Ronald R., « Home ownership and asset-based welfare », *The Journal of Housing and the Built Environment*, n° 25, 2010, p. 65-173.

de nouvelles ressources pour financer des dépenses de santé. Qu'ils visent à lever des freins à l'accès au crédit ou à reconvertir en liquidités un « actif indûment muré dans la pierre[70] », les crédits hypothécaires entrent par conséquent en tension avec les mises en valeur de l'attachement à la propriété, qui continuent de soutenir, dans les discours politiques à destination du grand public, le soutien affiché aux politiques d'accession à la propriété.

Au-delà de ces mécanismes de crédit, ce rapport porte également un diagnostic sur le pilotage de l'action publique en matière de planification urbaine et de réponse aux besoins en logement.

Les auteurs de ce rapport reprennent un diagnostic régulièrement formulé depuis le début des années 1990 sur les blocages de l'action publique : dans un cadre décentralisé et pour pallier à la fragmentation communale du territoire français, l'agglomération doit être le niveau d'intervention pertinent. Cela doit permettre de contrecarrer le « malthusianisme » de certaines communes, peu enclines à libérer du foncier pour accueillir de nouvelles constructions et de nouvelles populations. Pour porter les conditions d'une véritable planification urbaine au niveau des agglomérations, ce rapport développe essentiellement les conditions d'une « activation » du parc locatif social, impliquant d'agir sur la gouvernance des organismes de logements sociaux et les mécanismes de fixation des loyers.

La gestion des organismes HLM est décrite comme étant « très institutionnelle et très stratifiée », ne permettant pas une régulation efficace des marchés immobiliers. Ces organismes sont aussi décrits comme inscrits dans des dépendances locales, qui apparaissent comme une opacité du système et un frein à sa réforme. Il faut donc revoir les processus de nomination des actionnaires de ces organismes, jugés « peu transparents et le résultat peut en être un manque de compétence ou d'esprit d'initiative dans les organes de direction[71] ». Cette diffusion de l'esprit d'initiative au sein des organismes HLM doit par conséquent passer par une remise à plat des actionnaires existants, mais aussi par l'introduction de partenaires privés, devant favoriser « la mobilisation des financements supplémentaires par une gestion active des bilans[72] ». Nous verrons plus spécifiquement ce à quoi renvoient ces transformations dans la troisième partie de cet ouvrage, restituant l'enquête menée auprès de trois organismes ayant dû réformer leur actionnariat au nom des mêmes principes. Ce rapport, publié en 2008, propose ainsi d'étendre ces transformations à l'ensemble des organismes HLM, tout en proposant un regroupement des différentes catégories d'organismes et une homogénéisation de leur statut.

La contribution du parc locatif social à la régulation des marchés du logement doit également passer par une révision de la réglementation des loyers et des

70. *Ibid.*, p. 141.
71. Mistral J. et Plagnol V., *op. cit.*, 2008, p. 43.
72. *Ibid.*, p. 42.

conditions d'occupation des logements. Celle-ci doit donner davantage de prise à des « mécanismes économiques, le rôle des prix comme signal pour les agents ou la concurrence comme facteur d'émulation[73] ». Les mécanismes de fixation des loyers ne peuvent ainsi relever de la « reconnaissance de droits acquis » ou de logiques institutionnelles. Les loyers doivent constituer des « signes » permettant l'ajustement efficace des agents. Le constat est celui d'une non-application de la loi sur la révision des loyers en cas de hausse des rémunérations et, dans certaines parties du parc, d'une qualité des logements qui incite à les conserver, *a fortiori* quand le passage dans le secteur privé devient trop difficile. Les propositions consistent par conséquent à introduire des baux révisables et à revoir les plafonds de ressources réglementant l'accès au logement social. Ces préconisations ont, pour partie, trouvé une traduction réglementaire dans la loi du 25 mars 2009 de mobilisation pour le logement, dite « loi Boutin ».

Comme en conviennent ses auteurs, ce rapport n'apporte rien de nouveau quant au diagnostic établi sur la nature des blocages institutionnels ou sur les méthodes destinées à réformer les organismes HLM. Il peut par ailleurs être lu comme une défense du secteur locatif social, plaidant en faveur de son utilité et de sa capacité à se réformer et à répondre aux objectifs qui lui sont fixés par les pouvoirs publics, à travers l'accueil d'une proportion accrue des populations les plus modestes. Ce rapport critique également la vente massive de logements sociaux préconisée alors par le gouvernement, comme ce qui « pourrait bien être le prototype de la fausse bonne idée[74] ». Le logement social figure donc dans ce rapport comme « un instrument indispensable » pour le bon fonctionnement des marchés immobiliers. Par conséquent, il ne s'agit pas de se priver de cet instrument, mais de le « moderniser[75] ».

73. *Ibid.*, p. 40.
74. *Ibid.*, p. 42.
75. *Ibid.*, p. 43.

CONCLUSION

Dans cette première partie, nous avons abordé les politiques du logement depuis une perspective historique. Nous avons traité des conceptions, des questionnements et des théories mobilisés par les acteurs impliqués, en France, dans la définition des problèmes que doivent prendre en charge les politiques du logement.

Ce détour par l'histoire nous permet de documenter les déplacements considérables intervenus dans les façons de traiter le logement comme enjeu de politiques. Le cadre théorique proposé dans *De la justification* apporte un éclairage utile pour clarifier ces débats et envisager, au-delà de la succession des acteurs et de leurs idées, les tensions qui résultent des différentes formes de jugement engagées. Plus qu'une genèse de ces politiques, nous avons voulu ainsi documenter les moments critiques qui ont scandé cette histoire, et instruit des demandes de révision de l'action publique et de ses formes d'intervention.

Les réformateurs qui, au cours de la seconde moitié du XIXe siècle, jetèrent les bases d'un modèle de l'habitation, firent de la petite maison ouvrière le dispositif matériel devant soutenir la régénérescence physique et morale des ménages ouvriers. Contre la promiscuité des intérieurs et les mauvaises influences du dehors, elle devait ordonnancer les bonnes séparations et permettre à chacun d'agir conformément à son rang dans un ensemble de relations conçues comme une extension du lien familial. Ceci vaut dans l'ordonnancement du foyer comme dans celui des cités ouvrières, où l'accès à ces habitations était lié aux fonctions exercées dans un ordre productif, mais également à des appréciations sur le degré de moralité des individus et leur capacité à honorer des liens de confiance dans une chaîne de dépendances personnalisées. Ces conceptions relevant d'un ordre de grandeur *domestique* furent critiquées par des représentants ouvriers, lorsqu'ils accédèrent aux instances de représentation créées sous la IIIe République. Ils dénoncèrent le contrôle exercé sur les ouvriers à travers ces initiatives et, plus généralement, une bienveillance patronale ou philanthropique masquant l'existence d'intérêts antagonistes. C'est par conséquent au nom d'une grandeur *civique* que les débats sur les conditions de logements furent portés sur le terrain de la consommation. Un juste salaire fut considéré comme le moyen d'assurer des conditions d'existence satisfaisantes, sans placer l'ouvrier dans des dépendances qui pourraient s'avérer vicieuses en cas de rupture ou de conflit avec son employeur. À ces contestations s'ajoutèrent les déplacements engagés parmi les groupes réformateurs. De nouvelles élites, revendiquant leur professionnalité et leur compétence, prirent la tête d'un mouvement de réforme de l'habitat populaire, en plaidant pour une rationalisation de la croissance urbaine. Elles contribuèrent à inscrire les définitions du bon logement dans un ensemble de repères standardisés.

Ces éléments constituent les composantes essentielles du compromis modernisateur, progressivement stabilisé au cours des premières décennies du XXe siècle. Dans les arguments de personnalités telles qu'Alfred Sauvy, ardent promoteur d'une planification des besoins en logement, ou d'Eugène Claudius-Petit, ministre de la Reconstruction et de l'Urbanisme à partir de 1948, établir des perspectives quantifiées devait permettre de structurer un secteur de la construction à même de répondre efficacement aux besoins. À ces arguments relevant d'une grandeur *industrielle*, sont associées des justifications valorisant une solidarité *civique* et impersonnelle : cet effort productif devait permettre de généraliser l'accès à des logements modernes et confortables. Ces défenseurs de la planification dénonçaient également, en référence à un ordre *domestique*, ceux qui se laissaient distraire par des nouveautés superflues, telles que le cinéma ou la « radiodiffusion », plutôt que de contribuer par leurs efforts à témoigner de leur attachement à leur famille et à leur nation.

Les instances de planification constituent à la fois le moment de gloire de ce compromis et le lieu institué de sa mise en débat. Les études sur les besoins en logement rabattent, à partir de la fin des années 1960, leurs prétentions à décrire un état moral des populations. Mettant à distance des conceptions jugées normatives, elles se consacrent à la mesure de besoins désormais qualifiés de « quantitatifs ». L'épreuve d'évaluation est dès lors resserrée sur des principes d'ordres civiques et industriels : il s'agit d'apprécier la diffusion de conditions d'habitation définies comme normales dans une société donnée. Dans le même temps, s'énonce la nécessité d'approches plus « qualitatives », devant rendre compte de ce à quoi aspirent réellement les Français en matière d'habitat. Ces aspirations furent thématisées selon des matrices théoriques extrêmement variées, qu'il s'agisse de faire valoir les bienfaits de communautés à visage humain, les conditions matérielles du développement de nouvelles aspirations dans les classes populaires ou l'expression de désirs qui ne soient pas d'emblée formatés par la société et le marché.

À cette première vague critique succède une remise en cause des formes d'intervention publique en référence à un ordre de grandeur *marchand*, valorisant l'efficacité du marché pour produire au meilleur coût des biens et des services répondant aux préférences individualisées des ménages. Dans les années 1990, ce qui se joue n'est pas la seule reconnaissance par la gauche au pouvoir des économies budgétaires à attendre d'un recours au marché. C'est également la reformulation d'un ensemble de critiques de ce qui doit être assuré aux personnes à travers leur habitat dans une grammaire libérale, s'inquiétant d'un excès de présence de l'État au regard des choix autonomes des ménages.

Nous sommes revenus sur le compromis modernisateur des années 1950, pour mieux saisir la variété des critiques mobilisées dans sa remise en cause. De la même manière, nous avons cherché à comprendre les différentes composantes d'argumentaires adossés à des constructions qualifiées de « néolibérales[1] » ou « libérales[2] ». Plutôt que de rendre compte de ces assemblages dans un « référentiel[3] » cohérent, nous sommes entrée dans le détail de ces constructions, pour comprendre les manières de problématiser ce qui doit être garanti aux personnes en matière de logement. Nous avons à l'évidence suivi la montée en puissance d'arguments faisant valoir les bienfaits à attendre d'un recours au marché, mais aussi la reconnaissance d'individus s'affirmant par des choix. Cette articulation est pour ainsi dire toute trouvée, lorsque les choix qu'il s'agit de reconnaître se traduisent par des transactions sur les marchés. Aussi, dans les années 1990, pour garantir à chacun le choix de son habitat, les politiques doivent venir en soutien, de manière neutre, à différentes options : être locataire ou accéder à la propriété. Dans les années 2000, cette composante libérale s'efface au profit de la seule efficace attribuée au marché : il ne s'agit plus de faire place au choix autonome des ménages à travers l'existence d'une offre diversifiée, mais d'organiser la fluidité des mouvements des biens et des personnes sur les marchés du logement.

Plus généralement, nous avons suivi ce qui nous était apparu comme une quasi-disparition de notre objet : le logement. Après avoir décrit les conceptions qui ont façonné la définition du logement et de ses qualités, nous avons examiné une variété de constructions, où le logement n'apparaît plus qu'en tant que simple support à la réalisation de projets individuels.

1. Bruno Jobert et Bruno Théret estiment que les politiques du logement furent l'un des rares domaines où les conceptions « néolibérales » inspirèrent le plus directement des réformes de l'action publique à travers la réforme du financement du logement de 1977 (JOBERT B. et THÉRET B., « France : la consécration républicaine du néo-libéralisme », *in* JOBERT B. [dir.], *Le tournant néo-libéral en Europe*, Paris, L'Harmattan, 1994, p. 21-85, ici p. 25).
2. Philippe Zittoun, plutôt qu'un véritable tournant, décrit les affrontements institutionnalisés et les rééquilibrages progressifs entre deux coalitions : l'une « universaliste », l'autre « libérale » (ZITTOUN P., *op. cit.*, 2001).
3. La notion de « référentiel » dans l'analyse des politiques publiques désigne un assemblage de normes, de valeurs, et de cadres interprétatifs, résultant des affrontements entre les différents groupes impliqués dans la définition d'une politique publique, pour constituer un cadre cognitif commun permettant la poursuite de l'échange politique. FAURE A., POLLET G. et WARIN P., *La construction du sens dans les politiques publiques. Débats autour de la notion de référentiel*, Paris, L'Harmattan, 1995.

Deuxième partie

HÉBERGER ET LOGER POUR RENDRE AUTONOME

Nous avons étudié jusque-là les différentes manières de qualifier ce qu'un logement assure, dans des instances d'expertise sur les orientations générales d'une politique. En poursuivant notre enquête, nous nous intéresserons désormais à des acteurs impliqués dans la réalisation de ces politiques, et qui en débattent. Plutôt qu'une transformation dans la durée des argumentaires traitant du logement, nous décrirons la variété des lieux investis par ces acteurs et la manière dont elle structure l'expression de leurs arguments.

Nous nous concentrerons dans cette deuxième partie sur un segment particulier des politiques du logement : les politiques à destination des personnes défavorisées. Aux interventions destinées à structurer l'offre de logements, s'est ajouté, au cours des années 1990, un ensemble de réponses institutionnelles qui ont en commun de définir l'accès à un logement ou à un hébergement comme venant en soutien à des parcours d'insertion. Ces mesures s'inscrivent dans des évolutions plus générales des politiques sociales, valorisant la transversalité, la personnalisation, et la participation[1]. Elles sont transversales dans la mesure où elles doivent permettre de décloisonner l'action publique, en mobilisant, dans un cadre partenarial et sur un territoire donné, l'ensemble des services de l'État et des collectivités locales intervenant directement ou indirectement auprès de personnes ayant difficultés d'accès ou de maintien dans un logement. Elles sont personnalisées et mettent en avant une participation des personnes aidées, par l'intermédiaire notamment d'une contractualisation avec l'occupant sur la base d'un projet d'insertion individualisé. De nombreux travaux ont pointé l'ambiguïté de telles politiques. Selon Robert Castel, elles répondent à la nécessité de prendre en compte la spécificité des individus et de leurs besoins, tout en étant porteuses de certaines dérives. L'accent sur la responsabilité individuelle fragilise des formes de protection basées sur une solidarité collective et impersonnelle[2], et elle peut conduire à tenir des bénéficiaires qui ne satisfont à ces exigences d'autonomie et d'implication pour responsable de leur situation, plutôt que de leur donner les moyens de s'en sortir. Cette tension est également au cœur des

1. Ion J. (dir.), *Le travail social en débat[s]*, Paris, La Découverte, 2005.
2. Castel R., *La montée des incertitudes. Travail, protections, statut de l'individu*, Paris, Éditions du Seuil, 2009.

travaux de René Ballain et d'Élisabeth Maurel[3], qui ont analysé la constitution d'un ensemble de réponses destinées aux publics défavorisés, à l'origine d'un rapprochement entre les politiques du logement et celles de l'action sociale. Ils envisagent la multiplication de réponses de nature assistancielles, venant fragiliser l'affirmation du droit au logement. L'indétermination de la catégorie de « défavorisés » porte le risque d'obliger des individus à consentir à un accompagnement social et à ses injonctions diverses pour accéder à un logement, en échangeant le droit contre la tutelle sociale.

Ces mêmes ambiguïtés sont relevées par Jean-Louis Genard et Fabrizio Cantelli[4], qui en appellent cependant à ne pas décrire des changements de paradigmes trop univoques pour rendre compte des transformations de l'action publique. Selon eux, les garanties apportées à l'expression du consentement des individus et les dispositifs visant une mise en capacité des personnes et leur autonomie ne peuvent être réduits au retour d'un État libéral, aux conceptions limitées des droits qu'il doit garantir, et aux formes de protection auxquelles il a été historiquement associé. En se limitant à opposer le droit – l'assurance – à la tutelle sociale – l'assistance –, on néglige des reconfigurations qui traversent l'action publique. Pour les comprendre, Jean-Louis Genard et Fabrizio Cantelli invitent à ne pas en rester aux catégories d'action publique, aux frontières et aux identités qu'elles instituent. Il faut approfondir les implications de formes d'actions qui ne s'adossent pas à un partage entre des individus capables d'autonomie et d'autres, qui ne le sont pas. En récusant ce partage, elles vont appeler à reconnaître en chacun la capacité d'un agir autonome, pour solliciter la participation des individus, les mobiliser et prendre en compte leur subjectivité. Ce sont par conséquent ces pratiques et ces nouvelles sémantiques qu'il faut considérer, pour envisager leurs tensions et leurs articulations avec les formes de protections collectives et impersonnelles associées à l'État social.

Nous étudierons un emboîtement d'arènes, en suivant des acteurs tour à tour investis dans des consultations avec les pouvoirs publics, impliqués dans des actions collectives devant faire avancer la cause du droit au logement, mais également mobilisés sur des problèmes identifiés depuis l'exercice d'une activité professionnelle. L'objectif est de rendre compte de situations où la nécessité de faire accéder des personnes à l'autonomie va être définie en référence à différents enjeux, selon qu'il s'agisse de faire cause commune pour revendiquer le droit au logement, de définir les propriétés d'hébergements, ou de mettre en commun entre professionnels les problèmes rencontrés pour accompagner des personnes

3. Ils décrivent un état antérieur des politiques adossé à un référentiel « universaliste », grandi dans sa composante civique en tant que garant d'une visée d'égalité impersonnelle, et sa fragilisation par des problématisations alternatives, engagées dans la constitution de réponses destinées aux plus défavorisés (BALLAIN R. et MAUREL É., *op. cit.*, 2002).

4. CANTELLI F. et GENARD J.-L., « Introduction. Jalons pour une sociologie politique de la subjectivité », *in* CANTELLI F. et GENARD J.-L. (dir.), *Action publique et subjectivité*, Paris, LGDJ, coll. « Droit et société », 2007.

dans leur accès à un logement. Pour rendre compte de la variété des lieux où les représentants d'une fédération d'associations qui mettent en œuvre ces dispositifs d'insertion sont ordinairement engagés, nous avons utilisé le terme d'« arène ». Précisons qu'il s'agit d'un choix par défaut, tant les autres candidats pour nommer de manière générique cette diversité de lieux et de manières de s'y engager nous ont paru moins adéquats encore[5]. La notion d'arène publique présente un intérêt analytique, dans la mesure où elle permet d'identifier différents espaces et les contraintes spécifiques qui leur sont associées, ainsi que leurs articulations. Érik Neveu définit une arène comme « un système organisé d'institutions, de procédures et d'acteurs dans lequel des forces sociales peuvent se faire entendre, utiliser leurs ressources pour obtenir des réponses – décisions, budgets, lois – aux problèmes qu'elles soulèvent[6] ». Une arène est alors un espace de mise en visibilité d'un problème, qui repose sur des processus de conversion de ressources : investir une arène institutionnelle vise l'obtention de réponses à des problèmes, mais aussi l'acquisition de nouvelles ressources. En matière d'analyse des politiques publiques, Bruno Jobert fait également référence à la notion d'arène. L'accent n'est pas mis sur l'accès de groupes à des arènes institutionnelles, mais sur un espace de négociation où s'affrontent les différents groupes impliqués dans la définition d'une politique publique. La notion d'arène s'oppose alors à celle de « forum », renvoyant aux différentes scènes où sont débattues, au sein d'espaces plus larges, les orientations de l'action publique[7]. Dans un rapport critique avec ces travaux, Daniel Cefaï[8] se réfère à la notion d'arène pour envisager la manière dont un problème est constitué au cours des engagements pratiques des acteurs, plus qu'il ne résulte des capacités d'un groupe à s'imposer dans une arène agonistique où s'affrontent des positions constituées. Avec Claudette Lafaye, puis d'autres[9], il a développé cette attention au travail de publicisation pour saisir ce qui se joue en deçà des épreuves de publicité, pour décrire la manière dont des positions sont prises,

5. Le terme « assemblée » avait été initialement pressenti. Mais, au même titre que celui d'« arène », il entraîne certaines spécifications de ces espaces de discussion. Il figure ainsi dans les typologies de dispositifs participatifs présentées par M.-H. Bacqué, H. Rey, Y. Sintomer, pour caractériser un certain spontanéisme et l'absence de règles claires, portant la menace d'un enlisement dans des discussions interminables ou de l'emprise que pourrait y acquérir le « plébiscite paternaliste » ou l'« emprise d'un leader charismatique » (BACQUÉ M.-H., REY H. et SINTOMER Y., art. cité, 2005).

6. NEVEU É., *Sociologie des mouvements sociaux*, Paris, La Découverte, coll. « Repères », 2002, [1996], p. 17.

7. JOBERT B., « Rhétorique politique, controverses scientifiques et construction des normes institutionnelles : esquisse d'un parcours de recherche », *in* FAURE A., POLLET G. et WARIN P. (dir.), *op. cit.*, 1995, p. 13-24.

8. CEFAÏ D., art. cité, 1996.

9. CEFAÏ D. et LAFAYE C., « Lieux et moments d'une mobilisation collective. Le cas d'une association de quartier », *in* CEFAÏ D. et TROM D. (dir.), *op. cit.*, 2001, p. 195-228; CEFAÏ D. et TERZI C. (dir.), *L'expérience des problèmes publics*, Paris, Éditions de l'EHESS, coll. « Raisons pratiques », 2012.

autant que la façon dont elles sont tenues. C'est dans cette perspective que nous situons nos travaux.

L'étude des manières de s'engager dans des enceintes de discussion extrêmement variées suppose nécessairement de traiter d'objets et de questionnements élaborés par une sociologie de la participation. En tirant parti de ces travaux, nous chercherons à suivre les différentes figures de participants sollicités au sein de ces espaces. Nous avons dit notre insatisfaction sur le terme d'« arène » pour décrire de manière générique ces différents espaces. La métaphore topographique n'est pas satisfaisante non plus. Nous avons certes étudié une variété d'espaces, mais plus encore les dynamiques qui structurent des échanges, et les basculements qu'y effectuent les acteurs entre différents registres d'appréciation, et ce parfois dans un même espace et sur des temporalités relativement serrées. Pour restituer ces dynamiques, nous avons procédé par observations.

Avant de présenter les différents chapitres qui composent cette partie, nous voudrions revenir sur les implications de cette démarche. Trouver sa place dans des activités consistant en une succession de réunions ne fut pas des plus difficiles. En revanche, le suivi d'acteurs ayant, tout au long de notre période d'observation, été incessamment contraints de modifier leurs agendas, a mis à mal certains aspects du protocole d'enquête. Les lieux investis ne furent pas nécessairement ceux initialement programmés, ce qui relève des aléas associés à ce type d'enquête. Le fait de n'avoir pu établir un « contrat moral » avec l'ensemble des personnes observées, les informant systématiquement de ma qualité, en dehors de celle, très générale, de stagiaire, soulève plus de difficultés dans la restitution de ces données. Recueillir l'accord de l'ensemble des personnes observées lors de réunions dont le programme fut déterminé chemin faisant aurait toutefois été impossible. Ceci implique également une seconde difficulté dans la restitution de ces observations, vis-à-vis cette fois du lecteur. Nous n'avons pas mené une enquête sur une organisation, et la manière dont elle cadre ses revendications pour s'inscrire dans des arènes publiques, mais sur des lieux de mise en débat qui rassemblent les représentants de multiples organisations. Nous ne les présenterons pas toutes également. Nous avons réalisé un schéma, inclus après cette introduction, permettant d'avoir une vue synthétique des différents protagonistes de ces réunions. La restitution de ces observations suppose par ailleurs nécessairement de « faire passer dans un récit quelque chose de l'enchaînement et de la configuration des expériences des enquêtés[10] ». Cela implique de rendre compte de discussions portant sur des objets parfois très techniques : nous observerons des acteurs qui tentent de se figurer les effets de dispositions réglementaires, ce qu'impliquent la mise en forme de nouveaux outils et leur reconnaissance par les pouvoirs publics, ou encore ce qu'engage un nouvel ordonnancement de lignes budgétaires.

10. CEFAÏ D. et TERZI C., « Introduction. L'engagement ethnographique », *in* CEFAÏ D. et TERZI C. (dir.), *L'engagement ethnographique*, Paris, Éditions de l'EHESS, 2010, p. 7-21, p. 8.

Dans le premier chapitre, nous envisagerons des consultations entre gestionnaires d'hébergements et pouvoirs publics, s'accordant sur la définition de ces hébergements et ce qui les distingue du logement. Nous envisagerons par conséquent des dynamiques de discussion où prévaut une exigence de qualification, devant déterminer les propriétés génériques de dispositifs et leurs principes d'ordonnancement.

Les arènes que nous étudierons dans le chapitre suivant se tiennent en deçà de telles exigences de généralité. Nous y verrons des professionnels de l'insertion mettre en commun, dans le cadre de leur fédération, les problèmes qu'ils rencontrent pour accompagner des personnes dans l'accès à un logement. À partir des situations problématiques qu'ils évoquent, nous envisagerons les transformations requises pour rapporter ces expériences à des formats d'action institués ou à des arguments justifiés, susceptibles d'être défendus par cette fédération dans des espaces où elle prend position.

C'est à cet espace de prises de positions que sera consacré un dernier chapitre. Toutefois, là encore, nous ferons écart avec la description d'arènes publiques ordonnées par des positions différenciées sur un problème controversé, pour envisager la manière dont des positions sont constituées. Nous envisagerons alors ce qui soutient une dynamique d'action collective devant permettre d'arrêter un accord entre des collectifs associatifs sur des positions à tenir auprès des pouvoirs publics.

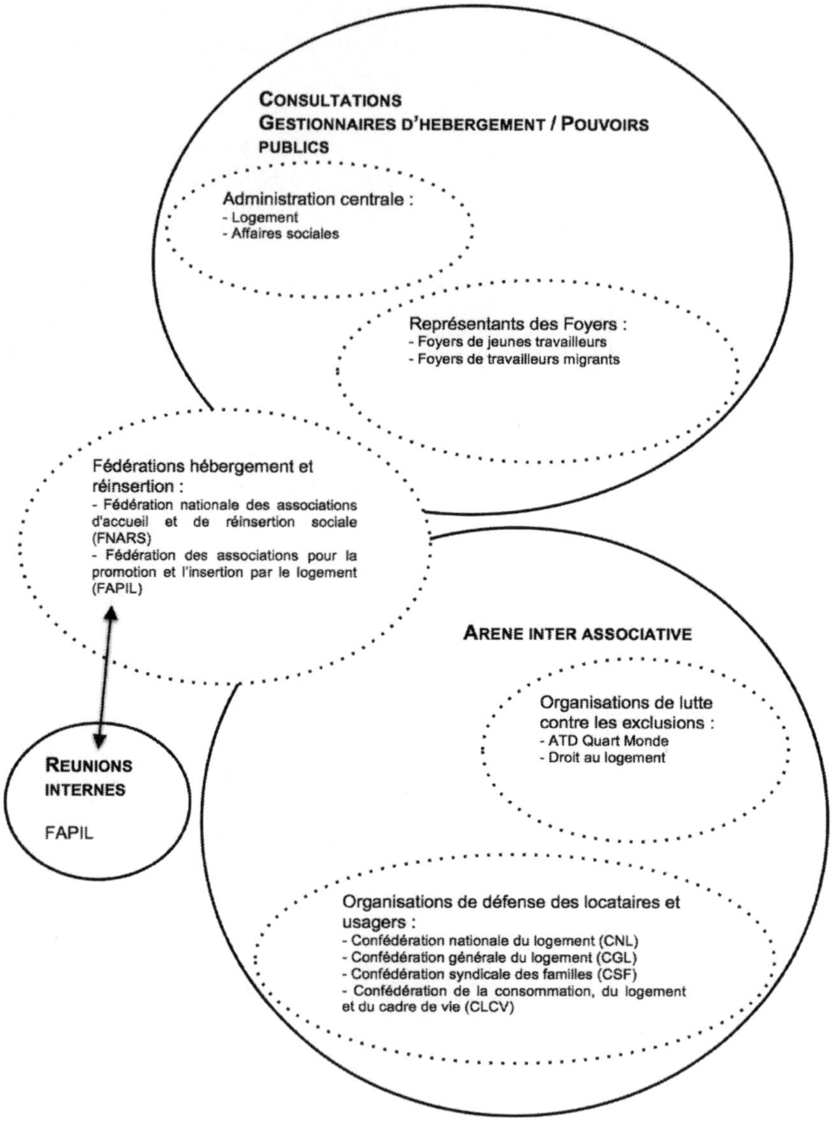

Représentation simplifiée des arènes étudiées

Chapitre III

QUALIFIER LES PROPRIÉTÉS D'HABITATS D'INSERTION

Nous suivrons dans ce chapitre la manière dont des représentants des pouvoirs publics et des professionnels de l'hébergement se coordonnent pour définir les propriétés de dispositifs d'insertion et d'accès au logement. Ces réunions s'inscrivent dans des formes de consultation, plus ou moins instituées. Elles rassemblent, autour de la définition de ces dispositifs, des membres des administrations des Affaires sociales et de l'Équipement et les représentants des fédérations d'associations gestionnaires d'hébergements, de foyers ou de structures d'accompagnement dans l'accès à un logement. Ces réunions débutent par la distribution d'un texte, rédigé soit par l'administration, soit par des représentants associatifs, soumis à l'examen du collectif. L'observation de ces consultations permet d'accéder aux dynamiques argumentatives qui structurent les échanges et aux appuis normatifs mobilisés pour porter une critique, faire entendre un argument ou le rejeter.

Les opérations critiques prennent systématiquement pour cible un modèle : celui du centre ou du foyer, dans lequel le collectif exerce son emprise et l'institution assigne une place à part dans la société. Ces argumentaires sont, au cours des échanges observés, peu explicités. Ils apparaissent sous la forme de mots d'ordre, réputés partagés, n'ayant pas à être développés. C'est pourquoi, avant d'entrer dans le détail de ces échanges, nous ferons retour sur l'histoire dans une première section, pour présenter les deux principales fédérations impliquées dans la promotion de ces dispositifs : la Fédération nationale des associations d'accueil et de réinsertion sociale (FNARS) et la Fédération des associations pour la promotion et l'insertion par le logement (FAPIL). Nous envisagerons ainsi les argumentaires engagés par des acteurs qui ont porté un ensemble d'« innovations », devant faire écart à ces modèles. Ils se sont inscrits dans des dynamiques de révision de l'action publique, portées au sein des institutions en charge des centres d'hébergement inscrit dans le cadre de l'Aide sociale, ou de foyers destinés aux travailleurs migrants ou aux jeunes travailleurs, développés au cours des années 1950.

ACCUEILLIR HORS DES MURS DES INSTITUTIONS : UN LOGEMENT AU SERVICE D'UNE ACTION SOCIALE RÉFORMÉE

La Fédération nationale des associations d'accueil et de réinsertion sociale (FNARS) a publié des récits de son histoire. Pour retracer son histoire, la FNARS, principale fédération des opérateurs de l'hébergement, engage un récit des transformations successives qui l'ont portée de l'institution asilaire aux pratiques de l'insertion. Les transformations de cette institution recoupent par conséquent celles du travail social, et empruntent aux sciences sociales les catégories de descriptions de ces transformations. L'institution asilaire, telle que l'a décrite la critique foucaldienne, constitue le point de départ d'un récit qui atteste du chemin parcouru et des capacités de transformation des structures représentées dans cette fédération.

Les centres d'hébergement et de réadaptation sociale (CHRS) sont créés en 1953 pour accueillir les personnes sortant de prison ou de l'hôpital, et celles estimées en danger de prostitution. Ils regroupent des structures qui relevaient auparavant des œuvres privées, qui passent dès lors sous la tutelle de l'Assistance publique qui devient, en 1953 également, l'Aide sociale. À partir de 1954, les CHRS accueillent également une nouvelle population : les « vagabonds » estimés « aptes à un reclassement[1] ». Ils incluent par conséquent, à partir de 1954, certains des anciens dépôts de mendicité, dans le mouvement qui fait passer la prise en charge des vagabonds et des mendiants du droit pénal au champ du social[2]. Une première fédération est créée en 1956 : la « Fédération des centres d'hébergement pour libérés ». Elle a été créée à l'initiative de présidents de foyers, accueillant des femmes et des hommes sortant de prison. En 1963, elle change d'appellation pour devenir la Fédération des CHRS. Son développement est alors soutenu essentiellement par le Secours catholique et l'Armée du salut[3]. Elle devient ensuite Fédération nationale des associations d'accueil et de réadaptation sociale en 1977, le terme « réadaptation » laissant la place à celui de « réinsertion » à partir de 1998. C'est par conséquent sur cet héritage – œuvres de secours et dépôts de mendicité – que s'ouvrent l'histoire de cette fédération et le récit de ses transformations.

1. MAUREL É. et ALFANDARI É. (dir.), *Hébergement et réadaptation sociale*, Paris, Dalloz, 1996.
2. Pour une description des CHRS et de leurs évolutions, voir PELÈGE P., *Hébergement et réinsertion sociale : les CHRS. Dispositif, usagers, intervenants*, Paris, Dunod, 2004. Concernant la prise en charge des vagabonds, voir DAMON J., « La prise en charge des vagabonds, des mendiants et des clochards : une histoire en mouvement », *Revue de droit sanitaire et social*, vol. 43, n° 6, 2007, p. 933-951.
3. Ces éléments sur les premières appellations de la FNARS en 1956 et 1963 sont présentés sur le site Internet de cette fédération : FNARS, *Histoire de la FNARS*, [http://www.fnars.org/index.php/lhistoire/143-lhistoire/1627-la-fnars-cinquante-ans-dhistoire] (page consultée le 18 septembre 2012).

De la critique foucaldienne de l'institution au projet d'insertion

La FNARS édite régulièrement des guides présentant les CHRS. Dans la partie consacrée à l'histoire de cette fédération, qui introduit ces guides, l'institution asilaire tient lieu d'origine. Dans l'édition 2004 de ce guide, la présidente de la FNARS se réfère à cette figure du « centre », et à son image dans « le grand public et l'imaginaire collectif ». Il s'agit toutefois d'indiquer à quel point les CHRS ont changé et se sont diversifiés : « On est passé de structures encore marquées par la tradition asilaire, organisées en fonction des catégories de publics accueillis (prostitué[e]s, vagabonds, sortants de prison, indigents...) à l'exigence d'une prise en charge globale des difficultés des personnes[4]. » Le portrait de structures asilaires n'est pas détaillé plus avant. Il est considéré comme faisant sens pour tous ceux qui liront ces guides. Dans ce récit des transformations institutionnelles, le « centre » ou le « foyer » doivent laisser la place à des structures « ouvertes », « souples », développant leurs actions « hors les murs », « innovations » que la circulaire dite « Ballet » de 1991, visant à redéfinir les missions des CHRS, est venue reconnaître et encourager[5].

Au-delà de la figure du centre comme lieu clos opérant une mise à l'écart, les catégorisations officielles des publics de l'Aide sociale participent de ce même héritage. Pour retracer « un demi-siècle d'évolution », le *Guide des CHRS* présente un récit en différentes périodes. Après une présentation des origines qui évoque l'hôpital général du XVIIe siècle et les dépôts de mendicité du XIXe siècle, l'institution de l'Aide sociale à l'hébergement s'inscrit dans une période, datée entre 1946 et 1970, marquée par les approches en termes d'inadaptation sociale. Ce ne sont pas seulement les murs qui opèrent une mise à l'écart mais, de manière cohérente avec la critique foucaldienne de l'institution disciplinaire, les catégories à travers lesquelles les publics sont décrits en tant que socialement « inadaptés ».

La période suivante (1970-1980) est présentée comme celle d'un tournant majeur dans cette histoire institutionnelle. Elle marque la prise en compte des critiques adressées à l'Aide sociale à travers la revendication d'une action sociale « globale », opposée à l'Aide sociale, considérée comme un archaïsme avec le VIe plan (1971-1975). Il s'agit d'envisager des modes d'actions moins répressifs, prenant appui sur un environnement élargi. Ce mouvement critique et les revendications en faveur d'une action globale ouvrent, dans ce récit, sur la loi de lutte contre les exclusions de 1998. Celle-ci a substitué le terme de « réinsertion » à celui de « réadaptation » dans l'appellation des CHRS, ce changement terminologique devant à lui seul symboliser le chemin parcouru.

---

4. MAESTRACCI N., « Préface », *in* FNARS, *Guide des CHRS. Références et évolutions*, Paris, Éditions ASH, 2004, p. V-VI.
5. Circulaire n° 91/19 du 14 mai 1991.

Toutefois, les travaux qui ont documenté les évolutions du travail social n'opèrent pas une telle continuité entre la revendication d'une action sociale globale montant en puissance au cours des années 1960, et les approches qui se réfèrent à l'insertion dans les années 1990. Selon Michel Autès, la fin des années 1960 constitue un âge d'or du travail social, unifié sous l'effet de sa critique, prônant une action moins répressive et affirmant sa visée émancipatoire. Les réflexions menées pour la préparation du VIe plan placent alors l'Action sociale « au rang des fonctions collectives essentielles, comme productrice de la qualité de vie et du bien-être social[6] ». L'accent mis sur la notion d'insertion renvoie par contre à d'autres réponses aux critiques du travail social que celles promues, notamment lors du VIe plan, en référence à cette « action sociale globale ». Cette réponse est celle qu'apportent les socialistes au pouvoir et les réflexions accompagnant la création du RMI[7]. Selon Michel Autès, les débats se focalisent au cours des années 1980 autour de la critique des fonctions du travail social[8]. Pour la gauche au gouvernement, elle renvoie à une assimilation du travail social à des aspects gestionnaires et des pratiques d'assistance : le travail social ne constitue qu'une seule gestion de la pauvreté, et non la volonté d'en finir avec les inégalités. Il détourne même d'un objectif de lutte contre les inégalités, en élaborant des rationalisations justifiant leur maintien.

Dans le texte de la FNARS, la notion d'insertion vient étayer une revendication de la compétence et témoigner des transformations internes d'un mouvement qui a su se déprendre de ses pratiques anciennes et se professionnaliser. Elle vient également soutenir une critique des « humanitaires ». La critique portée auparavant contre le travail social est par conséquent réactivée contre des interventions qualifiées d'« humanitaires » ou menées au nom de l'urgence, qui se limiteraient aux manifestations les plus visibles de la pauvreté et à fournir un abri. À cela s'opposent les actions portées par ces professionnels, inscrites dans une visée préventive et réparatrice, portant l'exigence d'un accès à une insertion durable des personnes accueillies. Une dernière période de cette histoire institutionnelle s'ouvre par conséquent dans les années 1980. Les CHRS, en « premières lignes » face au chômage et à la « désaffiliation », s'engagent « au-delà de l'urgence », dans les « innovations » : création de fonds d'aide au relogement et de garantie préfigurant les Fonds de solidarité logement institués avec la loi Besson de 1990, mobilisation de logements dans les parcs privés et publics, etc. Ce faisant, la paternité de certaines « innovations » généralisées par la loi Besson devant permettre l'accès à un logement est revendiquée.

---

6. AUTÈS M., *Les paradoxes du travail social*, Paris, Dunod, coll. « Action sociale », 1999, p. 52.
7. *Idem.*
8. Le développement de ces critiques se voit bien sûr dans les travaux sociologiques sur le travail social, qu'ils s'inscrivent dans une perspective foucaldienne (DONZELOT J., *La police des familles*, Paris, Les Éditions de Minuit, 1977), ou dans des approches en termes de classes sociales (VERDÈS-LEROUX J., *Le travail social*, Paris, Les Éditions de Minuit, 1978). Pour les évolutions internes au travail social et l'intégration de ces critiques, voir AUTÈS M., *op. cit.*, 1999.

Des « innovations » associatives au logement des personnes défavorisées

La Fédération des associations pour la promotion et l'insertion par le logement (FAPIL), créée en 1988, regroupe un nombre plus restreint de structures. Elle n'a pas écrit son histoire. Nous en donnerons par conséquent un récit plus éclaté, à travers les trajectoires de certains des membres de cette fédération, et des documents qui visent à faire valoir la reconnaissance de certains « outils » portés par ce collectif. La critique d'institutions répressives, organisant la mise à l'écart de populations marginalisées, est centrale dans les trajectoires des agents les plus actifs dans la création de cette fédération. À celles-ci s'ajoutent toutefois d'autres parcours, ancrés dans les mouvements d'éducation populaire, portant les bienfaits de la société civile et de l'engagement solidaire.

Parmi les membres ayant fondé cette fédération, André Chaudières nous a été présenté comme étant un individu particulièrement créatif, ayant contribué à la naissance de nombreuses structures. Cet activisme associatif et institutionnel est particulièrement intense à la fin des années 1980, lorsqu'il dirige la société anonyme HLM Emmaüs, dont il occupe la présidence de 1977 à 1992. Décrire sa trajectoire nous permet de revenir sur les itinéraires d'acteurs qui, formés dans les mouvements d'éducation populaire, ont promu la constitution de dispositifs qui s'inscriront ensuite dans les politiques destinées au logement des personnes défavorisées.

Comme le souligne Axelle Brodiez-Dolino, la direction de la SA HLM Emmaüs regroupe alors un groupe de personnes relativement homogènes, liées par des engagements communs[9]. Ces acteurs ont été engagés au sein de l'action catholique spécialisée, puis dans les organisations politiques et syndicales proches de ce qui fut appelé « la nouvelle gauche ». André Chaudières et Claude Néry furent à la direction de la SA HLM Emmaüs sur la même période, le premier en tant que président, le second en tant que délégué général. Avant leur entrée à la direction de l'organisme, les deux hommes ont participé à la création de sociétés coopératives de production d'habitat. Ils partagent également un parcours militant et syndical très proche. Claude Néry, ancien militant des Jeunesses étudiantes chrétiennes, fut membre de la nouvelle gauche, puis du PSU, et représentant de la CFDT au Conseil économique et social. André Chaudières, ancien militant des Jeunesses ouvrières chrétiennes, responsable syndical de la CFTC[10], fut impliqué à ce titre dans les questions relatives aux foyers de travailleurs migrants. André Chaudières et Claude Néry furent également membres de l'Association pour la démocratie et l'éducation locale et sociale (ADELS). Créée en 1959 par des militants des mouvements d'éducation

9. BRODIEZ-DOLINO A., *Emmaüs et l'Abbé Pierre*, Paris, Presses de Sciences-Po, 2008.
10. La Confédération française des travailleurs chrétiens (CFTC) a donné lieu en 1964, au moment de sa « déconfessionnalisation », à la création de la Confédération française démocratique du travail (CFDT), tandis qu'une minorité décidait de maintenir l'existence d'une centrale syndicale chrétienne.

populaire, cette association revendiquait des principes de justice sociale et d'auto-organisation des citoyens pour la gestion de leur cadre de vie.

Ces trajectoires correspondent à celles analysées par Michel Chauvière pour décrire le « monde de l'action catholique spécialisée[11] ». Elles débutent ainsi au sein des mouvements de jeunesses constitués, dans les années 1920 et 1930, pour servir un projet d'évangélisation, devant être porté par une élite de jeunes laïques : la Jeunesse ouvrière chrétienne, la Jeunesse étudiante chrétienne ou la Jeunesse agricole catholique, devaient ainsi servir ce projet de reconquête et de réactivation de la foi chrétienne au sein de différents milieux. Ces mouvements ont ainsi été d'authentiques mouvements d'action sociale, d'éducation populaire, voire d'action politique, non sans tensions avec un corps ecclésiastique inquiet de ces dérives militantes. Fondés dans l'obligation de « servir son prochain », ces mouvements ont développé, dès la fin des années 1930, un ensemble de services en matière de loisirs, d'orientation professionnelle, de placement et de logement des jeunes travailleurs, d'entraide populaire, de maisons de vacances, de soutien aux femmes de prisonniers. Dans ce cadre, seront développées des pratiques conçues comme une entraide, selon un principe de mutualité qui entend se distancier du paternalisme associé à la tradition des œuvres catholiques, mais aussi des formes de solidarités impersonnelles associées à l'État. Ces trajectoires convergent, après la Seconde Guerre mondiale, vers les mouvements syndicaux et politiques qui accueillent les anciens militants des mouvements de jeunesses catholiques qui, tout en délaissant un projet religieux, demeurent néanmoins porteurs de certaines valeurs et de certaines conceptions de la vie sociale.

Ainsi, on peut relever, parmi les promoteurs les plus actifs des mesures destinées aux personnes défavorisées, des trajectoires similaires à celles analysées pour les promoteurs des politiques de la Ville. Pour retracer la genèse des politiques de la ville et de leur institutionnalisation, il est courant de remonter aux opérations Habitat et vie sociale lancée en 1977. Ces opérations s'inscrivent dans le prolongement des actions engagées dans le cadre du VIIe Plan, comportant un programme d'action prioritaire intitulé « Mieux vivre en ville », et comportant notamment des actions d'amélioration du logement et des services collectifs dans les ensembles de logements sociaux. Le groupe interministériel « Habitat et vie sociale » est créé en 1977 pour réaliser ces opérations, qui doivent pallier l'obsolescence rapide du bâti et la détérioration des conditions de vie constatées dans certains de ces grands ensembles[12]. La référence pour agir sur ces conditions de vie est celle du « développement social », portée par les milieux associatifs du catholicisme social[13], puis relayée par de hauts

11. CHAUVIÈRE M., « Le monde de l'action catholique spécialisée : techniques sociales et ambivalences face à la professionnalisation », *in* COHEN Y. et BAUDOUI R., *op. cit.*, 1995, p. 157-165.
12. FIGEAT D., *Bilan des opérations Habitat et vie sociale menées pour la période du VIIe plan*, Paris, Commissariat général du plan, 1981.
13. Voir TISSOT S., *L'État et les quartiers. Genèse d'une catégorie de l'action publique*, Paris, Éditions du Seuil, coll. « Liber », 2007 ; ASTIER I. et LAÉ J.-F., « La notion de communauté

fonctionnaires, tels que Robert Lion, directeur de la Construction en 1969, puis délégué général de l'Union des HLM de 1974 à 1981. Ce dernier lance, avec René Lenoir, secrétaire d'État à l'Action sociale de 1974 à 1978, les opérations Habitat et vie sociale. Ces opérations sont alors investies par de jeunes diplômés, sortant de l'université, qui trouvent là un débouché professionnel cohérent avec un engagement militant, portant une critique de l'État et des formes d'oppression et de domination qui lui sont associées.

Les mêmes matrices théoriques peuvent être identifiées parmi les promoteurs des dispositifs dédiés au logement des personnes défavorisées qui viennent, au cours des années 1990, institutionnaliser un ensemble d'« innovations » portées par des acteurs associatifs. L'objet de la critique n'est pas l'État planificateur et l'appauvrissement programmé de l'espace urbain : elle vise des institutions de l'aide sociale, centres d'hébergement et foyers, et en appelle à leur nécessaire transformation. Les maux sont toutefois identiques, pointant une action étatique qui se substituerait à l'initiative des hommes et ce faisant ruinerait une visée d'émancipation. Ceci s'illustre par les trajectoires intellectuelles et militantes de personnalités qui ont particulièrement porté la reconnaissance de ces expériences et leur institutionnalisation. Les trajectoires d'Hubert Dudebout comme de Louis Besson sont ancrées dans les compromis frayés au sein du Parti socialiste unifié (PSU), articulant une critique de la déshumanisation du monde moderne et une critique antiautoritaire. Hubert Dubedout, porté à la mairie de Grenoble en 1965 par les mobilisations des groupes d'action municipaux et le soutien du PSU, fut un ardent promoteur des politiques de la ville et de la participation des habitants[14]. Louis Besson, né en 1937 et issu d'un milieu familial catholique, travaille dans les années 1950 avec des associations des mouvements d'éducation populaire et s'engage au sein de l'Union de la gauche socialiste (UGS). Élu maire d'une petite commune proche de la périphérie de Chambéry, il porte des revendications auprès des services de l'État pour développer les équipements autour de la ZUP nouvellement créée dans cette commune. Il devient membre du PSU à la création de ce parti en 1960, qui regroupe alors l'UGS et une autre composante, le Parti socialiste autonome. Selon Louis Besson, la loi du 31 mai 1990 instaurant les plans départementaux pour le logement des personnes défavorisées constitue une « trousse à outils[15] ». Elle ne vaut que par ce qu'en font les acteurs locaux, et principalement les associations, placées comme les principales destinataires et inspiratrices de ce texte de loi, qui doit

dans les enquêtes sociales sur l'habitat en France. Le groupe d'Économie et humanisme, 1940-1955 », *Genèses*, n° 5, 1991, p. 81-106.

14. CARREL M., *Faire participer les habitants ? La politique de la ville à l'épreuve du public*, Paris, thèse de l'École des hautes études en sciences sociales, 2004.

15. BESSON L., « La justice en chantier », *in* DE GAULLE-ANTHONIOZ G., BESSON L., JACQUARD A. et AMBLARD H., *L'engagement. Droit au logement, ou droit à la vie ?*, Paris, Éditions du Seuil, 1998, p. 59-90.

permettre « d'en finir avec un système bureaucratique, dont les règles se substituent à l'initiative des hommes[16] » :

> « Je me suis mobilisé autour de textes capables de constituer des outils à la disposition de tous ceux qui veulent être acteurs de leur vie. Contrairement à l'assistanat, tout autant qu'au "laisser-faire", ces textes mettent en mouvement la société[17]. »

La loi Besson du 31 mai 1990 généralise à l'ensemble du territoire la mise en place de Plans départementaux pour le logement des personnes défavorisées, associée à la création de Fonds de solidarité logement (FSL). Ces plans doivent identifier les besoins en logement sur leur territoire d'intervention, et définir des objectifs et des moyens, ainsi que les publics éligibles aux aides du FSL. Ces plans sont pilotés par l'État et le département et d'autres acteurs peuvent être associés à leur élaboration et à leur mise en œuvre : collectivités territoriales, caisses d'allocations familiales, bailleurs sociaux et privés, collecteurs de participation des employeurs à l'effort de construction, institutions gestionnaires du régime d'assurance chômage et encore associations dont l'un des objets est l'insertion ou le logement des personnes défavorisées et les associations de défense des personnes en situation d'exclusion par le logement.

Les mesures initiées avec cette loi ne s'appuient donc pas sur la désignation de bénéficiaires. Elles prennent comme cible « des personnes éprouvant des difficultés particulières [...] pour accéder à un logement décent ou s'y maintenir ». La circulaire du 30 mars 1990 énumère les différents types de situations incluses dans cette catégorie. Elle reprend et juxtapose des cibles précédemment identifiées en matière de logement et d'hébergement, en couvrant un tel spectre de cas que cette catégorie de « défavorisés » perd ainsi tout caractère opératoire[18]. Les définitions des publics relevant de ces dispositifs et des aides dont ils pourront être bénéficiaires s'effectuent au niveau local, dans le cadre de plans départementaux.

De l'engagement solidaire aux métiers de l'immobilier

La Fondation Abbé-Pierre, créée en 1987, et la FAPIL, créée en 1988, participaient d'un projet commun. Ces deux institutions devaient promouvoir et étendre un ensemble d'actions développées par des associations aux cours de la

16. BESSON L., art. cité, 1998, p. 67.
17. *Ibid.*, p. 66.
18. Elle mentionne : personnes occupant un habitat précaire et insalubre ; personnes hébergées ; personnes en hôtels meublés dégradés, logements foyers exagérément occupés ; sans domicile fixe ; ménages monoparentaux, familles nombreuses, femmes victimes de violence ; personnes d'origine étrangère, gens du voyage, réfugiés ; personnes relevant des services de la justice ; jeunes à la recherche d'un premier emploi et personnes à la recherche d'un emploi ou en emploi précaire. MAUREL É., « Les publics du logement très social », *Informations sociales*, n° 77, 1999, p. 56-67.

décennie précédente. Là encore, le détour par la trajectoire d'André Chaudières nous permettra de présenter ces actions. Du fait de ses responsabilités syndicales, André Chaudières s'investit dans les questions relatives aux foyers de travailleurs migrants. En 1975, une partie des fonds collectés dans le cadre de la Participation des entreprises à l'effort de construction (PEEC), communément appelée le « 1 % logement », est affectée au logement des travailleurs immigrés et de leurs familles. En 1989, une nouvelle ponction est réalisée sur les fonds de la PEEC, pour développer une aide à la construction, destinée cette fois au logement des plus « démunis ».

André Chaudières est l'un des fondateurs de l'association Logement pour tous. Créée à la fin des années 1980, cette association doit intervenir spécifiquement dans le champ de la maîtrise d'ouvrage d'opérations immobilières, et par conséquent porter de manière opérationnelle la création de nouvelles structures. L'association Logement pour tous réalise des opérations d'acquisition et de réhabilitation d'anciens hôtels meublés, destinés à accueillir des personnes sortant de foyers de travailleurs migrants. Elle développe également la création de « lieux de vie » spécifiques, et notamment les « boutiques » de solidarité, qui seront ensuite reprises par la Fondation Abbé-Pierre. Ouvertes en journée, ces boutiques proposent aux sans-domicile-fixe une domiciliation, des soins, l'accès à certains services tels que le fait de pouvoir se laver, se reposer ou être aidé dans des démarches administratives et la recherche d'un logement. La création de cette association a été suivie d'autres créations de structures, devant prendre plus spécifiquement en charge l'accompagnement social de personnes logées par l'association Logement pour tous ou la SA HLM Emmaüs.

En 1987, Claude Néry et André Chaudières sont les principaux animateurs des journées de « rencontres humanitaires internationales » qui se tiennent dans le cadre de l'année internationale des sans-abri. Ces journées se concluent sur une déclaration demandant la reconnaissance du droit au logement comme droit fondamental, et la volonté de créer une Fondation Abbé-Pierre pour le logement des personnes défavorisées. Cette fondation reçoit l'aval de l'abbé Pierre, puis du mouvement Emmaüs[19], avant d'être reconnue d'utilité publique en 1992. La FAPIL est créée en 1988. Elle doit alors avoir un rôle complémentaire, en fédérant les structures entendant porter de nouveaux « métiers » et de nouveaux « outils », et principalement le développement d'une maîtrise d'ouvrage associative, d'agences immobilières à vocation sociale ou d'ateliers de recherche logement. Elle s'appuie à sa création sur quatre associations. La plus ancienne, créée en 1973, intervient dans la région parisienne pour l'insertion des travailleurs migrants. Une autre de ces associations a été créée en 1979 à Lyon, dans le prolongement de mobilisations contre des opérations de rénovation urbaine dans des quartiers anciens. Logement pour tous assure à Paris

19. BRODIEZ-DOLINO A., *op. cit.*, 2008.

la permanence de la fédération, tandis que l'association Territoires est créée à Grenoble en 1987 pour porter ces nouveaux « outils ».

La FAPIL rassemble ainsi parmi ses premiers membres d'anciens travailleurs sociaux, qui ont porté une critique des institutions sociales et de leur caractère normatif. L'un d'entre eux, ancien permanent de la FAPIL, fut ainsi directeur d'une structure d'hébergement, avant de fonder une association devant permettre aux publics de trois autres structures de soin et d'insertion d'accéder à un logement. Ancien adhérent de la FNARS, il quitte cette fédération qui ne « correspondait plus à [ses] attentes » pour rejoindre, en 1992, la FAPIL. Il a suivi de près les mobilisations engagées autour de l'association SOS drogue internationale, créée à Paris en 1984, proposant un accompagnement des usagers de drogues, et des toxicomanes malades du sida, en rupture avec les pratiques institutionnelles prévalant jusque-là. Cette rupture consiste à proposer une action qui se veut globale, proposant des soins et un suivi, mais aussi des appartements en sous-location permettant le maintien des relations avec les proches. Des projets voient également le jour pour créer des structures pour toxicomanes sans abri, ne posant pas comme préalable à un accueil le fait de ne pas consommer de drogues. L'association Immobilière sociale, créée à Paris en 1983, présentée comme étant à l'origine du concept d'Agence immobilière à vocation sociale développé au sein de la FAPIL, s'inscrit dans ces mobilisations. Agissant pour le compte de l'association Logement pour tous, elle était spécifiquement en charge de prospecter des terrains et des logements pour le compte de cette association. Elle a progressivement constitué une offre de logements destinés à être loués à des associations, qui sous-louaient ces logements essentiellement à des personnes toxicomanes ou malades du sida[20]. Plus généralement, cette fédération s'est particulièrement investie dans l'accompagnement de publics marginaux, qu'il s'agisse des squats en milieu urbain ou des populations qualifiées de « Roms » ou de « gens du voyage » dans les années 2000. Elle a aussi fait valoir en quoi des formes d'habitat jugées obsolètes pouvaient répondre aux besoins de certains publics, qu'il s'agisse de mobilisations engagées pour contester des projets de rénovation urbaine dans des quartiers anciens, ou pour faire valoir les qualités d'hôtels meublés, accueillant notamment d'anciens travailleurs migrants.

Au côté de ces professionnels, se positionnant auprès de publics jugés marginalisés, en tant que militants du droit au logement mais aussi d'un droit à habiter, coexistent d'autres postures, identifiées parfois comme différentes « familles » au sein de cette fédération. Parmi celles-ci, des cadres de cette fédération entendent faire valoir les bienfaits de la société civile, sa capacité à aller au-devant des populations dans un geste solidaire, sans s'encombrer au préalable du formalisme requis par l'institution. Cette mise en valeur de la

20. L'association Logement pour tous, ainsi que l'union d'économie sociale Immobilière sociale, n'existent plus à ce jour.

société civile et de ses bienfaits me fut ainsi communiquée par un membre du conseil d'administration de cette fédération, passé par les mouvements de la Jeunesse agricole catholique et dont la trajectoire comme les valeurs auxquelles il s'estime attaché rejoignent celles des cadres de l'action catholique spécialisée décrits par Michel Chauvière. Ces deux postures se côtoient par conséquent au sein de la FAPIL. Elles se heurtent principalement sur la question du positionnement à adopter vis-à-vis de l'État, selon qu'il s'agisse de pointer les limites de l'action publique pour en exiger la reconnaissance et la prise en charge par l'État, ou de revendiquer la place et l'autonomie d'une société civile, œuvrant entre l'État et le marché.

Pour décrire ses activités, cette fédération a eu recours au lexique de l'immobilier, comme en témoigne notamment le développement, par cette fédération d'« agences immobilières à vocation sociale ». Pour comprendre les déplacements visés par ce recours au lexique de l'immobilier, nous nous intéresserons à un rapport produit par cette fédération demandant la création d'une aide à la « gestion locative adaptée[21] ». Ce rapport, publié en 1997, a précédé la mise en place, par la loi de lutte contre les exclusions de 1998, d'un nouveau financement destiné aux associations, l'aide à la médiation locative (AML). Il plaide pour la distinction entre des activités de gestion et des actions d'accompagnement social engagées auprès des personnes. Il s'agit d'identifier un nouveau métier – la gestion locative adaptée – et de proposer un nouveau financement. D'après les termes des auteurs du rapport, « gestion locative adaptée » comme « accompagnement social » renvoient à une médiation entre propriétaire et occupant, et à une action éducative centrée sur le logement. Il s'agit cependant de les distinguer l'une de l'autre, et de proposer la création de catégories de financement distinctes. Cette formulation du problème entend limiter les mesures d'accompagnement social auprès de publics jugés suffisamment autonomes pour habiter un logement. Les personnes entrant dans ces dispositifs « sont-elles considérées comme étant *a priori* des "cas sociaux" ou des locataires » ? Il s'agit par conséquent de reconnaître les publics accueillis dans ces dispositifs en tant que « locataires », capables d'agir conformément au rôle et aux obligations qui découlent de la signature d'un contrat de location. L'accompagnement social doit par conséquent être une mesure facultative, tandis que les activités pratiquées par les gestionnaires de ces structures doivent être définies dans les termes d'une gestion locative ordinaire, intégrant des surcoûts « sociaux ». Ce faisant, ce rapport s'oppose à une autre manière par laquelle les pouvoirs publics peuvent contenir l'extension d'un traitement social auprès de publics, consistant à ne pas financer de mesures d'accompagnement liées au logement dans des dispositifs devant accueillir des personnes relativement autonomes. Proposer de financer une « gestion locative adaptée », c'est par conséquent permettre de financer le

21. BRIENS P. et BRUMELOT J., *La gestion locative adaptée : un métier et un coût*, Grenoble, FAPIL, 1997.

fonctionnement de ces structures, sans en passer par la qualification d'un besoin d'accompagnement. La mise à distance d'un héritage institutionnel ne passe plus par la revendication d'une action sociale globale, prenant appui sur un environnement élargi, mais dans le recours au lexique des métiers de l'immobilier, où chaque personne logée doit être considérée comme un locataire capable d'honorer ses obligations.

RECONNAÎTRE L'AUTONOMIE : ÉTABLIR DES FRONTIÈRES ENTRE LOGEMENT ET HÉBERGEMENT

Nous nous appuierons désormais sur les observations effectuées lors des réunions d'un groupe de travail, constitué sous l'égide de l'UNIOPSS. Dans le cadre de cette Union fédérant l'ensemble des acteurs du secteur sanitaire et social, ce groupe de travail réunit des responsables d'associations et de fédérations autour d'un objet limité. Ce groupe de travail a en effet pour objet de clarifier les frontières entre logement et hébergement. Il comprend ainsi des représentants d'organisations que nous avons déjà rencontrés : la FNARS, la FAPIL, la Fondation Abbé-Pierre pour le logement des personnes défavorisées, mais aussi la Fédération des associations PACT-ARIM[22]. Il rassemble également un membre de l'Union des foyers de jeunes travailleurs, une représentante de la Mutualité sociale agricole, qui occupait auparavant des responsabilités au sein de la FNARS, et des responsables d'associations telles que le Secours catholique, les Petits Frères des pauvres – qui interviennent de longue date en matière d'hébergement – ou encore des Restos du cœur, de l'association La raison du plus faible intervenant auprès des sans-abri, et de l'association France Terre d'asile, s'occupant des demandeurs d'asile, et ayant dans ce cadre développé des offres d'hébergement ou de logements temporaires.

L'objet de ce groupe de travail – la clarification des frontières entre logement et hébergement – rejoint le constat récurrent d'une absence de lisibilité des dispositifs. La multiplication, depuis les années 1980, de différentes mesures visant le financement de structures ou d'interventions demande en effet quelques efforts pour savoir en quoi les hôtels sociaux (créés en 1993) diffèrent des résidences sociales (créées en 1994), ou en quoi ils diffèrent des logements d'urgence et d'insertion définis en 1995. Il en est de même des distinctions établies entre catégories de financement des actions d'accompagnement social, telle la différence opérée entre l'Aide à la médiation locative, instituée en 1998,

22. La Fédération des associations PACT-ARIM est née de la Ligue contre les taudis, où se retrouvent, à partir de la fin des années 1920, des bénévoles qui entreprennent des actions de réparation de logements vétustes. En 1942 à Lyon est créé sur cette base le premier PACT (Propagande et action contre les taudis), qui devient une fédération en 1951 et se positionne alors de manière spécifique sur des interventions d'amélioration de l'habitat ancien.

distinguée ainsi d'autres financements. Cette absence de lisibilité est redoublée par le fait que ces catégories ont été constituées sur des budgets relevant d'administrations distinctes. L'administration des Affaires sociales finance les centres d'hébergement, placés sous sa tutelle et inscrits dans le cadre de l'Aide sociale à l'hébergement depuis leur création. Elle a par ailleurs développé progressivement un ensemble de mesures, inscrites sur des lignes budgétaires consacrées à l'action sociale ou à l'urgence. Des lignes budgétaires ont également été ouvertes au niveau de l'administration du logement, pour financer la construction et le fonctionnement de structures dédiées au logement des personnes défavorisées, ainsi que des actions d'accompagnement social en matière de logement.

Toutefois, cette absence de lisibilité est constituée comme problématique dans des occurrences bien précises. Les premiers appels à clarifier ces frontières entre logement et hébergement ont été portés par des instances dénonçant une propension des pouvoirs publics à répondre à des problèmes d'accès au logement par des dispositifs dédiés à l'urgence ou à l'insertion, qu'il s'agisse de la FNARS en 2000[23], ou du Haut Comité pour le logement des personnes défavorisées[24]. En 2004, cette clarification des frontières entre hébergement et logement est, pour les agents impliqués dans ce groupe de travail, associée à d'autres enjeux. Les lois de décentralisation alors en discussion à l'Assemblée nationale sont à l'origine d'inquiétudes[25] portant sur le maintien des niveaux de financement de certains dispositifs, mais aussi sur le maintien des compromis stabilisés autour de leur définition. Pour les agents des administrations des Affaires sociales et de l'Équipement, cette clarification des frontières renvoie également aux coordinations devant être établies entre ces administrations dans le cadre de la loi organique relative aux lois de finances (LOLF). Ce cadre budgétaire, adopté en 2001 puis entré en vigueur par étapes, suppose en effet une description

23. La Fédération nationale des associations d'accueil et de réinsertion sociale avait déclaré opter pour un « recentrage » de ses activités, afin de ne pas cautionner la multiplication de statuts dérogatoires au « droit commun » (FNARS, *Droit au logement et action sociale : quels enjeux pour les associations ? Analyses et positions fédérales*, Lille, Journées d'études de la FNARS des 23 et 24 novembre 2000).

24. Voir HCPLPD, *Lever les obstacles au logement des personnes défavorisées*, Paris, La Documentation française, 1997 ; HCPLPD, *Le besoin de cohérence dans la politique du logement*, Paris, La Documentation française, 1999. Le fait de qualifier le Haut Comité pour le logement des personnes défavorisées « d'instance associative » est un raccourci. Créé en 1992, ce Haut Comité est institué auprès du Premier ministre, sur le budget du ministère du Logement, et ses membres sont nommés par le président de la République. Toutefois, dans ses premières compositions, les personnalités qu'il rassemble sont fortement liées aux différentes mouvances associatives qui ont porté la question du logement des personnes dévalorisées (BONNET L., *Associations et politiques publiques du logement. La constitution d'un acteur associatif ?*, Paris, mémoire de DEA de sociologie de l'EHESS, 2002).

25. La loi organique du 29 juillet 2004 relative à l'autonomie financière des collectivités territoriales et celle du 13 août 2004 relative aux libertés et responsabilités locales n'ont pas alors été promulguées, mais elles sont en discussion à l'Assemblée au printemps 2004, date à laquelle nous avons réalisé nos observations.

des activités de ces administrations et des dispositifs qu'elles pilotent sous la forme de « missions », composées de « programmes », eux-mêmes décomposés en « objectifs », dont des « indicateurs de performance » doivent mesurer la réalisation. La volonté d'assurer une meilleure coordination entre administrations et de clarifier l'architecture institutionnelle de ces dispositifs s'inscrit dans les entreprises engagées au sein de l'administration pour se conformer à ce nouveau cadre budgétaire. Nous nous intéresserons par conséquent aux dynamiques argumentatives permettant aux opérateurs associatifs de faire valoir leurs inquiétudes et aux principes énoncés par les pouvoirs publics pour fonder une remise en cohérence des interventions.

Hiérarchiser les dispositifs : établir des gradients d'autonomie

La réunion que nous envisagerons s'est tenue en mars 2004. Le groupe de travail a invité deux membres de l'administration – l'un des Affaires sociales, l'autre de l'administration de l'Équipement –, afin de les entendre sur ce qui justifie la distinction entre hébergement et logement. Un texte établi en commun par le groupe de travail leur a été donné au préalable. Son préambule invite à une « lecture partagée de la nature et de la fonction des dispositifs », les ministères du Logement et des Affaires sociales ayant « de part et d'autre développé des dispositifs au fur et à mesure qu'émergeaient des besoins nouveaux face à la pénurie de logements abordables pour des populations en difficultés d'accès au logement[26] ». Le texte comporte ainsi un tableau. Dans une première colonne, figurent différents types d'hébergement ou de logement : CHRS, hébergement collectif de courte durée, hébergement en logement ou hôtel social, sous-location, résidence sociale, location de logements associatifs. Les autres colonnes déclinent pour chacun les types de financement prévus et leur objet : création de structure, budget de fonctionnement, aide versée au bénéficiaire pour le paiement du loyer ou de la redevance ou mesures d'accompagnement social.

Les représentants des pouvoirs publics invités à cette séance du groupe de travail sont appelés à faire état du positionnement de leurs administrations sur ce que doit être la frontière entre logement et hébergement. Le dispositif de la réunion dessine donc deux sortes de places : les associatifs d'une part qui auditionnent et questionnent, les représentants des administrations du Logement et des Affaires sociales d'autre part qui répondent. Cette réunion a le statut de test, permettant d'affûter des arguments dans une situation où les enjeux sont faibles. Il s'agit davantage ici de tester collectivement une argumentation, avant qu'elle ne soit mise à l'épreuve et portée auprès des pouvoirs publics. La réunion commence par un bref rappel de son objet et du texte distribué au préalable. Après quoi, le président de séance propose que chacun se présente. Ainsi les

26. UNIOPSS-GROUPE HABITAT, « Hébergement – logement temporaire », document de travail.

deux premières personnes déclinent leur nom, et celui du collectif auquel ils appartiennent. Se succèdent ensuite des noms de personnes et d'associations, jusqu'à ce que l'un des participants accompagne sa rapide présentation du témoignage d'une inquiétude sur « la survie des opérateurs du logement et de l'hébergement ». À sa suite, chacun des participants mentionnera son nom, celui de la structure qu'il représente, et ses inquiétudes quant à la capacité des opérateurs de ces dispositifs à poursuivre les missions pour lesquelles ils sont financés.

Après ce tour de table qui conforte des places et des manières de s'y engager, la parole est donnée aux représentants de l'administration, pour qu'ils se prononcent sur les frontières entre logement et hébergement. Ils avancent un accord sur des principes communs. S'il y a une frontière à marquer entre logement et hébergement, elle touche au statut de la personne, selon qu'elle est considérée comme autonome ou non. Il faut éviter que les personnes « autonomes » ne se retrouvent en hébergement : le logement doit être « un cran » au-dessus, une « étape » au-dessus de l'hébergement. Sur cette base commune, ils avancent toutefois deux manières de justifier une mise en cohérence de l'ensemble des dispositifs.

Le représentant de la Direction générale des affaires sociales (DGAS) indique que cette frontière doit être marquée par l'existence ou non d'une procédure d'admission à l'Aide sociale. Il y a, d'une part, les publics qui ont fait l'objet d'une procédure d'admission à l'Aide sociale à l'hébergement et qui s'engagent dans une démarche au terme de laquelle ils devront être considérés comme autonomes. Il y a, d'autre part, ceux qui peuvent éventuellement bénéficier de différentes mesures d'Action sociale, mais dont l'autonomie n'est pas contestée. L'Aide sociale, dans la mesure où elle qualifie un défaut d'autonomie, doit par conséquent être contenue dans de strictes limites. Les crédits de l'Aide sociale à l'hébergement n'ont donc pas vocation à être augmentés : les CHRS accueillent d'ores et déjà des personnes qui n'ont rien à y faire, dans la mesure où elles ont la capacité d'habiter un logement autonome. Par contre, pour ce qui relève de l'Action sociale, une cohérence n'a pas à être recherchée. Au contraire, le flou est jugé porteur de souplesse et d'adaptations : il existe une diversité d'« outils » qui évitent que des personnes qui n'ont que des difficultés passagères ne « tombent » dans l'Aide sociale.

Pour le représentant de la Direction générale de l'urbanisme, de l'habitat et de la construction (DGUHC), la distinction doit être établie entre différents types de produits, associés à des modes de suivi social plus ou moins légers. Les différents types d'habitat temporaire doivent s'ordonnancer selon une échelle qui va de l'hébergement collectif associé à un suivi social obligatoire, en passant par des produits proposant un suivi plus léger en fonction des personnes accueillies. Ne pas maltraiter les gens ne consiste plus à ne pas les placer abusivement dans l'Aide sociale, mais à faire en sorte que chacun soit dans un « produit » conforme à la nature de ses difficultés.

On retrouve par conséquent deux modalités pour fonder une cohérence entre ces dispositifs, situés entre l'aide sociale classique – les CHRS – et le logement : soit ils sont intégrés comme « innovations », « outils », mobilisables en fonction des situations, soit ils sont hiérarchisés en fonction du plus ou moins grand degré d'autonomie supposé des personnes et de leurs besoins spécifiques.

Maintenir un « continuum » de solutions : redéfinir la division du travail entre opérateurs

Cette discussion s'épuise d'elle-même. Les généralités ont été rappelées, mais ce rappel ne semble pas offrir de prises pour faire avancer une discussion. Le représentant de la DGAS reprend alors la parole. Il fait alors le compte rendu de l'agenda à venir de son institution et dégage des opportunités à saisir pour que ce « continuum » de solutions, dont le sort préoccupe particulièrement les opérateurs, puisse se maintenir au mieux. Si l'Aide sociale doit être contenue – ce qu'il avance alternativement comme ce qui est légitime en toute généralité et comme argument de « Bercy » difficile à contrer –, la question qui se pose selon lui est que ce « continuum » de solutions n'est pas adossé à des financements stables. Il indique donc que, dans son service, il opte en faveur d'une prise en compte globale de ce qui est financé sous les rubriques de l'Aide sociale ou de l'Action sociale : les travaux préparatoires à la loi de réorganisation des finances publiques seront donc une opportunité à saisir, pour regrouper différentes lignes de financements – ceux au titre de l'Aide sociale comme ceux au titre de l'Action sociale – sous la réalisation de mêmes missions[27].

La discussion passe ce faisant sur un registre stratégique. Des associatifs interviennent alors pour dire que les associations financées sur les crédits de l'Action sociale ont « sérieusement peur de disparaître en ce moment ». Il leur est répondu qu'en effet, « vu les circonstances, c'est une crainte justifiée ». Il est par conséquent suggéré à ces associations soit de se rapatrier sur l'Aide sociale à l'hébergement – et par conséquent, sur des dispositifs CHRS –, soit de se mobiliser sur la loi de réorganisation des finances publiques. Toutefois, ce registre stratégique est fortement limité. Après avoir indiqué son intérêt pour ces propositions, un participant demande à la personne du ministère des Affaires sociales de « leur faire signe », pour que les associations sachent quand leur mobilisation pourra être la plus opportune. Cette demande est rejetée : ces informations seront diffusées par les canaux ordinaires auxquels les associations ont normalement accès.

Le fait d'envisager un repositionnement sur l'Aide sociale à l'hébergement embarrasse toutefois des opérateurs qui, de manière constante, ont cherché à

27. Ce qui renvoie à la distinction entre les financements art. 20 et art. 30 du Code de la famille et de l'aide sociale, dont la différence pourrait être atténuée par la loi de réorganisation des finances publiques.

se démarquer de l'Aide sociale, pour inscrire leurs « innovations » dans une action sociale qui devait être plus globale, ou dans le champ du logement. Face à la proposition d'un repositionnement des associations sur l'Aide sociale, un représentant va arguer de l'attachement de sa fédération à rester inscrite dans le domaine du logement. Certaines actions, liées aux interventions dans le parc privé, ne seraient pas prises en compte dans le cadre de l'Aide sociale. Plus généralement, c'est une « culture » spécifique, une « conception de l'accompagnement » que le cadre de l'Aide sociale ne permettrait pas de prendre en compte. Il indique son attachement à une conception d'un accompagnement « flottant », axé sur la relation de l'habitant à son environnement. Il oppose cette conception de l'accompagnement à celle pratiquée dans le « système français ». L'intervenante des Affaires sociales veut bien reconnaître que les spécificités liées à certaines interventions ne sont pour l'instant pas financées au titre de l'Aide sociale. Elle ne repousse pas non plus la critique d'un accompagnement identifié comme celui du « système français ». Elle souligne ainsi des évolutions par rapport à l'« image négative » des CHRS tenant en partie au « passif » de dispositifs, dont la majorité est encore constituée sous forme de centres fermés. Elle rejette en revanche fermement la mise en valeur d'une certaine « culture » à laquelle un opérateur se dit attaché : ce n'est « pas son problème ». Ce faisant, elle marque qu'il est de sa responsabilité d'être vigilante envers les conceptions particulières de leurs activités que des associations entendraient porter. Elle conclut ainsi sur le rappel des principes énoncés en début de réunion : ce qui doit marquer la frontière entre logement et hébergement, c'est l'existence d'une procédure d'admission à l'Aide sociale, afin de contenir l'extension d'un suivi social auprès de publics « autonomes ».

Pour répondre à cette critique visant la propension de certains opérateurs à intervenir auprès de publics devant être considérés comme autonomes, il lui sera répondu que, si les CHRS accueillent des personnes qui devraient relever du logement, les associations accueillent dans des logements des personnes qui seraient susceptibles de relever des CHRS, conformément à une division du travail et des publics entre opérateurs. Ces propos suscitent ce faisant l'intervention du représentant de la DGUHC, qui entend lui aussi prendre la défense d'autres opérateurs du logement, et souligner les insuffisances de l'Aide sociale. Il témoigne ainsi des difficultés de bailleurs sociaux lorsqu'ils doivent loger des personnes qui devraient relever de l'Aide sociale : des « cas sociaux », amenant des « troubles de voisinage » et relevant parfois d'un traitement psychiatrique.

Ces propos suscitent alors une consternation générale. Ils dérogent à ce point aux attentes des autres participants qu'ils sont constitués avant tout comme une marque d'incompétence : l'auteur de ces propos n'est pas au courant que ceux-ci sont inacceptables. Aussi, de premiers intervenants prennent la parole pour expliquer, sur un ton à la fois irrité et ostensiblement pédagogique, en quoi l'opportunité d'« éloigner du logement » des personnes souffrant de problèmes psychiatriques est contestée. Un participant laisse ensuite libre cours à son indignation, en racontant une anecdote sur un bailleur social, prompt à assigner une famille, du fait de son origine et de ses pratiques culturelles supposées, à une catégorie de gens « à risque ». D'autres participants interviennent ensuite progressivement pour relancer les échanges. Le représentant de la DGUHC a pris un air boudeur, exaspéré. Détournant charitablement l'attention de sa personne, d'autres participants engagent une discussion et s'échangent les références de travaux sur le traitement des personnes souffrant de troubles psychiatriques. Il ne s'agit pas d'un aparté : ils évoquent ces travaux entre eux, se disant par-delà le cercle des tables combien ils sont intéressants, précisant un ensemble de distinctions entre les catégories de « troubles psychiatriques », de « souffrance psychique » ou de « handicap psychique ». D'incident fâcheux, l'épisode précédent devient l'opportunité d'une discussion sur un thème fort intéressant, et abondamment documenté, qui doit être le fond commun des participants à ces réunions.

Au final, les principes avancés par le représentant des Affaires sociales ne sont pas critiqués. Ils plongent au contraire dans un certain embarras, dans la mesure où aucune prise à la critique n'est trouvée. Une fois les membres des administrations partis, la réunion du groupe de travail se poursuivant, une participante résumera cet embarras en estimant qu'ils sont « en train de se faire avoir » à travers une « représentation négative » de l'Aide sociale, qui augure mal des possibilités d'intégration – selon l'une des pistes qui leur a été suggérée – d'un ensemble de dispositifs qui correspondraient à une « représentation plus promotionnelle » de l'action sociale.

LES QUALITÉS D'UN SUPPORT D'INSERTION : UN TERRITOIRE PRIVÉ PORTEUR DE SOLLICITATIONS

Nous nous consacrerons désormais à l'étude d'une réunion qui rassemble des représentants des principales structures gestionnaires de foyers, CHRS ou autres « produits logements » mis en place au cours des années 1980, ainsi que des membres des administrations des Affaires sociales et de l'Équipement[28]. Cette fois, l'administration invite les représentants de fédérations et d'institutions, pour les consulter sur un projet de circulaire consacré à l'un de ces « produits » – la résidence sociale. Créées en 1994, les résidences sociales ont pour cible, au niveau national, les « personnes défavorisées ». Cette absence

28. Cette réunion regroupait des représentants de l'Union nationale des gestionnaires de foyers et résidences sociales (UNAFO), de la Mutualité sociale agricole (MSA), de la Fédération nationale des associations d'accueil et de réinsertion sociale (FNARS), de la Fondation Abbé-Pierre (FAP), de l'Union des foyers de jeunes travailleurs (UFJT), des caisses d'allocations familiales (CAF), de la Fédération des associations pour la promotion et l'insertion par le logement (FAPIL), de la Direction générale des affaires sociales (DGAS), et de la Direction générale de l'urbanisme, de l'habitat et de la construction (DGUHC).

de définition opératoire des publics est congruente avec les vertus propres qui ont été attachées à sa promotion. La résidence sociale se veut en effet un « produit souple », permettant d'accueillir des structures diversifiées au regard de leurs projets sociaux et, au sein de ces structures, de promouvoir une mixité des publics. Elle s'inscrit plus généralement dans la lignée d'un ensemble de produits conçus dans les années 1990, pour être inscrits parmi les outils d'une politique du logement en faveur des personnes défavorisées. Elle constitue un habitat temporaire, répondant à certains besoins. L'identification de ces besoins procède d'une problématisation des difficultés des publics en termes d'accidents de parcours, demandant un soutien provisoire et passager, le temps qu'une insertion soit confortée. La réalisation de programmes de résidences sociales doit répondre aux besoins de publics pour lesquels « une forme de logement stable, confortable, assurant intimité et autonomie, serait une première étape indispensable à toute réinsertion sociale et une préparation à l'accès au logement de droit commun[29] ». En 2004, d'un outil parmi d'autres, la résidence sociale est devenue la forme dans laquelle doit s'intégrer un ensemble de dispositifs existants : foyers de jeunes travailleurs, foyers de travailleurs migrants, logements temporaires gérés par des associations d'insertion ou par des gestionnaires de structures d'hébergement.

Un espace privatif indexé sur le logement normal

Le texte de la circulaire vise à étendre un usage privatif des lieux qui ne se limite pas à la chambre, mais qui s'étend aux espaces de la cuisine et de la salle de bains. Il doit attester ainsi d'une reconnaissance de la capacité des occupants de ces résidences à habiter un logement normal. Cet alignement sur le logement « normal » vient appuyer la nécessité d'une frontière entre espaces privés et publics dans la création de ces structures ou le remaniement de dispositifs existants. Ceci ne soulève aucune objection particulière lors de la réunion. Pourtant, certains participants vont faire valoir des usages qui s'accommodent mal de cette frontière entre public et privé. Il s'agit principalement de l'usage des cuisines et de « tisaneries » permettant aux occupants de prendre une boisson et de se retrouver. Pour traiter de ces lieux, le texte même de la circulaire oscille entre l'affirmation forte d'un alignement des cuisines sur une appropriation privative, et la mention de prescriptions diverses se rapportant à des cuisines collectives. Cette ambiguïté fera l'objet d'une demande de clarification de la part de l'un des participants. La représentante de l'administration de l'Équipement répondra que, sous ces ambiguïtés, c'est le statut particulier accordé aux cuisines dans les anciens foyers de travailleurs migrants qui est essentiellement visé,

29. BESSON L., communiqué de presse du 28 octobre 1999. Programme Île-de-France de réalisation de résidences sociales, ministère de l'Équipement, des Transports et du Logement.

sans toutefois que ce soit explicite dans un texte qui doit traiter des résidences sociales dans leur généralité.

Les foyers de travailleurs migrants font l'objet d'une annexe de la circulaire. Ceux-ci constituent, additionnés aux foyers de jeunes travailleurs, près de la moitié des résidences sociales existantes et près de trois quarts des logements qui s'y trouvent au moment de la rédaction de la circulaire[30]. De plus, les foyers de travailleurs migrants sont une part importante du parc éligible au statut de résidence sociale. Ils sont donc appelés à porter l'extension de ce dispositif. Leur rattachement aux résidences sociales est justifié par une volonté de banalisation et de mixité au sein de cet habitat.

S'il est clair que les foyers de travailleurs migrants doivent s'aligner sur le modèle du logement « normal », le texte de la circulaire intègre dans leur cas le souci d'usages existants. Il enjoint ainsi à « tenir compte d'habitudes de vie acquises depuis de longues années ». Lors de la réunion, la personne de l'administration justifiera le maintien de ces cuisines collectives en tant que place faite à des « usages culturels ». On a donc le souci de convenances existantes, énoncées comme « habitudes » ou « usages culturels », pour justifier une exception au principe de la kitchenette privative. Les cuisines collectives devront cependant passer du statut de « service de cuisine collective informelle » à une formalisation de ce service. Si des habitudes culturelles doivent être prises en compte, il s'agit de mettre de l'ordre dans des pratiques informelles jugées douteuses. Le fait d'avoir recours à ces cuisines collectives devra donc apparaître comme une prestation non obligatoire et distinctement facturée par rapport au coût de l'occupation. Il faut ainsi veiller à ce que celui qui mange ait réellement le choix de consommer ou non ce service. Cette mise en forme en tant que service est aussi censée garantir l'application d'un certain nombre de règles en termes d'hygiène, de sécurité et de droit du travail pour ceux qui offrent ce service, à savoir ceux qui préparent à manger. Nous verrons plus loin comment cette reconnaissance d'une capacité à habiter normalement, passant par la délimitation d'un territoire privé et la mise en forme d'éventuels services, peut être accueillie par les représentants des occupants de foyers de travailleurs migrants.

L'exception faite pour les travailleurs migrants est présentée comme le signe d'une reconnaissance des habitudes ou de la culture de leurs occupants, mais aussi comme une réparation auprès de populations qui auraient été maintenues par le passé hors du droit commun. Une fois cette exception éclaircie, le représentant de l'Union des foyers de jeunes travailleurs va toutefois critiquer cette

30. En 2004, il existait 758 résidences sociales. Plus de la moitié d'entre elles sont issues de la transformation d'anciens foyers de travailleurs migrants, puisque seulement 369 procèdent de la création de nouvelles structures. Le poids de l'existant gagne en importance si on raisonne par nombre de places : sur 50 972 places en résidences sociales, 11 000 ont été créées *ex nihilo*, dans la mesure où les anciens foyers constituent en général des structures plus importantes que les résidences sociales créées *ex nihilo* (source Enquête DGUHC au 31/12/2004).

restriction des espaces de cuisine collective ou la suppression de tisaneries qui ont, de plus, l'avantage d'être fort peu coûteuses :

> « Par contre sur la restauration, je ne comprends pas pourquoi d'un seul coup vous précisez qu'il ne faut pas de manière simultanée une cuisine collective et des kitchenettes. Et puis les tisaneries, vous croyez vraiment que c'est ce qui pèse dans le budget ! »

S'il n'explique pas en quoi des tisaneries peuvent avoir un intérêt au sein de ces résidences, il va plaider pour le maintien de ces espaces en tant que respect d'un droit à l'alimentation. Il reçoit alors l'approbation des autres participants, et suscite la prise de notes active de ses critiques de la part de la représentante de l'administration.

> « Oui mais là je ne suis pas d'accord parce qu'il y a une chose dont on ne parle jamais et sur laquelle on essaie de faire des efforts et c'est le problème d'un droit à l'alimentation. Parce que les gens peuvent très bien se faire à manger mais on sait que souvent au niveau de l'alimentation, ce n'est pas d'une très grande richesse. La question du droit à l'alimentation, c'est très important et ce n'est pas parce que les gens peuvent se faire la cuisine qu'il ne faut pas prévoir des lieux où on leur propose à manger ! »

Par conséquent, ce n'est ni par leurs qualités de lieux communs, ni pour permettre aux résidents de manger convenablement et à bas coûts que ces espaces de restauration collective peuvent être maintenus : ils doivent garantir la possibilité de choisir entre le fait de manger convenablement ou non.

Les espaces collectifs : des espaces « banalisés »

Toutefois, la circulaire mentionne que les résidences sociales doivent prévoir des espaces collectifs. Ces espaces collectifs sont directement rattachés à la définition même d'une résidence sociale. La délimitation d'un espace privatif indexé sur le logement normal et ses équipements distingue la résidence sociale de l'hébergement collectif. À l'inverse, la présence d'espaces collectifs doit marquer la différence avec le « logement autonome », à savoir les régimes de la location et de la sous-location selon ce texte. Selon les termes de la circulaire, ces lieux ont pour vocation de répondre au « besoin d'accompagnement social et de lien social » des publics qui y sont accueillis. Cette mention, ainsi que le rattachement de ce dispositif aux mesures destinées aux « personnes défavorisées », vient donc supporter une qualification des publics devant y être accueillis. Ces deux termes vont être critiqués par les participants, comme relevant d'une « logique de ghetto », enfermant dans l'institution à travers l'assignation à une catégorie stigmatisante.

De lieux conçus pour être adaptés à la communauté résidante et à ses besoins institutionnellement définis, les lieux collectifs doivent être ouverts et banalisés. Leur « porosité » sur l'extérieur doit constituer autant de sollicitations du public, d'invitations à sortir du logement. Cette requalification des espaces collectifs doit conforter les missions du dispositif par une « ouverture sur l'environnement, sur le quartier ». Ainsi, un participant propose que les espaces collectifs des résidences sociales accueillent des lieux d'information et de ressources à destination de publics plus larges : demandeurs d'emploi, informations en matière de formation professionnelle, ou de logement. Le texte de la circulaire a toutefois ses mots propres pour qualifier ces transformations. La « mixité » des publics doit ainsi constituer « une garantie contre une approche logement dédiée à des publics spécifiques, génératrice d'exclusion ». Ce texte accorde les mêmes bienfaits aux sollicitations d'un espace public plus large. Il ne s'agit cependant plus d'une porosité des lieux devant permettre une « ouverture », mais d'une localisation de la résidence à même de permettre l'« accès effectif aux services, au travail et à la vie sociale ».

Des limites sont également posées à cette volonté de banalisation. En effet, une discussion s'engage lors de cette réunion au sujet d'une annexe spécifiquement dédiée aux « foyers soleil ». Ceux-ci sont une modalité de résidence sociale qui a la particularité de concevoir des logements disséminés à proximité d'une unité centrale, qui regroupe les espaces collectifs destinés aux résidents. Les critiques formulées s'inscrivent dans le prolongement de celles faites précédemment. Plutôt qu'un « rattachement » à une unité centrale, dotée des équipements qui attestent et assument la vocation sociale du dispositif, les participants vont plaider pour que le texte de la circulaire mentionne un « lien privilégié » avec une structure assurant le suivi social et dotée d'espaces collectifs. Inscrire dans le texte de la circulaire la question du lien entre les logements et les espaces collectifs de l'unité centrale, sous l'angle de l'« accès à », emporte ainsi un enthousiasme unanime pour dire que ces lieux doivent seulement être accessibles à pied ou par transport public.

Lors de ce moment d'enthousiasme, certains participants vont même suggérer que la mention d'« espaces collectifs » soit remplacée par « quelque chose qui serait plus de l'ordre d'une animation collective ». Cependant, pour les représentantes de l'administration de l'Équipement et des Affaires sociales, c'est là « pousser le bouchon trop loin ». Elles expliquent que le terme « espaces collectifs » est aussi un marqueur destiné aux futurs lecteurs de la circulaire et, en l'occurrence, aux « financiers » de l'administration. Par sa présence, la mention d'« espaces collectifs » atteste de la vocation sociale d'un dispositif :

> « Si vous poussez le bouchon trop loin avec "animation", on va avoir des problèmes. On a quand même des financiers ! Donc il faut garder "espaces collectifs". »

Les limites à la banalisation : affirmer une vocation « sociale »

On rejoint ici une question largement débattue lors de la réunion : des termes qui ne font pas l'objet d'un accord en toute généralité sont justifiés en anticipant la lecture qui sera faite de cette circulaire par d'autres acteurs. Les notions de « défavorisés » ou de populations en « besoin d'accompagnement social » font l'objet d'une critique systématique de la part de certains participants. Il est ainsi proposé de substituer au terme « défavorisés » la mention de « personnes rencontrant des difficultés économiques ou sociales », ou d'autres formulations devant permettre que ces difficultés et ces défaveurs ne soient pas imputables aux personnes, mais à un environnement économique et social. On propose aussi de substituer au terme d'« accompagnement » celui de « clignotant social » ou d'« indicateurs de suivi », pour rendre compte d'un accompagnement qui se veut distancié et individualisé. Le maintien de termes contestés s'explique donc par la nécessité de « prévenir des dérives » et de garantir la vocation sociale de ces résidences. Comme le dit une des représentantes de l'administration, il faut ouvrir, mais pas trop :

> « Parce que la crainte qu'on a eue c'est que si l'on ouvre trop, vous savez qu'il y a des publics qui se vendent mieux que d'autres [...]. Donc nous on a veillé à ouvrir, mais pas trop non plus parce qu'on doit veiller à ce que ce dispositif garde sa vocation. »

La création de résidences sociales à destination des étudiants constitue l'exemple typique des dérives dont il faut se prémunir. Maintenir dans la circulaire des termes jugés stigmatisants ou inaptes à décrire une forme de suivi à la fois personnalisée et distanciée, constitue dès lors un moindre mal pour garantir la vocation sociale du dispositif. En l'absence de critères opératoires pour définir les publics, ces termes doivent encadrer les usages de ces dispositifs par des responsables locaux, dans une situation de concurrence entre publics qui seraient plus ou moins « vendeurs ».

Une autre manière de cadrer la lecture qui sera faite de ce dispositif se joue également dans la délimitation des acteurs susceptibles de participer à leur définition localement. Lors de l'examen de ce projet, un membre de la FNARS demande que la liste des personnes susceptibles de faire partie du comité de pilotage de ces structures mentionne les professions psychiatriques, afin que leur implication puisse être plus facile à établir à l'échelon local. Il précise bien qu'il ne s'agit pas de faire figurer des publics faisant l'objet d'un suivi psychiatrique parmi ceux des résidences sociales, mais de faciliter des coordinations ponctuelles avec des professionnels de la psychiatrie.

À cette demande, les représentants de l'administration répondent dans un premier temps par une seule onomatopée : « Aïe ! » Une autre participante renchérit sur la difficulté de mobiliser des professionnels du secteur psychiatrique. La représentante du ministère de l'Équipement explicite alors ses craintes.

Selon elle, l'écriture de cette circulaire ne doit pas générer d'ambiguïtés sur la bonne lecture de ce dispositif. On touche ce faisant à la frontière entre sanitaire et social et, en la matière, le « mélange des genres » suscite des inquiétudes. S'ensuit alors un moment de brouhaha, ou chaque participant discute en aparté avec ses voisins : les uns s'échangent le récit de situations dans lesquelles des intervenants ont cherché à mobiliser des équipes psychiatriques, sans y parvenir, d'autres leurs inquiétudes à voir surgir cette référence « psy » pour des dispositifs qui doivent être dédiés à des publics « sociaux » et à l'accès au logement.

La représentante de l'administration, qui préside cette réunion, réclame ensuite le silence et indique qu'elle doit réfléchir, avec ses collègues et responsables, sur ce point. Une participante renchérit une dernière fois sur ce problème : « C'est vrai, il y a des personnes qui crient la nuit, et on ne sait pas quoi faire. » Tout comme le premier intervenant ayant soulevé ce problème, elle prend soin de ne pas faire valoir un besoin générique ou des difficultés spécifiques à certains publics. Elle se contente de figurer ceux « qui crient dans la nuit », ce qui lui permet de faire l'économie d'une qualification générale de ce qui affecte ces personnes. Toutefois, d'autres participants vont mettre en cause la prise en compte de ce problème. L'un estime que cette mention pourrait constituer un signe à l'adresse des services psychiatriques pour qu'ils cherchent à y loger leurs publics, tout en ne donnant aucune garantie effective de leur disponibilité. Il conclut son intervention en jugeant que, en revanche, la présence du maire adjoint chargé du logement dans ces comités de pilotage serait la bienvenue. À la suite de l'approbation que suscite son intervention, d'autres renchérissent sur d'autres mentions à intégrer dans la composition de ce comité de pilotage. Le premier évoque la présence des associations, à savoir des fédérations et non la seule structure gestionnaire localement. Une autre demande si son organisme pourrait aussi être mentionné. Elle suscite en cela des rires et des commentaires livrés d'un ton complice et amical. L'un des participants s'esclaffe, disant qu'il était certain qu'elle interviendrait, dans la mesure où d'autres institutions étaient – elles – mentionnées dans le texte. Ces rires accompagnent l'expression de demandes qui peuvent être constituées comme les exigences particulières de chaque collectif, et susceptibles de provoquer leur inflation. Après ces rires et moqueries amicales, l'un des participants s'adresse aux membres de l'administration, pour justifier de l'utilité que peut avoir la présence d'un nom dans le futur texte. Quand bien même la liste n'entend pas être limitative, cela procurera un appui aux acteurs locaux – *a fortiori* dans le contexte de la décentralisation – pour faire valoir la participation d'associations à ces comités de pilotage ou l'implication d'autres acteurs. Le fait de se poser comme porteur de revendications spécifiques est donc ici objet de moquerie et convoque des justifications. Les participants ne se moquent pas des prétentions qu'auraient certains des représentants présents. Ils rient de la manière dont ils pressentent que leurs propos seront considérés par l'administration.

L'un des participants demande si ces éléments seront inscrits dans la circulaire. Lorsqu'il lui est répondu que ce n'est « pas sûr », les rires repartent de plus belle. Cet épisode fait ressortir en creux la discipline à laquelle les protagonistes de cette réunion se sont jusque-là tenus, consistant à tenir en retrait les problèmes ou revendications qui seraient spécifiques à chacun.

Reconnaissance d'un territoire privé et destruction du lieu habité : le cas des foyers de travailleurs migrants

Nous questionnerons pour finir ce mouvement de reconnaissance qu'entendent porter les résidences sociales, passant par la délimitation d'un territoire privé pour des individus devant être considérés comme capables d'occuper normalement un logement. Contre des espaces où le collectif exerce son emprise au plus près de l'intimité des personnes, la transformation en résidence sociale doit permettre la reconnaissance d'un territoire privé[31]. Toutefois, cette délimitation d'un territoire privé peut conduire au contraire à ne pas considérer ce sur quoi repose le déploiement d'un rapport intime aux lieux habités. Dans le cas de la transformation des anciens Foyers de travailleurs migrants en résidences sociales[32], ce mouvement de reconnaissance peut être au contraire dénoncé comme le mépris le plus complet de ce à quoi leurs occupants sont attachés. La transformation des Foyers de travailleurs migrants en résidences sociales suppose une généralisation des espaces privatifs, comme pour toutes les autres résidences sociales. Elle s'accompagne d'une méfiance vis-à-vis des espaces collectifs, conçus comme des lieux favorisant un repli communautaire et le déploiement d'activités informelles. Réunis au sein du Collectif pour l'avenir des foyers (COPAF), des résidents et leurs représentants ont toutefois fait entendre une critique de ces transformations[33]. La suppression des espaces collectifs et la délimitation d'espaces privés y sont décrites comme une « entrée en prison ». Ce qui est en cause, c'est en premier lieu le caractère très chiche de ces espaces privatifs, qui entraîne de nouvelles gênes et qui mine toute aisance.

---

31. Pour une synthèse présentant les principes de conception des foyers de travailleurs migrants et plus généralement leur histoire, voir BOUTALEB B., « Vivre en foyer : les immigrés algériens retraités dans les foyers de la région parisienne », *in* LÉVY-VROELANT C. (dir.), *Logements de passage. Formes, normes, expériences*, Paris, L'Harmattan, 2000, p. 145-173.
32. Hélène Beguin analyse la transformation en résidences sociales des foyers de travailleurs migrants en Île-de-France. Elle relève trois points de tension récurrents : le montant plus élevé des redevances après restructuration, la question du relogement des suroccupants et le devenir des espaces collectifs (BÉGUIN H., « La transformation des foyers de travailleurs migrants : des "accommodements raisonnables" ? », *Métropolitiques*, 23 mai 2011, [http://www.metropolitiques.eu/La-transformation-des-foyers-de.html]).
33. Colloque « Foyers et résidences sociales, état des lieux de la précarisation du logement : comment passer du droit au non droit », organisé par le Collectif pour l'avenir des foyers (COPAF) le 13 mars 2010.

Délégué de la coordination des Foyers Adoma : « Pour nous un foyer c'est à la fois un espace privatif, mais pour nous pas des cellules de garde à vue. On veut des studios de 16 m² au moins, équipés avec du matériel qui dure, et de bonnes ventilations dans les chambres. On a constaté dans certains foyers que les aérations dans les chambres étaient mal faites : cuisine, douche, buée encore cinq heures après. Et aussi des bonnes peintures qui ne se décollent pas deux mois après avec l'humidité. »

Mais la suppression ou la transformation des espaces collectifs est aussi critiquée pour d'autres motifs. Le fait d'avoir à faire la cuisine et les courses, *a fortiori* dans des foyers excentrés et mal desservis, ou de payer davantage pour se nourrir, représente une charge et un effort. Les différentes interventions lors de ce colloque font état également de la destruction de certains espaces auxquels était attachée la chaleur d'un lieu habité : se retrouver pour discuter, partager un repas, et toute chose dont le souvenir ravive le sentiment d'être désormais entré dans une « cellule », une « prison ». L'usage des cuisines collectives est également mis en valeur comme relevant de traits culturels, auxquels les résidents étaient attachés. Une résidente indique ainsi : « Pour nous, subsahariennes, le poumon de ce foyer, c'est la cuisine collective. »

Aux côtés des espaces dédiés à la cuisine, aux repas et aux discussions, les délégués de ces foyers font valoir l'importance de lieux de réunions ou d'accueil pour les fêtes de famille, les cérémonies d'enterrements, ou les activités de diverses associations animées par des résidents de ces foyers. La question des lieux de culte est énoncée dans un premier temps comme une prise en compte des convenances de certaines personnes âgées. Aller prier constitue pour elles une occasion de discussions, et elles ne peuvent aller « chercher dehors pour faire la prière cinq fois par jour ». Cette même question est ensuite revendiquée par un délégué de foyer comme un « acquis » de personnes longtemps maintenues dans une altérité culturelle qu'elles n'auraient pas initialement revendiquée :

« Sur les mosquées : on nous en avait données avant, en nous disant : “Voilà, vous avez des mosquées, alors maintenant vous vous taisez.” Quand on dit maintenant qu'on en veut, on nous dit : “Pas de mosquée, c'est le droit commun, comme dans les logements sociaux, ils ne font pas des prières.” »

Le geste de reconnaissance porté par l'action publique à travers la transformation de ces foyers en résidences sociales peut par conséquent sembler particulièrement déplacé. Il l'est également par la volonté de « mixité » des publics, supposée attester d'une entrée dans le « droit commun » et de la fin d'une mise à l'écart. Le délégué d'un de ces foyers raille ainsi les voies étranges d'une reconnaissance qui les a fait passer du statut de « travailleurs migrants » à celui de « publics sociaux ». Un autre déplore l'ambiance que cette mixité est venue créer, conduisant à l'évitement des espaces collectifs. Soucieux de ne pas marquer uniquement son regret d'un certain entre soi, il exprime son désarroi à entendre, depuis sa chambre, des « hurlements dans le couloir », qu'enregistre une caméra de surveillance qui « ne peut rien pour lui [la personne qui crie], ni pour ceux qui habitent avec lui ».

Au-delà de ces prises de paroles de résidents de foyers et de leurs délégués, les organisateurs de ce colloque avaient prévu de ponctuer les interventions par des lectures d'extraits choisis de règlements intérieurs de ces foyers. Étaient lues ainsi les consignes stipulant la manière dont les résidents devaient faire leur lit, la nécessité d'un accord de la direction pour toute modification de l'agencement de l'espace, l'interdiction sous peine de confiscation d'amener des objets dans les chambres, la nécessité de « s'engager dans un esprit de responsabilité dans la vie commune et avec la direction du foyer », etc. Ce collectif demande par conséquent l'accès à un logement de ces publics, et non la seule délimitation d'un espace privatif et un équipement quasi contractuel devant clarifier les droits et les devoirs des usagers. Il demande également des garanties en termes de représentation et de consultation des résidents de ces foyers, pour qu'ils puissent avoir davantage de prise dans l'évaluation de leurs besoins ou des voies que doit suivre une reconnaissance qui leur aurait été déniée.

Reconnaître l'autonomie et prévenir l'installation : les exceptions au régime du temporaire

La délimitation d'un territoire privé ne suffit par conséquent pas à donner des garanties quant au déploiement d'une intimité. Par ailleurs, si l'on considère, à la suite des travaux de Marc Breviglieri[34], que l'intimité constitutive du sentiment d'habiter s'ancre plus largement dans l'entretien d'un commerce familier avec un environnement de personnes et d'objets, il faut constater alors que la vocation même de ces dispositifs circonscrit fortement cette perspective. Les résidences sociales ne sont en effet pas destinées à accueillir durablement les personnes qui y sont logées. Cette exigence est rappelée aussi bien par des règlements intérieurs qui limitent fortement les possibilités d'appropriation des lieux, que par les règles régissant ces dispositifs qui fixent des durées de séjours variant entre six mois et deux ans[35]. Pour accommoder un espace selon ses convenances et s'installer durablement, il faut donc sortir du dispositif et accéder à un logement « normal[36] ».

34. BREVIGLIERI M., *L'usage et l'habiter. Contribution à une sociologie de la proximité*, Paris, thèse de doctorat de sociologie, EHESS, 1999.
35. Ces durées de séjour varient selon la nature des financements mobilisés. Selon un entretien réalisé avec le gestionnaire de l'une de ces résidences, les financements obtenus au titre de l'allocation de logement temporaire fixaient ainsi une durée de six mois renouvelables une fois, tandis que les aides versées au titre de l'aide personnalisée au logement, ouverte aux résidences sociales, étaient limitées à une durée maximale de deux ans.
36. Sur le manque de « souplesse » des différents produits d'habitats temporaires conçus dans les années 1990, au niveau des conditions d'accès ou d'occupation, voir : PAYCHA S.,

Nous allons voir désormais selon quelles modalités la possibilité d'une installation durable a été intégrée dans le cadre réglementaire des résidences sociales. Cette installation durable constitue tout d'abord une exception destinée aux anciens résidents de Foyers de travailleurs migrants. Pour des résidents qui ont passé de longues années dans ces foyers, elle est justifiée comme une reconnaissance tardive du fait que ces travailleurs migrants n'étaient plus de passage. Toutefois, le cadre réglementaire des résidences sociales intègre une autre exception, justifiant la possibilité d'une installation durable, en intégrant des dispositifs – les « pensions de famille », appelées ensuite « maisons relais » – qui devaient faire exception aux temporalités courtes de l'urgence et de l'insertion.

En 1997, Xavier Emmanuelli, alors secrétaire d'État à l'Action humanitaire, lance un programme d'expérimentation de « pensions de famille ». Le lancement de ce programme est justifié par l'absence de prise en compte des besoins de certains publics, en particulier les « personnes ayant connu la rue et la grande exclusion ». Dans son rapport de 1999[37], le Haut Comité pour le logement des personnes défavorisées, présidé depuis août 1997 par Xavier Emmanuelli, consacre un point particulier à la prise en charge des sans-abri. Revenant sur les tentatives de chiffrage de cette population, ce rapport retient ensuite quatre catégories dans le « processus des itinéraires » de sans-abri : un appauvrissement qui conduit certains à avoir des difficultés d'accès ou de maintien dans un logement, une exclusion basée sur des problèmes d'ordre thérapeutique rendant difficile la conservation d'un logement, une exclusion suite à des ruptures professionnelles ou familiales, et enfin une exclusion liée à une pauvreté « héréditaire ». Pour ceux dont les difficultés sont essentiellement d'ordre économique ou liées à des situations de rupture professionnelle ou familiale, il propose de soutenir un vaste programme de création de résidences sociales. Pour les autres, il propose la création de « pensions de famille ». Elles doivent accueillir ceux qui sont conduits par des « caractéristiques individuelles » et des « histoires personnelles » à des comportements qui provoquent leur exclusion de leurs proches ou de la collectivité, par une propension à la violence, l'alcoolisme ou la toxicomanie. C'est donc pour prendre en charge les personnes dont les capacités normales d'interaction avec autrui sont défaites que sont promues les pensions de famille.

Les références à la « maison » ou à la « famille » sont mobilisées pour qualifier un environnement que les textes décrivent comme « convivial » ou « chaleureux[38] ». Toutefois, lors de la validation de ce dispositif consécutive à

« De l'hôtel meublé à la résidence sociale : le cas de Montreuil », *in* LÉVY-VROELANT C., *op. cit.*, 2000, p. 221-239 ; FAURE A. et LÉVY-VROELANT C., *Une chambre en ville. Hôtels meublés et garnis à Paris. 1860-1990*, Paris, Éditions Creaphis, 2007.

37. HCPLPD, *Le besoin de cohérence...*, *op. cit.*, 1999.

38. MINISTÈRE DES AFFAIRES SOCIALES, DU TRAVAIL ET DE LA SOLIDARITÉ, *Circulaire DGAS/SDA nº 2002-595 du 10 décembre 2002 relative aux maisons relais*, [http://www.bulletin-officiel.developpement-durable.gouv.fr/fiches/BO20036/A0060057.htm](page consultée le 15 août 2013).

une première phase d'expérimentation, la qualification de « maison-relais » est préférée à celle de « pension de famille ». Selon un membre de la DGAS qui a suivi la mise en place de ce dispositif, il s'agit de maintenir l'exigence, toujours présente bien que différée, d'une sortie du dispositif et ce faisant d'un retour à l'autonomie[39]. Le programme expérimental lancé de 1997 à 2002 visait donc à mettre à l'abri des personnes qui « galéraient », passaient de « CHRS en CHRS », de l'« hébergement à la rue », pour leur proposer un habitat durable et chaleureux[40]. Les projets de pensions de famille, initiés dans le cadre du programme expérimental, étaient assez variés au niveau de la configuration des lieux – structures collectives ou logements diffus – et des publics accueillis – en termes d'âge ou de configuration familiale (célibataires, couples, familles). La circulaire de 2002 a fixé le cadre réglementaire de ces structures, pour lesquelles le terme de « maison-relais » est finalement préféré. Ce dispositif est censé répondre « aux besoins des personnes qui [...] du fait de leur isolement social et affectif, ne peuvent pas trouver immédiatement un équilibre de vie dans un logement individuel autonome ». La levée des exigences du projet d'insertion et la possibilité d'une occupation durable sont justifiées par la référence à cet équilibre mis à mal :

> « La maison relais est destinée à l'accueil de personnes à faible niveau de ressources, dans une situation d'isolement ou d'exclusion lourde, et dont la situation sociale et psychologique, voire psychiatrique, rend impossible à échéance prévisible leur accès à un logement ordinaire[41]. »

Constituant une modalité particulière de résidences sociales, les maisons relais en reprennent les caractéristiques principales. Elles doivent ainsi, comme les résidences sociales, être des structures de taille réduite, associant espaces privatifs et semi-collectifs. Les qualifications des espaces collectifs et de l'hôte doivent attester des qualités spécifiques attachées à ce produit. Ce cadre semi-collectif doit donc favoriser la « convivialité », « les relations de la vie quotidienne entre les résidents et avec les hôtes, qu'il convient de rapprocher le plus possible du mode de fonctionnement et de vie d'une maison ordinaire[42] ». L'hôte prévu au sein de ce dispositif doit assurer une présence continue pour animer et gérer la vie collective, orientée vers « la vie quotidienne de la maison ». Il ne s'agit pas de proposer une démarche d'insertion. L'accueil dans une maison relais doit favoriser une capacité à se lier à un environnement proximal, à travers une participation aux repas et à leur préparation, le fait de regarder ensemble la télévision, ou d'engager des conversations avec l'hôte ou les autres résidents.

39. Entretien DGAS, novembre 2006.
40. *Ibid.*
41. MINISTÈRE DES AFFAIRES SOCIALES, DU TRAVAIL ET DE LA SOLIDARITÉ, *op. cit.*, 2002.
42. *Ibid.*

Le texte de la circulaire paraît en 2002, mais une instruction conjointe des administrations des Affaires sociales et du Logement opère l'année suivante un recentrage des publics autour de la figure du « grand exclu marginalisé ». Elle définit le profil suivant : un public masculin, composé d'individus seuls, ayant autour de cinquante ans, avec un refus des projets identifiés comme relevant du médico-social. Bien que les publics de ces dispositifs soient qualifiés comme relevant de situations « sociale et psychologique, voire psychiatrique » les rendant incapables d'accéder à un logement autonome, il s'agit ce faisant de marquer là encore une bonne lecture du dispositif et de faire valoir des frontières entre sanitaire et social. Lors d'un entretien, la responsable de la DGAS qui a suivi les questions relatives aux maisons relais justifie ce resserrement comme nécessaire afin d'éviter un « marquage social » des publics.

> « On sait bien que tout un tas de populations est en demande de logement. On ne peut pas répondre à tous les besoins. Autour gravitent un ensemble de populations spécifiques, pour qui ça irait très bien, car il est très bien ce dispositif. Mais il faut éviter de marquer le plus possible les publics. Parce que c'est quand même du marquage social. Et ce n'est pas l'idéal de faire du marquage social. »

Si ce resserrement est justifié pour ne pas étendre un « marquage social », les financements alloués ces structures sont aussi évoqués. Le plan Borloo en 2005 est venu apporter des facilités financières pour ces programmes. Il a défini comme objectif la création de six mille places pour les années 2005, 2006 et 2007. Les statistiques officielles font état des écarts avec les objectifs affichés, mais elles ne font pas état de la proportion entre labellisation de structures existantes et création de places *ex nihilo*[43]. Or, en 2005, ce sont des structures existantes qui ont été labellisées. En 2006, ce sont les structures issues du programme expérimental qui l'ont été.

Le recentrage opéré en 2003 a été contesté par des associations. Parmi elles, celles défendant des projets dédiés aux personnes en situation de handicap psychique ont été entendues, avec la mobilisation de Xavier Emmanuelli en tant que président du Haut Comité pour le logement des personnes défavorisées ou d'associations telles que l'UNAFAM[44]. Cette mobilisation a abouti à la création d'un comité interministériel en 2006 sur cette question. À l'issue de ses travaux, un financement, pris sur celui des maisons relais, a été prévu pour un programme expérimental de cent places de « résidences accueil »,

43. Le Plan d'action renforcé en direction des personnes sans-abri (PARSA) de janvier 2007 a porté l'objectif de six mille places fixées par le plan Borloo à douze mille places. La circulaire du 5 mars 2009 pour la relance relative à l'hébergement a ensuite porté cet objectif à quinze mille places au 31 décembre 2011. Toutefois, les points qui font état de la progression de ces objectifs n'indiquent pas la part de structures créées *ex nihilo* et les créations issues de transformations de l'existant.

44. Union nationale des amis et familles de malades psychiques (UNAFAM).

spécifiquement dédiées à l'accueil de personnes « fragilisées et handicapées par des troubles psychiques liés à une pathologie mentale au long cours », mais « suffisamment autonomes pour accéder à un logement privatif, dès lors qu'un accompagnement et des soins sont garantis en tant que de besoin ». C'est par conséquent à travers la figure du « grand exclu », dont l'équilibre personnel a été durablement affecté, ou du trouble psychique, que sont institués des dispositifs devant configurer d'autres épreuves, supposées moins exigeantes que celles qui doivent accompagner un projet d'insertion.

CONCLUSION

Les personnes défavorisées : inégalités, besoin de lien social et équilibre affecté

Pour conclure ce chapitre, nous pouvons revenir sur les déplacements observés autour de la notion de « défavorisés ». Elle vient en premier lieu prendre en charge un questionnement sur le maintien, pour certaines populations, de situations de mal logement. Nous avons ainsi abordé, dans la première partie de cet ouvrage, les réflexions engagées, dans le cadre de l'élaboration du VIe Plan, sur la notion de défavorisés. Elle s'inscrivait dans un questionnement sur le maintien et la mesure des inégalités dans les pays développés, puis dans une analyse de la manière dont différents types d'inégalités se cumulent sur certaines personnes. Des associations – dont l'association ATD Quart Monde – critiquent alors l'incapacité de l'appareil statistique à saisir les ménages et les logements atypiques et, ce faisant, à prendre la mesure de ce maintien des inégalités. Des travaux, mobilisant les principales fédérations et collectifs que nous avons rencontrés ici, avaient également mis en cause l'éviction du logement social de ces personnes défavorisées[45]. Les réflexions engagées sur la notion de défavorisés viennent ainsi relancer une épreuve civique, en pointant le maintien d'inégalités et le différentiel entre les objectifs affichés d'une politique et leur réalisation effective.

Lorsque s'institutionnalise, au cours des années 1990, une politique du logement des personnes défavorisées, d'autres épreuves sont configurées par l'action publique. Il s'agit de fournir le support d'un parcours d'insertion, qui doit à la fois attester d'une reconnaissance de leurs capacités d'autonomie et orienter vers l'accès à un logement, sanctionnant ce retour à une autonomie qui avait été menacée. La critique ancienne des institutions et de la mise à l'écart qu'elles institutionnalisent constitue un ressort critique systématiquement mobilisé. Les réponses institutionnelles apportées à cette critique sont systématiquement adossées à la reconnaissance d'individus autonomes et responsables, dont les capacités à s'engager dans un projet et à honorer des obligations quasi contractuelles doivent être reconnues. D'une critique visant à redresser les inéga-

45. ZITTOUN P., *op. cit.*, 2001.

lités les plus criantes, on observe un glissement vers des conceptions d'ordre libéral, exclusivement inquiètent des mauvaises dépendances susceptibles de différer une visée d'autonomie individuelle.

Les exigences portées par ces dispositifs ont été toutefois contestées, pour promouvoir de nouvelles innovations. Les pensions de familles expérimentées à partir de 1997 ont ainsi été promues autour de la figure du « grand exclu ». À la conception d'individus en besoin de « lien social » et appelés à s'inscrire dans un projet d'insertion, est venue s'ajouter la figure du grand exclu, dont l'équilibre personnel a été durablement affecté. Cette problématisation a également informé, en 2006, la création de places dites « de stabilisation », destinées à des individus qu'une occupation relativement durable doit permettre de stabiliser. On voit ainsi comment s'opère l'introduction de nouveaux formatages de l'action publique. Les références à l'autonomie, à la fragilité, à la vulnérabilité pénètrent le domaine du logement et en viennent à imprégner ses enjeux. Dans les débats étudiés, s'explicitent différentes stratégies visant à ordonner les dispositifs et les personnes selon des gradients d'autonomie, mais aussi des façons de mettre conjointement en valeur des propriétés des lieux habités et des qualités des personnes logées que ces habitats sont supposés promouvoir.

Transformation de l'hébergement et remise en cause du régime temporaire

Daniel Cefaï et Édouard Gardella concluent l'ouvrage qu'ils ont consacré au SAMU social de Paris sur les recompositions en cours dans l'arène publique de l'urgence sociale à Paris[46]. L'affaire des tentes inaugure selon eux une série d'épreuves au cours desquelles cette arène publique de l'urgence sociale se recompose. Bien que nous serions sans doute plus réservée sur l'identification d'un véritable tournant[47], ils notent fort justement le caractère inédit de revendications portant sur l'illimitation des séjours dans les centres d'hébergement qui voient le jour au cours de ces épreuves.

Lors de l'hiver 2005-2006, des tentes avaient été distribuées par l'association Médecins du monde à des sans-abri. Cette opération avait été présentée comme le moyen de venir en aide aux sans-abri, mais aussi de donner une visibilité sur l'espace public à la question des sans-abri. Dès l'hiver, cette opération

46. CEFAÏ D. et GARDELLA É., *L'urgence sociale en action. Ethnologie du Samu social de Paris*, Paris, La Découverte, 2011.

47. L'identification d'un tournant dans la définition de l'urgence sociale est associée, dans cet ouvrage, au fait que logement et hébergement seraient, dans la foulée de ces mobilisations, pour la première fois pensés ensemble, et à l'identification d'une convergence entre des acteurs associatifs jusque-là fragmentés. Ces convergences s'inscrivent davantage, selon nous, dans une relative continuité, et dans l'existence de relations plus ou moins institutionnalisées entre collectifs, structurant un débat récurrent au cours des années 1990 et 2000 sur l'articulation entre logement et hébergement, urgence et insertion (voir chapitre v).

avait essuyé des critiques, restreintes toutefois aux milieux spécialisés. Lors de l'été, ces tentes vont faire l'objet d'une véritable « affaire », qui oppose dans un premier temps l'association Médecins du monde à la mairie de Paris. La première s'inquiète de la volonté de débarrasser l'espace public « de ces tentes qui rendent la misère visible[48] ». En réponse, la mairie de Paris invoque essentiellement des raisons sanitaires liées à la canicule et des plaintes de riverains. Des bénévoles de Médecins du monde dénoncent une opération destinée à faire place nette avant le lancement de l'opération Paris Plages. La controverse prend rapidement de l'ampleur et, le 21 juillet, une médiatrice est nommée par le gouvernement. Ce faisant, la controverse va se déplacer. La ministre déléguée à la Cohésion sociale critique ainsi la « stratégie » de Médecins du monde comme étant contre-productive, et met en avant son isolement parmi « les associations ». Elle dénonce cette stratégie comme une tentative de « sédentarisation dans la rue[49] » des SDF, dans des lieux où il serait indigne de vouloir les maintenir durablement. C'est ce même argument que reprend quelques jours plus tard Xavier Emmanuelli, qui critique la « stratégie des tentes » comme une option de « sédentarisation dans la précarité[50] », posée comme inacceptable. L'association Médecins du monde déplace sa critique. Ce n'est plus une volonté de rendre invisible un problème sur l'espace public qui est dénoncée, mais une critique des formes d'hébergement proposées. Elle énonce les bonnes raisons qu'auraient les sans-abri de préférer les tentes aux solutions d'hébergement qui leur sont proposées[51]. Dans cet article, l'association Médecins du monde dénonce la dégradation et l'insécurité des hébergements qui leur sont proposés, et le fait que les sans-abri soient chassés des centres chaque matin, eux et toutes leurs affaires. L'association Médecins du monde, lors de son message à la presse, fait ainsi intervenir un SDF exprimant ce en quoi la tente « [leur] donne une dignité ». Les critiques ne se focalisent pas sur la seule absence d'intimité et de sécurité au sein des centres d'hébergement, mais également sur l'absence d'installation qui y est organisée. Ces critiques sur l'acceptabilité des solutions d'hébergement proposées aux sans-abri vont reprendre de l'ampleur lors des mobilisations des hivers suivants, notamment à travers la question du refus d'hébergement.

Le rapport réalisé à la demande de la ministre de la Cohésion sociale, Catherine Vautrin, en 2006, à la suite de l'« affaire des tentes », comporte différentes propositions pour prendre en charge la question des sans-abri. Celles-ci visent premièrement à réintroduire « de la fluidité dans un parcours[52] ».

48. « Le gouvernement nomme une médiatrice auprès des SDF », *Le Monde*, 21 juillet 2006.
49. BRONNER L. et JÉRÔME B., « Tentes pour SDF. Médecins du monde, isolée, est en butte aux critiques des autres associations et du gouvernement », *Le Monde*, 25 juillet 2006.
50. EMMANUELLI X., « Critique de la stratégie des tentes », *Le Monde*, 5 août 2006.
51. « Médecins du monde estime avoir "atteint ses objectifs" en distribuant des tentes aux sans-abri », *Le Monde*, 25 juillet 2006.
52. FLEURIEU A. de et CHAMBAUD L., *Rapport de la mission effectuée à la demande de Madame Catherine Vautrin*, Paris, ministère de la Cohésion sociale et de la Parité, 9 août 2006, p. 7.

Le constat est celui d'une saturation des centres d'hébergement d'urgence, dont la sortie est rendue impossible par la saturation des CHRS et des maisons relais, elle-même due à l'insuffisance de logements abordables. Pour réintroduire cette fluidité, il faut donc agir sur les dispositifs situés en aval de l'urgence. Il faut augmenter l'offre d'« habitat adapté », à savoir les dispositifs qui permettent une installation relativement durable à des personnes pour lesquelles les exigences de l'insertion sont jugées exorbitantes. Il faut également favoriser l'accès au logement social des sortants de dispositifs d'insertion, à travers les mécanismes d'attribution de logements sociaux. Un autre ensemble de propositions concerne l'amélioration de l'accueil proposé par les centres d'hébergement d'urgence, en prévoyant de les ouvrir plus longtemps et en proposant un financement d'urgence pour l'« humanisation » de ces centres. Ces mêmes diagnostics fondent, depuis 2007, une série de rapports publics et de plans d'action.

Rendre l'hébergement habitable ?

Dans ces reformulations, nous verrons moins la redéfinition de l'urgence sociale comme problème public, qu'un changement de pied tactique. Depuis 1993, le scandale des sans-abri, lorsqu'il bascule de l'indignation à la recherche des causes et l'imputation de responsabilité, ouvre sur des revendications en matière de constructions de logements sociaux et à l'énoncé de principes sur les missions respectives de l'urgence, de l'insertion et du logement. Le fait de penser le logement et l'hébergement ensemble et de les articuler institutionnellement n'a par conséquent rien d'inédit. Par ailleurs, le fait de revendiquer une illimitation des séjours et une amélioration des conditions d'hébergement participe moins d'une redéfinition du problème que d'un changement de pied tactique. Plutôt que de dénoncer des réponses politiques en termes d'urgence et d'insertion, qui négligeraient l'accès au logement, il s'agit d'acter cette présence injustifiée de ceux qui sont dans l'hébergement à défaut d'être logés. Ce changement de pied tactique est sans doute plus apte à sortir de leurs embarras critiques des acteurs qui doivent justifier de leur utilité. Il permet également de faire écart avec une remise en cohérence de l'action publique conçue comme l'activation et la fluidification de ses différents segments, prenant la rotation des publics au sein des dispositifs d'insertion comme indicateur de leur efficacité[53].

Toutefois, laissant de côté ces articulations entre hébergement et logement, est-ce que ces recompositions augurent d'une transformation des dispositifs d'hébergement, capable d'intégrer la constitution d'un chez-soi ? Il ne s'agit pas de dénier tout bienfait à des mesures qui entendent « humaniser » ces centres et

53. Pour la loi de finances 2009, la performance des CHRS est décrite par des indicateurs d'accès au logement et à l'emploi. La performance des actions financées au titre de l'aide au logement temporaire (ALT) est évaluée quant à elle à partir d'un indicateur de rotation au sein des logements temporaires ainsi financés.

garantir un droit à l'intimité et à la sûreté de leurs occupants par la conversion de dortoirs collectifs en chambres individuelles. Toutefois, nous avons, au cours de ce chapitre, souligné en quoi l'habiter ne peut se réduire à la délimitation d'un territoire privé. Par ailleurs, la possibilité d'une relative installation dans ces dispositifs dédiés à l'accueil est reconnue institutionnellement alors même que les garanties d'occupation associées à des statuts collectifs sont mises en cause dans le logement social. La loi de mobilisation pour le logement et la lutte contre l'exclusion votée en mars 2009 entérine cette possibilité. Dans le même temps, elle a ainsi instauré des mesures visant une activation du parc locatif social, devant inciter et, dans certains cas, contraindre, ceux qui s'y étaient installés à libérer ces logements. Comme le soulignent Daniel Cefaï et Édouard Gardella, ces recompositions offrent de nouvelles possibilités pour instrumentaliser les revendications portées par les associations. Le recentrage des interventions sur le logement a ainsi justifié, au printemps 2011, les réductions drastiques de crédits aux associations intervenant dans l'accueil d'urgence et l'hébergement d'insertion. C'est également comme réponse aux mobilisations associatives sur la question des sans-abri que les mesures appelées par l'activation du logement social ont été portées politiquement.

Chapitre IV

EN DEÇÀ DES QUALIFICATIONS : ACCOMPAGNER VERS L'ACCÈS À UN LOGEMENT AUTONOME

Dans le chapitre précédent, nous avons suivi des représentants de fédérations dans leurs discussions avec les pouvoirs publics. Les opérations de qualifications revêtent un aspect central. Il s'agit de s'accorder sur la définition légitime de certains dispositifs, de les soumettre à la critique ou de les justifier. Les arènes que nous aborderons désormais sont des réunions internes à la FAPIL, et plus spécialement des moments constitués en vue d'une expression commune autour d'éléments jugés problématiques. Ces échanges donnent à voir les tensions entre les activités engagées par les associations et les formats dans lesquels elles doivent en rendre compte auprès des pouvoirs publics, du fait d'une généralisation des appels d'offres auprès de ces prestataires de services et du recours à des indicateurs de performance normalisés. Ils permettent également de décrire les évaluations engagées en amont de la publicisation de problèmes, qu'il s'agisse d'apprécier collectivement l'opportunité d'un nouvel « outil », ou de questionner l'extension de la catégorie de « souffrance psychique » pour décrire de nouvelles formes de vulnérabilités. Nous envisagerons par conséquent les expériences que convoquent des travailleurs sociaux pour illustrer cette catégorie, pour mieux comprendre les manières dont ils font retour sur des enjeux de catégorisation et de publicisation de cette souffrance.

Mettre en commun les problèmes

La première de ces réunions internes consiste en une rencontre organisée entre la « tête de réseau » parisienne et les associations membres de cette fédération sur un secteur géographique donné – le « Pôle méditerranée ». Elle rassemble ainsi ce que l'on peut qualifier comme l'exécutif de cette fédération, à savoir le délégué général et son chargé de mission. Le président de la fédération a fait également le déplacement. Il représente ainsi les instances que l'on pourrait qualifier de « politiques » au sein de cette fédération. Membre de son conseil d'administration, il préside par ailleurs l'une des associations à l'origine de la création de cette fédération.

Cette réunion s'inscrit dans les séances de travail organisées plus ou moins régulièrement entre les responsables de cette fédération et ses membres. Elle s'intitule « Face aux transformations de l'environnement, élaboration d'un outillage pratique et politique ». Cette réunion doit valider un programme de travail commun en fonction des besoins et problèmes identifiés localement. Hormis le titre de la réunion, aucun écrit soumis à l'examen du collectif ne vient soutenir les interventions. Il ne s'agit pas de discuter d'un problème, mais de mettre en commun les problèmes rencontrés par les différents participants. De fait, au cours de cette réunion, le délégué général et son chargé de mission adoptent une posture en retrait, se limitant à un aspect procédural dans le recueil de l'énoncé des problèmes, ou à la mise en commun d'informations utiles aux participants.

La réunion s'engage par un premier tour de table. Chacun présente succinctement sa structure, ses champs d'activités, et les problèmes rencontrés. Lors de ce premier tour de table, il n'est pas question d'évaluer collectivement le bien fondé des problèmes soulevés. Tout au plus, l'importance d'un point est éventuellement appuyée par les hochements de têtes d'autres participants. Ils évoquent ainsi tour à tour des rapports tendus avec les pouvoirs publics au niveau des financements, les difficultés qu'ils rencontrent pour trouver des logements, l'existence de nouveaux publics auxquels ils s'estiment peu préparés, et la mise en forme en tant qu'« outil » d'arrangements trouvés pour améliorer le quotidien de personnes s'installant des campements. Après ce premier tour de table, l'ordre du jour est donc établi : aspect financier, aspect marché, aspect ingénierie : nouveaux publics et nouvelles formes d'habitat. Le reste de la réunion vise par conséquent à reprendre ces points pour les explorer collectivement, et préciser ainsi la nature de l'« outillage technique et politique » susceptible d'être apporté par le collectif pour répondre aux problèmes évoqués.

Faire valoir ses activités auprès des pouvoirs publics

Les deux premiers points renvoient aux difficultés rencontrées par ces associations dans l'obtention de financements. Certains responsables d'association s'estiment moins bien armés que d'autres structures – bureaux d'études ou autres opérateurs associatifs – pour répondre à des appels d'offres, conditionnant l'octroi de financements. La généralisation des procédures d'appel d'offres impose en effet un formalisme certain, et la mise en concurrence des opérateurs. Les associations doivent donc se positionner sur les champs d'intervention et les prestations ainsi délimités, pour justifier de leur compétence, et rendre compte ensuite de leurs performances.

La nécessité de faire valoir ses activités dans les cadres définis par les pouvoirs publics pour recevoir un financement n'est pas liée à la procédure d'appel d'offres. Elle s'impose généralement lorsque des associations doivent faire valoir leurs activités auprès des pouvoirs publics, pour être conventionnées dans un cadre donné ou recevoir des financements. Toutefois, les procédures d'appel d'offres délimitent fortement les éléments à même d'être pris en compte dans le choix d'un opérateur. Elles supposent que la sélection d'un opérateur s'appuie sur des critères objectifs et identiques pour chaque candidat. Aussi, comme l'explique une personne travaillant au sein d'une direction régionale de l'Équipement, invitée par l'un des membres lors de cette réunion, ces appréciations circonstanciées, basées sur une connaissance de ce que font les associations, trouvent difficilement place lorsqu'il s'agit de justifier du choix à effectuer :

> « Mais c'est vrai que la méthode pour répondre c'est important. Nous, on sait que ce qu'ils font c'est moins bien. Enfin, tous les bureaux d'études ne font pas quand même du sale boulot, mais quand on sait que c'est moins bien et qu'une association peut faire le boulot dix fois mieux, qu'elle sait faire, nous après on doit pouvoir justifier pourquoi on prend l'association. »

Les principes au nom desquels cette généralisation des procédures est justifiée ne sont néanmoins pas contestés. En exposant pourquoi son association n'a pas été retenue lors d'un appel d'offres, dont le cahier des charges avait pourtant été rédigé à partir de leur expérience, un participant provoque le rire lorsqu'il indique : « Alors, bien sûr, c'était les amis du maire. » L'affaire était entendue : l'épreuve avait été faussée, et des liens personnalisés entre l'opérateur et le décisionnaire ont mis en cause l'impartialité et l'objectivité requise. Toutefois, le participant poursuit son récit en indiquant que le problème ne résidait pas dans l'existence de ces liens, mais dans leur manque d'habitude à répondre à des appels d'offres.

La standardisation des formats de description des actions doit également permettre d'en comparer les coûts. L'épreuve posée ici répond alors plus spécifiquement à des critères marchands : la qualité des prestations proposées par les associations doit être décrite selon des critères normalisés, devant permettre la comparaison et la sélection du « mieux disant ». Aussi, les participants à cette réunion s'engagent dans une explicitation des arrangements locaux qui expliquent le prix de telle ou telle prestation. Les péréquations effectuées par une association entre différentes activités doivent ainsi être explicitées, afin de clarifier les critères de prix posés pour apprécier du coût d'une prestation. Une association fait ainsi fonctionner un atelier de recherche logement (ATRL) avec les fonds obtenus pour la mise en place d'un « point information logement ». Elle estime ainsi avoir résolu ses problèmes de financements. Elle avance ce faisant un coût de fonctionnement pour un ATRL qui fait réagir d'autres associatifs : « Mais vous êtes fous, ne dites pas ça. Sinon on va nous dire : "Ils font un ATRL avec tant d'euros, donc pour les autres, pas besoin de donner plus !" Vous êtes hyper compétitifs ! »

À cette comparaison par les prix, s'ajoute dans certains cas une évaluation des résultats, appréciés également sur la base d'indicateurs normalisés. Les critères retenus pour apprécier cette efficacité sont toutefois contestés, dans la mesure où ils contribueraient à sélectionner les publics pour obtenir de meilleurs résultats. Aussi un participant engage ses collègues à ne pas chercher à justifier de bons résultats, du fait d'une mise en cause des critères retenus pour les apprécier :

> « Nous, maintenant, on travaille sur objectif pour ce qui est financé sur les mesures ASELL[1]. Donc au moment de l'évaluation, on nous dit : "Tiens, sur tant de personnes dont vous vous êtes occupées, tant ont accédé à un logement" et donc, sur ceux qui restent, on nous finance moins parce qu'on n'a pas rempli les objectifs ! Et on nous pousse en fait, on pousse les associations, à sélectionner les publics pour qu'elles aient de meilleurs résultats. Et moi je trouve qu'il faut faire attention, donc je refuse de sélectionner mes publics pour avoir de meilleurs résultats. »

Cette réunion doit permettre une mise en commun, au niveau des différents participants à cette réunion, de leurs expériences, pour disposer d'arguments pour justifier de leurs coûts ou de leurs résultats. L'intervention de la fédération n'est attendue qu'à un deuxième niveau, quand l'accumulation de certaines frictions au niveau local invite à la recherche éventuelle de compromis à un autre niveau. Elle est également attendue pour aider les associations à se caler sur les formats de description des actions posés par les pouvoirs publics. La Fédération doit donc rechercher et mettre à disposition de ses membres des « trames » de réponses à des appels d'offres, facilitant cet alignement, mais aussi des noms de personnes habituées à ces formats, sachant manier ces procédures, pour les ajuster aux activités.

Débattre des « bonnes raisons » de s'accommoder un habitat de fortune

Le deuxième « problème » évoqué lors du tour de table ouvrant cette réunion a été désigné comme la prise en compte de « nouvelles formes d'habitat ». C'est sous ce libellé que le délégué général enregistre ce point à l'ordre du jour, et qu'un des participants commence la présentation de ce qui lui pose problème :

> « Il y a un autre aspect qui est ce qu'on pourrait appeler "nouvelles formes d'habitat", mais en négatif. Donc c'est la question de produire du toit, je ne dis même pas de produire de l'habitat hein, c'est du toit [...]. Si on passe au crible un département, on voit des gens qui ont aménagé des cartons, des

1. Actions socio-éducatives liées au logement.

> campings, et question droit, ils ont rien du tout là [...] ! Bon mais la question, c'est : qu'est-ce qu'on fait ? Moi je ne suis pas au DAL, donc je ne vais pas aller squatter des logements avec mes familles. Mais si je les sors des bâches et que je les mets dans une caravane et qu'on me dit : "C'est très bien, qu'ils y restent." Qu'est-ce que je fais ? »

Il évoque ensuite la situation de personnes qui s'aménagent par elles-mêmes un habitat et qu'il accompagne dans ces démarches. Il a ainsi noué des contacts auprès de travailleurs saisonniers habitant sous des bâches à proximité de leurs lieux de travail. Ceux-ci refusent les solutions qu'il leur propose et ne veulent pas quitter leurs bâches pour espérer accéder à un logement. Ils ne sont pas loin de leur travail et ne sont pas prêts à faire les frais d'un loyer. Ce travailleur social tente toutefois d'améliorer l'habitat de ces personnes, en tentant de leur fournir des *mobile homes* ou en leur proposant des solutions de camping à la ferme. Il souhaite donc aborder au cours de cette réunion la constitution d'un « outil », susceptible d'être proposé à des fermiers, et permettant de donner un statut à ces situations et de les clarifier au regard du droit. La qualification de ces situations en tant que « nouvelles formes d'habitat » renvoie à une désignation courante d'habitats également appelés « atypiques ». Le terme « atypique » permet de pointer l'écart de ces habitats avec le logement « normal », sans d'emblée saisir cet écart de manière dépréciative. C'est à cette forme de promotion à laquelle engage ce participant, en proposant de réfléchir à une mise en forme de ces solutions de « camping à la ferme ». Elle doit permettre de clarifier le statut de ces personnes au regard du droit, mais aussi d'intégrer et d'améliorer les accommodements qu'ont trouvés certaines personnes pour se confectionner un habitat.

La tête de réseau s'engage dans un premier temps dans une identification des ressources susceptibles d'être utiles à ce participant, en réfléchissant à des rapports susceptibles d'aborder la question soulevée. Toutefois, le problème est rapidement recadré : « Ce n'est pas un problème d'information, mais un problème de positionnement. »

Les craintes que les participants objectent face à l'intégration de ces solutions en tant qu'outils, susceptibles de généralisation, renvoient tout d'abord à ce que doit être la visée de l'accompagnement des personnes. L'exposition par ce participant du problème auquel il s'estime confronté satisfait pleinement à une grammaire libérale, reconnaissant l'autorité d'individus et de leurs choix. Pour décrire ses actions, il circonscrit tout jugement sur le bien-fondé des choix opérés par ces individus, pour mettre en avant les raisons pour lesquelles ces travailleurs saisonniers préfèrent rester sous des bâches, ou se loger dans des tentes ou des *mobile homes*. C'est également en marquant sa compréhension pour les bonnes raisons que peuvent avoir des personnes de ne pas vouloir des solutions proposées, qu'une participante s'engage dans la discussion. Des personnes occupant des « bidonvilles » préféraient également y rester.

Elles pouvaient ainsi toucher le RMI plus facilement, étant considérées comme SDF. En accédant à un logement, ils risquaient davantage de perdre le RMI, tout en ayant en plus à payer un loyer. Elle indique cependant avoir travaillé pendant quatre ans auprès de ces personnes afin d'en convaincre certaines d'accepter un logement. Tout en reconnaissant les bonnes raisons de ne pas vouloir d'un logement, elle appuie la nécessité de poursuivre un travail visant à faire rentrer ces personnes dans un logement, en les persuadant des bienfaits qu'ils pourraient en attendre pour leur santé et pour « plus tard ».

La discussion va ensuite se porter sur d'autres aspects que l'examen de ce qui est bon pour les personnes : ce qu'elle veut, sa santé actuelle et future et ses perspectives de trouver un travail. Comme l'ont souligné plusieurs intervenants, le problème tient aussi à l'attitude à adopter lorsqu'il est demandé à une association d'intervenir sur des campements, le plus souvent pour des motifs d'ordre public. Les associations estiment que les pouvoirs publics les « laissent tomber » lorsqu'il s'agit ensuite de proposer des solutions de relogements durables. Le président de cette fédération indique par conséquent que la question est aussi celle d'une instrumentalisation de leurs interventions et rappelle l'engagement de la fédération en vue de la mise en œuvre du droit au logement. C'est donc le caractère « mesquin » de ce que les associations peuvent proposer qui est critiqué. Leurs actions ne seraient alors cantonnées qu'à des contreparties jugées médiocres à donner à des populations, qui gêneraient par leur présence.

> « On crée en plus mesquin la cité de transit des années 1970. Dans ma région, on nous demande de déplacer un bidonville de quelques mètres. Si on dit non, ce sont les CRS. Si on dit oui… Alors on en est à dire que quand même, quitte à les bouger, on pourrait faire quelques améliorations, mettre des points d'eau, quelques points d'hygiène, alors que nous on demande du dur. »

Le fait également de ne pas avoir de solutions de logements à proposer aux publics accueillis en structure temporaire participe dès lors d'un problème identique.

> « Et on a les mêmes problèmes avec les plans froids, et qui va les mettre dehors ? Les travailleurs sociaux ! Hier, j'étais dans une école de formation de travailleurs sociaux à expliquer les questions de droit et il y en a un qui m'a dit : “Et qu'est-ce qu'on en fait ?” Donc la question est que l'on est des prestataires de services. Alors qu'est-ce qu'on se met comme règles ? On vire quand c'est un homme célibataire ? Quand c'est une femme ? Etc. Donc finalement, c'est vrai que ça rejoint tes questions, c'est jusqu'à quel point on fait de la merde. »

Il porte donc une critique de l'instrumentalisation des associations, renvoyées à des fonctions d'« ordre social » ou de « gestion des flux », au détriment d'exigences d'égalité et de solidarité. La discussion se tarit progressivement, sur ce qu'on ne peut appeler autrement qu'un sentiment de tristesse et d'impuissance. Celui-ci culmine quand, alors qu'on demande à un participant resté depuis quelque temps silencieux ce qu'il pense des problèmes soulevés, il estime que :

> « Des fois c'est tellement dur qu'on ne pense à rien. On pense à survivre déjà, à continuer ce qu'on fait. Non, je vois plus de questions. »

Les publics auxquels « on ne comprend rien »

Les derniers points abordés lors de cette réunion ont été validés à l'ordre du jour comme relevant d'un renouvellement des publics. Les problèmes soulevés par rapport à ces « nouveaux publics » sont doubles : ce sont des publics avec lesquels les associatifs estiment ne pas savoir s'y prendre, mais aussi qu'ils ont des embarras à nommer.

Ce « renouvellement des publics » renvoie en premier lieu à de nouvelles populations identifiées parmi les réfugiés et à une présence plus forte de personnes originaires de pays d'Europe de l'Est. Outre l'obstacle de la langue, qui rend les contacts difficiles, des aspects identifiés comme culturels sont relevés. Aussi un intervenant estime avoir mis beaucoup de temps à comprendre que ses efforts seraient vains s'il ne passait pas de manière privilégiée par certaines personnes ayant autorité. Il fait également sourire l'assemblée en évoquant les problèmes auxquels il est exposé, n'ayant pas anticipé que les logements occupés par l'une de ces personnes seraient destinés à accueillir de nombreuses festivités. Il évoque ainsi les problèmes de voisinage qu'il doit désormais gérer en ayant logé un « chef de clan » dans un logement qui ne s'y prêtait pas. Une spécificité culturelle est donc pointée chez certains, qui viendraient plutôt de villages, dotés de « tout un ensemble de relations entre eux auxquelles on ne comprend rien ». Pour d'autres, venant plutôt de milieux urbains, aucun problème n'est rencontré – c'est-à-dire pas plus que d'habitude – pour les loger.

À cette difficulté à se rendre intelligibles des situations et ce dans quoi elles sont intriquées s'ajoutent les embarras pour qualifier ces publics, sur lesquels « tout le monde dit n'importe quoi » : les « Bosniaques » qui ne seraient pas exclusivement des personnes venant de Bosnie, pas plus qu'ils ne pourraient être définis en termes religieux; les « Roumains » qui ne viennent pas tous de Roumanie, et qui ne sont pas forcément des « Roms » ou des « gens du voyage », etc. La question est dès lors celle des qualifications utilisées pour nommer ces publics, dans des coordinations élargies aux pouvoirs publics et à d'autres organisations, et pour les rattacher au bon dispositif selon leur statut : réfugiés, demandeurs de droit d'asile ou clandestins.

Les ressources collectives sur lesquelles s'accordent les participants consistent en l'élaboration d'une formation. La discussion porte essentiellement sur le choix des intervenants pressentis. Certains seront choisis pour leur compétence en matière de droit d'asile. D'autres apporteront leurs connaissances de l'histoire et de la culture de ces populations – à savoir des personnes qui ne disent pas « n'importe quoi » – mais aussi pour leur expérience auprès de ces publics – « des gens qui savent parler aux familles ». Il s'agit de disposer d'arguments pour contester des qualifications qui semblent erronées ou de disposer de connaissance sur des dispositifs conçus pour l'accueil de certains publics. En deçà de ces enjeux de catégorisation, cette formation doit permettre d'agir de manière plus ajustée auprès de ces populations.

Ce « renouvellement des publics » renvoie en second lieu à la présence jugée plus forte de publics « avec une approche psychiatrique ». Une participante indique être régulièrement confrontée à ces problèmes, et à l'absence de soutien des services spécialisés lorsqu'un bailleur ou une association tente de les mobiliser. Ils se voient en effet vigoureusement opposer par ces services leur incompétence à établir un diagnostic en matière psychiatrique ou, plus simplement, le manque de temps des services ambulatoires. Elle indique par conséquent que son association a noué des contacts avec des psychiatres, ce qui a conduit essentiellement à un travail commun pour différencier ce qui relevait de « handicaps psychiques » ou de la « souffrance psychique » de personnes en situation d'exclusion. Elle conclut en mettant en équivalence ces publics avec ceux abordés précédemment, en tant que ceux auxquels « on ne comprend rien ». À l'appui de ses propos, elle évoque une anecdote : une situation bloquée, que l'intervention d'une personne ayant lu un verset du coran avait suffi à dénouer. À cette anecdote en répond une autre, évoquée par un autre participant, faisant cette fois intervenir un pasteur évangéliste auprès de gitans : « C'était pareil : il discute, et hop là, c'est cool ! »

Là encore, il est décidé d'organiser une formation, qui doit permettre de conforter un ensemble de distinctions entre ces notions de souffrance psychique, de maladies psychiatriques, et ceci dans la perspective de faciliter la collaboration avec des intervenants extérieurs. Les « ressources » mises en commun sont donc essentiellement la communication des titres des principaux rapports établis sur ces questions et la demande d'intervenants identifiés au niveau de la fédération à partir de journées de formation consacrées à ce thème dans d'autres pôles régionaux. C'est à l'acquisition d'un vocabulaire et à la circulation d'une expertise constituée sur ces questions qu'invite cette participante, comme préalable à d'éventuelles relations avec des services spécialisés.

PUBLICISER LA « SOUFFRANCE PSYCHIQUE »

Nous allons donc désormais nous consacrer à une deuxième réunion, portant spécifiquement sur ce thème de la souffrance psychique. Sa prise en compte est un thème récurrent des espaces que nous avons étudiés. Elle n'en demeure pas moins un thème controversé. C'est à ce titre que « la souffrance psychique » fait l'objet d'un groupe de travail spécifique lors de l'assemblée générale annuelle au sein de cette fédération. La qualification de certains troubles comme relevant de problèmes psychiques est-elle légitime ? Peuvent-ils être pris en compte dans les politiques du logement ? Ou ne renvoient-ils qu'à une problématisation dangereuse, masquant la nature sociale des troubles ainsi qualifiés et portant la stigmatisation des personnes ainsi considérées ? Les exhortations pressantes de certains membres de cette fédération à disposer de formations sur ce thème, mais aussi les réticences que d'autres manifestent vis-à-vis de son extension, ont motivé la tenue de ce groupe de travail.

Récits d'expériences et mise à distance de la controverse

L'arène de discussion à laquelle nous nous intéressons a été qualifiée de « groupe de travail », organisé dans le cadre de l'assemblée générale annuelle des membres de cette fédération. Ce « groupe de travail » s'inscrit donc dans les moments politiques de la vie d'une fédération. La controverse et la dispute y sont particulièrement sollicitées, comme maintien et élaboration d'une visée politique commune. Ainsi, quand une participante, après un échange un peu vif, manifestera sa réticence à reprendre la parole, il lui sera répondu qu'« on est là pour ça ». Le dispositif de « groupe de travail » ne vient donc pas marquer un moment plus « technique » au sein de cette assemblée générale. Il doit au contraire élargir une participation à cette élaboration politique commune, en veillant à ce que la parole soit prise au-delà des représentants ou des porte-parole de cette fédération. La proposition de différents thèmes et la partition en petits groupes restreints sont ainsi des éléments qui entendent élargir l'accès à cet engagement dans ce moment politique, en complément aux séances plénières de cette assemblée générale.

Après un rapide cadrage du thème par l'animateur du débat, la discussion a du mal à démarrer. De premières prises de parole se succèdent, faisant état de diverses problématisations générales. La montée du thème de la souffrance psychique est ainsi imputée par un premier participant aux changements dans la fonction asilaire de l'hôpital. Un deuxième fait état de ses inquiétudes à trop se saisir de ce thème, dont la prégnance est présentée comme indice de la montée du contrôle social et d'une plus grande intolérance envers la folie. Un troisième intervenant distingue entre la « folie » et la « souffrance psychique », analysée comme le versant subjectif de l'exclusion sociale, appelant des réponses spécifiques. Cependant la discussion tourne court, et le débat ne s'ensuit pas sur la confrontation de ces problématisations concurrentes. Ces premiers intervenants, par ailleurs identifiables comme étant les plus habitués à prendre la parole publiquement, ne s'engagent pas dans une dispute. L'un d'entre eux dira d'ailleurs en sortant de ce groupe avoir eu pour souci de « ne pas faire son [il dit son nom] », entendant par là une propension, qui lui est reconnue au sein de cette fédération, à exprimer ses opinions et à débattre. Celle-ci pourrait, en ce contexte, être jugée comme une monopolisation de la parole. Ces problématisations peuvent alors être disqualifiées comme étant des « discours », portés par des personnes prédisposées à se porter dans la dispute ou la controverse.

Ces premiers échanges ne suscitent donc pas d'appétences particulières à la dispute. C'est davantage à partir de l'exemple coloré avancé à l'appui d'une de ces problématisations que s'engagent les discussions. En effet, la référence aux « bredins dans mon village », pour illustrer un passé plus tolérant aux bizarreries de ses contemporains, suscite des rires. Ces rires embrayent sur des illustrations plus sérieuses de ce que pourrait être la « souffrance psychique », telle que les participants l'identifient dans leurs expériences engagées auprès de leurs publics. L'appétence à s'engager dans la discussion est donc davantage aiguisée par la mobilisation de ces exemples colorés, que par des évaluations visant d'emblée à l'énoncé d'une problématisation. Certes, les échanges demeurent toujours sous la visée d'une montée en généralité. Les rires qui accompagnent ces premiers exemples, voire les excuses quant à leur caractère anecdotique, témoignent du ridicule qui menace ces propos, par rapport à l'horizon d'une relative généralité et publicité que visent malgré tout ces échanges. L'expression fait le détour par la convocation de petites histoires, par lesquelles s'effectue une mise en commun de ces expériences.

Ces « petites histoires » se tiennent, dans un premier temps, au plus près d'un compte rendu factuel. Tout en restant en deçà de la dispute sur des positions, les récits convoqués donnent toutefois prise à des évaluations. Que dit-on de ces bizarreries qui peuvent être reliées à la catégorie de « souffrance psychique » et des problèmes qu'elles soulèvent ?

Ces récits font valoir une distorsion entre ce qui compte pour des personnes et les options que les travailleurs sociaux peuvent éventuellement présenter. C'est pourquoi on peut dire que ces récits articulent un savoir local sur la personne et une évaluation sur le bon accompagnement. Une première participante dit avoir observé une personne qui n'investissait pas le logement mis à sa disposition. Elle est finalement retournée dans un asile de nuit dans lequel elle avait un « statut », en faisant pour d'autres hébergés office d'écrivain public. Les indices d'un état de souffrance sont communiqués aux autres participants en témoignant d'un écart par rapport aux attentes sur ce que devrait être une appropriation normale des lieux : « Il dormait sur une paillasse posée par terre dans un coin. » Cet écart n'est pas rapporté à une mauvaise utilisation des objets ou à une inconvenance de l'habitant. Il doit communiquer aux autres participants un état de souffrance et de prostration. Celui-ci est expliqué dans ce récit comme une mauvaise prise en compte de ce qui comptait pour cet habitant : les liens noués au sein de l'asile de nuit qu'il fréquentait jusqu'alors et dont il a dû se défaire. Une autre participante évoque les cas de personnes ayant « plein d'animaux ». L'étrangeté réside alors dans cet excès, et la souffrance fait valoir combien comptent ces animaux, lorsqu'il est demandé de s'en défaire. C'est en tant qu'ils participent à un « équilibre » personnel qu'elle met en valeur l'importance de cet attachement. Elle pointe toutefois le ridicule qu'il y aurait à constituer cette souffrance comme objet d'intervention et de mobilisation : « Mais on ne va ni faire appel à la psychiatrie, ni à la SPA ! Et donc, nous, on ne sait pas quoi faire. »

Ces récits font valoir des attaches familières de la personne et témoignent de leur importance en tant qu'équilibre affectif. Cet équilibre ne renvoie toutefois pas à une qualification d'un état de la personne et des besoins liés à cet état. Il est restitué dans une épreuve où ce qui compte pour une personne a été affecté. La responsabilité convoquée ici est de l'ordre d'une sollicitude, un engagement moral qui ne vise pas à reconnaître des droits ou à satisfaire à des principes de justice, mais à répondre à des attentes singulières, identifiées depuis un engagement en familiarité[2]. La mise en commun de ces récits n'ouvre pas vers une politisation des souffrances qui sont évoquées. Elle supposerait par exemple que ces récits ouvrent sur la désignation d'une injustice ou la mise en valeur de besoins génériques qui ne sont pas pris en compte. C'est en revanche l'expression d'un désarroi que communique l'histoire de celui qui est finalement retourné à l'asile de nuit ou celle de la dame à qui il n'a pas été possible de trouver une maison individuelle, dans laquelle elle aurait pu garder ses animaux.

L'injonction à l'autonomie et ses exaspérations

Ces premiers récits vont embrayer sur d'autres manières de convoquer une responsabilité. Elle n'est plus de l'ordre de la sollicitude, appelée par l'identification de ce qui affecte une personne au plus près de ses engagements familiers. Elle est celle des efforts que doit faire chaque individu. Une autre participante indique son exaspération envers des personnes qui, une fois logées en logement temporaire, se replient sur leur logement et ferment leur porte. Le repli sur l'espace privatif est constitué alors comme un manquement de l'individu à ses obligations, qui sont celles de s'engager activement en vue de son insertion et, ce faisant, à sa sortie du dispositif.

> « Une fois que les personnes sont dans le logement, la porte est fermée, les gens se replient sur leur cocon. Ils se disent : "De toute façon, l'association va pas me mettre à la porte", et donc ils ne font plus rien. Alors le logement les a réassurés, mais en même temps ils ne vont plus se fatiguer. »

Cette indignation est tempérée cependant par l'intervention d'une autre participante. Elle indique avoir constaté que, bien souvent, le fait d'entrer dans un logement rappelle toute une série d'obligations ou de problèmes jusque-là

2. Pour un développement sur cette acception de la sollicitude, voir PATTARONI L., « Le geste moral : perspective sociologique sur les modalités du vivre ensemble », *Carnet de bord*, n° 2, 2001, p. 67-77.

éludés par l'énergie consacrée dans une survie au quotidien. Elle dit ne plus savoir parfois si le logement était, dans certains cas, le « vrai problème » à régler. La qualification d'un état de « souffrance psychique » permet que des écarts par rapport à des attentes portées par les travailleurs sociaux ne soient pas trop rapidement érigés en faute morale. Le terme de « souffrance psychique » renvoie alors à la qualification d'un état, et à une indexation de la personne au bon dispositif : cette personne avait-elle besoin d'un habitat temporaire qui lui permette de se réassurer pour s'engager dans un projet d'insertion, ou est-ce, n'en étant pas capable, une autre solution aurait dû lui être apportée ?

Les discussions observées jusque-là mettaient en partage de courts récits. Tout en restant en deçà des problématisations générales, ces récits circonstanciés ouvrent sur des évaluations et en appellent à des sentiments moraux. Ils restent toutefois au plus près de la démarche d'accompagnement et de sa dynamique de composition entre un engagement qui suppose une certaine familiarisation avec les personnes suivies et les formats conventionnels d'action qui encadrent l'activité de ces intervenants sociaux.

Cependant, une participante va tenter de généraliser au-delà de ces récits anecdotiques. Son opinion est que le recours à des intervenants psychiatriques doit s'envisager lorsqu'est présumé un danger dont la gravité appelle à sortir du cadre de la relation d'accompagnement. Elle cite des cas paradigmatiques de violence – « mettre le feu à son immeuble » –, de manquement à des attentes conventionnelles du savoir-vivre – « l'exhibitionnisme » –, et le suicide, en tant qu'exemples à même de tester la pertinence de règles générales. La nécessité d'une intervention ne se justifie alors que quand il y a menace sur autrui ou atteinte à l'ordre public.

Cette fois, la souffrance psychique ne renvoie pas à un état de prostration de la personne, qui ne constitue aucun danger, mais à ses éventuels débordements. Face à l'abîme que représente l'invocation de ces souffrances particulières, elle propose de s'en tenir aux règles minimales garantissant le respect et la sécurité de chacun en société. Elle s'appuie ce faisant sur une frontière entre ce qui est de l'ordre du privé, à savoir ce qui ne regarde que la personne logée et éventuellement son accompagnant, et ce qui regarde l'« ordre public » du fait d'un débordement indu de cette frontière, portant atteinte à la tranquillité ou la sécurité qui doit être garantie à chacun.

L'indignation comme ressort du basculement en arène

Cette proposition va susciter une réaction forte de la part d'un autre participant, celui-là même qui avait exposé une problématisation ressaisissant l'extension de la notion de « souffrance psychique » dans une montée du contrôle social. Aux émotions informatives ou affectives soutenant l'engagement dans l'échange d'expériences[3], on passe ainsi à la colère d'un participant. Ce qui était présenté comme une proposition inspirée pour mettre de l'ordre dans la discussion va être constitué comme position dans un espace agonistique. Cette indignation marque d'autant plus une rupture que cette attribution de positions a été différée. Ainsi, une autre participante dira s'être efforcée de ne pas « bondir » à l'écoute de certaines paroles. Elle n'explicite pas son propos, mais l'évocation précédente de ces individus logés qui ne se fatigueraient plus pour s'insérer, ou celle d'êtres souffrants qu'il faudrait excuser est de nature, chez certains membres de cette fédération, à provoquer de telles irritations.

Les propos écoutés sont rapportés à des discours récurrents, à des conceptions typiques. Quand l'indignation se manifeste, elle embraye donc directement vers l'attribution d'une cohérence forte aux propos échangés : ils relèvent de certaines conceptions propres au travail social et contre lesquelles il faudrait lutter. La critique dénonce par conséquent le contrôle social que porteraient des travailleurs sociaux et, plus généralement, un environnement institutionnel. On bascule alors de la mise en commun de « petites histoires » vers un engagement dans la critique. L'intervenant ne livre ni un récit, ni son opinion sur la manière de se saisir d'un problème donné. Il s'engage dans une accusation publique, par laquelle il se fait le porte-parole des « plaintes du dehors[4] », en faisant entendre la voix de ceux qui ont « tout un environnement institutionnel sur le dos et à qui finalement on demande d'être plus normal que les normaux ». Aussi la critique du contrôle social, qui est ici développée, est plus libertaire que libérale. Elle ne vise pas à mettre en valeur un individu capable d'honorer des engagements quasi contractuels, mais au contraire la liberté de chacun de se livrer à ce que d'autres perçoivent comme des débordements ou du laisser-aller :

> « Si chez moi je suis complètement bordélique, que j'en fous partout, que je lave rien, que je me trimballe tout le temps à poil, on ne me dira rien ! »

Ce basculement dans l'arène est cependant de courte durée. L'intervenante mise en cause soupire ostensiblement, indiquant qu'elle est excédée que ses propos aient été assignés comme tels. Le compromis sur lequel se termine la réunion ne ressort pas d'un accord, mais relève davantage d'une exhortation à une sorte de sagesse pratique. Les diverses tentatives de conclusions vont cependant toutes dans le sens du rejet ou d'une circonscription de l'usage du terme « psy ». Tout d'abord, en revenant à de petits récits et à l'insatisfaction qu'il y a à les saisir sous la catégorie de « souffrance psychique » et, *a fortiori*, de « troubles psychiatriques ». Ensuite, en tentant de définir des garanties pour

---

3. Thévenot L., « Émotions et évaluations dans les coordinations publiques », *in* Paperman P. et Ogien R. (dir.), *La couleur des pensées. Émotions, sentiments, intentions*, Paris, Éditions de l'EHESS, 1995, p. 145-174.
4. Heurtin J.-P., *L'espace public parlementaire. Essai sur les raisons du législateur*, Paris, PUF, 1999, p. 16.

que l'intervention ne donne pas consistance à une présomption d'incapacité et d'irresponsabilité, susceptible de s'attacher durablement à l'occupant. Aussi, il est estimé plus légitime et aussi efficace d'agir en prenant appui sur des questions d'entretien des lieux pour, le cas échéant, faire sortir une personne dangereuse. La faute est alors jugée par des outils de « droit commun », dont le droit locatif, jugé parfaitement adéquat pour opposer à une personne un certain nombre d'attentes sur la vie collective ou un usage des lieux garantissant la tranquillité et la sécurité des voisins. Par ailleurs, les inquiétudes que soulève au sein du collectif de la fédération le lien entre professions psychiatriques et travailleurs sociaux sont rapportées à des précédents, et les débats contradictoires opposant certains métiers et les conceptions qui leur sont associées.

CONCLUSION

Dans ce chapitre, nous avons vu des travailleurs sociaux, travaillant dans les associations adhérentes de cette fédération, mettre en commun des récits convoqués par la notion de souffrance psychique. Dans le chapitre précédent, cette notion était également mobilisée. Nous avons ainsi constaté la visibilité acquise par cette notion tant par les travailleurs sociaux intervenant dans les structures pour décrire des problèmes auxquels ils sont confrontés, que dans les lieux où représentants et administration s'accordent sur le cadrage de dispositifs. Dans le chapitre précédent, cette notion de souffrance psychique était directement saisie dans des enjeux de qualification. Elle est convoquée dans des échanges où s'énoncent des critiques et des justifications sur la définition des bonnes catégories de description et d'action, qu'il s'agisse de qualifier les publics ou de cadrer les missions assignées à un dispositif. Dans cette perspective, la souffrance psychique renvoie à la mobilisation d'un ensemble de distinctions conceptuelles, qui viennent mettre à l'épreuve des frontières catégorielles. Elle est ainsi convoquée pour critiquer la mise à l'écart de publics qualifiés comme ayant des problèmes psychiques ou psychiatriques, qui ne devraient pas être exclus du logement ordinaire. Elle en appelle également à considérer des situations de vulnérabilités ordinaires, devant être distinguées de la qualification de « troubles psychiatriques » ou de « handicaps psychiques ». Elle vient également mettre à l'épreuve une frontière entre problèmes sanitaires et sociaux, pour décrire à qui est dédié un dispositif et problématiser la nature de leurs difficultés. Quand bien même les participants de ces réunions fondent leur accord sur le principe d'une distinction nécessaire entre ceux qui sont autonomes et ceux qui ne le sont pas, la notion de souffrance psychique vient mettre à l'épreuve des frontières instituées.

Les échanges étudiés dans ce chapitre ne sont pas polarisés par des enjeux de catégorisation et l'accord sur des termes qui doivent garantir le transport à distance de la bonne lecture d'un dispositif. Ils visent sans aucun doute à faire retour sur ces questionnements, qu'il s'agisse de diffuser une expertise permettant de fonder sur de bonnes bases d'éventuelles coordinations avec des intervenants des professions médico-sociales, ou de mettre en discussion cette notion lors de l'assemblée générale de cette fédération. Toutefois, ces échanges nous donnent à suivre, en amont des critiques et des justifications engagées sur des enjeux de catégorisation, les expériences qui sont convoquées à travers cette notion de souffrance psychique, pour envisager ensuite sa politisation. Aussi ces échanges constituent un matériau pour répondre à l'invitation de Thomas Périlleux et John Cultiaux qui, faisant le constat de l'extension de la notion de « souffrance » aussi bien dans les sciences humaines que chez les acteurs politiques, intervenants sociaux ou professionnels du travail psycho-social, proposent d'envisager les opérations par lesquelles cette souffrance est publicisée et, le cas échéant, politisée, pour étudier les articulations entre souffrance, justice et politique[5].

Une sollicitude pour ce qui compte pour les personnes

Or, dans ces échanges, les expériences convoquées par la notion de souffrance psychique n'ouvrent pas systématiquement sur leur politisation et, quand elles le font, elles ouvrent sur des problématisations distinctes.

Les récits que mettent en commun des travailleurs sociaux rassemblés pour discuter de cette notion font état d'une tension entre les attaches familières de la personne et l'inscription de cet habitant dans un logement. Un logement n'est en effet pas *a priori* habitable pour une personne, et le moment de l'installation peut mettre à mal, ou engager une révision, d'un ensemble de rapports personnalisés à des choses ou des personnes[6]. Ce sont ces tensions qu'énoncent ces travailleurs sociaux, lorsqu'ils évoquent la souffrance de personnes qui ont dû se défaire de ce qui constituait jusque-là leur environnement familier. En vis-à-vis d'un projet qui pose l'accès au logement comme horizon d'une action d'insertion et condition de reconnaissance de l'individu, les récits convoqués par les travailleurs sociaux peuvent donner une visibilité à des personnes qui s'« équilibrent » sans l'assise d'un logement autonome ou d'un territoire privé. Ces petites histoires donnent par conséquent à voir ce qui compte pour des habitants, et l'embarras de celui qui, tout en ayant considéré ces attaches et leur importance, n'a pu leur apporter une réponse ajustée. En conséquence, une souffrance est identifiée et communiquée. Il ne s'agit pas pour autant de la faire valoir comme une injustice appelant réparation, ou comme un problème public sur lequel attirer l'attention

5. PÉRILLEUX T. et CULTIAUX J., *Destins politiques de la souffrance*, Toulouse, Érès, 2009.
6. BREVIGLIERI M., « La décence du logement et le monde habité. Une enquête sur la position du travailleur social dans les remous affectifs de la visite à domicile », *in* ROUX J. et PERONI M. (dir.), *Sensibiliser. La sociologie dans le vif du monde*, La Tour d'Aigues, Éditions de l'Aube, 2007.

d'institutions. L'obligation morale liée à la considération de cette souffrance reste cantonnée à un geste de sollicitude, dont l'intervenant donne des gages en indiquant avoir recherché des solutions permettant à la personne d'être logée tout en gardant près d'elle ce à quoi elle était attachée. Aussi, il n'y a pas politisation de ces souffrances, dans la mesure où elles ne sont pas détachées du plan d'expérience singulier dont elles sont issues, pour être portées comme problème regardant le public ou dénoncées comme injustice.

Cet écart entre ce qui compte pour une personne et les réponses qui peuvent être apportées me fut toutefois, lors d'entretiens, présenté également comme une épreuve de réalité, ouvrant vers une politisation à travers la question des inégalités. Accompagner des personnes dans leur accès à un logement, c'est leur donner à voir un monde où ce qui compte intimement pour chacun ne sera pas forcément pris en compte. Les théories du *care* ne constituent pas une référence parmi les travailleurs sociaux auprès de qui nous avons enquêté. Toutefois, l'articulation ainsi opérée entre une considération de ce qui compte pour des personnes et une critique des inégalités rejoint le geste critique revendiqué par P. Molinier, S. Laugier et P. Paperman lorsqu'elles s'inscrivent dans le projet de sortir le *care* de l'invisibilité pour le politiser. Cette mise en visibilité du *care* et de ce qui le soutient pratiquement doit ainsi permettre de rompre avec un « monde enchanté, qui n'est rien d'autre que le monde des privilégiés, où [...] ceux qui ont l'air d'être autonomes ne sont en réalité que les plus puissants d'entre nous[7] ». Toutefois, là encore, la référence à cette épreuve de réalité se donne avant tout comme un geste réconfort, plus qu'elle ne nourrit la dénonciation d'une épreuve inégalitaire.

Les épreuves de l'autonomie ou le retour d'une anthropologie disjonctive

Ces échanges illustrent cependant d'autres formes de montée en généralité des souffrances considérées, qui appellent d'autres formes de responsabilité que celle que convoque la sollicitude. Ces récits ouvrent en premier lieu sur des évaluations questionnant l'indexation d'une personne à un dispositif. Ce faisant, la souffrance n'est plus le résultat de ce qui est advenu à une personne, donnant à voir des formes d'affection et de vulnérabilité ordinaires communiquées par des récits qui se tiennent à distance des qualifications générales. Elle devient un état de la personne, une propriété caractérisant une personne et qui permet son classement. Certes, cette incapacité n'est pas posée comme ayant vocation à persister dans la durée, mais elle conduit à poser l'accès à un « logement autonome » comme une étape prématurée. Celui qui ne s'« appropriait » pas son logement et restait prostré en regrettant les liens qu'il avait noués dans un foyer

7. MOLINIER P., LAUGIER S. et PAPERMAN P., « Qu'est-ce que le *care* ? », *in* MOLINIER P., LAUGIER S. et PAPERMAN P. (dir.), *Qu'est-ce que le* care *? Souci des autres, sensibilité, responsabilité*, Paris, Payot et Rivages, coll. « Petite bibliothèque Payot », 2009, p. 7-31, ici p. 19.

n'est plus affecté par ce qui lui est advenu. La description de son état de prostration et de repli ouvre sur le jugement selon lequel il n'était finalement peut-être pas capable d'habiter un logement autonome. Dans le passage de ces récits à des évaluations sur les solutions institutionnelles à apporter, s'opère le glissement de ce que Jean-Louis Genard a qualifié d'une anthropologie conjonctive à une anthropologie disjonctive. Analysant la manière dont est pensée une tension structurante de la pensée moderne entre liberté et déterminisme, responsabilité et irresponsabilité, ce dernier décrit une première modalité supposant le partage entre ceux qui sont libres et ceux qui ne le sont pas, ceux qui sont responsables et les irresponsables. À cette modalité disjonctive reposant sur un partage des êtres tranché, il oppose l'extension d'une anthropologie conjonctive, considérant l'individu comme étant à la fois « toujours vulnérable (et appelant donc attention et sollicitude), mais jamais totalement démuni (et exigeant donc rappel à la responsabilité et à la reprise en main de soi)[8] ». C'est par conséquent dans le cadre interprétatif de cette anthropologie conjonctive, supposant la considération d'un continuum anthropologique entre responsabilité et irresponsabilité, qu'il situe l'émergence d'une sémantique de la vulnérabilité, de la fragilité et de la souffrance. Les récits que nous avons étudiés font précisément valoir des formes de souffrance et de vulnérabilité ordinaires, qui ne supposent pas de faire le partage entre ceux qui seraient autonomes et ceux qui ne le seraient pas. Toutefois, le basculement vers un questionnement sur la réponse institutionnelle à apporter à ces états de souffrance suppose des opérations de catégorisation et de délimitation de besoins génériques, justifiant le classement d'une personne au dispositif jugé ajusté. De la considération d'une personne affectée, on passe à son indexation à des dispositifs qui doivent répondre aux besoins de ceux dont l'équilibre a été affecté.

L'incapacité à répondre aux exigences portées par un dispositif conduit également à des formes de jugement où s'apprécie, en proximité, la consistance de la volonté engagée, ce qui est une autre manière de faire retour sur cette anthropologie disjonctive. Si les travailleurs sociaux peuvent repérer ce qui compte pour une personne, ils visent également une personne à même de délibérer sur ses attaches, de les constituer comme des souhaits, des préférences, pour les inscrire dans un projet réaliste. En vis-à-vis des solutions de logement proposées, la considération de ces attaches qui affectent une personne peut aussi être renvoyée à ce qui serait de l'ordre du « goût dispendieux[9] » : certes, certaines

8. GENARD J.-L., « Une réflexion sur l'anthropologie de la fragilité, de la vulnérabilité et de la souffrance », *in* PÉRILLEUX T. et CULTIAUX J., *op. cit.*, 2009, p. 27-45, ici p. 36.
9. Cette expression – traduite de l'anglais « *expensive tastes* » – a été employée par Joseph Raz, pour désigner les transformations que doivent subir certaines conceptions du bien pour valoir dans les théories de la justice développées par John Rawls (RAZ J., *The Morality of Freedom*, Oxford, Clarendon Press, 1986). Elle s'inscrit dans les débats entre « communautariens » et « libéraux » développés dans la philosophie politique anglo-saxonne, et plus spécialement parmi les critiques faisant valoir que la théorie rawlsienne n'honore par ses

personnes sont équilibrées par des animaux, d'autres préfèrent le statut qu'elles avaient dans un asile de nuit, mais il faut savoir parfois consentir à un effort pour accéder à un logement. De la même manière, le « repli sur soi » et la passivité peuvent être interprétés comme des signes de souffrance. Ils sont également constitués comme le fait d'individus qui, une fois logés, n'entendent plus « se fatiguer » et ferment leur porte aux attentes portées par le travailleur social. La notion de souffrance psychique intervient alors comme excuse, pour éviter la qualification d'une faute et la justification de sanctions. Ces dispositifs visent un entre-deux, entre ceux qui sont autonomes et ceux qui ne le sont pas. En ce sens, ils explorent cette tension entre responsabilité et irresponsabilité. Il est toutefois des épreuves de jugement qui viennent mettre un terme à cette considération d'un continuum anthropologique, lorsque sont jugés les efforts engagés dans cette reprise en main de soi. La reconnaissance d'un individu autonome et responsable ne se donne plus dès lors comme un geste de reconnaissance, devant mettre un terme à une mise à l'écart institutionnalisée. Elle vient fonder une épreuve de jugement sur l'individu qui, une fois considéré comme responsable et capable, doit honorer des obligations devant incomber à chacun.

propres prétentions, en introduisant une définition *a priori* des biens susceptibles d'être recherchés par des individus. Raz objecte que la conception d'une justice procédurale telle que Rawls l'a développée, est utile à des conceptions du bien individualiste, mais qu'elle ne peut pas traduire toutes les conceptions du bien dans son langage. Des conceptions du bien qui ne peuvent être mises en œuvre par des individus autonomes et isolés sont perçues, depuis ces conceptions dites « individualistes », comme des « goûts dispendieux », « exigeant plus de ressources que celles que chacun peut demander d'une façon légitime » (BERTEN A., DA SILVEIRA P. et POURTOIS H., « Introduction », *in* BERTEN A., DA SILVEIRA P. et POURTOIS H. [dir.], *Libéraux et communautariens*, Paris, PUF, 1997, p. 25-50, ici p. 37).

Chapitre V

FAIRE CAUSE COMMUNE POUR REVENDIQUER LE DROIT AU LOGEMENT

Parmi les espaces de discussion investis par cette fédération, nous examinerons enfin les arènes qui s'apparentent le plus à la notion sociologique d'arène publique. Des positions sur un problème public donné y sont définies de manière relationnelle, ce qui suppose à la fois une relative unité d'un cadre d'interlocution et d'action qui leur donne sens, mais aussi un certain pluralisme qui prend la forme spécifique d'un pluralisme des positions. Nous analyserons en premier lieu une configuration particulièrement propice au déploiement de cette pluralité de positions. Il s'agit d'un colloque organisé pour célébrer la diversité et la vitalité associative sur les questions de logement. Ces arènes disposent donc les participants dans une forme d'engagement spécifique, visant la qualification d'un bien commun, où l'expression d'un désaccord est hautement sollicitée. On y verra la publicisation de différentes causes ou différentes missions : l'organisation collective des usagers, des sans-logis, et la prise en compte des publics en difficulté. L'appréciation de ces causes et de leur grandeur respective est ordonnée sur un principe civique, plaçant une exigence de solidarité pour permettre l'accès au logement de tous. C'est au nom de ce principe que la défense des « usagers » du logement comme la prise en compte des « besoins » de publics spécifiques sont dégradées, suspectées de différer cet impératif au nom d'intérêts particuliers : ceux qui défendent l'intérêt des logés et négligent la situation des exclus du logement ; ceux qui construisent des publics pour justifier de leur utilité.

Nous nous intéresserons ensuite à d'autres espaces de discussion dans lesquels ces collectifs associatifs sont mobilisés. La mise en concurrence de ces collectifs est *a priori* moins sollicitée. Ces arènes doivent permettre d'établir des accords pour organiser une action collective. Nous les qualifierons de « stratégiques », dans la mesure où elles se situent en amont d'une comparution sur l'espace public qu'elles visent justement à préparer. Il s'agit par conséquent de moments que, pour reprendre la distinction formulée par Philippe Corcuff et Max Sanier[1], on peut qualifier de relativement « officieux », par opposition à des scènes publiques « officielles » et un horizon stratégique lointain associé à un intérêt collectif publiquement justifiable. Ces arènes donnent à voir d'autres modalités de composition que celles observées dans les chapitres précédents. L'expression des désaccords s'effectue en termes d'identités, associant les positions, les intérêts ou le style propre à chacun des collectifs. La clôture des accords dans ces arènes suit donc davantage ce que Laurent Thévenot a qualifié de « grammaire libérale d'individus au pluriel », dans laquelle les différends s'expriment comme opinions ou intérêts, et où la composition s'effectue non par le recours à un supérieur commun, mais par la négociation entre individus optants[2]. Toutefois, pour comprendre les dynamiques de composition au sein de ces espaces, il nous faut spécifier les dynamiques d'agrégation qui y président. Relativement à d'autres arènes, ces groupes de travail sont peu investis d'enjeux de représentation. Le fait d'en être ou de ne pas en être ne conditionne pas une reconnaissance publique des collectifs, contrairement à des espaces qui institutionnalisent une représentation des collectifs impliqués dans une politique sectorielle donnée. Ces groupes de travail sont par conséquent envisagés par ceux qui les investissent comme des lieux complémentaires, reposant sur une agrégation volontaire, selon des associations à géométrie variable. Ils rassemblent, sur un temps donné et sur un objet limité, un groupe au sein duquel un travail commun est jugé possible et fécond. Dans ces groupes de travail, alternent ainsi de manière caractéristique des séquences où culminent le contrôle des positions défendues et leur égale prise en compte, et des dynamiques exploratoires pour définir les contenus possibles de propositions communes ou les stratégies collectives à tenir sur une question donnée.

ÉCHANGES AGONISTIQUES : DES CAUSES ET LEUR GRANDEUR

Nous débuterons notre propos par l'étude d'une situation propice à la mise en évidence des différentes causes ou missions dont se revendiquent des fédérations associatives, posant le logement comme objet d'une action collective. Ce colloque, intitulé « Les associations, actrices de la politique du logement », a été organisé en 2001 par le ministère de l'Équipement et la Mission interministérielle pour la célébration du centenaire de la loi 1901[3]. Il doit par conséquent célébrer publiquement la diversité associative et, en conséquence, la mise

1. CORCUFF P. et SANIER M., « Politique publique et action stratégique en contexte de décentralisation. Aperçus d'un processus décisionnel après la bataille », *Annales. Histoire, sciences sociales*, vol. 55, n° 4, 2000, p. 845-869.
2. THÉVENOT L., art. cité, 2015.
3. Nous avions observé ce colloque dans le cadre d'un travail étudiant qui a précédé la réalisation de la thèse dont cet ouvrage est issu. Nous le présentons ici dans la mesure où il regroupe les principaux protagonistes que nous retrouverons tout au long de ce chapitre dans une configuration proche de la définition sociologique d'une arène publique.

en valeur d'un pluralisme associatif y est particulièrement sollicitée. En tant que manifestation publique, ce colloque constitue également une situation sur laquelle pèsent des contraintes fortes de généralité et de publicité des propos échangés. De manière plus spécifique, si l'on considère ce colloque comme une épreuve dans laquelle les participants sont sommés de montrer ce qui fait la grandeur de leur cause, c'est selon un principe exclusivement civique que sont disputées ces prétentions à la validité des arguments.

Le ministère de l'Équipement invite ses « partenaires » associatifs, célèbre leur diversité, et clôt l'événement par la signature d'une charte entre le secrétariat d'État au Logement et les associations. Toutefois, l'organisation même de cette journée dispose un point de vue sur cette diversité. Les différentes « tables rondes » distinguent des fédérations d'associations dotées d'une posture critique, et d'autres, situées dans un partenariat avec les pouvoirs publics. C'est donc à l'aune de leur supposée indépendance aux pouvoirs publics qu'un partage est délimité. On est donc dans un dispositif fortement orienté vers un principe d'ordre civique : celui qui fait entendre sa voix le fait au nom d'un intérêt qui s'imposerait à tous, et qui exige de s'affranchir des dépendances de l'instance qu'il entend critiquer. Les questions posées par la personne en charge d'animer les débats, ainsi que l'organisation formelle en tables rondes distinctes, font écho aux travaux de recherche sur les associations présentés en ouverture, caractérisant de grands types de rapports entre les associations et l'administration de l'Équipement. Au sein même des séquences de table ronde ainsi délimitées, les représentants associatifs sont placés en situation d'opposition. Le dispositif mis en place est ainsi propice à l'activation de principes distinguant ces fédérations. Cependant, les tentatives de l'animatrice du colloque pour activer les critiques et assurer la vitalité des débats seront loin d'être saisies : les intervenants, tout comme les participants, font montre d'un engagement distancié avec ce qu'il est convenu d'appeler une « grand-messe », ainsi que cette arène me fut dépeinte par un responsable associatif me demandant si je comptais y assister. Ceci se traduit tant dans le manque de pugnacité des débats, que dans l'inattention quasi généralisée et les multiples allées et venues des participants. On est donc dans l'exposé hautement sollicité de postures, déconnectées ici de tout enjeu autre que de donner à voir la diversité associative et de la célébrer.

Petitesse des locataires et usagers du logement

Une première table ronde rassemble les représentants de Droit au logement (DAL), de la Confédération nationale du logement (CNL), de la Confédération syndicale des familles (CSF), de la Confédération logement et cadre de vie (CLCV), un représentant de l'Association des responsables de copropriété (ARC), ainsi qu'une personne du Conseil économique et social, ayant par ailleurs exercé des responsabilités au sein de la Confédération générale du logement (CGL). À l'exception de l'ARC, qui n'interviendra qu'une fois en fin de discussion pour évoquer les difficultés rencontrées par les copropriétaires, ce sont des récits de mobilisations qui sont convoqués.

Les associations de la première table ronde ont pour trait commun de pouvoir se revendiquer de l'organisation et de la défense de collectifs déterminés. Parmi les associations qui se sont revendiquées d'une action syndicale en matière de logement, cette table ronde rassemble les plus importantes : la Confédération générale du logement (CGL), la Confédération nationale des locataires (CNL, devenue Confédération nationale du logement dans les années 1960), la Confédération syndicale des familles (CSF), et la Confédération syndicale du cadre de vie (CSCV, devenue Confédération logement et cadre de vie [CLCV] en 1998). Ancrant initialement, pour les plus anciennes d'entre elles, leurs actions dans la défense des locataires, elles ont vu leurs actions s'élargir à double titre : des locataires aux usagers du logement, intégrant également les accédants à la propriété, et du logement au cadre de vie. Elles ont suivi en cela les évolutions des années 1970, en s'inscrivant dans une politique plus large de promotion et de protection du consommateur et de l'usager, intégrant également les accédants à la propriété[4].

La CNL évoque sa création en 1916, sur la base du moratoire des loyers adopté pendant la guerre, témoigne de son nombre d'adhérents, essentiellement logés dans le parc locatif social, et de ses militants actifs, visant « l'organisation collective des gens et l'intervention consciente des usagers du logement » par le biais de la « pétition, délégation, manifestation, et le travail institutionnel consacré à la négociation et au partenariat ». Le DAL situe sa création dans « les vagues spéculatives des années 1980 », témoigne de son nombre de comités, composés de « sans-logis ». Il souligne par ailleurs son indépendance, se traduisant par la volonté de restreindre le nombre de salariés de l'association, ainsi que son refus de l'institutionnalisation à travers un objectif de non-longévité : « On aimerait pouvoir mettre la clé sous la porte », signifiant par là que l'action de l'association vise à ce que la question du logement soit résolue. Quant à la CSF, elle témoigne des mobilisations à mener pour « faire vivre l'expertise populaire au même titre que l'expertise technique et politique ». Ces récits désignent aussi des adversaires (les bailleurs, le politique, les experts), dont la critique est fondée sur un ordre de grandeur civique. Ils convoquent aussi des dates, des événements fondateurs, qui viennent structurer le récit et déployer des circonstances. À travers ces récits, les fédérations se désignent à travers ceux qu'elles représentent (« locataires », « habitants », ou « sans-logis »), cette capacité à représenter et à organiser une parole collective étant étayée par la présentation du nombre d'associations, d'adhérents ou de comités qui les composent. Toutefois, la cause défendue par ces associations ne peut être rabat-

4. Voir MICHEL H., *op. cit.*, 2006.

tue sur la défense des intérêts spécifiques à des groupes bien définis. Ce sont des causes dont le bien fondé est susceptible de s'imposer à tous qui sont énoncées dans ces récits.

Les participants s'engagent donc dans un ordre de justification civique, parfaitement congruent avec le cadre posé *a priori* à leurs interventions. Ils satisfont également à une autre attente portée par le dispositif même, et surtout par l'animatrice des débats, supposée veiller à leur pugnacité. Aussi, la présentation faite par le représentant du DAL, tout en déroulant un récit satisfaisant à la demande de présentation adressée à chacun des intervenants, constitue le double critique du récit fait par le représentant de la CNL. L'institutionnalisation des mécanismes de représentation et l'installation des représentants dans leur rôle sont, au même titre que les revendications défendues, dégradées par le représentant du DAL comme autant de dépendances, qui entraveraient la parole critique et l'engagement civique. Tout en n'étant pas adressée explicitement, cette critique pointe suffisamment pour que ceux qu'elle vise ne puissent l'ignorer, enclenchant une dispute entre représentants. Le représentant de la CNL intervient ensuite pour refuser que la défense des locataires ou le soutien à la construction ne soient assignés à des « mots d'ordre du passé », et à des formes d'action institutionnalisées et routinières, stigmatisées par le DAL. Ce dernier lui oppose les désaccords entre le DAL et la CNL sur la question des démolitions de logements sociaux, le DAL s'opposant à la démolition de logements au motif que les gens qu'ils défendent veulent, eux, aller dans ces logements démolis. Dans une deuxième séquence consacrée plus spécifiquement à la participation, la CNL réitère son attachement à un principe de cogestion du logement, et la CSF et la CLCV leur engagement à faire vivre une expertise populaire et une participation active des individus et des groupes dans les décisions les concernant. Face à l'injustice faite aux sans-abri, l'« organisation collective des usagers du logement » renvoie à des préoccupations égoïstes et néglige une exigence de solidarité. Le représentant du DAL ramène les actions des comités de quartier à des préoccupations de peu d'intérêt, à savoir « les problèmes de sécurité » et les « crottes de chien », centrées sur la communauté exclusive des « habitants » ou des « locataires », refusant de s'ouvrir aux problèmes des « sans-logis ». Depuis un ordre civique d'évaluation, locataires et habitants font donc figure de privilégiés par rapport aux « sans-logis », préoccupés d'aspects dérisoires ou de la défense de leurs intérêts, au détriment de l'accueil de familles en demande de logements sociaux.

Les publics et leurs besoins comme construction sociale

Une deuxième table ronde rassemble des représentants de la FNC PACT-ARIM[5], de la FNARS[6], de la FAPIL[7], et de l'UNIOPSS[8]. Nous retrouvons ainsi dans cette table ronde les collectifs rencontrés dans les arènes étudiées aux chapitres précédents. Succédant à la première table ronde devant réunir des associations dans un rapport de contestation avec les institutions, celle-ci réunit les fédérations impliquées dans le partenariat et la mise en œuvre des politiques publiques. Ce cadrage est réaffirmé par l'animatrice des débats, qui relance les discussions à plusieurs reprises sur ce qui fonde la spécificité de chacune des fédérations, et leur éventuel sentiment de « perte d'identité » et « d'instrumentalisation » dans leurs partenariats avec les pouvoirs publics. Le représentant du PACT souligne la continuité de ses actions depuis des décennies auprès des populations habitant dans de l'habitat ancien dégradé : « Nous faisons la même chose [qu'avant] quant aux finalités, mais avec d'autres modalités. » Le représentant de la FNARS mentionne ses « sept cent cinquante associations et deux mille trois cents établissements qui prennent en charge des personnes qui cumulent les difficultés ». Le représentant de la FAPIL présente très succinctement sa fédération, comme « la quatrième des quatre associations ». Quant à l'UNIOPSS, elle évoque la multiplicité de ses champs d'intervention (protection de l'enfance, handicap, etc.) et justifie les déplacements opérés par le fait que « le logement est au cœur de tous les autres problèmes ».

Les récits déployés viennent donc présenter les missions de ces fédérations dans un compromis entre des qualifications civiques et industrielles. Les actions sont rapportées à des exigences de solidarité collective, en ce qu'elles contribuent à la prise en charge des besoins de certains publics. Mais leur qualification renvoie également à leur identification fonctionnelle, en indiquant les champs d'intervention investis.

Le représentant de la FAPIL répondra cependant quelque peu aux tentatives réitérées de l'animatrice en vue de susciter un échange plus agonistique. Il conteste en effet le représentant de la FNARS quant à la qualification des publics accueillis dans leurs structures. Contre la qualification de structures appelées à répondre aux besoins de ceux qui cumulent des difficultés de différentes natures, il estime que « ce sont les associations qui constituent les publics par leurs pratiques et leurs filières », et met ce faisant en cause les principes de différentiation par « publics » entre fédérations avancés par le représentant de la FNARS. Quant au risque « d'instrumentalisation », il l'impute davantage aux

5. Fédération nationale des centres Protection amélioration conservation transformation de l'habitat – Associations de restauration immobilière.
6. Fédération nationale des associations d'accueil et de réinsertion sociale.
7. Fédération des associations pour l'insertion par le logement.
8. Union nationale des œuvres et organismes privés sanitaires et sociaux.

partenariats noués avec les bailleurs afin qu'ils logent les personnes sortant de dispositifs d'hébergement, qu'aux partenariats établis avec les pouvoirs publics[9].

Aussi, bien que manifestement peu enclins à s'engager avec la pugnacité attendue par l'animatrice des débats, les participants distinguent la grandeur des associations par la cause qu'elles servent. Là encore, face à ces récits d'histoires associatives justifiés au nom d'un principe de solidarité avec les plus faibles, la critique interne à cette table ronde suivra le même motif que précédemment, à savoir une critique des intérêts poursuivis par des groupes sous leur prétention à porter un bien commun. La critique suit toutefois un motif spécifique. Elle vise des institutions dont l'existence dépend de l'identification de publics et de leurs difficultés spécifiques, catégories dont le statut de réalité est contesté en mettant en avant qu'il s'agit là avant tout de constructions sociales[10]. La critique point par conséquent des constructions catégorielles qui menacent de différer des réponses institutionnelles consistant à garantir l'accès de tous à un logement.

Ce colloque engage les intervenants à exposer ce qui fonde la spécificité de leur collectif, ce par quoi ils se distinguent les uns des autres et se positionnent publiquement. Dans une configuration où la grandeur respective des causes et des missions s'apprécie selon un principe d'ordre civique, la défense des « locataires » et « usagers » et la prise en compte de « besoins » spécifiques sont minorées. Elles sont également suspectes de vouloir maintenir un état des choses qui sert leurs intérêts et les dispense d'un effort de solidarité : des habitants et leurs représentants plus préoccupés de leur quotidien que des exclus du logement, des professionnels qui dépendent du maintien de problèmes dont ils se sont fait une spécialité et un champ d'intervention. Toutefois, bien que fortement sollicité, le caractère agonistique des échanges apparaît limité. Les intervenants se livrent avec plus ou moins bonne grâce à l'exercice, tout en pointant dans l'ensemble le caractère convenu de ce qui leur est demandé. Nous étudierons désormais d'autres situations qui ne visent pas uniquement l'expression publique de ces identités associatives, mais à arrêter des positions à tenir collectivement.

COMPOSER ENTRE COLLECTIFS ASSOCIATIFS : LES DYNAMIQUES DE L'ACCORD

Nous envisagerons désormais des arènes stratégiques, où les représentants de différentes fédérations associatives se coordonnent pour établir des actions ou des propositions communes. Les regroupements au sein desquels différents collectifs associatifs tentent de faire converger leurs actions ou propositions

9. Soulignons encore que ce colloque se tenait en 2001. Le représentant de la FAPIL s'exprimant ainsi est celui qui, trois ans plus tard, place cette question de l'instrumentalisation des associations comme un risque majeur (voir chapitre précédent).
10. Selon un motif critique bien analysé par Ian Hacking (HACKING I., *The Social Constructions of What?*, Cambridge, Harvard University Press, 1999).

suivent des configurations variables. Depuis le milieu des années 1980 et jusqu'à aujourd'hui, un ensemble d'associations et de fédérations se sont investies dans des lieux de réflexions et d'échanges interassociatifs, constitués notamment sous l'égide de l'UNIOPSS (Union nationale interfédérale des œuvres et organismes privés sanitaires et sociaux) fédérant les associations et fédérations intervenant dans le secteur sanitaire et social. La commission « Lutte contre la pauvreté » de l'UNIOPSS a ainsi rassemblé, pendant les années 1980, les acteurs associatifs engagés dans les programmes d'« actions contre la pauvreté et la précarité » lancés lors de l'hiver 1984 ou pour la création du revenu minimum d'insertion. Elle a par ailleurs fourni les moyens organisationnels pour assurer le secrétariat du réseau Alerte, regroupant une quarantaine d'associations ou fédérations d'associations, particulièrement actif dans les travaux préalables à la loi de lutte contre les exclusions de 1998. De cette commission est issue une sous-commission « Habitat et logement » regroupant, dans les années 1990, de nombreuses associations et fédérations. Une partie des membres des associations mobilisés au sein de ces commissions a constitué un groupe plus restreint, sur la base de projets relativement circonscrits. Le « Groupe des six », rassemblant les associations ATD Quart Monde, la Confédération générale du logement, Droit au logement, Familles de France, la Fédération des associations pour l'insertion par le logement (FAPIL), et Médecins du monde, s'est ainsi emparé successivement d'un projet développé au sein du Conseil national de l'habitat[11] pour la mise en place d'une « couverture logement universelle ». À partir de 2002, ce groupe s'est appelé « Groupe des six pour un droit au logement effectif et opposable », à la suite de la remise du rapport du Haut Comité pour le logement des personnes défavorisées sur ce thème. En 2003, ce groupe s'est transformé en plateforme pour le droit au logement opposable, revendiquant alors une quarantaine d'associations signataires. Il s'agit par conséquent de s'emparer de certaines questions portées et discutées au sein d'autres instances, pour les porter et les développer, en mobilisant sur une question les collectifs qui entendent s'y engager. C'est à ce dernier groupe de travail que nous nous intéresserons, ainsi qu'à un autre, constitué en vue de la préparation des Assises nationales du logement en 2004. Nous présenterons les traits les plus saillants des pragmatiques propres à ces arènes, avant de revenir sur les qualifications qui y sont engagées.

11. Le Conseil national de l'habitat est une instance consultative auprès du ministre ayant en charge les questions d'habitat et de logement. Créée en 1983, il comprend différents « collèges » (représentants de l'administration ; représentants des élus et des collectivités locales ; représentants des organismes professionnels [constructeurs, maîtres d'œuvre, gestionnaires de logements, établissements financiers, organismes d'allocations familiales et notariat] ; représentants des associations d'usagers ; représentants des associations d'insertion et de défense des personnes en situation d'exclusion par le logement ; « personnalités qualifiées »).

L'ouverture de l'échange et l'engagement dans une enquête collective : le texte comme stabilisation des arguments à même de porter

Ces arènes stratégiques articulent deux scènes : l'une qui rassemble physiquement des membres de diverses organisations devant s'accorder sur des propositions et sur un plan d'action, et l'autre, figurée à distance, dans laquelle ces propositions seront publicisées. Elles s'inscrivent donc dans un plan d'action, dont les temporalités comme les contenus dépendent fortement des pouvoirs publics : la rédaction collective d'un communiqué de presse en réponse à des annonces officielles, la préparation de positions à tenir lors de différentes consultations, les actions à mener pour qu'une proposition soit à l'agenda lors d'échéances électorales, etc. Ceci entraîne une première spécificité par rapport à d'autres arènes observées, et qui réside dans une exigence d'efficacité, afin de s'inscrire dans l'agenda politique. La confection d'accords et de compromis est le produit attendu de ces réunions, que ponctue le déploiement récurrent de disputes.

Ces arènes sont suffisamment restreintes pour qu'un travail commun puisse être réalisé, mais suffisamment larges pour que les accords ainsi obtenus puissent se prévaloir d'un relatif consensus. Elles reposent le plus souvent sur un petit nombre de personnes, qui se côtoient régulièrement, pour certains depuis de longues années. Les échanges sont par conséquent teintés d'une certaine camaraderie militante. C'est sur la base de cette relative familiarité que s'engage la confection d'une action collective.

À la différence d'autres réunions observées, faisant appel à un tour de table de présentation pour les quelques nouveaux venus, ou la prise en main plus appuyée d'un président de séance, c'est sur un mode proche de la conversation que s'engagent les échanges. Les réunions débutent, dans l'attente des derniers arrivés, par une discussion sur l'actualité récente, les annonces faites par le gouvernement, les propos d'un représentant des pouvoirs publics lors de telle ou telle occasion, les appréciations sur les dernières actions engagées. On est donc entre personnes qui partagent des motifs d'intérêts communs, mais aussi dans un cadre relativement égalitaire, où les rôles des uns et des autres sont peu marqués. Toutefois, ces échanges mettent aussi en valeur des habiletés personnelles. Le « grand » est celui qui dispose d'informations, mais aussi celui qui a appris à les manier, à apprécier les prises qu'elles sont susceptibles d'offrir, à les accueillir avec prudence. Il s'agit de prendre « la température », pour évaluer ce à quoi le « gouvernement joue ». On soupèse les annonces officielles au regard de bruits de couloirs, d'intentions présumées, de précédents avérés, pour en évaluer la portée. Sans qu'il y ait de coupure nette, les réunions s'engagent ensuite sur l'ordre du jour prévu, dans un mouvement qui est ici proche du mouvement de l'enquête. Les participants procèdent ainsi par tâtonnements, mobilisation de fragments épars, dans une enquête collective qui ouvre le chemin à une problématisation de ce qui est en jeu à travers ces différents éléments. La discussion ouvre sur une évaluation collective des conséquences de ces dispositions, des postures susceptibles d'être adoptées par différents acteurs, etc. Dans ces évaluations, c'est un récit qui s'organise. Telle mesure est mise en série avec d'autres, pour documenter un récit qui donne sens à la geste des pouvoirs publics. Dans un sens, ces dynamiques d'échange s'apparentent au motif pragmatiste de l'enquête, tel qu'il a été développé dans le sillage des travaux de John Dewey[12]. Elles s'y apparentent dans la mesure où ce qui est mis en commun dans ces échanges relève d'une perception plus ou moins confuse d'un problème, qui se trouve clarifié au cours d'une enquête collective. Nous reviendrons toutefois sur les ressorts de ces mouvements d'enquête. Ceux-ci ne peuvent s'assimiler à ceux décrits par Dewey, qui s'initient dans le ressenti direct d'une expérience problématique, pour engager vers sa publicisation et la constitution d'un public concerné par ce problème.

Les échanges se déroulent bien souvent selon des séquences courtes et les propos peuvent être peu explicités. Il est ainsi très rare qu'une discussion s'engage de façon très argumentée. Ceci est arrivé à deux reprises, chaque fois du fait de participants non réguliers au groupe. Dans un cas, un participant lance une discussion sur le caractère ambivalent de la référence à l'école républicaine[13], soulignant l'association de prétentions universalistes et d'un projet d'acculturation politiquement douteux. À une autre occasion, un autre participant, ponctuel également, se désespère de la tournure des débats, rivés au court terme et à l'examen de dispositions jugées « techniques », négligeant des questions plus fondamentales, et notamment celles relatives à la propriété privée. Ces interventions apparaissent décalées. Elles sont le fait de participants suivant de manière ponctuelle les travaux et non du noyau dur de participants présents à chaque séance.

Les échanges sont donc essentiellement portés par les mêmes personnes, participant régulièrement au travail collectif. Parmi ceux-ci, les développements peuvent également être jugés déplacés, mais selon d'autres modalités, et sans la bienveillance avec laquelle on accueille un participant occasionnel, qui a fait l'effort de s'intéresser, mais dont l'intervention apparaîtra décalée. Il peut tout d'abord produire un certain agacement, en contrevenant à une exigence d'efficacité. Mais cet agacement vise également une attitude pédagogique qui, par l'asymétrie qu'elle suppose, est ici malvenue. Entre participants réguliers, l'objet de la réunion comme les argumentaires des uns et des autres sont connus. Expliquer et développer son point de vue de manière répétée peut être constitué

12. DEWEY J., *Le public et ses problèmes*, *Œuvres philosophiques*, *II*, Pau/Paris, Publications de l'université de Pau/Farrago/Éditions Léo Scheer, 2003 [1927].

13. La référence étant initialement mobilisée pour argumenter sur une obligation de moyens : de la même manière que l'accès à l'éducation suppose que l'État se dote des équipements nécessaires à la réalisation de ce droit, la reconnaissance du droit au logement suppose que l'État garantisse l'existence de logements accessibles et en nombre suffisant.

comme une manière de prendre les autres pour des imbéciles, et une incapacité à comprendre ce qui fait problème.

Il est une occasion dans laquelle un participant peut se livrer à quelques développements sans que ses propos ne soient jugés déplacés. Dans un prolongement de l'enquête, et dans les discussions sur ce qu'il convient de dire, de faire, sur l'appréciation de la portée d'une mesure ou d'un acte, un participant déploie une parole susceptible d'emporter l'adhésion sur la position à tenir et la manière de la formuler. Toutefois, là encore, le déploiement d'arguments est de courte durée, et ouvre sur des réactions qui seraient ailleurs incongrues quand, par exemple, les propos : « Nous ne voulons pas d'une décentralisation de notables, mais d'une décentralisation de citoyens ! », sont sanctionnés d'un : « C'est bien ça, tu peux répéter doucement ? » Ces propos à l'adresse du destinataire absent viennent alors nourrir une écriture collective qui n'a plus qu'à être déposée sur le papier. Toutefois, l'écriture des textes ne se fait pas toujours ainsi. Les participants repartent le plus souvent avec une trame sur laquelle ils se sont accordés, et le travail de rédaction proprement dit est fait par l'un d'entre eux, en dehors de la réunion, puis soumis à validation.

L'évaluation des accords :
le texte comme support d'une égale prise en compte des différentes positions

Lorsque le texte commun est présenté avant d'être exposé publiquement, il doit – normalement – avoir été validé par les différents collectifs. Les réunions commencent donc par l'accord de chacun des participants, et se terminent sur la réserve que chacun ait l'approbation de leur organisation une fois le texte rédigé. Lors du déroulement même de ces réunions, alternent par conséquent des moments où la figure du représentant est plus ou moins présente. C'est généralement à partir de la lecture d'un texte déjà rédigé que la question de la représentation équilibrée des différents collectifs surgit. Un participant va indiquer qu'un point important a été omis. Son importance peut être relativisée : c'est un « détail » qui a été oublié, ou bien il ne fait pas consensus et ne peut à ce titre figurer sur le texte commun. Pour maintenir sa plainte, le participant mécontent doit alors basculer sur un autre principe d'évaluation : le texte est partial. Pour documenter son accusation, il pointe certaines formulations qui signalent dans le texte la posture de l'organisation à laquelle appartient le rédacteur du texte commun, et leur emprise excessive. À ce stade, les échanges ont basculé dans une dispute : le ton monte, les corps se raidissent. Et cette dispute se resserre sur un seul principe d'évaluation de l'accord : une juste prise en compte des différents collectifs en présence. Les évaluations engagées sur la place prise par chacun dans un texte s'appuient sur une identification de « mots d'ordre » spécifiques, mais elles s'appuient également sur des éléments plus diffus. On rentre alors dans l'opposition du « fond » et de la « forme », et dans les questions de « styles ». Un collectif se refusera ainsi à signer un texte dont la forme est jugée partisane ou sectaire. Un autre menace de quitter le groupe car son nom a été associé à un courrier jugé trop conciliant, auquel il ne peut souscrire. Le « style » n'est pas neutre, les reformulations de dernière minute ne sont pas des détails, mais des éléments inacceptables ajoutés sans concertation.

Dans ce mouvement, on passe des personnes singulières aux êtres collectifs, le « vous » succède au « tu », et s'oppose au « nous ». On rejoint une configuration d'arènes publiques[14]. Toutefois, le maintien de cette configuration est difficilement tenable. Lorsque ces tensions se réitèrent de séance en séance, c'est l'épuisement qui pointe, la fatigue et l'exaspération face à des disputes sans cesse relancées. Aussi, c'est bien souvent à l'initiative de participants qui n'ont pas été directement impliqués dans la dispute que les échanges sont relancés. Dans une ambiance souvent tendue, ils peuvent alors prendre la parole et demander aux participants engagés dans la dispute de se prononcer sur leur volonté de maintenir leur participation. La question de la clôture du groupe au sein duquel un accord est possible ne manque pas de faire retour. Les menaces de départ se traduisent parfois dans les faits, ou nourrissent des appréciations ultérieures sur la difficulté à travailler dans certaines configurations collectives. Mais c'est aussi par un détour en familiarité que l'apaisement est recherché. L'un de ces tiers, sur un ton qui se veut consolant, indique des voies d'apaisement. Le silence se réduit peu à peu. Les papiers sont brassés, retournés, une discussion s'enclenche progressivement pour trouver la phrase dans laquelle insérer quelques mots. Ces concessions apparaissent davantage comme des gestes de sollicitude envers un participant chagrin, que comme la prise en compte raisonnée de ses revendications. C'est enfin en faisant de l'humour sur l'épisode de tension précédent que l'activité peut reprendre. À une remarque qui propose une formulation simplement « plus fluide, pour mettre de l'huile », un autre participant rétorque en riant : « On la connaît ton huile, c'est de l'huile pour les pizzas ! » Au rappel des exigences en termes de positions, succède un temps où les personnes se brocardent entre elles, rabattant la posture de représentant défendant les positions de son organisation sur un trait de caractère et une propension toute personnelle à s'emporter.

Le texte a valeur d'objet de composition. Il cristallise l'accord qui a été frayé dans la réunion précédente et a valeur de preuve, à partir de laquelle le compromis précédemment trouvé peut être défait et l'évaluation relancée.

14. HILGARTNER S. et BOSK C. L., « The Rise and Fall of Social Problems: A Public Arenas Model », *American Journal of Sociology*, vol. 94, n° 1, 1988, p. 53-78 ; CEFAÏ D., art. cité, 1996.

S'accorder sur des positions à tenir collectivement : un « service public » du logement et son accessibilité aux « démunis »

Le premier groupe de travail observé avait pour objectif de négocier collectivement une participation aux « 1res Assises nationales du logement », organisées en juillet 2004 par le secrétariat d'État au Logement. Ces Assises sont l'occasion pour le gouvernement de rassembler largement tous les acteurs du logement, appelés à être « tous acteurs d'une nouvelle politique[15] » et à participer à diverses tables rondes et ateliers. En contrepoint d'une manifestation qui doit donner à voir une gouvernance de l'action publique soucieuse de l'implication des « acteurs » concernés, ce groupe de travail s'est constitué en vue d'émettre des prérequis à sa participation. La crainte est de participer à une mascarade, tant l'écart est grand entre la valorisation publique de cette concertation et les prises effectivement offertes à cette implication. Il rassemblait ainsi des membres de la Fédération des associations pour l'insertion par le logement (FAPIL), d'ATD Quart Monde, de l'association Droit au logement (DAL), ainsi que des membres des diverses fédérations de défense des locataires et des usagers du logement : la Confédération nationale du logement (CNL), la Confédération générale du logement (CGL), et la Confédération syndicale des familles (CSF). Ce collectif regroupait également des membres de la Confédération de la consommation, du logement et du cadre de vie (CLCV). Ceux-ci s'étaient toutefois retirés du collectif au moment où nous avons débuté nos observations, au motif que les travaux de ce groupe les engageaient « de trop ». C'est ainsi que fut brièvement commentée cette défection, sans que soient explicités davantage les motifs de ce retrait, n'appelant pas de commentaires ou de questions de la part des autres participants.

La crainte de participer à une « mascarade » se fonde en premier lieu sur le rythme et le calendrier imposé à ces concertations. Lors de la période pendant laquelle nous avons effectué nos observations, ces collectifs associatifs tentaient de se mobiliser simultanément sur le plan de cohésion sociale[16], divulgué en juin 2004 par le Conseil des ministres, sur les lois de décentralisation votées au cours de l'été 2004[17], sur le projet de loi « Habitat pour tous » annoncé

---

15. *Programme des 1res Assises nationales du logement*, ministère de l'Emploi, du Travail et de la Cohésion sociale, juin 2004.
16. Le « plan Borloo » est le nom donné au projet présenté par Jean-Louis Borloo au gouvernement français le 30 juin 2004, aboutissant ensuite à la promulgation, le 18 juillet 2005, de la loi de programmation pour la cohésion sociale, versant législatif du plan de cohésion sociale.
17. L'« acte II de la décentralisation », porté par le Premier ministre Jean-Pierre Raffarin, s'est achevé avec le vote de la loi organique du 29 juillet 2004 relative à l'autonomie financière des collectivités territoriales et celui de la loi du 13 août 2004 relative aux libertés et responsabilités locales.

depuis 2003, envisagé pour l'automne 2004 avant d'être différé de nouveau[18], mais aussi la première Conférence nationale de lutte contre l'exclusion en juin 2004, et les 1res Assises nationales du logement en juillet. Au-delà de cette dispersion et du rythme des concertations, c'est l'absence de consultation en amont sur le programme et les objets qui pourront être discutés lors de ces Assises qui justifie des réticences à cautionner par sa présence le sérieux de ce travail commun. Ce groupe de travail vise par conséquent à définir un ensemble de points, dont l'intégration dans le programme des Assises est posée comme une condition de leur participation.

Sans attribuer l'initiative de ce groupe de travail à un collectif en particulier, on peut toutefois relever qu'il est particulièrement porté par les associations représentant les locataires et usagers du logement. La CSF est ainsi l'hôte de cette réunion, tandis que le représentant de la CNL assume la rédaction collective des propositions. Le groupe fait par ailleurs référence à des « États généraux du logement » plutôt qu'aux « Assises », ce qui l'inscrit dans une généalogie plus large. Des États généraux du logement sont en effet organisés en janvier 2004 puis octobre 2005 à Bobigny, portés par des élus communistes, avec une forte implication de la CNL. Et de fait, le texte qui doit être discuté au sein de ce groupe de travail reprend la trame et les principales revendications portées au sein de ces précédents États généraux, autour d'un « grand service public du logement » et d'une critique des coupes effectuées sur les budgets du logement.

Ces saillies dans le texte vont être relevées. Dans un premier temps, le représentant de l'association Droit au logement indique souhaiter revenir sur le contenu, en notant des imprécisions et des absences : la référence à « un grand service public du logement » est fort vague, le texte ne mentionne pas les « plus démunis », les procédures d'attributions de logements sociaux, les relogements dans les destructions de logements sociaux et le principe même de la destruction. Les premières réponses apportées à cette volonté de reprendre la discussion du texte consistent en un rappel des exigences d'efficacité : le temps manque pour revenir sur le contenu, il faut désormais réduire ce texte sous la forme de points, que tous seront prêts à défendre pour négocier leur participation aux Assises organisées par le gouvernement. Le représentant du DAL maintient ses critiques. Il pose ces absences non plus comme des oublis gênants, mais comme un privilège accordé dans ce texte à certains mots d'ordre. Le représentant de la CNL est dès lors particulièrement visé, dans la mesure où il a pris en charge la rédaction de ce texte collectif. Il donne des gages de l'attention qu'il a portée à

18. La loi « habitat pour tous » devait viser l'accession à la propriété (vente des logements locatifs sociaux à leurs locataires accession progressive via l'achat de parts de SCI de capitalisation), l'urbanisme et le foncier (mobilisation du foncier pour le logement social), le droit au logement (rôle accru de la commission de médiation), la modernisation du statut des organismes HLM (statut unifié des offices publics et des OPAC). Ce projet a abouti à la loi portant Engagement national sur le logement du 13 juillet 2006.

ne pas développer outre mesure les revendications propres à son organisation : si « on commence » à placer les mots d'ordre du DAL, il va amener « la question des surloyers ». La « question des surloyers », à savoir une majoration du loyer pour les ménages du parc social dépassant certains plafonds de revenus, n'apparaît certes pas dans le texte, mais le représentant du DAL pointe la référence à un « grand service public du logement ». Cette notion n'est plus critiquée cette fois pour son imprécision, son caractère « vague ». Elle atteste d'un excès de présence des mots d'ordre portés par la CNL dans le texte, et le fait que la question des « démunis » ne relève pas d'un seul oubli, mais du déploiement des positions portées par cette organisation. En prenant un tour plus explicite, la dispute reste toutefois orientée sur un repérage de ces « mots » et de leur place relative dans le texte commun. Aux pressions effectuées par le DAL pour faire valoir ses exigences sur l'accès des plus démunis au logement et les démolitions de logements sociaux, sont opposées les positions de la CNL sur les « surloyers » décidés pour des locataires dépassant un certain seuil de revenus. Nous retrouvons par conséquent des tensions critiques identiques à celles observées précédemment, dans d'autres arènes entre les mêmes collectifs. Toutefois, il ne s'agit pas de confronter la grandeur relative des causes défendues, mais d'apprécier une représentation équilibrée de différentes positions.

Cette grammaire libérale de composition, saisissant les participants comme porteurs d'intérêt ou de cause devant être représentés de manière équilibrée, est rapidement rompue. Elle est requalifiée en tant que « coup » tenté par le représentant du DAL, par le représentant de la CNL qui s'exclame : « Tu ne vas pas me faire le coup à moi ! » Ce dernier en appelle par conséquent à une reconnaissance de ce qui le sépare d'autres, qui ne sont pas nommés, mais auprès de qui ces accusations peuvent être portées et à qui il serait de bonne guerre de faire ce « coup »-là. Mais il en appelle également à des principes et des expériences partagés, devant être reconnus.

L'échange bascule ensuite dans l'un des rares moments délibératifs que nous ayons pu observer au sein de ces arènes. Le représentant de la CNL justifie ainsi sa position sur la question des démolitions de logements sociaux. Il n'est pas d'accord avec une opposition de principe aux démolitions, mais estime que, parfois, il faut démolir des logements sociaux. Le représentant du DAL concède le bien-fondé de cette opinion, mais indique s'inquiéter des conditions de relogements des habitants des logements démolis, pour relancer ensuite la question des « mal-logés » et son absence dans le texte commun. Le représentant de la CNL rappelle alors les contraintes auxquelles est soumis ce travail collectif, la multiplication de mesures et de projets de lois sur lesquels chacun doit se mobiliser, tiraillant la cohérence de ce travail collectif et remettant en cause la pertinence et l'actualité des objectifs que le groupe s'est donnés. Toutefois, le rappel de ces contraintes ne vient pas seulement enjoindre à clore des discussions, faute de temps. À cette exigence d'efficacité s'ajoutent des arguments sur un « contexte », qui appelle à faire front commun. La vente programmée de logements sociaux ou la révision du calcul des aides au logement imposent « de ne pas faire le tri entre les plus démunis et les un peu moins ». Le représentant d'ATD intervient alors dans les échanges, pour manifester son accord et le fait que sa participation dans ce groupe de travail n'implique pas pour lui d'y voir nécessairement paraître la question des « démunis ». La discussion a par conséquent conduit à réviser le mode d'évaluation en justice engagé, passant d'une appréciation d'un équilibre entre positions à des jugements où un différend est soupesé collectivement dans ses différentes facettes et implications.

Après un moment tendu, les échanges reprennent peu à peu. Le représentant de la CNL est sorti quelques instants, en quête probablement d'apaisement pour lui-même ou pour l'ensemble des participants après ce moment tendu. Durant cette absence, les participants ont commencé à relever les mots susceptibles de montrer que les préoccupations du DAL ont bien été prises en compte, ou à proposer des reformulations. De retour dans la salle, le représentant de la CNL est informé par un participant qui lui dit que « tout va bien », qu'ils ont « trouvé comme solution de mettre des mots pour préciser les paragraphes ». Une fois les discussions reprises, un aparté s'instaure entre ceux qui se sont auparavant opposés. Ils évoquent les moyens par lesquels peut être obtenu par certains propriétaires le départ de leurs locataires, et se remémorent une situation pour laquelle ils étaient tous deux intervenus. La réassurance d'une capacité à travailler ensemble passe donc par la mobilisation de « lieux communs[19] », à travers l'évocation de locataires en prise à des propriétaires déterminés à user de tous les moyens pour récupérer leur bien. La convocation de ces expériences communes vient attester d'une contiguïté des causes portées par ces deux participants. La défense des locataires et celle des « exclus » ne sont dès lors plus opposées. Elles sont inscrites dans un ensemble d'expériences militantes et de connexions critiques partagées. Ces anecdotes suffisent à évoquer des entités collectives plus larges – les locataires et les propriétaires –, des antagonismes qui structurent leurs rapports et le fait que, dans ces antagonismes, on se situe du même côté.

Revendiquer l'opposabilité du droit au logement : organiser une pluralité d'expression

Le second groupe de travail observé avait pour objet de promouvoir le droit au logement opposable. Ce groupe de travail a ainsi repris les propositions portées par le Haut Comité pour le logement des personnes défavorisées, qui avait consacré son rapport annuel en 2002 à ces propositions. Dans le précédent groupe de travail étudié, les compromis sont stabilisés dans l'écriture d'un texte

19. THÉVENOT L., art. cité, 2015.

commun, par ajouts de termes ou écriture collective. Ce texte doit ensuite être transformé en une liste de points, à tenir dans une négociation avec les pouvoirs publics. D'autres formes de stabilisation et de diffusion des compromis ont été observées dans ce second groupe de travail. Au texte commun et à la liste de points à tenir dans une négociation, une autre forme est préférée : un argumentaire général, complété par de petites fiches. L'adoption de cette forme est justifiée par un souci d'efficacité, permettant une division du travail dans l'écriture de ces différents textes, mais aussi comme le souci de faire place à une diversité de préoccupations et de styles.

L'appréciation des différends au sein de ce groupe de travail s'énonce de manière privilégiée comme des différences de styles ou de cultures d'organisations. Elle s'effectue par exemple en évaluant le style d'un courrier adressé au gouvernement, la manière d'accueillir des prises de positions favorables à l'opposabilité du droit au logement de la part de responsables politiques, ou encore sur l'importance à accorder à différentes formes d'action. Ces « styles » renvoient par conséquent aux répertoires d'action privilégiés par les différents collectifs[20], depuis la dénonciation fondant un appel à manifester, la qualification des points à tenir dans une négociation, la lettre exhortant les pouvoirs publics à agir au nom de valeurs unanimement partagées, ou encore le recours à l'expertise argumentant sur les avantages relatifs d'une mesure de politique publique. Plus largement ils renvoient à des postures critiques distinctes qui coexistent au sein de ce groupe de travail[21]. Là encore, ces tensions aboutissent fréquemment à ce qu'un climat relativement pesant s'instaure entre participants, conduisant à mettre en cause les contours du collectif au sein duquel un accord serait possible. Les disputes prennent alors la forme de critiques croisées impliquant plus spécifiquement deux représentants, les uns reprochant une tonalité critique « inutile » et « sectaire », les autres un ton excessivement « conciliant » et une naïveté dans une analyse stratégique de la situation.

Aussi, après une dispute assez vive faisant suite à un courrier adressé au gouvernement de la part du collectif, un participant suggère que chaque collectif envoie désormais sa propre lettre, rédigée de manière séparée selon le style qui lui convient, mais de manière coordonnée. D'autres manières de composer

20. Selon la notion développée par Charles Tilly, et reprise dans de nombreux travaux de sciences politiques, pour analyser les formes d'action collective (TILLY C., « Les origines du répertoire de l'action collective contemporaine en France et en Grande-Bretagne », *Vingtième Siècle*, n° 4, 1984, p. 89-108).

21. En ce sens, ils rejoignent la notion de *group style* développée par Paul Lichterman et Nina Eliasoph. Contre la conception de représentations collectives guidant les conduites ou d'un choix de moyens pour faire porter une action collective, ils montrent comment les activités ordinaires au sein d'un collectif sont structurées par un certain « style », ordonnant des manières de penser et d'agir (voir ELIASOPH N. et LICHTERMAN P., « Culture in Interaction », *American Journal of Sociology*, n° 108, 2003, p. 735-794 et ELIASOPH N., *L'évitement du politique. Comment les Américains produisent l'apathie dans la vie quotidienne*, Paris, Economica, 2010).

cette diversité de postures dans une expression publique coordonnée ont été mises en œuvre. Un communiqué de presse de cette plateforme a ainsi été rédigé sous la forme d'argumentaires, complétés par de petites fiches. Un premier argumentaire reprend les propositions du Haut Comité pour le logement des personnes défavorisées de 2002 en faveur de l'opposabilité juridique du droit au logement. L'autre argumentaire en appelle à une cohérence entre « paroles » et « actes ». Il reprend l'ensemble des prises de positions officielles en faveur du droit au logement opposable, aussi bien celles d'institutions[22] que d'autres, plus récemment sollicitées, prononcées par des responsables politiques avant les élections régionales de 2004[23]. Il donne par conséquent à voir une opinion publique qui serait déjà acquise à la proposition. Le troisième argumentaire est plus accusatoire : il reprend un ensemble de mesures prévues dans les projets de lois approuvés ou en cours, jugées contradictoires avec les prises de positions précitées. À ces argumentaires sont ajoutées deux fiches : l'une sur les expulsions locatives, l'autre sur les choix budgétaires effectués.

De la même manière, l'organisation des conférences de presse est conçue pour prendre en charge ce pluralisme. Après une réunion de préparation destinée à s'assurer qu'aucun des intervenants n'engagera les autres sur un point où le consensus n'est pas établi, les intervenants développent des thèmes distincts. Certains intervenants insistent sur l'opposabilité du droit au logement comme moyen d'instaurer un contrôle démocratique, d'autres sur le désastre que constitue un mauvais logement pour ceux qui l'habitent, d'autres dénoncent les incohérences entre l'objectif de garantir un droit au logement et différentes mesures prises par le gouvernement en matière de logement social, tandis qu'un dernier intervenant déplore que l'état d'instabilité et de précarité dans lequel sont maintenus les sortants de structures d'hébergement rende caduque toute tentative pour conforter un projet d'insertion. À cette occasion, différentes manières de plaider en faveur de l'instauration d'un droit au logement opposable sont publicisées, donnant à entendre des voix distinctes qui s'élèvent toutefois conjointement. Après avoir évoqué la manière donc cette question du pluralisme était prise en charge par le collectif, nous aborderons désormais les tensions qui alimentent les échanges observés au sein de ce groupe de travail.

Les tensions les plus saillantes opposent de manière récurrente le représentant de l'association Droit au logement et celui d'ATD, qui anime ce groupe de travail[24]. Pour les approfondir, nous décrirons le mouvement d'enquête privi-

22. Celles du Haut Comité pour le logement des personnes défavorisées, mais aussi un avis de 2003 du Conseil national des politiques de lutte contre la pauvreté et l'exclusion sociale (CNLE), les avis de 2003 et 2004 du Conseil économique et social.

23. Le texte indique ainsi qu'« en vue des échéances électorales des régionales de 2004, les principaux responsables politiques ont été consultés. MM. Hollande et Raffarin se sont prononcés en faveur d'un droit au logement opposable et effectif ».

24. Là encore, en nous abstenant d'attribuer l'initiative de ce groupe de travail à un groupe plutôt qu'un autre, nous puissions indiquer que la proposition en faveur de l'opposabilité

légié pour documenter un argumentaire en faveur de l'opposabilité du droit au logement. Pour le représentant de l'association DAL, le mouvement de l'enquête procède d'un mouvement de dénonciation des inégalités et de recherche des responsabilités. L'enquête s'oriente vers un examen des mesures prises par le gouvernement, ou proposées par les bailleurs sociaux, pour envisager leurs incidences présumées sur l'accès au logement social, la politique des loyers au sein de ce parc en tant qu'elles relèveraient de mécanismes de spécialisation sociale, ou encore les expulsions locatives. Pour le représentant de l'association ATD, le mouvement de l'enquête procède de la mise en visibilité des conséquences de l'absence de logement ou du mal logement. Il propose ainsi un travail sur « les coûts humains et sociaux du mal logement », devant faire valoir le gaspillage de ressources collectives auquel conduit l'absence ou le mal logement. L'État n'est pas mis en demeure d'agir par la force d'une accusation publique, mais enjoint à la cohérence par rapport à des principes communs.

Ces différences ne peuvent être analysées en renvoyant ces postures sur l'opposition classique entre politique de la justice et politique de la pitié[25]. Ces deux types d'enquêtes et d'argumentaires construisent une responsabilité fondée sur une solidarité objective, reposant toutefois sur des connexions critiques relativement distinctes. Dans le premier cas, cette exigence de solidarité est une solidarité civique impersonnelle, exigeant l'accès au logement pour tous. L'action à mener est par ailleurs ressaisie comme s'inscrivant dans un terrain d'affrontement global : revendiquer le droit au logement, c'est exiger de mettre un terme à des inégalités, en le revendiquant comme un dû devant sans cesse être arraché. Le mouvement d'enquête et l'appréciation du contexte des actions engagées s'inscrivent dans ce schéma cognitif. L'enquête documente ainsi des écarts entre des « paroles » et des « actes » qui ne constituent pas seulement des incohérences, mais qui dévoilent les actions « réellement » engagées sous couvert de discours venant masquer ces réalités. Le mouvement de l'enquête suit ce faisant une dynamique spécifique, en ne se bornant pas à établir les raisons ou les modalités pour construire l'opposabilité juridique du droit au logement. Débordant de ce cadre, l'enquête se prolonge sur d'autres objets – les mesures concernant les loyers dans le parc social, les mesures prises en matière d'expulsion – susceptibles de se rassembler en un schéma cohérent. Il est ainsi

juridique du droit au logement, qui a trouvé une traduction avec la loi dite DALO en 2007, a été particulièrement portée, au sein du Haut comité pour le logement des personnes défavorisées, par Paul Bouchet, ancien avocat et membre du Conseil d'État, qui était alors président d'ATD Quart Monde et membre du Haut comité pour le logement des personnes défavorisées.

25. La première supposant de disposer d'une convention d'équivalence fondant les évaluations de ce qui est juste et ce qui ne l'est pas, la seconde faisant l'économie de cette question pour en appeler à faire cesser un état de souffrance pour lequel la question de la justice ne se pose même pas. Voir BOLTANSKI L., *La souffrance à distance. Morale humanitaire, médias et politique*, Paris, Métailié, 1993.

proposé d'approfondir des mesures prises en matière de politiques des loyers des organismes de logements sociaux, et de documenter l'impression d'un « *deal* » passé entre ces bailleurs sociaux et le gouvernement. Cette proposition sera toutefois rejetée, non au motif qu'elle ne relèverait pas du groupe de travail, mais par incapacité de consacrer le temps et l'énergie nécessaire à approfondir encore d'autres aspects.

Dans le second cas, la dénonciation d'une inégalité s'adjoint d'une inquiétude sur les réalisations constitutives d'un état de dignité, mais elle en appelle également à ce que cette reconnaissance soit garantie par l'État[26]. Les arguments employés sont congruents avec une grammaire libérale de l'individu, faisant valoir les réalisations accessibles à un individu, plus que de l'accès généralisé à des biens collectifs. L'absence de logement entrave l'accès à d'autres droits fondamentaux « aussi reconnus par la loi d'orientation relative à la lutte contre les exclusions », à savoir « l'emploi, la protection de la santé, la justice, l'éducation formation culture, et la protection de la famille et de l'enfance[27] ». L'argumentaire présente par conséquent certaines articulations avec les approches en termes de capital humain abordées dans la première partie de l'ouvrage. En premier lieu, le logement vaut comme condition d'exercice de certaines capacités. Toutefois, celles-ci ne sont pas réduites à une seule dimension utilitariste et à des perspectives de rendements futurs attendus des individus. L'argumentation consiste à accrocher le droit au logement à d'autres droits fondamentaux, et ouvre ce faisant sur la reconnaissance d'une gamme plus large de capacités que celles délimitées par les approches économiques en termes de capital humain. En second lieu, l'argumentaire proposé entend recourir à des arguments économiques, et évaluer les « coûts humains du mal logement ». Pour convaincre, le « gâchis » que constitue le mal logement ou l'absence de logement doit être traduit en « coûts », pour démontrer une gestion inefficace des ressources publiques. Toutefois, et probablement du fait de l'absence des capacités d'expertise requises, les données mobilisées pour étayer cet argument

26. Sur ce point, on peut renvoyer à l'analyse de Vincent Descombes sur la « querelle des droits subjectifs », et sur l'importance de distinguer une version libérale du sujet en tant que sujet de droit – un sujet qui doit être libre de manifester sa volonté –, et le sujet juridique en tant qu'attributaire de droits « qui ne sont en rien subjectifs, puisqu'ils ne manifestent pas l'indépendance de l'individu à l'égard de la puissance étatique dont il attend divers bienfaits justement qualifiés de "providentiels" » (DESCOMBES V., *Le complément de sujet. Enquête sur le fait d'agir de soi-même*, Paris, Gallimard, 2004, p. 430). Parmi les argumentaires mobilisés dans les réunions que nous avons observées, certains prennent appui sur la délimitation d'un individu libéral, valorisant l'exercice de la volonté d'individus, tandis que d'autres relèvent davantage de la revendication de l'égal accès de tous à des biens qui doivent être garantis par des institutions. Le fait de poser le logement comme un élément fondamental pour l'exercice d'autres droits fondamentaux, constitutifs d'un état de dignité, relève clairement d'une grammaire libérale, tout comme le mécanisme essentiel de l'opposabilité juridique, qui suppose l'instauration de voies de recours, par lesquelles un individu doit faire valoir le droit qui ne lui a pas été reconnu.

27. Argumentaire pour la plateforme « Pour un droit au logement opposable », 19/05/2004.

consistent essentiellement à mettre en avant les sommes dépensées dans des nuitées d'hôtel, et à montrer qu'elles pourraient financer des dispositifs d'hébergement ou des logements. C'est par conséquent cette diversité des argumentaires et des manières de concevoir ce sur quoi doit porter l'enquête qui permet de comprendre les tensions à l'œuvre dans ce groupe de travail.

CONCLUSION

Au cours de ce travail, nous avons suivi le délégué général d'une fédération d'associations, et étudié les dynamiques d'échange propres aux arènes où il était engagé. Nous souhaiterions dans cette conclusion revenir sur ces dynamiques. Nous envisagerons la pertinence, pour en rendre compte, des notions de négociation et de délibération. Parmi les différentes acceptions que peut revêtir la notion de négociation dans les travaux sociologiques, nous retiendrons ici la manière dont elle est définie, par contraste, depuis d'autres approches mettant l'accent sur la délibération. Dans les travaux analysant les formes de participation structurant les débats publics, la référence à un modèle délibératif, dans le sillage des théories de la justice de Rawls et de Habermas, doit permettre de clarifier l'analyse, en questionnant la capacité de ces lieux de mise en débat à créer des espaces publics de discussion[28]. Les échanges doivent alors permettre l'expression ouverte et argumentée de points de vue universalisables, prétendant à une validité normative[29]. Nous reviendrons également, dans cette conclusion, sur les échanges routiniers entre administrations et partenaires associatifs, et les modalités de critiques engagées dans ces formes de consultation.

Faire valoir ses arguments auprès de l'administration

Pour préparer, avant de s'y engager, les positions à tenir lors de consultations ou d'auditions avec les pouvoirs publics, les protagonistes que nous avons observés se figurent un espace de négociation, où s'affrontent des acteurs, dotés de positions et d'intérêts constitués. La conception d'un espace de négociation où se confrontent des positions controversées est une forme de totalisation qu'ils mobilisent pour s'inscrire dans une visée stratégique. Ce modèle nous est

28. BLONDIAUX L., « Démocratie locale et participation citoyenne : la promesse et le piège », *Mouvements*, vol. 5, n° 18, 2001, p. 44-51 ; BLONDIAUX L., « La démocratie participative, sous conditions et malgré tout. Un plaidoyer paradoxal en faveur de l'innovation démocratique », *Mouvements*, n° 50, 2007, p. 118-129 ; BACQUÉ M.-H., REY H. et SINTOMER Y., *op. cit.*, 2005.
29. Dans son éthique de la discussion, Habermas confère à la procédure de l'argumentation la place d'un impératif catégorique : elle définit les conditions d'une discussion ouverte et argumentée, assurant « la recherche coopérative de la vérité dans laquelle seule peut valoir la force sans contrainte du meilleur argument » (HABERMAS J., *De l'éthique de la discussion*, Paris, Éditions du Cerf, 1992, p. 18).

par conséquent apparu en tant que cadre interprétatif et figuration d'un espace où chacun est positionné, pour apprécier collectivement des opportunités, des obstacles, et de l'action à tenir pour investir des espaces où s'affrontent des perspectives distinctes. Toutefois, lorsqu'ils préparent les manières dont ils se porteront sur ces terrains d'affrontements, c'est bien aux attendus d'une délibération publique qu'ils apprêtent leurs arguments. Au retour de leur audition dans un cabinet interministériel, les membres d'un groupe de travail interassociatif se félicitent, car l'audition s'est « bien passée » : ceux qui les ont écoutés n'ont pu glisser entre eux « une feuille de papier ».

Les consultations que nous avons observées entre représentants et membres de l'administration peuvent sans doute éclairer ce point. Dans ces arènes, la capacité de ces représentants à porter des arguments dépassant les intérêts ou préoccupations particulières de chacun est une condition de leur acceptabilité. Dans la réunion organisée pour tester une ligne d'argumentation sur l'agencement des dispositifs situés entre l'hébergement et le logement, nous avons observé deux formes d'échecs et d'insatisfaction. Dans un cas, les participants se coordonnent sur des principes généraux qui doivent soutenir leur accord. Ils satisfont en cela à l'exigence de départicularisation des points de vue attendue de modèles délibératifs. Mais ces principes généraux n'offrent aucune prise aux opérateurs inquiets du financement et du sort qui leur sera réservé dans le cadre de la décentralisation. Il n'y a donc pas de désaccords, mais le sentiment exprimé après coup de se « faire avoir », et de n'avoir pu se frayer une prise à la critique. Pour porter une critique, un autre participant s'engage alors sur une autre modalité, qui déroge cette fois aux contraintes de généralisation attendue. Les associations qu'il représente seraient attachées à une conception particulière de l'accompagnement social, qui risque de ne plus pouvoir s'exprimer dans les nouveaux cadres budgétaires sur lesquels il leur est suggéré de se rabattre. Or, le représentant de l'administration lui oppose avec fermeté qu'il n'est pas question de prendre en compte une conception particulière à laquelle un collectif serait attaché. Les propos doivent être justifiés par rapport à des valeurs universalisables, dont le représentant de l'administration se pose alors comme garant.

Lors de la consultation organisée pour définir les propriétés des résidences sociales, cette exigence se manifeste également d'une autre manière. Un point extrêmement technique sur le financement de ces résidences est soulevé au cours de la discussion, ce qui amène deux participants à discuter de ce qui se passe dans leurs structures respectives, pour se figurer l'incidence de cette disposition : l'un dit que dans tel type de structure, cela se passe de telle manière, l'autre que, ailleurs, les montages financiers se font autrement. Leur discussion, qui contraste avec la succession ordonnée des prises de parole prévalant jusque-là, est constituée par la représentante de l'administration comme un désaccord entre deux participants, qui se chamailleraient sur un point de détail. Elle les interrompt et appelle à passer au point suivant, au motif qu'il n'y a « pas de consensus ». L'un des participants qui s'est vu ainsi rappelé à l'ordre, agacé, ponctue les échanges suivants en secouant vigoureusement le coude de son voisin, pour lui demander, ostensiblement, s'il est bien d'accord, avant de lancer ensuite à la cantonade : « Il y a consensus ! On peut passer au point suivant ! » Cela eut pour effet d'en amuser certains, mais aussi d'embarrasser la représentante de l'administration, qui laissa par la suite plus de temps aux discussions, sans les constituer d'emblée comme l'expression d'un différend entre participants incapables de se hisser au niveau de généralité attendu et de dépasser leurs points de vue particuliers[30].

Les arènes stratégiques : ce qu'il en coûte de s'affronter

Les arènes stratégiques que nous avons étudiées présentent des ressemblances avec les affrontements entre intérêts constitués, qui apparaissent, depuis les approches valorisant la délibération, essentiellement comme une figure à dépasser. Ceci est particulièrement explicite dans l'analyse comparée que font Archon Fung et Erik Olin Wright, dans le domaine de la protection de l'environnement, des formes de gouvernance incluant des citoyens ordinaires, par opposition à des formes plus traditionnelles, à savoir ce qu'ils nomment la « politique des groupes d'intérêts agonistiques[31] ». Selon eux, ces représentants de groupes d'intérêt campent sur leurs positions, et bloquent la résolution de problèmes. Ils ne sont par ailleurs pas ouverts à des formes plus participatives et délibératives, dans la mesure où elles défont leur autorité de représentant et elles supposent une capacité à réviser les arguments engagés, qu'ils tendent à considérer comme une atteinte à la « pureté » d'un positionnement. Cette incapacité à s'ouvrir à la discussion et à la délibération vient également caractériser une spécificité des schémas cognitifs de ces acteurs, dotés de cadres cognitifs et interprétatifs qualifiés de « rigides ». Pierre Lascoumes[32] place aussi, pour la questionner, cette tension au cœur des travaux sur la délibération. Pour dépasser l'organisation de compromis négociés entre des positions préexistantes et les effets de blocages qui leur sont associés, la création d'espaces de délibération doit

30. Cette propension de responsables administratifs à constituer les représentants comme des êtres qui se disputent les uns et les autres, et à se grandir en retour dans leur capacité à se situer au-dessus de leurs différends, peut être rapprochée des remarques, recueillies par Julien Damon, faites par des responsables administratifs des Affaires sociales, pour tourner en dérision le « concours du plus pauvre » auquel se livrent les associations qui se sont imposées, au cours des années 1990, comme les propriétaires du problème public constitué autour de la « question SDF » (DAMON J., *La question SDF*, Paris, PUF, 2002).

31. FUNG A. et WRIGHT E. O., « Le contre-pouvoir dans la démocratie participative et délibérative », *in* BACQUÉ M.-H., REY H. et SINTOMER Y. (dir.), *Gestion de proximité et démocratie participative. Une perspective comparative*, Paris, La Découverte, 2005, p. 49-80.

32. LASCOUMES P., « Des acteurs aux prises avec le "Grenelle Environnement". Ni innovation politique, ni simulation démocratique, une approche pragmatique des travaux du Groupe V », *Participations*, vol. 1, n° 1, 2011, p. 277-310.

permettre de modifier les préférences des acteurs, pour ouvrir sur des constructions originales, innovantes, et capables d'ajustements.

De fait, dans ces arènes, l'expression des différends est vive et elle coûte à l'ensemble des participants. Seul l'un d'entre eux n'a pas manifesté de signe d'agacement ou d'énervement lors des moments de tension. Chercheur, et par ailleurs membre d'une association, il est continuellement avec un ordinateur portable, dans lequel il s'absorbe à l'occasion de ces disputes. Elles ne paraissent pas l'affecter : il reprend le cours d'une autre activité, qu'il avait mise en veille jusque-là, et attend sans s'émouvoir que le gros temps soit passé.

D'autres manifestent leur fatigue au cours des échanges, de manière contenue, sans quoi, probablement, de telles manifestations pourraient être assimilées à une prise de parti. Ces discussions agacent parce qu'elles font perdre du temps, parce qu'elles embarrassent en exposant très directement les participants aux émotions agonistiques des autres, mais aussi parce qu'elles donnent envie à certains de se mettre en colère et de s'impliquer dans la dispute, ce dont ils se retiennent, pour ne pas la faire monter davantage. C'est à l'issue de ces réunions, lorsque, sur le départ, certains s'attardent pour discuter, que les participants commentent l'exaspération qui culmine lors de certaines séances de travail. En même temps que chacun se délasse, s'échangent en aparté les commentaires sur la difficulté à travailler avec certains, qui relancent incessamment l'expression de désaccords, ou d'autres, qui « rabâchent » leurs arguments, alors que tout le monde sait bien qu'il est vain de chercher à convaincre et que la résolution du conflit devra se situer à un autre niveau.

Toutefois, si les passages à l'accusation qui ponctuent ces échanges pèsent sur les personnes, ils ne sont pas considérés comme illégitimes. Lors d'une séance particulièrement pénible, une participante, habituée aux échanges au sein d'organisations internationales, proposa de prendre cette difficulté à travailler ensemble pour objet de discussion, en tant que technique permettant de faire un pas dans la résolution de ces tensions. Elle suggéra aux participants de « s'autoriser à dire que c'est difficile ». Sa proposition ne fut tout simplement pas relevée. Rabattre l'expression de ces différends à une incapacité individuelle à s'ouvrir à l'échange est considéré, dans ce cadre, comme parfaitement décalé. Lorsque nous demandâmes à l'issue de la réunion qui était cette personne, qui n'est venue qu'une fois, on nous la présenta comme une « bourgeoise » qui « débarque », et qui ne comprend rien au « contenu ». Le qualificatif de « bourgeoise » venait ici moquer sans doute l'attachement à une certaine police des échanges qui n'était pas ici de mise, associé à une méconnaissance des objets et des ressorts du différend engagé.

Hormis cette participante, que nous n'avons plus revue au cours de notre période d'observation, les engagements plus distanciés que nous avons observés au sein de ce groupe de travail ne peuvent s'assimiler à une défection. Au-delà du noyau dur qui a initié ce groupe de travail, pour l'élargir ensuite dans le cadre d'une « plateforme » regroupant plus de quarante associations, certains ne viennent que de temps en temps. Ils suivent les progrès d'un travail collectif auquel leurs structures respectives ont donné son soutien. Ce suivi pourrait aussi bien se faire à distance, du fait du processus de validation des accords que nous avons exposé. Ils viennent par conséquent pour assurer de leur soutien en personne, et se tenir informé des échanges au-delà de leurs seuls comptes rendus. D'autres en revanche, sans faire partie du noyau initial qui fait tenir ce groupe de travail, s'y agrègent progressivement. Un nouveau venu au sein de ces réunions s'y est progressivement intégré. Appartenant à un collectif de travailleurs sociaux en grève dans un département voisin, il s'intéresse par ailleurs aux questions relatives au logement, en travaillant dans une résidence sociale. Il vient régulièrement, tout en considérant que certaines séances sont particulièrement éprouvantes et improductives. Il a également parfois du mal à suivre les échanges, lorsque ceux-ci prennent une tournure trop « technique ». Toutefois, le temps perdu à des discussions improductives ou l'exaspération éprouvée lui apparaissent comme des sacrifices auxquels il faut consentir, pour s'inscrire dans un engagement militant. Si les réunions proprement dites peuvent paraître inhospitalières au nouveau venu, les temps de discussions qui les suivent ou les précèdent constituent l'occasion pour d'autres participants de l'accueillir, en poursuivant les discussions avec lui, dans cet esprit de camaraderie militante que nous avons décrit.

Ménager l'expression de différends irréductibles

Dans ces arènes, les positions défendues n'ont pas à satisfaire aux exigences de généralisation des arguments attendues d'une délibération publique. S'y exprime au contraire la valeur intrinsèque de positions ou de styles, qui n'ont pas en tant que tels à être discutés. La crainte du désaccord et du blocage pèse sur ces arènes. Les disputes récurrentes fatiguent et exaspèrent. Mais il ne s'agit pas de lisser les désaccords en les présentant comme des différences d'opinions révisables ou d'intérêts négociables. Les différends ont ici toute leur place et les exaspérations éprouvées à les entendre ne viennent pas nourrir la critique d'attitudes rigides et improductives[33].

Pour comprendre par conséquent ce qui permet de travailler ensemble dans ces arènes[34], les travaux sur le renouvellement des formes de militantisme

33. Par opposition aux attentes qui pèsent au sein de dispositifs valorisant la formation d'un consensus au sein de groupes d'intérêts : voir CHEYNS E., « Multi-stakeholders for sustainable agriculture: The limits of the "inclusiveness" paradigm », *in* PONTE S., VERSTERGAARD J. et GIBBON P. (dir.), *Governing through standards: Origins, drivers and limits*, Londres, Palgrave, 2011.

34. Les travaux qui, dans un dialogue critique avec les approches délibératives, entendent faire valoir le caractère inévitablement agonistique des échanges démocratiques, nous semblent intéressants dans la mesure où ils pointent l'existence, et plus encore sans doute, la valeur à

apportent des éclairages intéressants. Ils ont analysé des modalités d'association d'individus engagés et de collectifs plus ou moins structurés[35], organisant l'expression d'un certain pluralisme, sans le réduire dans l'expression d'un accord. Plutôt que d'en rester à la manière dont ces collectifs s'identifient publiquement, nous sommes entrée dans le détail de leurs différends, pour comprendre plus généralement les ressorts d'un « front commun[36] » associatif initié au milieu des années 1980, qui rassemble, selon des configurations variables, des associations sur les questions relatives au logement. Nous avons observé comment, au sein de l'un de ces groupes de travail, cette question du pluralisme était prise en charge explicitement, en juxtaposant l'expression de différents argumentaires. Plus généralement, la manière dont les acteurs se ménagent des espaces de discussion à géométrie variable permet d'agir ensemble, tout en levant des exigences trop fortes de mise en commun. Par ailleurs, nous avons souligné les dynamiques d'association qui président à la composition des groupes de travail, et les formes de clôture qu'ils organisent. Ils ne rassemblent pas tous les acteurs concernés par un problème, mais des individus et des collectifs susceptibles, tant bien que mal, de faire cause commune sur certains aspects. Les conduites attendues dans ces assemblées ne sont pas celles d'agents raisonnables, capables de surmonter leurs différends et de prendre en compte d'autres points de vue. Elles sont celles d'individus et de collectifs qui peuvent agir ensemble, entretiennent une estime réciproque, et considèrent les actions des autres non comme seulement dignes de considération, mais en tant qu'elles convergent vers les mêmes biens. Aussi, les échanges sont ponctués par une alternance entre des moments où la délimitation du groupe au sein duquel un accord est possible est questionnée avec vigueur, et d'autres moments, où cette confiance sur des perspectives communes va de soi, assise sur des interconnaissances fortes, ancrées dans la durée, et des précédents accumulés en personne.

---

accorder à l'expression de différends irréductibles, en laissant toutefois ouverte la question des modalités de leur mise en commun (MOUFFE C., « Deliberative Democracy or Agonistic Pluralism? », *Social Research*, vol. 66, n° 3, 1999, p. 745-758).

35. Pour une synthèse de travaux sur le renouvellement des formes du militantisme, questionnant des oppositions trop marquées entre nouvelles formes d'organisations plus « horizontales » par rapport à de plus traditionnelles, « verticales », voir notamment : BARBOT J., DOIDY E., RENOU G., SIMÉANT J. et STAVO-DEBAUGE J., « Y a-t-il de nouveaux mouvements militants ? », *Mouvements*, n° 3, 1999, p. 32-45 ; COLLOVALD A., « Transformation du militantisme ou transformation dans le militantisme ? », *in* COLLOVALD A. (dir.), *L'humanitaire ou le management des dévouements*, Rennes, PUR, 2002, p. 9-13.

36. Jeannine Barbot a analysé l'émergence d'un « front commun » associatif sur les questions du sida. Elle analyse la structuration des « formes d'engagement » des différents collectifs impliqués dans ce front commun, constituées de manière relationnelle, et reposant sur une certaine manière d'articuler des modes d'action privilégiés, des enjeux et des choix d'identification publiques, pour envisager ensuite les dynamiques qui président à leur regroupement, selon des configurations variables en fonction notamment de la nature des objets engagés dans ces regroupements (BARBOT J., *Les malades en mouvements. La médecine et la science à l'épreuve du sida*, Paris, Éditions Balland, 2002).

Ce sont ces moments de confiance, où les participants « ferment les yeux » sur ce qui les distingue et se reposent sur la confiance qu'ils agissent ensemble pour des biens communs, qui permettent des dynamiques plus exploratoires au cours desquelles chacun met en commun, pour écrire, ensemble, des propositions d'action et des positions à tenir collectivement.

La levée des exigences de publicité comme condition d'une participation aux échanges

Nous avons enfin étudié des espaces qui ne réunissent pas des représentants ou des citoyens engagés, mais des professionnels, œuvrant dans les structures représentées par une fédération.

Les groupes de travail constitués en marge des assemblées générales de cette fédération ont pour mission explicite d'élargir l'accessibilité d'une prise de parole. Les discussions sont organisées en groupes restreints, sur des sujets variés, dont on espère qu'ils recouvreront des thèmes susceptibles d'intéresser les participants. Nous avons vu par ailleurs comment, sur un sujet polémique, ceux qui étaient les plus disposés à prendre position dans des débats font preuve de retenue. Le fait de laisser s'exprimer d'autres points de vue que les leurs n'est pas en cause, mais il s'agit de se mettre en retrait, pour ne pas écraser l'expression de ceux qui n'ont *a priori* pas d'avis. Dans ces groupes de travail, certains participants n'ont en effet, dans un premier temps, rien à dire sur la souffrance psychique, si l'on entend par là une attente de positionnement sur le bien-fondé de cette catégorie. Par ailleurs, ils savent qu'ils risquent de se faire « tomber dessus » en s'engageant sur un sujet controversé au sein de cette fédération[37], quand bien même ils s'estiment, à un autre niveau, concernés par la question. Aussi, pour engager une parole, l'exigence d'une départicularisation des arguments est levée. Les échanges passent par de courts récits, de petites histoires qui sont mises en commun. Dans les réunions où la « tête de réseau » rencontre les associations adhérentes d'un secteur géographique donné, on retrouve pour partie cette même abstention. Les questions relatives au droit au logement, les positions à tenir sur la loi de décentralisation, etc., sont du ressort de la « tête de réseau ». Les adhérents se sont réunis non pour discuter de « ses » problèmes, mais des « leurs ». C'est à partir de définitions de situations problématiques ancrées dans des activités professionnelles, que les échanges basculent vers des problèmes qui regardent le public, et sur lesquels les participants s'engagent, en tant que professionnels concernés.

37. Julien Charles a ainsi analysé, dans une maison médicale créée au sein d'un quartier défavorisé et portant l'ambition d'une transformation des pratiques médicales et d'autogestion, la charge que représente, notamment pour de nouveaux salariés, cette visée d'une participation forte, soutenue par des biens militants (CHARLES J., *Une participation éprouvante. Enquêtes sur l'autogestion, le management participatif, la participation citoyenne et l'*empowerment, thèse de doctorat de sociologie, Paris/Louvain-La-Neuve, EHESS/UCL, 2012).

Les consultations avec l'administration : échanges routiniers et modalités de la critique

Certains des espaces que nous avons étudiés relèvent enfin des coordinations ordinaires entre administrations et professionnels d'un secteur donné. Au regard de dispositifs participatifs, ils peuvent être qualifiés de plus routinier[38]. Ils réunissent les pouvoirs publics et leurs partenaires institutionnels et associatifs sur des questions fortement délimitées, excluant de la discussion des arbitrages qui relèvent d'autres niveaux, et sur lesquelles les pouvoirs publics ne sont pas tenus d'obtenir l'acquiescement des participants. Un ordre du jour est fixé et, dans ces réunions qui revêtent un caractère plus technique, un contenu déjà formalisé est soumis à l'examen.

Les participants de ces arènes s'affranchissent parfois de ce cadre. Dans l'une des réunions observées, ils profitent du tour de table de présentation inaugurant ces échanges pour dire leur inquiétude sur le financement de leurs structures dans le cadre des mesures de décentralisation. Dans une autre, ils critiquent les moyens alloués à la création de dispositifs, en ayant recours à l'ironie. Un participant feint de ne savoir comment interpréter la modestie des financements accordés aux résidences sociales. Serait-ce que le gouvernement a pris la mesure des difficultés d'accès au logement, et que le développement de produits spécifiques ne saurait y répondre ? Ou bien serait-il en train de discuter des modalités détaillées de futures structures qui ne verront pas le jour ? Une autre, en entendant la référence au « plan Borloo » lève les bras au ciel et rend grâce à l'intérêt manifesté par le gouvernement aux « maisons-relais ». Elle fait ainsi de l'ironie envers l'affichage donné alors par le gouvernement à ce « nouveau » dispositif, au détriment d'autres « innovations » qui furent portées par d'autres gouvernements.

Au-delà de ces formes de remises en question limitées du cadre de la réunion, il n'en demeure pas moins que, dans ces lieux de consultation régulière, les échanges se fondent sur un ensemble de repères communs. La stupéfaction occasionnée par une représentante, exprimant des propos jugés inacceptables, montre en creux ce qui soutient les échanges. Le fait de dire que des « cas sociaux » relevant « parfois d'un traitement psychiatrique » devraient être logés par l'Aide sociale plutôt que dans des logements sociaux, emporte une indignation unanime. Cela conduit également à ce que l'auteur de ces propos soit tenu pour incompétente : elle méconnaît un ensemble de formes de langages, de définitions, de catégorisations, qui doivent être tenues pour acquises.

38. Alice Mazeaud a analysé les effets de la mise en place d'un dispositif participatif sur des formes de cogestion ou de « corporatisme à la française », associant par des relations anciennes et solides des représentants du ministère de l'Éducation et certains syndicats enseignants. Elle décrit comment s'est opérée, à l'issue d'un grand débat organisé sur l'école, la reprise du jeu routinier, associant des partenaires traditionnels des processus de décision (MAZEAUD A., « "Le débat national sur l'avenir de l'École" ou des partenaires sociaux à l'épreuve de la démocratie participative », *Politix*, vol. 3, n° 75, 2006, p. 143-162).

En observant ces arènes, il apparaît que les échanges passent par un certain nombre de passages obligés : la critique de catégorisations jugées stigmatisantes pour certains, la mixité comme réponse à des approches catégorielles qui excluent pour d'autres. Le genre de passion qui anime ces arènes est la satisfaction à avoir pu trouver la forme convenue pour qualifier les choses. Les participants s'enthousiasment lorsqu'ils ont pu transcrire une proximité n'incluant pas nécessairement une contiguïté en termes d'« accès à », ou une vigilance à distance dans les termes d'un suivi de « clignotants sociaux ». Cette satisfaction pour la bonne forme et son application à la trouver vient attester une professionnalité, une capacité à manier les formes convenues et à être au courant de ce qui se fait et ce qui se dit.

Toutefois, cet adossement des échanges à un ensemble de catégories relativement stabilisées ne peut s'apparenter à un alignement de l'ensemble des acteurs engagés au sein de ces arènes sur des cadres cognitifs et interprétatifs communs. Nous avons ainsi observé des termes qui renvoyaient à des constructions normatives distinctes, saisis dans un enroulement de critiques et de qualification au cours duquel les tensions ne sont pas relevées. S'il y a accord, c'est sur une cible critique peu explicitée : les figures négatives du centre et du foyer. Aux mots d'ordre associés aux théorisations d'un travail social réformé sous l'effet de sa critique, répond la reconnaissance d'un individu autonome et ses modalités. Aux mises en valeur d'un environnement porteur de sollicitations, ouvert sur « le quartier », répondent les garanties formelles devant venir en soutien d'actions intentionnelles dont l'individu doit être reconnu capable : la délimitation d'un territoire privé doit attester d'une capacité à user fonctionnellement des composantes les plus élémentaires d'un logement normal, tandis que la transformation de services collectifs en prestations facultatives et individualisées doit témoigner de l'expression d'un consentement authentique aux prestations proposées.

CONCLUSION

Une première partie restituait, sur une temporalité longue, les expertises traitant des problèmes auxquels les politiques du logement devaient répondre. La deuxième partie se concentre sur un moment spécifique de cette histoire, pour observer des acteurs impliqués dans la mise en œuvre de politiques et qui débattent dans différentes arènes des bonnes manières de la réaliser. Ce faisant, c'est à un segment spécifique des politiques du logement que nous nous sommes consacrée, en abordant un ensemble de mesures conçues pour accompagner des publics vers un logement « autonome ». L'attention à ces différentes arènes permet de documenter des déplacements dans la façon de traiter du logement.

Nous avons étudié les dynamiques par lesquelles des collectifs, entendant défendre leurs positions et leurs identités, se coordonnent pour établir des positions communes à défendre dans un espace public, qu'il s'agisse de préparer les arguments à tenir face à la presse, lors d'auditions par des responsables politiques, ou pour négocier leur participation à des États généraux du logement organisés par les pouvoirs publics. Nous avons envisagé la manière dont ils définissent ce qui doit être assuré à travers un logement, en articulant la revendication du droit au logement comme droit collectif, devant être garanti à chacun, à des formulations plus libérales. Par un accrochage aux droits fondamentaux, l'absence de logement ou le mal logement sont constitués non comme une injustice et un déni d'égalité, mais comme la privation de ce qui conditionne l'exercice de réalisations constitutives d'un état de dignité.

Dans les consultations organisées entre représentants et pouvoirs publics pour définir les propriétés de résidences sociales, nous avons observé les principes devant orienter la transformation d'un ensemble de structures existantes et la création de nouvelles. La présence dans un espace privatif des fonctions constitutives d'un logement « normal » doit porter la reconnaissance d'individus capables d'occuper un logement, et d'en user fonctionnellement. La délimitation d'un territoire privé doit également borner les exigences de l'institution ou de la communauté résidante, pour garantir un consentement authentique aux prestations proposées. En vis-à-vis de ces espaces privatifs, les espaces communs doivent attester de la vocation « sociale » de ces structures. Sans être réduits à des espaces de circulation, ils sont essentiellement définis au regard de la menace d'un repli sur des communautés homogènes ou d'une présence excessive de l'institution.

Ces attentes font directement pression sur d'autres manières de qualifier ces espaces communs, les principes et actions auxquels ils doivent venir en soutien. Chacun étant reconnu capable de pouvoir normalement se préparer ses repas, les cuisines collectives apparaissent superflues, ainsi que les « tisaneries ». Le maintien de lieux soutenant une commensalité au sein de ces résidences, mais aussi une solidarité économique, n'est justifié que dans certains cas : au prix d'une transformation en services formalisés dans d'anciens foyers de travailleurs migrants, ou au nom d'un droit à une alimentation équilibrée dans d'anciens foyers de jeunes travailleurs. La présence de lieux collectifs venant en soutien à une mise en commun d'activité n'intervient que pour qualifier les espaces des « maisons-relais ». Intégrées au cadre des résidences sociales, elles doivent permettre l'accueil, sous la présence d'un « hôte », de publics dont l'équilibre personnel a été fragilisé, pour lesquels sont levées les exigences d'un retour à l'autonomie dans les temporalités courtes de l'insertion.

En envisageant ensuite les discussions engagées par des professionnels accompagnant des publics vers l'accès à un logement autonome, nous avons suivi les jugements qu'ils engageaient pour apparier une personne à un dispositif, ainsi que les situations qu'ils convoquaient, en amont de ces catégorisations, pour donner un contenu à la notion de « souffrance psychique » et à l'identification de ces équilibres personnels affectés. Ces échanges permettent d'expliciter la variété des attentes qu'ils portent auprès de ces publics. Ils s'inquiètent, conformément aux exigences inscrites dans la définition même de ces dispositifs, des attitudes de passivité et de repli, qui menacent un mouvement de sortie hors de l'état de personne aidée. Ils accompagnent également l'entrée de ces publics dans les hébergements et les logements qui peuvent leur être proposés. Ils exposent alors les qualités d'un logement pour la santé, la sécurité assurée par un statut d'occupation, ou s'inquiètent de la capacité d'un environnement plus large à porter durablement les personnes et à les insérer. Ils font valoir les bienfaits d'un hébergement plus stable, offrant un logement indépendant. Ce faisant, ils sont amenés à considérer les écarts entre ces réponses instituées, dont les qualités sont stabilisées par un ensemble de normes et de standards, et des convenances ou des liens auxquels les personnes accompagnées peuvent être intimement attachées.

Troisième partie

LE « SERVICE RENDU » AUX LOCATAIRES DE LOGEMENTS SOCIAUX

Nous étudierons désormais des organisations qui mettent en œuvre les politiques du logement social. Cette attention à la mise en œuvre de l'action publique a été un moyen de rompre avec ce que Jean-Gustave Padioleau considérait comme une vision « balistique[1] » de l'action publique, réduite à la définition d'objectifs et aux choix des moyens les plus efficaces pour les réaliser. Les travaux sur la mise en œuvre de l'action publique ont au contraire montré les déplacements opérés lorsqu'un programme gouvernemental doit trouver à s'appliquer, en le resituant dans les configurations politiques et organisationnelles spécifiques où il est porté.

Nous envisagerons, de manière comparative, comment trois organisations du logement social se sont appropriées une série d'injonctions qui leur étaient faites par les pouvoirs publics, s'alignant sur une politique de la qualité en usage dans les entreprises. Ce faisant, nous envisagerons des politiques de réforme dont les vecteurs privilégiés consistent, comme dans de nombreux domaines de l'action publique[2], en l'introduction d'indicateurs de performance et d'outils de gestion. Ceux-ci doivent permettre de réviser les méthodes avec lesquelles ces organisations planifient leurs équilibres financiers, ou de rendre compte, sur la base d'indicateurs, de la valeur du service qu'elles rendent à la collectivité et à leurs locataires. Ces réformes ont consisté dans un premier temps en une succession de mesures discrètes[3], prises dans la période précédant notre enquête. Elles furent ensuite articulées dans un cadre cohérent, devant refonder les relations entre ces organisations et l'État. C'est par conséquent une période d'entre-deux que nous avons observée, alors que les dirigeants des trois sociétés étudiées s'apprêtent à inscrire leurs organisations dans les nouveaux formats requis par leur administration de tutelle. Toutefois, notre intérêt pour

1. PADIOLEAU J.-G., *L'État au concret*, Paris, PUF, 1982.
2. LASCOUMES P. et LE GALÈS P., *Gouverner par les instruments*, Paris, Presses de Sciences-Po, 2004.
3. Bruno Palier et Philippe Bezes ont décrit l'introduction de nouveaux outils de gestion comme la possibilité de réformes discrètes, permettant d'éviter des oppositions plus frontales. Dans le cas étudié, à une première série de mesures discrètes, succèdent des moments de mise en cause publique de la gestion de ces organisations (PALIER B., « La politique des retraites en France », *in* LASCOUMES P. et LE GALÈS P., *op. cit.*, 2004, p. 273-300 ; BEZES P., « Rationalisation salariale dans l'administration française, un instrument discret », *ibid.*, p. 71-122).

ces organisations ne réside pas uniquement dans l'étude des effets différenciés de ces réformes. La démarche adoptée consiste à analyser ces organisations comme des lieux où se composent des formes d'engagement extrêmement diversifiées. Nous souhaitons comprendre comment des organisations, adossées à des standards, des procédures, et structurées par un ensemble de conventions, vont se saisir des personnes logées.

La nécessité de mieux prendre en compte les habitants dans les politiques de gestion menées par les bailleurs sociaux constitue une injonction portée de longue date, tant par les pouvoirs publics que par les groupements professionnels du secteur du logement social. Dans cette perspective, une grande diversité de dispositifs ont été mis en place, qui vont poser diverses manières d'aller à la rencontre des locataires, mettant l'accent sur la participation des habitants, la représentation des locataires ou les engagements à tenir envers les clients. Dans chacun des organismes étudiés, les réorganisations engagées ont conduit à mettre en place ou à développer des démarches de qualité de service. Celles-ci sont valorisées comme une manière de prendre en compte les locataires, en leur garantissant la réalisation efficace d'un ensemble de prestations. Nous examinerons les manières dont ces démarches mettent en forme ce qui doit être assuré aux personnes logées, et se saisissent des activités d'agents au contact direct avec les locataires.

Philippe Warin a plaidé en faveur d'une inflexion de l'analyse des politiques publiques en faveur des acteurs de la mise en œuvre et, plus spécifiquement, de leurs usagers. Déplorant une attention trop exclusive à l'élaboration des politiques « par le haut », il a proposé de déplacer l'attention sur ce que deviennent des « référentiels » de politiques publiques lorsqu'ils sont confrontés aux acteurs auxquels ces politiques sont destinées[4]. Il a analysé, dans des organismes de logements sociaux, les interactions entre agents et usagers, pour montrer leurs effets sur les représentations et le fonctionnement de ces organisations[5]. Il envisage en quoi la répétition de ces interactions façonne, du côté des usagers, des représentations de la politique appliquée ou du service acceptable. Les effets de l'attitude de certains agents sont questionnés dans leur capacité à ébranler les relations de ces usagers à l'État, ou à consolider des représentations « utilitariste » ou « civique » du service. Du côté des agents qui travaillent au sein de ces organisations, ces expériences vont constituer le fond des argumentaires engagés par ceux qui sont au contact direct des locataires. Philippe Warin décrit comment les dirigeants de ces organismes ou des cadres intermédiaires vont éventuellement intégrer ces expériences dans les rapports de pouvoir au sein de ces organisations, et en quoi elles vont permettre des apprentissages collectifs dans le but d'améliorer les services. L'approche propo-

4. Warin P., « Les politiques publiques, multiplicité d'arbitrages et construction de l'ordre social », *in* Faure A., Pollet G. et Warin P., *op. cit.*, 1995, p. 85-101.
5. Warin P., *op. cit.*, 1993.

sée par Philippe Warin opère un glissement entre des expériences accumulées et des représentations consolidées dont nous nous efforcerons de préciser les modalités. De nombreux agents au sein de ces organisations proposent, sur la base des expériences qui leur sont propres, de prendre en compte ce que veulent les locataires, leurs attentes ou leurs conduites présumées. La ligne de partage entre des agents qui parleraient au nom d'une expérience accumulée auprès des « usagers » et d'autres, qui devraient en faire l'apprentissage, ne va pas de soi. Il nous faut donc décrire les formes de jugement engagées au sein de ces organisations, et la variété des opérations à travers lesquelles les besoins et les attentes des locataires peuvent être représentés.

Ce faisant, dans le prolongement d'une sociologie classique des organisations, nous traiterons des relations de pouvoir au sein de ces organisations[6], et de leurs réagencements sous l'effet de nouveaux entrants ou de réorganisations. Mais nous appréhenderons ces équilibres de pouvoir à partir de l'analyse d'une politique des formats d'information[7]. Cherchant à comprendre les effets, au sein de ces organisations, de formes de gouvernement qui supposent la mise en place et le suivi de repères normalisés, nous envisagerons en quoi elles privilégient certaines constructions du commun, c'est-à-dire certaines manières de représenter ce qu'il importe de garantir aux locataires de logements sociaux.

Dans un premier chapitre, nous étudierons les politiques de réforme de ces organisations. Nous décrirons les mesures adoptées par les pouvoirs publics, consistant à modifier le statut de ces organisations, à généraliser de nouveaux outils de gestion ou à rendre obligatoire la réalisation d'enquêtes de satisfaction auprès des locataires. Nous comparerons ensuite dans un deuxième chapitre la manière dont trois organismes se sont approprié ces réformes pour définir des « projets d'organisation » relativement distincts. Les deux derniers chapitres nous feront quitter ces débats sur la nature et les modalités des transformations attendues de ces organismes, pour envisager les lieux où les dispositions concernant le service rendu aux locataires ont à s'appliquer. Nous envisagerons les accomplissements pratiques auxquels se livrent quotidiennement les gardiens d'immeubles ou les membres de petites agences de proximité qui, selon les agencements organisationnels propres à chaque organisation, assument de manière privilégiée les contacts avec les locataires. C'est à partir de la description de ces activités et de ce par quoi elles sont éprouvées que nous ferons retour sur des politiques d'organisation, qui entendent prendre en charge les tensions associées à la proximité immédiate de locataires.

6. MUSSELIN C., « Sociologie de l'action organisée et analyse des politiques publiques : deux approches pour un même objet ? », *Revue française de science politique*, vol. 55, n° 1, 2005, p. 51-71.

7. THÉVENOT L., « Un gouvernement par les normes. Pratiques et politiques des formats d'information », *in* CONEIN B. et THÉVENOT L. (dir.), *Cognition et information en société*, Paris, Éditions de l'EHESS, 1997, p. 205-241 ; THÉVENOT L., « Les enjeux d'une pluralité de formats d'information », *in* DELAMOTTE E. (dir.), *Du partage au marché. Regards croisés sur la circulation des savoirs*, Villeneuve-d'Ascq, Presses universitaires du Septentrion, 2004, p. 333-347.

Chapitre VI

DES INSTRUMENTS ET LEURS PRINCIPES

Hervé Marchal, dans l'enquête qu'il a réalisée auprès d'organismes de logements sociaux, fait remonter à 1985 un virage des organismes HLM, qui auraient alors basculé nettement vers un modèle de marché[1]. Ce basculement correspond à l'affirmation, par les instances représentant le mouvement HLM, de leur nécessaire « modernisation ». Lors du congrès de l'Union nationale des organismes HLM de Nancy en 1985, le délégué général de cette Union déclarait ainsi que les organismes HLM devaient « quitter le confort d'une économie administrée », pour entrer dans une autre ère où « aucun organisme ne sera social par nature : il le sera par ses résultats, par les services effectivement rendus[2] ». Hervé Marchal associe à ce basculement la montée des contraintes gestionnaires au sein des organismes HLM, soucieux de gagner en productivité et en rigueur pour s'inscrire dans un marché concurrentiel constitué non plus de locataires, mais de « clients ». Pour comprendre ce qu'impliquent ces transformations, il nous faut analyser de manière plus précise ces articulations entre contraintes gestionnaires, introduction de principes marchands et reconnaissance du « client ». En effet, les organisations HLM ont de tout temps été prises dans des contraintes gestionnaires, que l'on entende par là la manière dont des contraintes financières ont pesé sur ces organismes ou l'injonction qui leur était faite de gérer efficacement en contrôlant des équilibres financiers. Par ailleurs, le fait de qualifier les locataires de « clients » n'implique pas, comme nous le verrons par la suite, de les reconnaître nécessairement en tant qu'agents opérant sur un marché concurrentiel.

Pour comprendre en quoi des contraintes gestionnaires ou une référence au marché s'impose avec plus de force, il nous faut analyser les transformations engagées dans la manière de concevoir des équilibres de gestion et d'instrumenter leur optimisation. Un ensemble de réformes des organismes HLM et de leur gestion ont été introduites au cours des années 2000. Ces différentes mesures

1. MARCHAL H., « Sous le "client", la qualité ? Les gardiens d'immeuble de l'habitat social », *La Revue du Mauss*, n° 27, 2007, p. 351-376.
2. A. Barthélémy, cité *ibid.*, p. 351.

ont été prises distinctement, sans s'inscrire dans un projet cohérent, mais à un rythme soutenu depuis 2002. Elles se sont traduites notamment par l'obligation faite aux organismes de se doter d'outils de gestion de leur patrimoine, par la possibilité qui leur a été donnée de procéder à une remise en ordre des niveaux de loyers au sein du parc HLM, par l'obligation faite à chaque organisme de procéder à des enquêtes de satisfaction auprès de leurs locataires, et par une réforme de la gouvernance des sociétés anonymes HLM.

Les organismes du logement social ont été de longue date objets de critiques relatives à leur gestion. Ces critiques ont dans un premier temps porté sur un héritage, celui de l'essor de la construction de logements sociaux dans les années 1960. Elles ont mis en cause la prégnance d'une culture professionnelle – celle des métiers de la maîtrise d'ouvrage et de la construction – et des modes de production méconnaissant les aspirations et les usages de leurs habitants. À partir des années 1980, la question de la « modernisation » de ces organismes est un thème récurrent dans les documents liés à la planification, mais aussi dans les réflexions développées au sein des organisations professionnelles structurant le « mouvement HLM[3] ». Les mesures adoptées à partir de 2002 doivent porter cette modernisation. Les enjeux associés à cette modernisation sont relativement identiques à ceux énoncés dans les années 1980 : il s'agit d'améliorer la gestion de ces organismes, de permettre une meilleure prise en compte des locataires et d'accompagner un repositionnement de leurs interventions dans la production de logement. Mais si les grands thèmes sont relativement constants, ils s'inscrivent désormais, pour les pouvoirs publics, dans une volonté de conforter une gestion plus « active » de leur patrimoine par les organismes de logements sociaux.

Conforter une gestion « stratégique » du patrimoine social

Depuis 2002, les organismes de logements sociaux doivent se doter d'un « Plan stratégique de patrimoine », sous peine de se voir refuser des financements destinés à la réhabilitation ou à la démolition de logements sociaux. Il s'agit d'un instrument devant leur permettre d'adopter une vision « globale » de leur patrimoine, informant la définition d'une stratégie patrimoniale et financière et son appréciation par les partenaires locaux de ces organismes : collectivités territoriales et services déconcentrés de l'État.

3. Le « mouvement HLM » est constitué de fédérations réunissant les différentes familles d'organismes HLM, elles-mêmes rassemblées dans une Union professionnelle. La Fédération des coopératives HBM a été créée en 1908, celle des Offices publics HBM en 1921, et la Fédération des SA HBM en 1927. Elles se réuniront au sein de l'Union nationale des fédérations d'organismes HBM, créée en 1925, qui s'appelle désormais l'Union sociale pour l'habitat (USH). Ces organisations assurent la représentation de ces organisations auprès des pouvoirs publics et structurent un milieu professionnel *via* la publication de revues, le développement d'expertises, ou l'organisation de journées professionnelles.

Pour se doter de ces plans, les organismes doivent réunir, au niveau de chaque groupe d'immeuble, un ensemble de données[4]. Ils doivent tout d'abord renseigner une appréciation sur « l'environnement » de ces immeubles, ce qui renvoie, dans le texte de la circulaire de 2001, à un « contexte urbain », mais aussi à des données sur le marché local avoisinant. Ils doivent ensuite déterminer les actions requises au niveau de chaque groupe d'immeubles pour en assurer les fonctionnalités d'usage. Ils doivent enfin établir un diagnostic social, comportant des indications sur les revenus des locataires, mais aussi sur les demandes de ces derniers, d'après des remontées d'information des équipes de proximité ou d'enquêtes de satisfaction. Ces données doivent être analysées, pour établir différents scénarios chiffrés, qui doivent ensuite être débattus avec les partenaires locaux d'un organisme, à savoir les collectivités territoriales et services de l'État. De manière secondaire, la mise en place de ces plans accompagne également une redéfinition des catégories comptables de gestion. Cette redéfinition doit permettre de réduire la part des éléments comptés comme dépenses relevant de l'entretien courant, pour les intégrer dans un programme d'investissement pluriannuel, permettant de généraliser les procédures d'appel d'offres.

Le bilan produit en 2005 par l'organe d'inspection du logement social – la Mission interministérielle d'inspection du logement social (Miilos) – se donne pour objectif de suivre la généralisation de ces plans. Il émet également une appréciation sur des applications jugées plus ou moins « ambitieuses ». Certains organismes se sont dotés de plans stratégiques inscrits dans la continuité des outils prévisionnels préexistants[5]. D'autres, plus ambitieux, « ont compris l'enjeu d'un plan stratégique[6] ». Ces derniers « enrichissent » ces instruments de planification classiques en adoptant un classement de leurs groupes immobiliers en fonction des caractéristiques du bâti et de leur localisation géographique, et fixent des orientations en termes de loyers et de construction.

Réviser le calcul des équilibres budgétaires

Ces plans doivent constituer un outil permettant une gestion qualifiée de plus « stratégique » du patrimoine, permettant d'évaluer les équilibres gestionnaires

4. Voir la circulaire du 18 décembre 2001 (DGUHC, Circulaire UHC/IUH2/30 2001-89 du 18 décembre 2001 relative à la mise en œuvre de la politique du logement et à la programmation des financements aidés de l'État pour 2002), 2001, [http://www.bulletin-officiel.developpement-durable.gouv.fr/fiches/BO200124/A0240103.htm] (page consultée le 15 août 2013). Des circulaires annuelles ont ensuite complété et précisé la démarche et le contenu de ces plans.
5. À savoir des plans de travaux, permettant d'évaluer les budgets nécessaires, élaborés notamment en faisant « remonter » au sein d'un organisme les besoins relevés sur les différents sites, pour arbitrer ensuite, au niveau du siège de l'organisme, entre ces différentes interventions selon les budgets disponibles.
6. MIILOS, *Rapport public 2005*, Paris, ministère de l'Emploi, de la Cohésion sociale et du Logement/ministère de l'Économie, des Finances et de l'Industrie, 2005, p. 48.

qui résultent des décisions prises au niveau de chaque groupe d'immeuble en matière de réhabilitation, de démolition ou de vente de logements sociaux. Pour comprendre le déplacement opéré, il faut souligner que l'appréciation de l'équilibre financier d'un organisme reposait jusque-là sur une projection de l'équilibre financier de chaque opération, devant anticiper dans la durée les frais relatifs à son entretien et à sa gestion. À ces conventions en succèdent d'autres : les organismes de logements sociaux doivent désormais planifier leurs équilibres gestionnaires à travers les arbitrages effectués sur différents segments du parc de logement. Pour approfondir davantage cette nouvelle modalité de description du parc de logement d'un bailleur et d'appréciation de ses équilibres financiers, prenant appui sur la délimitation d'immeubles ou de groupes d'immeubles, nous envisagerons désormais un autre instrument, le « conventionnement global », ce qui suppose de revenir sur les mécanismes de financements des logements sociaux.

Les logements sociaux sont financés à l'aide de prêts subventionnés et garantis par l'État[7]. Ces aides à l'investissement, appelées couramment « aides à la pierre », sont complétées par le concours d'autres acteurs : les collectivités locales et les collecteurs de la participation des entreprises à l'effort de construction (PEEC), communément appelée le « 1 % logement ». Ces financements ne peuvent être accordés qu'à des organismes agréés par l'État, qui peuvent être de droit public – les Offices publics HLM – ou de droit privé – les SA HLM ou les coopératives HLM. Ils bénéficient de financements aidés, mais ils doivent faire en sorte que, sur la durée de vie d'une opération, les loyers perçus équilibrent les coûts d'investissement et de fonctionnement. Le calcul d'un « loyer d'équilibre », devant être inférieur à un certain niveau pour bénéficier de ces prêts aidés, doit permettre de prévoir et d'équilibrer la gestion de cette opération sur toute sa durée de vie, estimée de manière conventionnelle à quarante ans[8]. L'équilibre budgétaire de ces sociétés repose par conséquent sur la gestion de leurs ressources – les loyers – qui doivent financer la gestion de ces sociétés, les dépenses d'entretien et le remboursement des emprunts.

Parallèlement à ces systèmes de prêts accordés *via* des circuits spécifiques à des opérateurs agréés, un autre mécanisme contribue indirectement au financement du logement social : le conventionnement[9]. Le conventionnement a constitué un des dispositifs majeurs de la réforme des financements du logement adoptée en 1977, dans le prolongement des travaux de la commis-

7. Ces financements sont, encore aujourd'hui, adossés à des circuits de financement spécifique – le livret A – et à un distributeur exclusif – la Caisse des dépôts et consignations. Les circuits de financements spécialisés pour le logement social ont été maintenus, à la différence de ceux destinés à financer l'accession à la propriété, *via* le Crédit foncier de France, qui a perdu le monopole de la distribution de ces prêts par étapes, entre 1971 et 1995 (Zittoun P., *op. cit.*, 2001).
8. Taffin C. et Amzallag M., *Le logement social*, Paris, LGDJ, 2010, p. 84.
9. Driant J.-C., « Conventionnement », *in* Segaud M., Brun J. et Driant J.-C., *op. cit.*, 2002, p. 93-94.

sion Barre. Contrairement aux préconisations de cette commission, les « aides à la personne », versées aux ménages sous conditions de ressources, ne se sont pas substituées aux « aides à la pierre ». L'article 2 de la loi du 3 janvier 1977 stipulait en effet leur maintien, tout en subordonnant l'accès à ces prêts à la signature d'une convention entre un bailleur et l'État. Ces conventions étaient passées non sur l'ensemble du parc de logements géré par un bailleur, mais sur une opération, au moment de son financement. De la signature de ces conventions dépendait également la possibilité, pour les locataires d'une opération, d'être éligibles aux aides à la personne instaurées pour ce parc conventionné : les aides personnalisées au logement (APL).

À partir de 1977, aux côtés de logements sociaux avec des niveaux de loyers relativement bas, se développe un parc de logements sociaux aux loyers plus élevés, mais dont les locataires peuvent, sous conditions de ressources, bénéficier des aides à la personne. Bien qu'opposées initialement au conventionnement, les organisations HLM reprennent, au début des années 1980, l'idée de son extension. Elles souffrent alors de difficultés financières, et envisagent positivement l'extension à l'ensemble de leur parc du bénéfice des aides personnelles. En 1982, Jacques Badet, député-maire socialiste et président de l'Union des offices publics HLM, défend l'extension du conventionnement à l'ensemble du parc de logements sociaux[10]. Il entend mettre un terme à une inégalité entre les locataires du parc conventionné et ceux du parc non conventionné et préconise également une remise en ordre globale des loyers au sein du parc HLM, devant être fonction du « service rendu » aux locataires. L'extension du conventionnement sera adoptée en 1987[11], sans être associée à une remise en ordre des loyers en fonction du « service rendu ». Celle-ci fera toutefois l'objet d'une expérimentation en 1997, visant à mettre en œuvre un « conventionnement global », par des Offices publics HLM de la région Rhône-Alpes dans le cadre d'un protocole signé entre l'État et l'Union des HLM. Elle est lancée l'année suivante.

Remettre en ordre les loyers et ouvrir les négociations

Cette expérimentation est redécouverte en 2003. Le ministre Jean-Louis Borloo commande un bilan de cette expérimentation au conseil général des Ponts et Chaussées. Le principe du conventionnement global est toutefois déjà acquis à la suite d'un rapport conjoint de l'inspection des Finances et du conseil général des Ponts et Chaussées sur le financement du logement social[12], et inscrit dans

10. BADET J., *La réforme des aides personnelles au logement*, Paris, La Documentation française, 1982.
11. Voir ZITTOUN P., *op. cit.*, 2001.
12. Selon le contenu de la lettre de mission adressée au conseil général des Ponts et Chaussées, figurant en annexe du rapport : PREVOT M. et AILLERET B., *Mission d'expertise sur le conventionnement global des organismes HLM*, Paris, La Défense/CGPC, 2004.

le projet de loi « habitat pour tous » alors en préparation[13]. Ce dispositif doit permettre une modulation des loyers en fonction d'une mesure de la qualité du service rendu aux locataires de logements sociaux. Les organismes engagés dans l'expérimentation devaient donc établir une grille tenant compte de la qualité de chaque opération, pour définir ensuite différents niveaux de qualité au sein de leur parc, et y adosser une remise en ordre des loyers. En signant ces conventions, les organismes pouvaient s'affranchir des règles concernant la fixation des loyers, dépendant du mode de financement adopté lors de la réalisation d'une opération. À l'issue de cette remise en ordre, le volume total des loyers plafonds autorisés pour chaque organisme devait rester à un niveau constant. Toutefois, ces loyers plafonds ne sont pas les loyers réellement pratiqués, les seconds étant nécessairement inférieurs aux premiers. Le mécanisme de conventionnement global ouvre par conséquent la possibilité d'optimiser cette marge. D'autre part, la règle d'une remise en ordre s'effectuant à niveaux de loyer constant comporte des exceptions. Les logements ayant fait l'objet de travaux peuvent changer de catégorie et tirer ce faisant la masse des loyers plafonds autorisés pour un organisme vers le haut. Le bilan de l'expérimentation précise que ces marges n'ont pas été toujours utilisées, et que l'évolution des loyers pratiqués s'est réalisée de manière distincte selon les organismes.

Ce bilan dresse un ensemble de résultats positifs. La remise en ordre des loyers a été réalisée en fonction de l'attractivité des logements : la localisation et la connaissance des prix pratiqués dans le secteur privé au sein d'une même zone ont été intégrées. Pour les auteurs de ce rapport, il s'agit d'un véritable « progrès dans la culture d'entreprise et dans le management[14] » de ces organismes. Ce mécanisme est également considéré comme un instrument de progrès car il a permis de réaliser des réhabilitations qui n'auraient pu l'être sans les marges supplémentaires et les recettes de loyers ainsi dégagées[15]. Les résultats sont en revanche jugés plus mitigés concernant la mixité sociale et la concertation avec les locataires. Malgré cela, les auteurs de ce rapport estiment que la démarche a permis aux « habitants » d'exprimer leur « point de vue », ce qui représente pour les auteurs de ce rapport une « avancée vers une meilleure gestion de proximité[16] ».

C'est par conséquent l'extension d'une convention marchande, selon laquelle les agents coordonnent leurs évaluations sur des prix, qui est portée par ces

---

13. Annoncée en 2003, puis différée à plusieurs reprises, la loi « habitat pour tous » devait notamment développer l'accession à la propriété notamment *via* la vente des logements locatifs sociaux à leurs occupants, permettre de mobiliser du foncier pour la construction de logements sociaux et « moderniser » le statut des organismes HLM à travers l'unification du statut des offices publics et des OPAC. Ce projet a abouti à la loi portant engagement national sur le logement du 13 juillet 2006.
14. Prevot M. et Ailleret B., *op. cit.*, 2004, p. 25.
15. *Ibid.*, p. 26.
16. *Ibid.*, p. 25.

dispositifs. Le jeu de l'offre et de la demande, que traduisent les prix, révèle l'attractivité des logements. C'est sur ce principe, considéré à la fois comme juste et comme objectif, que doit être fondée une remise en ordre des loyers dans le parc locatif social. De la même manière, c'est uniquement en adoptant cette convention marchande que l'on peut comprendre en quoi ces expérimentations auraient permis un « progrès dans la gestion de proximité », permettant l'intégration du « point de vue de l'habitant ». Ce rapport qualifie et met en valeur une certaine forme de rapprochement, qui est celui d'une négociation. La concertation locative autour du conventionnement global a été « faible ». Mais peu importe, puisque le dispositif a permis un échange d'une autre nature : locataires et bailleurs ont été contraints de négocier sur une prestation, sa qualité et son prix, ce qui est constitué comme le ressort d'une intégration du « point de vue des habitants ». Le rapport note ainsi que les réactions des locataires ont été faibles sur les hausses justifiées par une remise en ordre des loyers. Les comparaisons locales entre les différents segments du parc immobilier d'un bailleur et l'appréciation de leur attractivité relative font ainsi « sens pour les habitants[17] ». Les hausses autorisées pour financer des travaux de réhabilitation ont en revanche suscité de plus fortes réactions. Pour la généralisation de ce dispositif, ce rapport donne des arguments aux différentes parties appelées à s'engager dans cette négociation. Les bailleurs peuvent rassurer les locataires : l'évolution des loyers reste dans une logique de loyers plafonds. Les locataires peuvent contester ce point, puisque ce « niveau constant » des loyers plafonds peut aboutir à une augmentation des loyers réels. En conséquence, les locataires sont considérés dans ce rapport comme étant les principaux vecteurs d'une amélioration de la gestion : en contrepartie des hausses de loyers, ceux-ci seront enclins à exiger une amélioration du service qui leur est rendu par le bailleur.

Donner le pouvoir aux acteurs capables de porter des stratégies de développement

Cette capacité à adopter une gestion qualifiée de « stratégique » est également portée par une réforme du statut des organismes HLM. Nous n'envisagerons que les transformations engagées au sein des sociétés anonymes HLM, où nous avons réalisé nos enquêtes. Aux organismes de petite taille et peu diversifiés doivent succéder de grands groupes, susceptibles de présenter une diversité de métiers et d'intervenir dans un cadre régional, voire national. Cette ambition a déjà été affirmée dès les années 1980, pour favoriser les économies d'échelle et faire advenir des opérateurs capables de soutenir une concurrence accrue avec le parc privé, en produisant une offre attractive et de qualité[18]. De grands groupes

17. *Ibid.*, p. 27.
18. COMMISSARIAT GÉNÉRAL DU PLAN, *Rapport de la commission habitat et cadre de vie. Préparation du huitième plan 1981-1985*, Paris, La Documentation française, 1980.

doivent faciliter la production d'opérations de petite taille, mettant à distance l'image négative associée au logement social.

En 2003, l'idée d'encourager la constitution de grands groupes doit également permettre de promouvoir des « parcours résidentiels », à travers des opérations et des opérateurs en mesure de proposer non seulement du logement locatif social, mais aussi de l'accession sociale à la propriété, dans le cadre d'opérations mixtes, intégrant de la promotion privée. Ce changement d'échelle est par conséquent justifié en référence à de nouvelles modalités d'action sur des quartiers qualifiés de « sensibles » et le lancement d'un grand programme de démolition avec la création, en 2003, de l'Agence nationale de rénovation urbaine (ANRU). Pour agir sur les difficultés de certains quartiers, il faut que certains bailleurs sociaux se résolvent à prendre de la distance et à intervenir plus radicalement sur ces quartiers : tout en participant à leur transformation et en conservant la gestion d'une partie des logements, le bailleur peut penser à redéployer son parc sur des sites disposant d'une meilleure attractivité.

La réforme de la gouvernance des SA HLM, inscrite dans la loi sur la rénovation urbaine de 2003[19], entend porter cette constitution de groupes de plus grande envergure, capables d'effectuer des choix stratégiques et de se développer. Les SA HLM sont des sociétés commerciales de droit privé. Ce sont des sociétés le plus souvent faiblement capitalisées et fortement dépendantes de financements publics. En tant que sociétés commerciales, elles doivent veiller à leur équilibre budgétaire. En tant que SA HLM, leur statut stipule le caractère désintéressé de leur gestion : les actionnaires de ces sociétés ne peuvent attendre de retours financiers sur leurs investissements dans le capital social de ces organismes.

La réforme de 2003 rompt avec un certain égalitarisme entre actionnaires de ces sociétés. Auparavant, le nombre de voix possédées par chaque actionnaire était limité à dix. Il pouvait donc y avoir une forte distorsion entre la part de capital social détenu par un actionnaire et son pouvoir de décision en assemblée générale. Par exception avec le statut de société commerciale, le pouvoir ne pouvait être subordonné au poids financier des différents actionnaires. Avec la réforme de 2003, il s'agit au contraire de définir un actionnaire de référence, disposant de la majorité du capital et de la majorité des droits de vote.

Cette réforme ne se limite pas à modifier l'équilibre des pouvoirs entre actionnaires des sociétés. Elle définit également qui peut le détenir. L'actionnaire de référence peut être une collectivité locale, ce qui conduit de fait à intégrer ces SA HLM dans les mouvements de concentration et les changements de statut engagés au niveau des offices publics HLM. Mais il peut être également un établissement financier ou des associés de l'Union d'économie sociale du logement (UESL). Ce sont par conséquent des acteurs privés, dotés de moyens

19. Loi n° 2003-710 du 1er août 2003 d'orientation et de programmation pour la ville et la rénovation urbaine.

financiers, qui sont convoqués pour être les actionnaires de référence des SA HLM. Les établissements financiers ne constituaient pas jusque-là des acteurs majeurs de l'actionnariat des SA HLM, à la différence des associés de l'UESL[20]. De nombreuses SA HLM ont été, dès leur origine, fortement adossées aux acteurs de l'UESL, chargée de la collecte et de la gestion du 1 % logement. D'autres sociétés ont vu ces opérateurs prendre de l'ampleur au fil d'opérations auxquelles ceux-ci ont apporté leur concours, jusqu'à disposer parfois d'un pourcentage non négligeable dans le capital social de ces sociétés. Un dirigeant de la société HLM Emmaüs, par ailleurs impliqué en tant que syndicaliste dans la gestion du 1 % logement, estime que certains collecteurs ont commencé à envisager de prendre le contrôle de ces sociétés HLM[21]. Il a ainsi veillé à ce que les participations de la Fondation Abbé-Pierre à la SAHLM Emmaüs s'effectuent désormais sous la forme de souscription d'actions. En 2003, le capital social détenu par le mouvement Emmaüs et cette fondation a été ainsi légèrement supérieur aux actions souscrites par deux collecteurs de la PEEC. Par ailleurs ces acteurs associatifs se sont mobilisés pour qu'un amendement soit proposé, puis adopté, donnant la possibilité à une association ou une fondation reconnue d'utilité publique de devenir actionnaire de référence. C'est l'option qui a été prise par les trois sociétés que nous étudierons par la suite.

Aux côtés de cet actionnaire de référence, la loi de 2003 prévoit différentes catégories d'actionnaires : les collectivités locales dans la mesure où elles ne sont pas déjà actionnaire de référence, les représentants des locataires s'ils détiennent au moins trois actions, et les « autres personnes morales et physiques » dont les pouvoirs sont fortement limités.

L'ensemble des SA HLM a dû par conséquent se mettre en conformité avec ces nouvelles règles, selon un calendrier relativement serré. Un bilan de cette réforme, réalisé en 2008, relève la présence importante des collecteurs du 1 % logement en situation d'actionnaire de référence, mais également des établissements financiers, puis des collectivités territoriales[22]. Il souligne que

20. L'UESL regroupe les organismes collecteurs de la Participation des employeurs à l'effort de construction (PEEC), communément appelée le « 1 % logement ». Ces collecteurs sont gérés de manière tripartite entre représentants des employeurs, des salariés et des entreprises. Ces organisations sont marquées par un investissement relativement faible des centrales syndicales, et par des divisions internes aux organisations patronales du fait, notamment, de la présence d'intérêts commerciaux pouvant s'estimer concurrencés par les emplois du 1 %. Pour une analyse du fonctionnement et des évolutions de ces organismes, nous renvoyons aux travaux de Jules-Matthieu Meunier et, notamment, à MEUNIER J.-M., « "Quand on veut tuer son chien, on dit qu'il a la rage". Le rôle de l'expertise dans la réforme de la gouvernance du 1 % logement », communication aux Douzièmes journées internationales de sociologie du travail, Nancy, les 25 et 26 juin 2009.

21. Ces propos ont été recueillis par Axelle Brodiez-Bolino lors d'un entretien avec Claude Néry, ancien délégué général de la SA HLM Emmaüs Habitat (BRODIEZ-DOLINO A., *op. cit.*, 2008, p. 253).

22. MINISTÈRE DU LOGEMENT ET DE LA VILLE, *Projet de loi de finances initiale pour 2009, réponse à la question n° DL56*, Paris, Assemblée nationale, commission des Finances, de l'Économie

l'objectif de favoriser la constitution de groupes dotés de moyens puissants a été en partie réalisé.

GOUVERNER LES ORGANISATIONS HLM

L'adoption de ces mesures n'a pas été sans soulever des critiques au sein des organismes HLM. Elles ont toutefois pu prendre appui sur des dissensions internes. La réforme des SA HLM a ainsi pu être dénoncée dans la presse[23], et interprétée par des organismes, comme un « *deal* » entre des acteurs du 1 % logement et le gouvernement, au moment où l'État demandait à l'UESL de s'engager financièrement à hauteur de 550 millions d'euros dans le financement des opérations de l'Agence nationale de rénovation urbaine (ANRU). Il est toutefois évident que cette réforme n'embarrassait pas de la même manière toutes les SA HLM. Par ailleurs, ces réformes ont été justifiées comme des contreparties à l'octroi de financements publics. L'État, à travers la programmation du volet logement du plan de cohésion sociale porté par le ministre Jean-Louis Borloo, devait apporter les moyens financiers pour accroître la construction de logements sociaux. En échange, les bailleurs sociaux devaient s'engager sur différents points. Ils devaient tout d'abord faire en sorte, à leur niveau, d'atteindre les objectifs de construction de logements sociaux fixés dans ce plan. Ils devaient également investir dans la remise à niveau du parc de logements sociaux existant, améliorer la qualité de service rendu aux locataires et assurer une « promotion des parcours résidentiels » par la vente de logements sociaux et le développement de l'accession sociale à la propriété. Ce sont les différents engagements inscrits dans une convention passée entre l'État et l'Union sociale pour l'habitat en 2004 pour la réalisation du plan de cohésion sociale. Toutefois, la célébration de ces engagements communs va céder la place, à partir de 2007, à une mise en cause des organismes HLM.

Des engagements négociés aux dénonciations publiques

De la même manière que l'État a su prendre appui sur un ensemble de scandales au sein des collecteurs du 1 % logement pour mettre un terme, en 2009, à leur autonomie de gestion et mobiliser leurs ressources pour des mesures jusque-là financées sur le budget de l'État[24], les organismes HLM font l'objet de dénonciations publiques et de polémiques par médias interposés.

---

générale et du Plan, mission Ville et Logement, programme « Développement et amélioration de l'offre de logement », 2008.

23. SERAFINI T., « Medef et syndicats prêts à faire main basse sur les HLM », *Libération*, 10 juillet 2003.

24. MEUNIER J.-M., art. cité, 2009.

En janvier 2010, les notes rédigées par l'ancien directeur d'une filiale de la Caisse des dépôts et consignations sont, par un malencontreux hasard, diffusées au-delà du cercle restreint auquel elles étaient destinées[25]. Elles mettent en cause les « actifs dormants » des organismes de logements sociaux et proposent, dans le même temps, de valoriser leurs actifs immobiliers par la vente de logements sociaux. Cette mobilisation des actifs détenus par les bailleurs sociaux doit être réalisée au nom de la justice sociale et de l'efficacité, la vente des logements sociaux les plus attractifs venant financer la construction de logements sociaux pour les plus défavorisés.

En septembre 2010, le journal *Le Parisien* publie un article qui entend révéler, sur la base d'un « listing confidentiel », le « véritable gâchis » que représentent des HLM qui « regorgent de logements vacants[26] ». Cet article dénonce le scandale de ces logements inoccupés en pleine « crise » du logement, du fait « d'une offre trop chère si on la compare au parc privé » ou d'« une gestion très bureaucratique de certains organismes ». En réaction à cet article, l'Union sociale pour l'habitat publie un communiqué expliquant de manière circonstanciée les raisons de la vacance de ces logements. Elle retourne par ailleurs l'accusation, en indiquant que ce listing n'a pu être communiqué que par le ministère chargé du Logement et que sa divulgation intervient alors qu'est adoptée la décision d'opérer des prélèvements sur les bailleurs sociaux qualifiés d'insuffisamment actifs. En effet, en 2009, l'État s'est retiré du financement de l'ANRU, laissant à l'UESL l'essentiel de son financement. L'État intervient par conséquent sur des montants considérablement restreints. Cette participation financière doit par ailleurs être abondée par des prélèvements effectués par l'État sur les organismes de logements sociaux qualifiés de « peu actifs » compte tenu de leur « potentiel financier[27] ».

Le potentiel financier correspond à la partie des ressources des organismes effectivement disponibles pour des investissements. Ajoutées au produit de la vente de logements sociaux, ces ressources constituent les fonds propres que des organismes peuvent mobiliser pour la réalisation d'une opération. La situation financière des organismes, particulièrement mauvaise au cours des années 1990[28], s'est en effet améliorée. La part des fonds propres dans le

25. SERAFINI T., « Des notes à rendre blêmes les HLM », *Libération*, 25 janvier 2010. Ces notes, qui se veulent polémiques, sont publiées en 2011 : YCHÉ A., *Logement, habitat et cohésion sociale. Au-delà de la crise, quelle société voulons-nous pour demain ?*, Bordeaux, Éditions Mollat, 2011.

26. « Logements HLM : le hit-parade des mauvais élèves », *Le Parisien*, 29 septembre 2010.

27. Loi n° 2010-1657 du 29 décembre 2010 de finances pour 2011, art. 210.

28. Ceci s'explique, selon Claude Taffin et Michel Amzallag, essentiellement par le passage d'une période de forte inflation à une période de faible inflation, au cours de laquelle les hausses de loyers ont été modérées et les intérêts réels des emprunts ont augmenté, et par la suppression d'exonérations fiscales qui n'étaient pas intégrées dans les équilibres financiers anticipés (TAFFIN C. et AMZALLAG M., *op. cit.*, 2010, p. 96). Michel Amzallag est conseiller à la Direction des études économiques et financières de l'Union sociale pour

financement des opérations engagées depuis 2001 a pu de ce fait être accrue, et elle a par ailleurs été orientée par les pouvoirs publics sur des opérations spécifiques : la construction de logements sociaux dans les zones où les marchés sont tendus, la rénovation urbaine et l'accélération de la réhabilitation du patrimoine dans le cadre du Grenelle de l'environnement. Selon plusieurs auteurs, c'est le modèle économique de développement du secteur locatif social qui est en train de se transformer. Suivant en cela la voie empruntée par d'autres pays européens, l'idée selon laquelle le logement social pourrait devenir une activité autofinancée fait son chemin en France[29]. Les organismes sont appelés à dégager leurs ressources propres, dans le cadre d'une régulation par les pouvoirs publics passant d'« une logique de financement à l'opération à des formes contractuelles plus globales[30] ».

Le recours aux instances européennes

La volonté de recentrer les aides publiques en matière de logement sur un périmètre plus restreint est portée au niveau européen. Toutefois, en France, la mise en conformité du logement social aux directives européennes sur les services a été différée par les pouvoirs publics. Un projet de loi de transposition dans le droit national des directives européennes sur les services était prévu en 2008. À cette solution, le gouvernement français a préféré la publication d'un simple rapport, en janvier 2009, répertoriant les transpositions effectuées par secteur et dans lequel le logement n'est pas mentionné[31]. Sur cette période, le gouvernement n'a pas notifié son système d'aide au logement et aucun acteur ne s'est mobilisé auprès de la Commission européenne pour contester les aides accordées au logement social en France. De ce fait, la Commission européenne n'a pas eu à statuer sur la conformité aux directives européennes du financement du logement social en France. Ce n'est qu'en mai 2012 que l'Union nationale de la propriété immobilière (UNPI), représentant les investisseurs privés, a déposé une plainte auprès de la Commission européenne pour « établir les conditions d'une concurrence loyale sur le marché de l'immobilier locatif[32] ».

En matière de logement social, des critères de conformité aux directives européennes sur les services ont en effet été formulés. Pour la Direction générale

l'habitat, dont Claude Taffin fut le directeur avant d'être nommé à la Banque mondiale sur les questions relatives au financement du logement.

29. DRIANT J.-C. et LI M., « The Ongoing Transformation of Social Housing Finance in France: Towards a Self-financing System? », *International Journal of Housing Policy*, vol. 12, n° 1, 2012, p. 91-103.
30. TAFFIN C. et AMZALLAG M., *op. cit.*, 2010, p. 99.
31. SECRÉTARIAT GÉNÉRAL DES AFFAIRES EUROPÉENNES, *Rapport de synthèse sur la transposition en France de la directive n° 2006/123/CE du Parlement européen et du Conseil du 12 décembre 2006, relative aux services dans le marché intérieur*, Paris, SGAE, 2009.
32. Jean Perrin, président de l'UNPI, cité *in* VILLECHENON A., « Logement : les propriétaires privés portent plainte contre le secteur HLM », *Le Monde*, 2 juillet 2012.

de la concurrence de la Commission européenne, les activités de logement social peuvent être saisies dans deux cadres distincts. Soit elles sont considérées comme des activités économiques et relèvent du droit de la concurrence. Le soutien aux opérateurs de logements sociaux doit être notifié à la Commission, qui pose alors certains critères. Ces aides doivent être ouvertes à tout investisseur : il ne peut y avoir d'opérateurs spécifiques et, par conséquent, le statut des sociétés HLM n'a plus lieu d'exister. Ces aides ne sont également justifiées qu'en tant que soutien ponctuel à des défaillances du marché, et donc limitées dans leur montant et leur durée. Soit le logement social est défini comme service public et bénéficie à ce titre de dispositions dérogatoires : les aides d'État peuvent aller jusqu'à 100 % et être destinées à des acteurs spécifiques, qui mettent en œuvre ce service public.

Cette partition entre activité économique et service public a jusqu'ici été fondée par la Direction générale de la concurrence sur l'existence ou non d'un ciblage sur les personnes défavorisées. En 2001, elle s'est prononcée pour la première fois en matière de logement social, après que l'Irlande a notifié l'ensemble de son régime d'aide. L'Irlande est un pays disposant de peu de logements sociaux, fortement axés sur les plus pauvres. Ce modèle a servi de justification aux décisions rendues au sujet d'autres pays, et notamment pour les Pays-Bas, où le logement social représentait 35 % du parc de logement, sans limitations de revenu[33]. La Commission a donc émis un élément de doctrine, en considérant que le logement social peut prétendre à la qualification de service public à condition de ne bénéficier qu'à des populations socialement défavorisées.

L'Irlande a procédé à cette notification de son système d'aide en matière de logement de manière volontaire en 2001. Les Pays-Bas, la Suède, la Belgique, le Luxembourg et, dernièrement, la France ont dû notifier leurs systèmes d'aide après que des investisseurs privés et des promoteurs immobiliers aient porté plainte au niveau communautaire pour distorsion de concurrence. Le recours aux institutions européennes apparaît par conséquent comme une stratégie juridique dans des affrontements qui se déroulent dans des contextes nationaux. En effet, il a été mobilisé par des acteurs privés – investisseurs et promoteurs immobiliers – pour contester les choix des gouvernements nationaux sur lesquels ils n'ont pu peser. En France, l'UNPI a déposé plainte après que l'extinction de dispositifs d'aide fiscale particulièrement contestés ait été programmée. Cette plainte a été rendue publique à l'occasion de l'examen d'un décret, adopté par le nouveau gouvernement au cours de l'été 2012, sur l'encadrement des loyers dans certaines agglomérations.

33. HOUARD N., « Le logement social aux Pays-Bas », *Revue de l'OFCE*, vol. 2, n° 128, 2013, p. 49-72.

Du contrôle de conformité au gouvernement par objectifs

Les services de l'État se sont penchés par ailleurs sur la question des modalités de contrôle des organismes HLM. Aux modalités de contrôle adaptées pour des organismes dénués de capital social, mais recevant de fortes subventions publiques, doivent se substituer d'autres formes de contrôle, permettant le suivi des activités de groupes dotés de structures complexes intégrant des statuts juridiques variés et dont les investissements reposent sur une part accrue de fonds propres. Aussi un rapport a-t-il été commandité en 2010 sur les nouvelles régulations du secteur du logement social, produit conjointement par l'inspection générale des Finances et le conseil général de l'Environnement et du Développement durable[34]. Celui-ci rejette l'idée d'une simple amélioration des coopérations entre organismes de contrôle existants[35], mais aussi la création d'une autorité administrative indépendante sur le modèle de l'instance de contrôle instaurée au Royaume-Uni[36]. Les principaux atouts de cette dernière – « régulation de la concurrence, ouverture à de nouveaux entrants, tarification transparente, interventions en urgence » – « ne trouvent pas à s'appliquer aujourd'hui dans le monde HLM[37] ».

Ce rapport préconise cependant la création d'une nouvelle instance susceptible d'unifier le contrôle de l'ensemble du secteur pour accompagner les transformations en cours. Elle doit permettre le passage d'une culture du contrôle de conformité réglementaire à une démarche d'évaluation par des professionnels formés à l'audit. Il est recommandé que ce nouvel organisme s'engage dans l'évaluation sur la base de référentiels ou d'indicateurs qu'il aurait pour mission d'établir de manière concertée. L'expertise du mouvement HLM pour proposer des actions de conseils et participer à l'élaboration de référentiels est reconnue. Elle présente cependant, selon les auteurs de ce rapport, des défauts majeurs. Ces organisations professionnelles manqueraient de l'extériorité requise. De plus, cette expertise interne à un milieu professionnel structuré n'incite pas les organismes à communiquer leurs données[38]. On retrouve ici l'ambivalence,

34. INSPECTION GÉNÉRALE DES FINANCES, CONSEIL GÉNÉRAL DE L'ENVIRONNEMENT ET DU DÉVELOPPEMENT DURABLE, *Les dispositifs de contrôle des acteurs du logement social*, Paris, La Documentation française, 2010.

35. Ces autorités de contrôle sont d'une part la Mission interministérielle d'inspection du logement social, dont les inspecteurs, répartis dans des directions interrégionales, sont le plus souvent issus de l'administration de l'Équipement, et d'autre part des agents de l'ANPEEC, recrutés sous des statuts de droit privé pour contrôler les organisations du 1 % patronal, ayant une formation d'école de commerce et une expérience dans les domaines de l'audit et de la finance (*ibid.*, p. 20).

36. La *Tenant Services Authority*, instaurée par le *Housing and Regeneration Act* en 2008, et fusionnée avec une autre agence de contrôle en 2012.

37. INSPECTION GÉNÉRALE DES FINANCES, CONSEIL GÉNÉRAL DE L'ENVIRONNEMENT ET DU DÉVELOPPEMENT DURABLE, *op. cit.*, 2010, p. 2.

38. *Ibid.*, p. 32.

pointée par Nicolas Belorgey[39] dans le domaine des établissements de santé, d'agences publiques qui visent à édicter des normes « sans en avoir l'air », revendiquant tour à tour la nécessaire extériorité de l'évaluateur, et la valorisation d'une posture de conseil auprès d'organismes soucieux de s'impliquer volontairement dans une démarche d'amélioration. Cette ambivalence est également caractéristique des formes d'évaluation de la performance des organismes HLM instaurées en 2004, puis 2009. Prenant appui sur des démarches et des expertises portées au sein des structures professionnelles du mouvement HLM, elles se sont traduites par de nouveaux modes de contractualisation entre l'État et ces organismes, déclinant des objectifs quantifiés.

Dès les années 1980, les notions de « qualité de service » et de management ont été mises en avant par différents groupes de travail au niveau national. Ces démarches ont donné lieu à la formalisation d'engagements de service négociés avec les représentants de locataires, à l'élaboration de référentiels qualité et de démarches de certification. Elles ont été soutenues par des Palmarès des initiatives ou des fonds visant à financer des actions de décentralisation et d'amélioration de la gestion. Elles se sont traduites par la création de nouvelles fonctions au sein des organismes et par la création des agences, devant permettre d'améliorer la gestion des logements par un rapprochement de l'organisme des territoires gérés[40]. Ces démarches étaient essentiellement portées au sein du Mouvement HLM, par des « clubs » spécifiquement dédiés à ces thèmes[41]. Intégrant des personnalités extérieures au monde HLM, c'est toutefois sous les hospices de cette union professionnelle que s'inscrivaient les réflexions engagées. Les engagements formulés par l'Union sociale pour l'habitat (USH) en matière de qualité de service en 2003, repris dans une convention avec l'État en 2004, s'inscrivent par conséquent dans ce prolongement. Toutefois, il s'agit désormais de mesurer les résultats obtenus : la qualité de service rendu aux locataires doit être mesurée par des enquêtes de satisfaction, réalisées par « tierce partie[42] » tous les trois ans, selon un cahier des charges établi par l'USH. Elles doivent porter sur la satisfaction des habitants en matière de propreté des parties communes, de maintenance des équipements, de traitement des réclamations, de communication auprès des habitants, de qualité du cadre de vie et de conditions d'entrée dans les lieux.

39. Voir la première partie de l'ouvrage de Nicolas Belorgey sur le positionnement de l'Agence d'audit des établissements de santé : BELORGEY N., *L'hôpital sous pression. Enquête sur le « nouveau management public »*, Paris, La Découverte, 2010.

40. LARES et GIS HABITAT, *Gestion de l'habitat : habitat social et copropriété*, Rennes, actes du séminaire « Gestion sociale » du GIS socio-économie de l'habitat, 25-26 novembre 1999.

41. Notamment les membres du club Management et marketing HLM, au sein de l'Union sociale pour l'habitat, permettant de capitaliser les « bonnes pratiques » au sein des organismes HLM.

42. USH et MINISTÈRE DE L'EMPLOI, DU TRAVAIL ET DE LA COHÉSION SOCIALE, *Accord entre l'État et l'Union sociale pour l'habitat pour la mise en œuvre du volet logement du plan de cohésion sociale*, Paris, USH/ministère de l'Emploi, du Travail et de la Cohésion sociale, 2004, p. 8.

En 2009, la loi de mobilisation pour le logement et la lutte contre l'exclusion substitue au mécanisme du conventionnement global une autre forme de contractualisation qui élargit le champ de l'évaluation de ces résultats : les conventions d'utilité sociale (CUS). Ces conventions, à la différence du « conventionnement global », ne reposent pas sur la démarche volontaire des organismes. Elles revêtent un caractère obligatoire. Elles doivent, en prenant appui sur leur plan stratégique de patrimoine, décliner sur six ans les objectifs fixés à chaque organisme dans différents domaines, sur la base d'indicateurs devant permettre de quantifier leur réalisation : en matière d'investissements, d'occupation sociale du parc et de qualité de service rendu aux locataires. Dans ce cadre, la remise en ordre des loyers en fonction de la qualité de service rendu doit également être rendue obligatoire.

Conclusion

Dans ce chapitre, nous avons envisagé les modalités par lesquelles la gestion des logements sociaux doit être réformée pour être « activée ». Les évolutions portées par les administrations de tutelle du logement social poussent incontestablement dans une direction bien particulière : l'adoption par ces organismes d'un comportement aligné sur un ordre de grandeur marchand. Les réformes de l'actionnariat des SA HLM posent que, pour gérer de manière efficace, il faut mettre un terme à des dispositifs favorisant la collégialité et contenant l'expression d'intérêts financiers. Le pouvoir doit être attribué à un acteur qui, par sa nature, ne sera pas disposé à faire « dormir » des actifs, capable de réagir, de trancher, bref, de faire des choix qualifiés de « stratégiques » quant à son patrimoine. Ce sont également des attentes de comportement relevant d'une coordination marchande qui sont portées par des instruments de gestion. Ils supposent une segmentation du parc de chaque bailleur selon la qualité des produits et leur attractivité, devant tenir compte du bâti, de la localisation, ou plus « simplement » des prix avoisinants comme indice objectif et synthétique de cette attractivité. On constate par conséquent l'introduction d'un ensemble de dispositifs devant porter un alignement des conduites de ces organisations sur les principes de l'économie de marché, présentant une proximité certaine tant sur le plan des principes que celui des méthodes avec la « révolution bureaucratique », telle qu'analysée par Patrick Le Galès et Alan Scott dans le cas anglais[43].

C'est par ailleurs en direction du Royaume-Uni que se tournent les experts chargés de réfléchir aux nouvelles formes de contrôle de ce secteur d'activité[44].

43. Le Galès P. et Scott A., « Une révolution bureaucratique britannique ? Autonomie sans contrôle ou "*freer markets, more rules*" », *Revue française de sociologie*, vol. 49, n° 2, 2008, p. 301-330.

44. Pour une analyse des transformations de l'action publique au Royaume-Uni et, accessoirement, de la constitution, à partir d'organismes publics de contrôle, d'agences d'évaluation,

Le modèle, ajusté à une régulation par la concurrence au sein d'un marché ouvert à de nouveaux entrants, apparaît en l'état incompatible avec la situation française. Il oriente toutefois les principes de transformation des organes de contrôle existants, devant développer une « culture » de l'audit, en produisant des référentiels et diffusant les « bonnes pratiques ». Des formes de gouvernement par objectifs ont par ailleurs été instituées. Elles ne se présentent toutefois pas comme des formes d'évaluation complètement décontextualisées, mesurant les performances relatives de différents opérateurs. Certes, des velléités d'instaurer de telles formes d'évaluation ont pu être constatées. Nous avons vu également que, en 2004, c'est la nécessité d'une mesure de la qualité du service rendu aux locataires qui est publiquement portée comme contrepartie de l'engagement financier de l'État. Toutefois, les dispositifs d'évaluation instaurés en 2009 ne viennent pas soumettre les organisations du logement social à une épreuve de nature marchande, devant passer par une mise en concurrence pour procurer au consommateur le service au prix le plus performant. Le système de contractualisation autour d'objectifs quantifiés couvre des objectifs plus larges. Il ne s'agit pas de mesurer une performance relative dans la production de biens et de services, mais d'évaluer et de contrôler les stratégies patrimoniales de ces organisations : celles-ci doivent définir et négocier avec les services déconcentrés de l'État des objectifs en matière de construction, de réhabilitation, de publics accueillis et de politique de loyer. Ces objectifs doivent être déclinés localement, pour intégrer les spécificités des marchés de l'habitat et les besoins identifiés dans le cadre des politiques locales de l'habitat.

En l'état actuel du dispositif, et en considérant les acteurs qui y sont engagés, on peut faire l'hypothèse que la négociation de ces conventions est susceptible d'intégrer un relatif pluralisme dans la définition des objectifs fixés aux opérateurs du logement social. Ces conventions doivent par ailleurs permettre la reconnaissance par la Commission européenne de l'activité des bailleurs sociaux français en tant que service d'intérêt général, en prenant appui sur des dispositions qui excluent « les services sociaux relatifs au logement social » dès lors que ces organisations sont mandatées par l'État[45]. Reste à appréhender comment sera appréciée cette qualification par les instances européennes qui, dès lors qu'elles ont été saisies d'une plainte, auront à se prononcer sur cette qualification de service public. Ces conventions ne formalisent pas une épreuve marchande de coordination par les prix dans la production de biens et de services. Elles disposent toutefois la base informationnelle requise pour une

basées sur des mesures de la performance standardisées et de comparaisons identifiant les bonnes et les mauvaises pratiques, nous renvoyons à FAUCHER-KING F. et LE GALÈS P., *Les gouvernements New Labour. Le bilan de Tony Blair et de Gordon Brown*, Paris, Presses de Sciences-Po, 2010.

45. QUILICHINI P., « La convention d'utilité sociale. Quelle est la nature de cette convention ? », colloque régional « Conventions d'utilité sociale et politiques locales de l'habitat » organisé par l'université d'Orléans, Orléans, 18 juin 2010.

autre forme de subordination des missions de services publics au marché[46], à travers la distinction, au sein du parc géré par chaque bailleur, de ce qui doit être considéré comme « social », par exception aux formes de coordination devant régir un marché.

46. Thévenot L., « Les justifications du service public peuvent-elles contenir le marché ? », *in* Lyon-Caen A. et Champeil-Desplat V. (dir.), *Services publics et droits fondamentaux dans la construction européenne*, Paris, Dalloz, 2001, p. 127-143.

Chapitre VII

DES RÉFORMES ET LEURS APPROPRIATIONS

Nous envisagerons désormais comment trois organismes de logements sociaux ont interprété et se sont approprié les nouvelles exigences qui leur étaient faites par les pouvoirs publics. Pour ce faire, nous avons réalisé une enquête auprès de trois d'entre eux. Ces trois organisations sont de même statut : il s'agit de Sociétés anonymes d'HLM, désormais désignées en tant qu'« Entreprises sociales pour l'habitat ». De taille comparable en termes de nombre de salariés et de logements gérés, elles interviennent par contre dans des espaces géographiques distincts. Elles diffèrent également au regard de leur histoire et de leurs choix organisationnels. La création de la première s'inscrit dans l'après-guerre, et dans les réponses à apporter en urgence à la situation des plus mal logés. La deuxième a été créée au début du XXe siècle, et son origine s'inscrit pleinement dans les premières expériences patronales en matière de logement ouvrier. La troisième s'est développée au cours des années 1980, pour proposer une offre de qualité, mettant à distance l'image négative parfois associée au logement social.

Dans la période précédant notre enquête, chacune a lancé des « projets d'organisation » relativement différents. Selon les cas étudiés, ces projets ont consisté en une refonte de la gestion de proximité, un redéploiement complet des activités anticipant leur alignement sur les directives européennes sur les services, ou une amplification de démarches « qualité » qui s'inscrit dans la continuité de projets déjà initiés avant ces réformes. Ils ont été accompagnés de la mise en place d'outils de gestion de la qualité, devant permettre de rendre compte, sur la base d'indicateurs objectifs, de la qualité du service rendu aux locataires. Toutefois, les dispositifs instaurés dans ces organisations ne constituent pas des instruments homogènes, introduits de l'extérieur dans les organismes étudiés. Les organisations ont opéré une sélection parmi une gamme de dispositifs existants, en fonction de problématisations plus locales des réformes à engager au sein d'un organisme en particulier. En étudiant les arguments engagés pour justifier ou contester ce changement organisationnel, nous verrons en quoi les définitions de ce qui doit être garanti aux locataires sont remises au travail au sein de ces organisations.

LE TOIT : REPRENDRE EN MAIN LA PROXIMITÉ

La première société que nous étudierons était, lorsque nous avons commencé notre enquête en 2007, engagée depuis deux années dans la mise en œuvre d'un projet de réorganisation de sa politique de gestion de proximité. Cette réorganisation, comme celle étudiée par Claudette Lafaye au sein d'une municipalité de gauche, a constitué un moment privilégié pour étudier le rapport entre différentes formes de coordination des actions et des évaluations[1]. Ce projet vient en effet essentiellement étendre une épreuve de nature industrielle à une organisation de la proximité jusque-là fortement alignée sur d'autres formes de coordination, à travers la figure du chef d'agence ou d'équipe, connaissant personnellement ses hommes et son terrain. La réorganisation constitue un moment propice à l'explicitation de différentes formes d'évaluation et d'action structurant les arrangements organisationnels au sein de cette société. Nous étudierons comment l'enquête de satisfaction engagée en 2004 a marqué une « prise de conscience » de la qualité de service et de ses exigences au sein de cet organisme. Sa direction a donc lancé un projet de réorganisation devant permettre une reprise en main de la gestion de proximité, en important des standards professionnels auparavant absents, donnant une extension jusque-là inédite à certaines formes de rationalités. Elles convoquent une responsabilité, qui est celle liée au rôle imparti à chaque agent dans un plan d'action, faisant écart avec des engagements qui structuraient les activités des membres de cet organisme.

Un organisme et son patrimoine

Nous verrons dans un premier temps les tensions qui s'expriment pour expliquer les résultats obtenus lors de l'enquête de satisfaction de 2004. Ces résultats sont rapportés à des choix en matière d'investissement. Ils questionnent également les modalités par lesquelles certains agents entendaient porter une reconnaissance des locataires. Ils entraînent ainsi une série de questions, dans lesquelles un ensemble de principes sont réinterrogés à l'aune de ce que veulent vraiment les locataires.

Lors des premiers contacts pris avec cet organisme, des ouvrages m'ont été présentés et commentés, retraçant son histoire depuis les premières réalisations de la société, dans les années 1950, dans le prolongement des mobilisations en faveur des mal-logés. Les fonds recueillis au cours de ces mobilisations ont servi à acheter des terrains, où étaient installés des campements, et lancer les premières opérations de construction. Sur les campements ont été construits des logements en préfabriqué, avant que ne soient érigés, entre la fin des années 1960 et la première moitié des années 1970, des logements sociaux.

1. LAFAYE C., « Réorganisation industrielle d'une municipalité de gauche », *in* BOLTANSKI L. et THÉVENOT L. (dir.), *Justesse et justice dans le travail*, Paris, PUF, 1989, p. 43-66.

Ce récit s'ouvre par la description des premières réalisations de la société : les campements construits pour loger les mal-logés, progressivement remplacés par de l'habitat en dur suivant un modèle de construction préfabriquée. Ces structures de béton comportaient une pièce, sans eau courante ni chauffage, où il faisait très froid en hiver et très chaud en été. Certaines de ces constructions ont traversé les âges. Sur un des sites de la région parisienne où cet organisme est implanté, était démolie en 2007 la dernière cité d'urgence, datant des années 1950. Ces traces persistent encore aujourd'hui, à travers des constructions ayant fait l'objet de rénovations, d'adaptations ou de réhabilitations. Ce récit part de ces premières réalisations, pour décrire ensuite les opérations les plus significatives des années suivantes. En ce sens, nous sommes dans le récit classique d'une épopée de la construction, donnant à voir l'urgence, puis l'évolution de la qualité architecturale et de la conception d'opérations, destinées à accueillir des mal-logés ou des ménages modestes. À ce premier récit s'en ajoute un autre, fondant également une mémoire collective, un patrimoine de la société. Les documents font une large place à des photos représentant le fondateur de l'organisme au milieu des familles. Elles donnent moins à voir cette aventure de la construction et les réalisations devant porter une amélioration des conditions de vie de ménages modestes, qu'elles ne célèbrent une expérience collective et une communauté soudée. La composante civique ne peut se restreindre dans cet organisme aux missions de service public qui lui sont conférées. Elle est également valorisée en tant qu'engagement en personne, implication de chacun dans l'édification d'une communauté solidaire. Cette valorisation d'un engagement civique est originellement conjuguée avec une composante domestique, en tant que soin apporté à la communauté par une personne bienfaisante. La figure du fondateur de cet organisme appuie tout particulièrement ce composé. Exemplaire par ses engagements publics pour la cause des mal-logés, il l'est aussi en tant qu'homme soucieux de son prochain, ayant répandu ses bienfaits à ceux qui ont croisé son chemin. Parmi les illustrations des ouvrages faisant référence à l'histoire de l'organisme, ce fondateur charismatique apparaît ainsi souvent entouré des familles qui ont été logées sur les sites historiques de la société. Il figure ainsi, discutant au milieu d'adultes et d'enfants avec qui les échanges apparaissent manifestement chaleureux. Ces photos se prêtent à une mise en valeur du grand homme et du bien qu'il a répandu autour de lui. Mais elles peuvent également être lues comme les traces de célébrations d'une aventure collective. Les postures et les visages évoquent en effet davantage les fêtes populaires que l'hommage respectueux, tandis que le texte qu'accompagnent ces photos exalte une aventure collective contre le mal-logement, plus qu'une posture morale ayant valeur d'exemplarité.

Lorsqu'il s'agit de commenter la structuration interne de la société et ses évolutions, s'énonce en revanche pleinement la nature industrielle d'un organisme devant réaliser efficacement ses missions. Les salariés de la première génération me furent présentés comme des « gens inspirés » par cette aventure collective, mais aussi des gens « capables de construire, de gérer [l'organisme] comme une vraie société avec tous les équilibres financiers nécessaires ». La composition du conseil d'administration de cette société reflète en effet ce compromis. Lors de sa création dans la continuité de fortes mobilisations en faveur des mal-logés, ce conseil est composé de personnes qui ont activement porté ces mobilisations. Deux ans plus tard, il regroupe, aux côtés des premiers membres mobilisés autour de la défense des mal-logés, des professionnels du logement social, ainsi que des représentants de la haute fonction publique et du monde des affaires. Ce compromis entre des formes d'autorité fondées sur la compétence et sur un engagement dans la cause des mal-logés ou des plus défavorisés a persisté au fil des renouvellements de ses membres.

Le récit des changements organisationnels instaurés prétend donc cette fois à une parfaite normalité, s'inscrivant dans les objectifs et les moyens de tout bailleur social. Ce récit est celui de nouveaux problèmes s'imposant à tous les bailleurs, justifiant ces changements organisationnels et notamment la création, au début des années 1990, des agences. Il déroule donc une autre histoire, qui est celle de la transformation nécessaire d'organismes centralisés vers une gestion plus territorialisée, témoignant d'une montée en puissance des problématiques de gestion par rapport à celles de la construction qui prévalaient dans l'immédiat après-guerre.

Une prise de conscience instrumentée

Conformément aux engagements pris entre l'Union sociale pour l'habitat et l'État en 2003, cette société a procédé en 2004 à une enquête de satisfaction auprès de ses locataires. Celle-ci a révélé une forte insatisfaction concernant les principaux points visés par ces enquêtes, à savoir la prise en compte des demandes d'interventions techniques, la propreté et l'entretien des parties communes. Cette enquête, dont les mauvais résultats étaient pressentis, a été conçue comme le vecteur d'une « prise de conscience » au sein de l'organisme. Ce sont en effet les salariés, et notamment le personnel administratif, qui sont allés faire passer les questionnaires auprès des locataires. Des dispositions ont été prises pour rassurer les futurs enquêteurs, qui furent associés en binôme et introduits sur les sites par les gardiens. À l'issue de ces enquêtes, des séances de *debriefing* ont été organisées pour que ces enquêteurs puissent échanger sur leurs expériences. La planification de l'enquête s'inscrit donc déjà dans un diagnostic. Elle pointe les réticences des personnels administratifs à aller au-devant des locataires et elle les conduit, à l'issue de ces rencontres, à juger ces réticences infondées, à travers les témoignages échangés sur le bon accueil qui leur fut réservé. Cette mobilisation des personnels s'est poursuivie au-delà de l'expérience de l'enquête. Des groupes d'expression du personnel sur la qualité de service ont été mis en place, associant des gardiens, des personnels du siège ou des agences, ainsi qu'un autre groupe associant les représentants du personnel et les délégués syndicaux. Parallèlement, des audits ont été réalisés sur le fonctionnement de la filière technique et l'organisation des agences par le bureau d'études ayant encadré l'enquête de satisfaction. Ces différentes actions ont été accompagnées par un bureau d'études dépendant des organisations du mouvement HLM. Il s'agit par conséquent d'une structure inscrite dans l'élaboration d'une expertise et de méthodes qui, tout en étant perméables à d'autres domaines, sont formulées et discutées au sein des organisations professionnelles d'un secteur donné.

L'insatisfaction révélée par l'enquête est donc prise en compte en tant que problème par la direction, appelant une correction. Elle fait toutefois l'objet, au niveau des cadres de l'organisation, de perplexité, voire de relativisation. Selon le responsable du patrimoine chapeautant l'ensemble des agences, et chargé à ce titre de suivre les programmes de réhabilitation, le patrimoine de cette société peut être considéré, par rapport à d'autres organismes, comme ayant la réputation d'être mal entretenu. Ceci s'explique selon lui par des moyens financiers plus restreints, mais aussi par une « stratégie de valorisation financière du patrimoine » propre à cette société. L'entretien des immeubles, les travaux de réparation ou de réhabilitation, étaient secondaires par rapport à d'autres finalités : construire davantage, et construire pour loger les ménages les plus modestes[2]. Il oppose un organisme qui a « choisi d'être pauvre » à d'autres, plus riches, et avec d'autres stratégies de valorisation. Selon ce responsable qui, du fait de ses fonctions, est très directement impliqué dans les consultations des représentants des locataires lors des programmes de réhabilitation du patrimoine, ce « choix » rencontrait également les attentes des habitants : dans d'autres sociétés, les locataires comprennent « que le bailleur soit une entreprise » et se « fichent un peu des choix faits par l'entreprise dans la mesure où elle remplit leurs obligations vis-à-vis d'eux ». Les locataires de cet organisme seraient moins exigeants sur la qualité du service rendu, mais plus vigilants sur sa fidélité à sa vocation à loger « les pauvres ». Ce sont ces valeurs que les locataires défendraient par la médiation de leurs représentants, justifiant leur refus de payer

2. Si l'on se rapporte à l'histoire de cet organisme, cette tension s'est toutefois présentée selon d'autres modalités qu'un choix entre deux options : construire ou entretenir. Les cités d'urgence, construites au cours des années 1950, ont pesé de manière forte et précoce sur l'équilibre financier de l'organisme. Des budgets d'entretien leur ont été consacrés, et elles ont fait l'objet de travaux de rénovation dès la décennie suivante. Dans la première moitié des années 1970, de vastes programmes de grosses réparations ont été engagés, restreints par la suite pour ne pas mettre en péril l'équilibre financier de l'organisme, avant d'être relancés au cours des années 1980. Cette histoire est par conséquent marquée par des compromis constants entre des objectifs de différentes natures : entretenir les logements et développer une politique sociale en direction des locataires sans peser sur les loyers ; construire des logements de qualité accessibles aux plus modestes.

certaines réparations locatives ou d'accepter des augmentations accompagnant des travaux de réhabilitation.

Parmi les cadres de l'organisme, nous en avons rencontré d'autres qui procédaient moins à une relativisation qu'ils ne marquaient leur perplexité. Le bailleur doit répondre à des besoins, jugés plus fondamentaux que l'expression individuelle d'une satisfaction sur un ensemble de prestations : le mal-être des banlieues, le besoin de reconnaissance de leurs habitants ou le maintien du lien social. Au cours d'échanges observés au siège de cet organisme, l'expression de ces insatisfactions a été parfois interrogée comme l'expression dévoyée de besoins plus « réels ». En se plaignant de problèmes de ses voisins, des problèmes techniques au sein de son logement, l'habitant exprimerait avant tout un mal-être général et un besoin de reconnaissance sociale. Ces propos ne venaient pas disqualifier les insatisfactions exprimées, mais les constituer comme des prises pour apaiser le sentiment d'injustice et la demande de reconnaissance qu'elles manifesteraient. La prise en compte de ces insatisfactions est en quelque sorte une concession au trivial, permettant d'ouvrir sur des expériences où se fondent une appartenance et une reconnaissance jugées constitutives d'un « lien social » à construire. Lors de ces échanges, cette conception de ce qui doit être apporté aux habitants de ces logements sociaux était toutefois susceptible d'irriter d'autres agents, critiquant une manière de ne pas prendre au sérieux l'insatisfaction que ces enquêtes avaient exprimée et le ras-le-bol de certains locataires.

De la dépense attestant d'une présence au souci du standard

L'entretien effectué auprès du responsable du service technique documente également cette propension de certains cadres – ici des anciens, partis depuis en retraite – à concevoir les interventions techniques en partie comme les moyens de poursuivre d'autres biens que le maintien des logements dans un état de fonctionnalité.

La responsable de ce service technique a été recrutée en 2004. Son recrutement s'inscrit dans une volonté de remise en ordre des interventions, intégrant au sein d'une même filière le service technique du siège, les nouveaux cadres techniques recrutés en agence et les gardiens. Elle décrit ainsi les actions engagées pour conformer l'organisation de son service aux attendus d'un service technique « normal », dans une indifférence totale, bien que dénuée d'hostilité, de la part de ses anciens collègues. La constitution de la filière technique redéfinit les interventions entre les agences et le siège. Le gros entretien et les grosses opérations relèvent du service technique, situé au siège de l'organisme. Les agences, quant à elles, s'occupent du petit entretien et de l'entretien courant. Cette distinction renvoie à une hiérarchie comptable, selon les montants engagés, et à une distinction entre ce qui doit être intégré dans un plan prévisionnel et ce qui relève des aléas de la gestion courante. Elle s'inscrit alors dans la mise en place d'un plan stratégique de patrimoine, et vise à réduire la part des éléments comptés comme « dépenses », pour les intégrer dans un programme d'investissement, permettant de généraliser les procédures d'appel d'offres.

Les anciens collègues sont décrits comme particulièrement rétifs aux vertus de l'appel d'offres et des cahiers des charges contractuels. Ceux-ci préféraient faire de petites dépenses. Ils évitaient ainsi de passer par des procédures jugées trop lourdes. Mais ils voulaient également montrer aux habitants que l'on s'occupait d'eux. De petits travaux réguliers devaient attester de la présence du bailleur et de l'attention portée aux habitants, ce que n'aurait pu faire la remise à niveau programmée d'un site ou d'un ensemble de composants des logements. La responsable du service technique évoque sa sidération vis-à-vis de collègues, qu'elle juge être des « gens de bonne volonté », mais agissant selon elle en dépit du bon sens. Peu avare de critiques, elle ne pointe toutefois pas de gaspillages ou une quelconque incurie gestionnaire de ces anciens responsables. Elle critique l'absence de souci du standard et ses résultats fantasques : « Sur certains sites, on n'avait pas une porte pareille ! » Elle fait état du désintérêt poli avec lequel furent accueillies ses propositions pour doter ce service d'un ensemble d'outils qu'elle juge indispensables pour contrôler une entreprise prestataire ou optimiser les dépenses.

Elle a donc travaillé seule à la réalisation du plan stratégique de patrimoine, des procédures d'appels d'offres et des cahiers des charges aux entreprises. Si elle estime pouvoir compter sur les nouveaux cadres de l'organisme recrutés en agence, elle est plus réservée sur l'inscription dans cette démarche d'autres agents, et notamment des gardiens, qui doivent constituer un maillon indispensable de cette filière. Implantés directement sur les sites, ils doivent faire remonter les dysfonctionnements constatés, pour que le service technique puisse contrôler les manquements de certains prestataires à leurs engagements contractuels.

Redéfinir les métiers

L'enquête de satisfaction a été le point de départ d'une refonte plus générale de l'organisation des agences et de la création d'une filière technique. Les objectifs assignés à cette réorganisation sont une reprise en main de la gestion de proximité et une coordination plus efficace des intervenants techniques, depuis les équipes de proximité jusqu'aux services techniques du siège. Cette réorganisation a essentiellement consisté en une redéfinition des métiers et en un renforcement du personnel d'encadrement des agences. Cette redéfinition des métiers ne vise pas seulement à rendre lisible et contrôlable l'activité à l'échelle de l'organisme. Elle conforte également un alignement sur des standards de pratiques définis au niveau d'un milieu professionnel. Cet alignement a été porté par l'intervention du bureau d'études spécialisé, proposant des principes de refonte organisationnelle. Le recrutement de nouveaux cadres intermédiaires habitués, au cours de leurs expériences professionnelles antérieures, à ces standards, constitue également un vecteur important de ce réalignement.

Les agences comportent, depuis 2006, deux pôles, sous la responsabilité du chef d'agence : un pôle technique et un pôle chargé de la gestion locative. La redéfinition des métiers engagée au sein du pôle « gestion locative » a conduit à distinguer un nouveau poste. Aux côtés des chargés de gestion locative qui préexistaient à cette réorganisation, sont placés des chargés d'attribution, qualifiés comme ayant un rôle « plus commercial ». Leurs fonctions consistent à préparer et à suivre les commissions d'attribution, en travaillant avec les différents réservataires des logements sociaux (mairies, préfectures ou collecteurs 1 %) et les services sociaux impliqués dans le suivi de certains dossiers. Ils sont donc responsables de la conformité des attributions aux règles qui régissent ces procédures, mais aussi de leur efficacité. C'est cette exigence d'efficacité qui est visée par l'emploi du terme « commercial ». Il appuie l'importance d'une maîtrise des délais pour la réalisation de travaux de remise en état d'un logement ou pour la transmission par les réservataires de leurs candidats. Le chargé d'attribution a donc la responsabilité du suivi du portefeuille de logements vacants au niveau de l'agence et doit veiller au respect des objectifs fixés aux agences en termes de taux de logements vacants. À la différence de ce que nous avons observé dans d'autres organismes, le qualificatif de « commercial » ne vise en aucun cas une quelconque personnalisation du rapport avec le demandeur, la possibilité d'entendre son point de vue. Au contraire, l'absence de contacts entre les demandeurs et le chargé d'attribution jusqu'au moment de la signature du bail est valorisée, en tant que garantie de l'impersonnalité requise pour les procédures d'attribution.

Les chargés de gestion locative ont pour fonction d'intégrer l'ensemble des changements de situations du locataire concernant le bailleur, mais aussi les problèmes susceptibles d'être rencontrés avec un locataire. Certains se qualifient comme les M. ou Mme « Problème » des organismes. Ils expliquent ainsi leur point de vue sur les locataires, les banlieues, ou la société, lorsqu'ils l'estiment biaisé par les situations qui leur sont exposées. Ils rencontrent les locataires, lorsqu'un problème a été identifié : des impayés de loyers ou des troubles de voisinage. Ils sont associés à une troisième catégorie d'agent, le chargé de contentieux. Ce dernier intervient dans la continuité des actions engagées par le chargé de gestion locative. La distinction entre les deux postes et le basculement d'un dossier de l'un à l'autre doit signifier au locataire une progression dans la gravité des problèmes et des conséquences auxquelles il s'expose par un manquement à ses obligations. Le chargé de contentieux engage les procédures contentieuses pour le recouvrement des loyers, et celles visant à clore ce contentieux et à éviter l'expulsion. Comme les chargés d'attribution en matière de logements vacants, les chargés de gestion locative ont désormais des objectifs à atteindre en termes d'impayés de loyers. La vigilance envers les impayés est justifiée comme la préoccupation normale de tout bailleur, mais elle doit également conforter le caractère préventif des actions. Aux objectifs à atteindre en termes d'impayés au niveau de l'agence, se sont par conséquent ajoutés d'autres repères conventionnels. Au bout de deux impayés de la part d'un locataire, les agents du précontentieux doivent engager des actions. Dans certaines agences, une commission sur les impayés a été mise en place visant à évaluer et à mobiliser les moyens à mettre en œuvre en chaque cas. Cette action préventive est rapportée à des exigences civiques : réagir dès les premiers impayés, c'est éviter de mettre en difficulté des populations vulnérables. Quelques dizaines d'euros ne viendront certes pas mettre en cause l'équilibre financier de l'organisme, mais ils peuvent à terme mettre à mal le budget d'un ménage déjà fortement contraint.

Concernant le pôle « technique », la normalisation visée passe essentiellement par la reprise de l'encadrement. Pour permettre d'assurer un meilleur entretien du patrimoine et un traitement plus efficace des demandes des locataires, il n'est pas question pour l'instant de s'inscrire dans des démarches de qualité de service. Comme indiqué par un des cadres que nous avions rencontré en début d'enquête, cela serait « tendre le bâton pour se faire battre ». Avant de parler de qualité de service, il faut donc reprendre en main l'organisation de la proximité, pour apprêter l'organisation aux exigences d'une amélioration de la qualité. Aux anciens « agents techniques » ont donc été substitués de nouveaux cadres, recentrés sur un rôle de transmission entre le niveau des agences et celui du siège. Dans chaque agence, ce responsable du pôle « technique » est secondé par deux « gestionnaires habitat », appelés à être les pivots entre les différents sites et le reste de la filière technique. Ils doivent donc être en contact avec les gardiens dont ils valident les demandes d'interventions techniques et dont ils attendent une remontée des informations pertinentes pour la gestion. Toutefois, sur certains sites, ces gestionnaires habitat sont appelés à composer avec un maillon supplémentaire – le gardien responsable. Ce poste n'a pas été supprimé avec la réorganisation. Ce gardien responsable, pièce majeure de l'ancien dispositif, habitué à traiter directement avec le chef d'agence ou l'agent technique, coexiste désormais, non sans certaines tensions, avec la nouvelle hiérarchie mise en place.

Préciser les responsabilités

La réorganisation s'accompagne d'une définition précise des tâches qui incombent à chaque agent, et notamment aux gardiens. Il s'agit tout d'abord de clarifier les obligations liées à un poste au sein de l'organisation. Cette redéfinition précise doit permettre de conforter un moyen terme entre deux extrêmes jugés également insatisfaisants. D'un côté, un défaut d'engagement est pointé de la part de certains gardiens, qui auraient tendance, selon leur interlocuteur, à se défausser de leurs responsabilités soit sur les locataires, soit sur le service technique du siège. De l'autre, ces clarifications doivent permettre de circonscrire la charge qui pèse sur d'autres, voire l'épuisement qui les guette, dans leur engagement pour « tenir » leurs sites.

C'est précisément ainsi que furent justifiés, lors d'une rencontre entre la direction de l'organisme et les gardiens d'une agence, certains des outils devant porter ce projet de réorganisation. Un gardien ne pourra plus être tenu pour responsable « de rien ». Il ne pourra également plus être tenu pour responsable « de tout ». Sa responsabilité ne peut être prise en défaut dès lors qu'il a engagé les actions qui sont attendues de lui. À l'occasion de cette réunion, cette redéfinition des responsabilités est exprimée comme un meilleur équilibre entre les droits et les devoirs des gardiens. Ils ont le devoir de signaler la présence d'équipements manifestement dangereux ou de transmettre des demandes d'intervention, selon un ensemble de procédures qui leur sont communiquées. Ils ont également désormais le droit de pointer la défaillance d'un autre maillon de la chaîne qui doit porter l'accomplissement de ces actions. La rédaction des fiches de postes et la reprise des secteurs d'intervention viennent ainsi soutenir une implication de la responsabilité des agents, qui doivent se tenir pour responsable, à leur niveau, du bon déroulement d'un plan d'action.

La redéfinition d'une responsabilité limitée à un ensemble d'obligations quasi contractuelles ne concerne pas que les agents de proximité. Elle concerne également des locataires qu'il a fallu « recadrer ». Un des responsables chargé de la gestion locative évoque les discussions engagées pour le règlement d'impayés. Un organisme, dont le fondateur illustre la générosité et la solidarité à avoir envers les plus démunis, irait-il jusqu'à faire des problèmes à un locataire pour quelques dizaines d'euros de loyer en retard ? À ces locataires indignés, ce responsable indique que ce fondateur n'a jamais dit qu'on ne devait pas payer son loyer. Dans cette même agence, qui comporte les principaux sites « historiques » de l'organisme, ce « recadrage » n'a pas concerné que les impayés. Les discussions engagées par certains gardiens auprès de leurs nouveaux responsables sur l'opportunité, dans une situation donnée, de prendre en charge de petites réparations incombant normalement aux locataires ont été observées à plusieurs reprises. À la considération de la situation exposée par un gardien, s'ajoute la volonté, de la part de leurs nouveaux responsables, de faire « prendre le pli ». S'il a parfois fallu affirmer auprès de certains locataires la nécessité de prendre en charge certaines réparations, il a fallu en empêcher d'autres de réparer des éléments pour lesquels des contrats de maintenance avaient été passés. Là encore, selon les nouveaux cadres recrutés, il a « fallu recadrer une relation bailleur-habitant un peu plus conforme à ce qui est attendu ». Sur ces sites également, les oppositions à des programmes de démolition ont été particulièrement vives. Elles ne se sont pas limitées aux personnes âgées, habitant parfois ces logements depuis leur construction. Leurs enfants et petits-enfants, souvent également logés par le bailleur sur le site, ont manifesté un fort attachement aux logements démolis. Pour le nouveau responsable de cette agence, outre la réorganisation, le renouvellement des locataires portera le « recadrage » souhaité. Par des politiques d'attribution plus encadrées, faisant que si « un individu a des problèmes, on n'a plus ensuite toute la famille à gérer », et par le renouvellement des locataires, ayant les mêmes exigences que celles attendues du « locataire moyen ».

Faire valoir à ces locataires les obligations qui leur incombent n'est pas justifié, par ces nouveaux cadres, comme un seul alignement sur des repères « normaux ». C'est aussi exercer un travail pédagogique, visant un individu capable d'honorer ses obligations vis-à-vis de l'organisme, et par extension celles auxquelles chacun doit se conformer en société.

Les déconvenues des nouveaux cadres

C'est précisément cette association entre un engagement dans l'action normale, les dispositifs qui la sous-tendent et une évaluation sur ce qui doit être reconnu à chacun en société qu'illustrent les déconvenues exprimées par les nouveaux cadres recrutés en agence. Recrutés à l'occasion de cette réorganisation, ils en constituent des vecteurs actifs, et ils doivent encadrer d'autres agents placés désormais sous leur responsabilité. Ils ont été recrutés en externe, et non par voie de promotion interne, sur la base de l'expérience qu'ils avaient acquise au sein d'autres organismes. De fait, les modalités comme les finalités des réorganisations engagées constituent pour eux le fonctionnement normal d'un organisme, le cadre dans lequel ils ont jusque-là exercé leurs fonctions. Leur entrée en poste s'accompagne parfois de fortes déconvenues, les amenant à pointer un ensemble de dysfonctionnements. Ces critiques sont particulièrement fortes dans l'une des deux agences sur lesquelles nous avons enquêté. Elles s'expriment dans un climat de fortes tensions avec les équipes de proximité qu'ils doivent encadrer.

Ces déconvenues concernent tout d'abord une faiblesse de compétences de certains gardiens, perturbant le fonctionnement normal de cette organisation. La responsable du pôle « technique » de cette agence indique avoir été sidérée par l'absence de compétence de certains d'entre eux, tout en prenant soin de ne pas généraliser ce jugement. Par rapport à la manière dont elle conçoit son rôle et celui des gardiens, ce qu'elle a observé lors de son entrée en fonction l'a dans un premier temps déstabilisé. Elle indique avoir essayé de suivre différemment ces gardiens, en allant avec eux pour leur montrer pratiquement la teneur de l'exercice attendu. Toutefois, elle mit rapidement fin à cet effort. L'implication requise pour « porter à bout de bras » ces gardiens fut jugée incompatible avec ses autres missions, qui risquaient alors d'être négligées. Le recrutement de « gens dans l'embarras, ou dans le caniveau » constitue pour elle une spécificité de l'organisme, qui ne renvoie plus pour elle qu'à une source de dysfonctionnement : les fonctions délimitées par cette nouvelle organisation « glissent » d'un échelon et l'architecture d'ensemble n'est plus assurée. Disposant de la maîtrise des nouveaux recrutements, elle veille par conséquent à disposer désormais de personnes qualifiées, sur lesquelles elle peut compter.

Toutefois, les critiques ne se limitent pas à pointer un écart entre les capacités de certains gardiens et les qualifications requises pour un bon fonctionnement. Elles viennent également délimiter des fautes par rapport à des attentes que cette nouvelle organisation devrait également permettre de porter. Ces attentes sont rapportées aux bienfaits d'une approche en termes de « client » qui ferait défaut à cet organisme. Les anecdotes convoquées par cette nouvelle responsable du pôle « technique » pour illustrer ses déconvenues illustrent des écarts par rapport à des attentes de civilités. Elles pointent des comportements offensants, qu'il s'agisse de gardiens qui « parlent mal » aux locataires, voire qui les insultent, ou qui ne manifestent aucune attention aux demandes qui leur sont adressées. Ces manques de considération l'indignent, mais ils constituent également une source de problèmes pour l'organisation. Il est attendu du gardien qu'il joue un rôle de modérateur et se livre à ce qu'Erving Goffman qualifiait d'« art de la consolation[3] » : apaiser le locataire déçu dans ses attentes consiste à ce que le refus ne puisse être qualifié comme « offense » par laquelle l'individu se trouve discrédité. C'est ce faisant prévenir une colère susceptible de monter et de « débarquer » en agence.

Les critiques visent également les « gardiens responsables » présents sur certains des sites. Ceux-ci assuraient le suivi de gardiens sur un secteur déterminé, notamment en cas d'existence de loges dites « groupées ». Cette agence, dans lesquelles les tensions sont particulièrement vives, est celle qui comprend, au niveau de l'organisme, le plus de loges groupées et de gardiens responsables. Les cadres de cette agence sont nouveaux, mais aussi d'une faible longévité : au cours de notre enquête, certains étaient sur le départ tandis que d'autres n'avaient pas encore été remplacés. Les loges groupées concentrent tout spécialement leurs critiques. Par leur fonctionnement collectif, elles seraient une source de dysfonctionnement. Chaque gardien doit s'occuper des locataires de son secteur. Quand un locataire vient dans les permanences organisées au sein de ces loges groupées, il ne sera pas nécessairement en contact avec son gardien, ce qui appelle une transmission entre gardiens. Ce fonctionnement collectif est également critiqué en ce qu'il permettrait à certains gardiens de se défausser de leurs responsabilités, sous le regard jugé trop conciliant de leurs responsables. Ces gardiens responsables sont critiqués pour leur incapacité à constituer de « vrais managers ». Ils se conduiraient comme de « petits chefs » impulsifs, toujours « derrière » leurs équipes, oscillant entre une bienveillance jugée parfois coupable et des « coups de gueule » qui font écart avec les quali-

3. Goffman E., « Calmer le jobard : quelques aspects de l'adaptation à l'échec », *Le parler frais d'Erving Goffman*, Paris, Les Éditions de Minuit, 1990, p. 277-300.

tés attendues du « vrai manager ». Ils seraient de plus peu disposés à faire fonctionner normalement le schéma hiérarchique et fonctionnel dans lequel ils sont désormais inscrits. Aussi, cette réorganisation s'effectue dans une tension qui est ici explicitée entre une forme de contrôle qui supposait un agencement hiérarchique de « chefs », ayant la responsabilité d'équipes qu'ils devaient suivre de manière rapprochée, et une autre, supposée moins hiérarchique, où chacun doit se comporter et être traité comme un individu autonome dans la réalisation des fonctions qui lui sont imparties.

Ce projet de réorganisation vient par conséquent prendre en charge des questionnements, de la part de la direction, sur la maîtrise à assurer sur des entités jugées hétérogènes et porteuses de certaines dérives : les équipes de proximité, mais aussi les agences auxquelles elles sont rattachées. Constituées au début des années 1990, la création des agences s'est faite selon une relative décentralisation des actions et des capacités de décision, tandis que leurs relations avec le siège s'effectuaient par des échanges structurés, supportés davantage par des formes de coordination personnalisées que par des procédures formelles de transmission des informations. La réponse apportée consiste en l'extension d'un ensemble de dispositifs normatifs et procéduraux, prenant une extension inégalée et délimitant une certaine forme de responsabilité : celle que doit avoir un individu agissant de manière autonome pour le bon fonctionnement d'un service. Avant d'envisager comment cette réorganisation fait épreuve sur les engagements de ces équipes de proximité, nous étudierons comment un autre organisme a répondu aux exigences portées par les pouvoirs publics sur ces organisations.

Le Logis : devancer une épreuve de marché

Le Logis est un organisme particulièrement intéressant à étudier dans la mesure où il a engagé une série de changements internes de manière à la fois relativement tardive par rapport à d'autres bailleurs, mais avec un rythme particulièrement soutenu depuis 2003. Des directions ont été scindées, des services ont été transférés, modifiant les équilibres entre directions. Des agences ont été fermées et des niveaux hiérarchiques intermédiaires ont été créés entre le siège et les agences. Ces restructurations ont généré une forte mobilité au sein de l'organisme. Elles se sont traduites par un recentrage des métiers sur des niveaux de qualifications plus élevés qui ont pris le plus souvent la forme de promotions internes, pour ne pas augmenter la masse salariale de l'entreprise, voire la réduire au gré des départs en retraite. Cette remise à plat des fonctions, des métiers et des relations entre les différentes entités a été concomitante avec le projet de certification de la qualité de service rendu aux locataires. L'obtention de la certification « qualibail » a été constituée en projet d'organisation, devant appeler la mobilisation des salariés de l'organisme. Tout au long de l'année 2004, des groupes de travail thématiques ont réuni différentes catégories de personnel, pour mettre en forme des procédures validées ensuite par un comité de pilotage. Toutefois, ces processus ne concernent pas l'ensemble des activités du bailleur. Ils viennent prendre en charge des problèmes spécifiques, qui ne se posent que sur des segments limités du parc de logements gérés par ce bailleur. Par rapport à d'autres formes de certification, la certification « qualibail » est directement en phase avec des objectifs de réduction de la vacance, par une attention portée à l'attractivité des logements, à l'accueil réservé aux nouveaux entrants et aux motifs de départ des sortants.

Plus fondamentalement, les réformes organisationnelles ont également été conçues de manière à anticiper une éventuelle privatisation du logement social. Elles ont conduit à distinguer, parmi les activités du bailleur, ce qui est susceptible ou non de relever d'une activité commerciale prise en charge par le marché. La volonté, portée par les pouvoirs publics, de favoriser la constitution de grands groupes n'a pas conduit, dans le cas étudié, à l'intégration de différents organismes, mettant en commun leurs moyens, leurs métiers ou compétences. La constitution de ce groupe procède au contraire d'une fragmentation de l'organisme en différentes entités, devant permettre de préserver un héritage et de le porter vers de nouveaux horizons.

Valoriser un héritage

Pour se conformer à la réforme de la gouvernance des SA HLM adoptée en 2003, une association, la Maison bleue, association reconnue d'utilité publique, a été placée comme actionnaire de référence de l'organisme. Ce choix doit marquer la spécificité d'un organisme et de son histoire. Cette association constituait en effet une pièce maîtresse dans le projet, porté par les fondateurs de cet organisme au début du XXe siècle, de création de cités-jardins. Il s'agit toutefois avant tout d'éviter toute prise de contrôle jugée inopportune de l'organisme et, à cet égard, cette première solution a rapidement été jugée fragile. La faiblesse des moyens financiers de cette association laissait en effet craindre que cet actionnaire ne soit réduit au silence en cas de mesures allant plus loin que celles adoptées en 2003 pour favoriser la recapitalisation des SA HLM. En 2005, le Logis a été à l'origine de la création d'un groupe dont il est désormais l'une des filiales. Ce groupe a le statut juridique de société par action simplifiée (SAS), statut qui permet de dissocier le poids financier des actionnaires de leurs poids en termes de vote. Une SAS peut donc intégrer, au sein de différents collèges, des actionnaires disposant d'un nombre important de parts du capital social, sans que ceux-ci ne soient nécessairement majoritaires en termes de voix. La Maison bleue, actionnaire de référence du Logis, fait donc partie du collège des fondateurs de cette SAS, aux côtés d'un collège intégrant des banques et un collecteur du 1 % patronal, d'un collège associatif, d'un collège intégrant de grandes entreprises locales, ainsi qu'un dernier collège intégrant des personnes physiques et des collectivités territoriales.

La place donnée à l'association de la Maison bleue vient appuyer la spécificité et la continuité d'un héritage. La nouvelle direction de cet organisme, recrutée pour prendre la succession d'une génération de dirigeants partant en retraite, a donc comme mission de conduire des réorganisations devant préserver certaines valeurs. Accompagnant le récit des transformations organisationnelles en cours, ces valeurs sont décrites par les qualificatifs d'« humaniste » et de « bienveillant ». Mais cet héritage ne se manifeste pas seulement comme référence à des valeurs. Les dispositions prises en matière d'actionnariat doivent maintenir au sein de l'organisation l'autorité de ceux qui nous sont présentés, par ces nouveaux dirigeants, comme les tenants de l'« ancienne école ». Ayant quitté leurs postes aux directions de l'organisme au cours des années 2000, ils restent présents à travers son conseil de surveillance ou le conseil d'administration de la Maison bleue. Ces « anciens » sont les représentants d'une bourgeoisie locale, qui peut se caractériser par sa fortune, ses titres et ses fonctions, mais aussi par son antériorité par rapport à d'autres élites politiques et économiques de cette agglomération. Ce sont les descendants de familles d'industriels qui ont connu une forte ascension à la fin du XIXe siècle, et dont des héritiers immédiats ont fondé le Logis. L'ancien directeur général, membre actuel du conseil de surveillance, appartient à ces grandes familles, que le seul nom suffit, au sein de cette agglomération, à évoquer. Il est resté de nombreuses années à la tête de cet organisme, tout comme ses prédécesseurs : il ne fut ainsi que le quatrième directeur général depuis la création du Logis dans les années 1910. Ayant occupé diverses responsabilités au niveau régional, il fut le mari de la première adjointe au maire de l'agglomération, elle-même issue de l'une de ces grandes familles. L'actuel président du conseil de surveillance, par ailleurs ancien président du tribunal de commerce de l'agglomération, figure également parmi ces notables dont le nom est attaché à une autre de ces grandes familles de la région. À cette « ancienne école », inscrite dans la durée et dans un milieu, est opposé l'engagement des nouveaux dirigeants de l'organisme, qui n'entendent pas forcément rester : ils sont là pour porter un projet, avant de s'engager dans de nouveaux défis. Ils entendent développer, sous l'œil bienveillant de l'ancienne école, un projet d'organisation à même de préserver son héritage, en l'adaptant à de nouveaux enjeux.

Préparer l'organisme à l'éventualité d'une privatisation

Conjointement à la mobilisation de l'organisme sur le projet de certification de la qualité de service, la nouvelle direction a porté la constitution, à partir de 2005, du groupe et de ses filiales. Un directeur du développement et des affaires sociales a été recruté pour ses capacités à assurer ce déploiement.

Les arguments avancés pour justifier ces transformations sont de différentes natures. Ils sont d'abord stratégiques. L'éventualité d'une privatisation est à prendre en compte comme contrainte extérieure, devant être anticipée. La refonte de l'activité du bailleur au sein d'un groupe plus large doit lui permettre de poursuivre ses missions. L'analyse des mesures prises par le gouvernement depuis 2003 conduit à poser comme une hypothèse réaliste pour l'avenir une privatisation du logement social. Il a été décidé de procéder à un alignement des activités du bailleur sur les directives européennes sur les services, ce qui s'est fait, *via* des réseaux d'échange européens entre organisations du logement social, en considérant la manière dont les bailleurs sociaux suédois avaient répondu à la mise en conformité du logement social aux directives européennes sur les services. Le Logis garde donc la mission la plus « sociale », tandis que d'autres filiales, constituées sous des statuts juridiques variés, accueillent les activités susceptibles de se déployer sur un marché concurrentiel. Il s'agit d'adopter une stratégie qualifiée de « technique du banc de poissons » : en se décomposant en différentes entités, l'organisme sera prêt à maîtriser une privatisation, qu'il aura su anticiper.

Toutefois, des bienfaits, portés positivement, sont attendus de ces transformations. L'alignement sur les conditions requises pour une épreuve de marché doit permettre de relancer la recherche d'efficacité au sein de certains services. Dans un environnement concurrentiel, les services de la construction seraient par exemple davantage poussés à réduire les délais de livraison. Cette externalisation doit également permettre d'augmenter les capacités d'action et de saisir de nouvelles opportunités. Le bien attendu relève alors d'une grandeur marchande, puisque c'est la capacité à se saisir d'opportunités dans un environnement concurrentiel qui doit se trouver augmentée. La métaphore se fait par conséquent plus conquérante : à la technique du « banc de poissons » devant permettre de résister, succède celle du « cheval de Troie ». Placer le Logis comme l'une des filiales d'un groupe plus large doit permettre de changer l'« image » du bailleur social, voire de faciliter les échanges entre un opérateur qui ne se présente plus comme bailleur social et des élus réputés rétifs à la construction de logements sociaux. Sans les rebuter *a priori*, le groupe pourrait permettre de les convaincre, en faisant valoir les vertus d'opérations mixtes, intégrant, selon les besoins locaux, quelques logements sociaux. Le récit de ces projets de réorganisation, tels qu'il nous fut fait par le directeur du développement, comporte ainsi une dimension agonistique et jubilatoire. Il communique l'excitation que procure une supériorité acquise qui permet à l'organisme de s'ouvrir de nouvelles opportunités, par un groupe disposant de solides atouts, mais aussi plus rusé. À cet enthousiasme portant très nettement vers la grandeur du marché, succèdent toutefois régulièrement, au cours de l'entretien, des moments plus graves, pour rappeler que ces capacités d'action sont au service d'une mission sociale, permettant de construire des logements sociaux, de les gérer et de redéployer un parc, en favorisant ainsi la mixité.

Une première filiale, créée en 2007, est spécialisée sur les opérations d'accession à la propriété. Elle prend en charge la commercialisation de logements destinés à la vente, que ceux-ci proviennent de nouvelles opérations d'accession à la propriété ou de la vente de logements sociaux. Elle assure le montage, la construction et la commercialisation d'opérations d'accession sociale, qui peuvent également accueillir des logements locatifs sociaux. Elle propose également ses services en tant que gestionnaire, administrant les copropriétés ainsi créées. Cette activité est complétée par une autre filiale, à travers la création d'une société de promotion privée. Cette structuration doit conforter la capacité du groupe à s'inscrire dans des opérations mixtes, associant logements locatifs sociaux, logements en accession sociale à la propriété et promotion privée. Au moment de notre enquête, il est également envisagé qu'à terme l'ensemble de la maîtrise d'ouvrage du bailleur social soit affecté à la première de ces filiales : les métiers de la construction sortiraient donc complètement de l'organisme de logement social, pour développer une activité de conseil en matière de projets urbains auprès des collectivités.

Les autres filiales créées à partir de 2005 renvoient à l'identification de produits et de services susceptibles d'être proposés par le groupe. Deux d'entre elles doivent attester de la compétence du groupe à proposer l'ensemble des opérations de constructions de « produits logements » spécifiques : résidences sociales, maisons relais, mais aussi établissements pour personnes âgées, logements destinés aux étudiants et centres éducatifs fermés. Une autre filiale doit permettre de valoriser en tant que « services à la personne » des prestations jusque-là assurées par le bailleur. L'objectif est de faire passer dans cette filiale des services proposés actuellement aux locataires du Logis, pour les commercialiser de manière plus large. Cette filiale était en projet lors de notre enquête. Elle n'a pas à notre connaissance été réalisée depuis. Ce projet a toutefois conduit à mettre en forme un ensemble de services.

Ces services consistent tout d'abord en un « contrat multiservice ». Une société prestataire prend en charge l'ensemble des demandes d'interventions techniques des locataires, ainsi qu'une visite annuelle devant assurer un suivi régulier de l'état des logements. Le financement de ce service est assuré à la fois par le bailleur et par le locataire, qui verse une mensualité pour ce service, facturée distinctement de son loyer et de ses charges, mais obligatoirement. Cette prestation a été négociée en amont avec les représentants des locataires et lors du contrat passé avec l'entreprise prestataire. Si l'on compare avec l'organisme précédent, le message est par conséquent tout autre. Le fait qu'un locataire paye pour les réparations locatives qui lui incombent ne fait plus partie d'une propédeutique de l'autonomie et de la responsabilité, par laquelle chaque locataire doit manifester sa capacité à honorer des engagements contractuels. Le discours accompagnant la création de cette prestation fait au contraire valoir l'aspiration toute légitime de chacun à se voir décharger de ces petits tracas quotidiens. Grâce à ce service, les locataires et le bailleur peuvent être tranquilles : tout est intégré, sans surcoûts imprévus, et le locataire n'a qu'à téléphoner à cette plateforme d'interventions, qui enverra le prestataire adéquat. Nous verrons bien sûr dans le chapitre suivant les accommodements réalisés par des agents de proximité pour que ce service soit effectivement demandé, et réalisé.

Un autre des services mis en forme est le « Senior service ». Il intègre des adaptations dans les parties privatives des logements comme, par exemple, le remplacement d'une baignoire devenue difficilement accessible pour une personne âgée par une douche. Il comprend également des critères d'accessibilité des abords du logement. Des services d'aide administrative, de réalisation du petit bricolage et des animations sont aussi proposés. Pris en charge par des sous-traitants associatifs, ces services n'étaient pas, au moment de l'enquête, facturés aux ménages. Leur financement était assuré par des fonds européens. Ils étaient en phase de test, avant d'être proposés à l'ensemble des locataires de plus de soixante-cinq ans. L'ambition est aussi de développer d'autres services avec des sous-traitants, proposant des heures de ménage, de garde d'enfants, de soutien scolaire, etc. L'objectif est par conséquent de proposer à terme une plateforme de services susceptibles d'être commercialisés auprès des locataires, voire au-delà.

Des valeurs affirmant une continuité : humanisme et innovation

Quelques voix, notamment au sein de l'actionnaire de référence de cet organisme, expriment toutefois leur inquiétude vis-à-vis de ces transformations, et s'interrogent sur leurs capacités à préserver la centralité de « valeurs » et d'orientations auxquelles ils sont attachés. Ces réserves sont en partie prises en charge par l'invocation d'une attitude pragmatique. L'expression de craintes, d'inquiétudes, voire de critiques est valorisée dans un organisme dont la direction entend être ouverte à la discussion et soucieuse de l'héritage à préserver. Toutefois, selon cette attitude pragmatique, ce sont les résultats obtenus qui devront permettre de juger de l'opportunité des orientations prises et du bien-fondé des craintes exprimées. Nous envisagerons dès lors les « valeurs » qui doivent être préservées et les articulations qu'elles autorisent.

Le Logis a été créé au début du XXe siècle, par le descendant d'une famille d'industriels. Philanthrope inspiré par le catholicisme social, il visite les cités-jardins qui ont été construites dans la banlieue de Birmingham. À son retour, il fonde le Logis avec d'autres patrons catholiques. Ils engagent la construction de cités-jardins, organisées autour des équipements et de l'ingénierie sociale qui leur était associée. Ce récit des origines permet de revendiquer une tradition humaniste, ainsi qu'une capacité d'innovation.

La Maison bleue supporte particulièrement la mise en valeur de cet héritage, de sa continuité comme de ses capacités d'adaptation. Située au cœur de la cité-jardin et restée jusqu'à aujourd'hui propriété de l'organisme, elle participait, aux côtés de la maison commune et de l'Église, des équipements nécessaires à un projet de réforme visant l'amélioration physique et morale des familles ouvrières. La maison commune, conçue comme le pivot de chacune de ces cités, abritait des bains douches, une bibliothèque, une salle des fêtes, un foyer sans alcool destiné aux ouvriers, une école ménagère et l'administration locale de la cité. Le bailleur et ses institutions connexes étaient au cœur de chacune de ces cités. La Maison bleue proposait plus spécialement aux mères de la cité-jardin des cours de puériculture, un service de goutte au lait et de garde d'enfants aux mères travaillant dans l'entreprise familiale. Dépossédée de ses activités avec l'extension des politiques publiques de la petite enfance, elle est devenue un centre de santé local jusqu'aux années 1970, avant de retrouver un nouvel essor en s'inscrivant dans le sillage des Maisons vertes initiées par Françoise Dolto en 1979, puis dans les mesures en direction de la jeunesse et de la parentalité susceptibles de prendre place dans le cadre des politiques de la ville à partir de la deuxième moitié des années 1990. C'est par conséquent cette structure qui a été placée, en 2003, comme actionnaire de référence de la SA HLM.

La référence à des valeurs humanistes est dotée de la généralité nécessaire pour placer sous le signe de la continuité des constructions normatives extrêmement variées. Les tensions sont lissées entre la conception de « services », inscrits dans une ingénierie sociale qui visait à étendre auprès de familles ouvrières des préoccupations hygiénistes et morales, et la mise en forme de services appelés à s'étendre sur un marché. Il en est de même de la conception de la mission « sociale » de l'organisme. Partant d'un projet de réforme de la condition ouvrière par son inscription dans des communautés structurées, les dirigeants qui se sont succédé ensuite ont continué à porter un projet devant permettre secours et assistance. Cet héritage a conduit le Logis, précurseur du temps des cités-jardins, à perdre considérablement de son aura face à un nouvel organisme HLM, fondé en 1947. Adossé à un collecteur du 1 % patronal, ce dernier a porté la construction sur cette agglomération, jusqu'à en loger une part non négligeable de la population, et constitue l'un des principaux bailleurs sociaux au niveau régional. Il a éclipsé pendant des décennies le Logis en tant que porteur d'« innovation » et de « modernité ». Aujourd'hui, le Logis peut de nouveau faire valoir ses capacités d'innovation, et valoriser le caractère « social » d'une organisation qui aurait, à la différence de cet autre organisme, toujours eu le souci d'accueillir les plus pauvres. Le nouveau slogan de cet organisme – « Le logement pour tous » – vient marquer cette distinction et une réappropriation qui s'effectue sur d'autres principes. Tout en pointant vers une grandeur civique et la mise en valeur d'un principe de solidarité, il vient prendre en charge une démonstration de la faculté de cet organisme à proposer une large gamme de produits, susceptibles de rencontrer des attentes diverses : logements étudiants, maisons relais, logements sociaux, accession à la propriété aidée ou produits non aidés, etc.

En dehors des transformations que nous avons décrites, le Logis s'est engagé activement dans le développement durable. Des revues professionnelles ont rendu compte de la réalisation, par ce bailleur, d'opérations à vocation sociale et aux performances élevées en matière de consommation énergétique. Après avoir intégré la certification « qualibail », le Logis s'est engagé par ailleurs dans des démarches de responsabilité sociale des entreprises. L'organisme fait valoir ses capacités d'innovation dans un milieu professionnel, à travers son implication dans les organisations du mouvement HLM, mais aussi par sa participation à des réseaux européens. La valorisation de cette capacité d'innovation s'effectue également à destination de « clients » potentiels, et notamment de collectivités locales qui jouent un rôle déterminant pour permettre le développement de l'organisme.

Au-delà des arguments avancés pour qualifier de manière générale l'identité d'un organisme et attester de sa continuité, il faut également envisager comment ces transformations sont portées en interne. Il ne s'agit plus dès lors de placer des changements organisationnels majeurs sous le signe d'un attachement continu à certaines valeurs, mais de réviser des dispositifs organisant les actions et les formes de jugement qui leur étaient associées. Les exigences d'articulation sont plus fortes et, de ce fait, s'énoncent des tensions. L'héritage, qui nous a été présenté jusque-là à travers les qualificatifs d'« humaniste » et de « bienveillant », vient alors illustrer certains travers de l'organisation, des archaïsmes dont il a fallu se déprendre. La nouvelle direction critique ainsi des formes d'action jugées archaïques, renvoyant indistinctement aux conceptions morales associées à l'« ancienne école » ou à celles investies par des agents administratifs dans l'exercice de leurs fonctions. La bienveillance envers les « pauvres » et les « brebis égarées » de l'« ancienne école » est valorisée : elle a permis que cet organisme s'oriente sur les demandeurs les plus « sociaux ». Mais il faut désormais aller à la rencontre des locataires en mettant de côté un ensemble de préjugés moraux et de préalables bureaucratiques. Il faudrait enfin assurer une discussion ouverte avec les locataires, permettant de considérer ce dont ils ont besoin et de leur faire connaître ce à quoi ils peuvent raisonnablement prétendre, afin qu'ils puissent être en mesure de faire des choix. La critique mêle ainsi plusieurs manières de caractériser une forme de déconsidération, voire d'humiliation : être jugé depuis les catégories morales de ceux qui disposent d'un pouvoir d'appréciation ou être traité comme un simple numéro, n'ayant aucune prise sur le traitement qui est fait de son « dossier ». Nous examinerons par conséquent les transformations devant permettre d'étendre une reconnaissance des locataires jugée plus adéquate au sein des arrangements organisationnels existants.

Le client comme celui dont l'expression de la demande s'impose

Lorsqu'il présente les changements mis en place au sein de son service, le responsable des attributions de logements pointe un ensemble d'éléments qui l'avaient choqué en prenant ses fonctions. Il présente une série de transformations, qui appuient une reconnaissance du « client » comme celui dont « l'expression de la demande s'impose ». Ces transformations procèdent selon lui d'un « sens de l'histoire », vers lequel convergent la réglementation, les démarches qualité, mais aussi ses propres attentes.

Ce responsable a été recruté en 2000 pour prendre la tête du service des attributions. Les premières années, il travaille sous la responsabilité hiérarchique directe d'un ancien directeur, qui a tenu à suivre de près ses activités. Les attributions n'ont, dans cet organisme, pas été décentralisées. Les commissions rassemblent par conséquent des membres du conseil de surveillance de cet organisme, des représentants des locataires et le maire de la commune concernée. Le nouveau responsable des attributions doit par conséquent s'inscrire dans la continuité des membres de l'« ancienne école », et de son attention particulière portée au peuplement et à ses équilibres locaux. Il doit par ailleurs veiller à ce que les attributions satisfassent aux nouvelles contraintes réglementaires instaurées dans les années 1990. La loi impose désormais aux commissions d'attribution de motiver leurs refus par courrier, et donc de publiciser les critères d'évaluation engagés. La réglementation est également venue relancer une exigence de solidarité. Dans le cadre du plan départemental pour le logement des personnes défavorisées, un Bureau d'accueil au logement social (BALS) a été mis en place entre l'agglomération et l'État. Ce bureau propose une aide aux demandeurs dans leurs démarches et met en place des « ouvreurs à l'habitat », chargés de faire l'intermédiaire entre un demandeur et les différents services concernés, dont les bailleurs. Un dossier de demande passant par ce bureau est alors proposé à l'ensemble des bailleurs, qui doivent répondre dans un délai d'un mois. Si tous refusent la demande, des procédures spécifiques sont mises en place pour accompagner cette personne vers un logement.

Le nouveau responsable des attributions ne critique pas ces transformations réglementaires. Il marque même, de manière assez subtile, une réserve vis-à-vis de l'ancienne école et de son souci de préserver des équilibres locaux, pour indiquer son adhésion à des dispositions devant faire valoir une solidarité impersonnelle. Il justifie toutefois une liberté prise vis-à-vis de l'obligation faite aux organismes de motiver leurs refus. Pour satisfaire à cette exigence, les organismes HLM se sont dotés le plus souvent de réponses standardisées. Selon lui, ces courriers générés selon une table informatisée ne permettent pas une explication circonstanciée et adaptée aux attentes du demandeur. Il les juge souvent absurdes, et parfois brutaux, lorsqu'il est par exemple répondu à un demandeur, qui pense avoir exposé clairement sa situation, que sa demande est refusée au motif qu'il est déjà logé. Pour l'instant, le service ne satisfait plus à cette exigence systématique de motivation des refus. Un courrier informe le demandeur qu'il n'a pas pu être donné suite à sa demande. Après quoi, si un demandeur se manifeste, il faudra prendre le temps d'expliquer de manière circonstanciée les raisons de ce refus, ce qu'il estime toutefois ne pas être en mesure de faire systématiquement.

C'est cette attention au respect dû à chaque demandeur, que néglige un accueil un peu « rude » de la part d'agents administratifs, et la volonté de leur communiquer des éléments utiles, que ne permettent pas des réponses standardisées, que porte ce nouveau responsable. Le récit des changements apportés aux attributions est celui de ses indignations, qui en appellent à se mettre à la place de l'usager. Cette sensibilité est rapportée à son expérience professionnelle antérieure. Il a débuté sa carrière au sein d'une direction départementale de l'Équipement, avant d'être directeur d'une Agence d'information départementale sur le logement. Délivrant dans ce cadre des conseils juridiques gratuits sur tous les aspects relatifs au logement, il s'estime pointilleux sur l'accueil du public et soucieux de transformer « une relation clientèle un peu rude ». Il s'est donc engagé activement à faire passer un « message » auprès des conseillères logement travaillant sous sa responsabilité pour gérer les demandes : il est normal que les gens appellent ou viennent, « même si certains peuvent être pénibles », et une demande ne doit pas être considérée *a priori* comme une tentative de pression déplacée. Il appelle donc ces conseillères à se mettre à la place des demandeurs : il faut leur donner les éclaircissements qu'ils attendent pour pouvoir se projeter dans le futur et connaître les options qui leur sont effectivement accessibles. Indiquer les délais dans lesquels une décision sera prise, expliquer pourquoi une demande n'a pas abouti, c'est montrer que les attributions sont encadrées par des règles et des procédures, mais c'est également permettre qu'un individu puisse ajuster ses projets en fonction des circonstances et des contraintes qui lui sont imposées.

L'enquête sociale instruisant les demandes avant leur passage en commission d'attribution a ainsi été modifiée. Les commissions d'attribution se prononcent sur la base d'un dossier, décrivant la situation du demandeur selon un ensemble de critères généraux, renvoyant essentiellement aux ressources et à la composition d'un ménage. Ce dossier indique aussi les souhaits du demandeur, en termes de typologie du logement et de localisation. En complément de ce dossier, les conseillères logement procèdent à une enquête sociale pour instruire chaque demande. Cette enquête se fait par téléphone lorsqu'il est impossible de faire autrement. De manière systématique, le face-à-face est privilégié : « On aime bien voir les choses. » Cette enquête sociale doit donc vérifier et compléter certains éléments de la demande, et documenter une appréciation plus personnalisée du ménage. L'enquête sociale a été réformée entre 2003 et 2005. Elle est désormais qualifiée d'« entretien découverte », devant signifier le passage d'un dispositif asymétrique et inquisiteur à un échange mutuel, dans lequel les deux parties se « découvrent ». Le questionnaire a été revu : des questions jugées intrusives ou sans lien avec les préoccupations légitimes d'un bailleur ont été supprimées. La dimension d'enquête est toutefois conservée. Pour le bailleur, cet entretien permet de compléter l'appréciation du demandeur – situation familiale, distance au lieu d'activité, ressources, etc. Il permet aussi d'apprécier d'autres aspects qui ne font pas nécessairement l'objet de questions directes. Nous n'avons observé qu'un de ces entretiens, concernant une situation spécifique, puisqu'il s'agissait d'une demande de mutation émanant d'une locataire en place. Parmi les critères implicites, les questions d'entretien du logement et de bon voisinage sont particulièrement présentes. Elles ne sont pas abordées par l'agent. Lorsque la locataire les invoque spontanément, l'agent acquiesce et répond qu'il « sait » pour le bon voisinage et qu'il a bien « vu » pour le soin apporté au logement. La question des ressources et des changements intervenus dans la composition du ménage ne furent quasiment pas abordés, car réglés en amont, tandis que d'autres éléments, livrés au fil de la discussion, attestent des mérites de cette locataire et plaident en faveur de sa demande : son ancienneté sur le site où sa mère était femme de ménage, ses efforts pour améliorer sa situation, le souci qu'elle a de son logement, de ses voisins ou de la collectivité à travers une participation à des associations, mais aussi le récit circonstancié de ce qu'elle voudrait ne plus avoir à supporter lorsqu'elle rentre chez elle le soir, et qu'elle doit se frayer un passage entre des personnes qui occupent les parties communes. Elle n'évoque pas de problèmes de sécurité, mais le bruit, les canettes et mégots laissés, et le « tableau » qu'elle sait d'avance avoir à contempler et dont elle se dit fatiguée.

La transformation de « l'enquête sociale » en « entretien découverte » vient donc appuyer des exigences de tact à avoir dans la considération d'aspects très personnels, voire intimes, plus qu'elle ne circonscrit des thèmes auxquels devrait se restreindre l'attention du bailleur. Elle doit également permettre d'expliquer au demandeur la manière dont sa demande sera traitée et ce à quoi il peut s'attendre. Face à une locataire qui fait valoir en quoi l'attribution d'un nouveau logement serait juste et méritée, l'agent montre que la demande sera traitée selon des règles et une procédure qui ne dépendent pas de lui. Il doit également aider le demandeur à se figurer de manière réaliste le traitement qui sera réservé à sa demande, ce qui est le sens de la « découverte » que doit faire le locataire. Si le locataire dispose de ressources faibles et incertaines ou s'il est dans une situation d'urgence, l'agent lui indiquera ce à quoi il s'expose s'il maintient comme souhait exclusif une localisation en centre-ville ou dans certains quartiers. L'entretien découverte vise donc à « faire dire à la personne ses priorités », pour les confronter aux réponses qui seront vraisemblablement apportées à sa demande, et permettre aux demandeurs de faire des choix informés.

La cible de techniques efficaces de rapprochement de l'offre et de la demande

Pour le responsable des attributions, considérer la demande du client, c'est par conséquent porter une reconnaissance indexée à certaines attentes de comportements. Face à des demandeurs qui font valoir en quoi l'attribution d'un logement serait justifiée, à l'appui parfois d'une comparaison avec d'autres personnes logées par le bailleur, il faut entendre ce qu'ils ont à dire, donner les raisons qui motivent l'acceptation ou le refus et déplacer la discussion pour aider les demandeurs à s'inscrire dans un projet réaliste.

Ces attentes diffèrent de celles qui sont définies dans les dispositifs devant permettre une commercialisation plus efficace des logements vacants. Au début des années 2000, l'organisme fait le constat d'une augmentation de la vacance sur certains sites en zone urbaine sensible (ZUS). La certification dont s'est doté le bailleur en 2004 était d'ailleurs conçue comme une réponse à ces problèmes de vacance. À partir de 2003, une série de mesures sont adoptées pour améliorer l'attractivité de ces logements. Ces solutions consistent d'une part en des actions sur le bâti, en envisageant l'opportunité sur ces sites d'actions de réhabilitation ou de rénovation urbaine. Elles consistent d'autre part en des actions dites « commerciales », consistant à opérer un rapprochement plus efficace de l'offre et de la demande.

Pour les sites en ZUS, qui concentraient l'essentiel de la vacance, des commissions informelles ont été créées. Elles associent les conseillères logement suivant les attributions au siège et les agents d'accueil, rattachés aux agences, présents sur les sites et faisant visiter les logements. Ces commissions ont pour objectif de veiller à ce que le logement vacant soit présenté sous un jour favorable, l'agent d'accueil pouvant, par exemple, émettre des réserves sur l'opportunité d'une visite la semaine suivant des dégradations aux abords de l'immeuble ou dans les parties communes. Elles doivent également permettre de se mettre d'accord sur un discours à tenir au potentiel locataire dans des cas où « l'argumentaire commercial ne s'impose pas de lui-même ». Les arguments doivent être ajustés pour convaincre un demandeur ayant reçu un bon de visite pour un logement : pourquoi lui fait-on cette proposition, à quelle autre proposition peut-il s'attendre s'il refuse le logement, et dans quels délais, quels sont les « gestes commerciaux » susceptibles de lui être proposés (changer le revêtement de sol, réfection des peintures, etc.). Le dispositif mis en place cette fois correspond à une épreuve marchande, où s'apprête le caractère désirable d'un logement, et la conviction du demandeur qu'il ne trouvera pas mieux ailleurs.

Il s'agit par conséquent de techniques de commercialisation qui se sont diffusées parmi les organismes de logements sociaux, et qui restent dédiées à la résorption de la vacance sur certains sites. Ce travail sur le client et ses désirs pour faciliter la rencontre entre une offre et une demande reste donc limité et constitue une simple extension dans un dispositif d'ensemble qui reste globalement inchangé. La volonté de pousser plus loin cette mise en capacité de l'organisme à se saisir des désirs de potentiels clients existe toutefois, à l'état de projet discuté. Ces discussions entre les différents directeurs de l'organisme portaient sur l'ouverture d'une « boutique » à destination du public. Elle devrait permettre de recevoir directement les personnes, de répondre à leurs questions, voire de leur présenter des logements disponibles avant même qu'une demande de logement social ne soit déposée. La procédure d'attribution, la vérification de la conformité du demandeur à certains critères, sont alors reléguées en arrière-plan, au statut de *back office*. Le responsable du service des attributions adhère aux bienfaits du projet qui lui est proposé par la nouvelle direction en termes d'« efficacité commerciale » et de transformation de la « relation clientèle ». Il ne voit pas par contre l'opportunité d'une telle mise en valeur des logements que le bailleur peut offrir, dans la mesure où, en dehors de secteurs limités où la vacance tend à être résorbée, aucun problème de commercialisation n'est relevé. Les logements trouvent aisément preneur avec les listes d'attente constituées et la « boutique » risque ainsi d'être peu achalandée. Il entend également que soient approfondies les conditions d'intégration du « reste » – la constitution et l'examen d'un dossier, et leur conformité réglementaire – dans cette approche commerciale plus affirmée. Cette boutique ne sera par conséquent pas constituée chez le bailleur social, mais dans une autre filiale du groupe, assurant la commercialisation des logements en accession aidée ou non à la propriété. Elle consiste en une boutique ouverte en ville et un site Internet, sur lequel des logements sont proposés.

Le client comme celui qui doit payer le juste prix

Pour justifier des hausses de loyers en fonction d'une amélioration du service rendu, la capacité d'aller à la rencontre de locataires, de manière ouverte et sans préjugés, est également valorisée. Mais il n'est plus question de faire valoir les bienfaits d'un échange direct avec le locataire, plus authentique ou plus efficace car dégagé d'un ensemble de préalables formels. Pour préparer ces rencontres et convaincre les instances de décisions de l'organisme, viennent au contraire au premier plan le tableur *Excel* et les *PowerPoints*. Calculs à l'appui, il s'agit de montrer que des hausses de loyers justifiées par l'amélioration de la qualité de service rendu permettent un traitement équitable entre locataires. Elles seront en partie compensées par des baisses de charges, du fait de logements de meilleure qualité environnementale. Les plus pauvres ne verront pas leur taux d'effort augmenter, car ils seront mieux solvabilisés par les aides personnelles.

Avant d'engager les négociations avec les locataires et leurs représentants, il a fallu convaincre les instances décisionnaires de l'organisme. Aux raisonnements de l'« ancienne école », réticente à pratiquer des hausses de loyer conséquentes pour les locataires, il faut substituer des critères de jugement plus satisfaisants.

Plutôt que de qualifier *a priori* ces locataires comme « pauvres » ou « modestes », il est préférable d'envisager ce qui peut être proposé à un ménage, en fonction de ses capacités financières. La réticence à faire peser sur les locataires le coût de certaines opérations apparaît dès lors infondée : il faut calculer ce qui peut être proposé à chacun. Ce faisant, on fait le départ entre les « vrais pauvres », pour lesquels on démontre que l'augmentation de loyer pourra être compensée par des aides et des baisses de charges, et d'autres, qui ne sont pauvres que dans l'esprit de personnes dotées de préjugés. Cet « humanisme bien pensant », empêtré dans ses préjugés, néglige de considérer que derrière les « pauvres », il y a des individus qui, une fois leurs contraintes déterminées, sont appelés à prendre leurs responsabilités et à contribuer financièrement aux améliorations qui leur sont proposées.

Les réorganisations portées par la certification de la qualité

Les mesures prises pour résorber la vacance se sont accompagnées d'une première refonte de certains services, préparant la mise en forme de procédures et leur certification.

La direction de la clientèle a été créée en 2003. Elle intègre, sous la direction d'un nouveau cadre, le fonctionnement des agences. Ces agences appartenaient jusque-là à une direction particulièrement importante dans cet organisme, regroupant les attributions, mais aussi le suivi des agences. Aussi, dans cet organisme, le « métier noble » n'est pas tant la maîtrise d'ouvrage et les activités de construction que la gestion des attributions et les liens avec les agences. La création des agences chez ce bailleur ne procède pas d'une volonté de décentralisation ou de déconcentration d'un organisme qui aurait été jugé trop centralisé. Dans le prolongement du modèle de la cité-jardin, où l'administration de la cité s'inscrivait dans une maison commune devant être le pivot de l'organisation de la vie collective, ces agences étaient conçues comme de véritables institutions du bailleur sur ses différents sites. Nous verrons dans le chapitre suivant ce qu'il subsiste de ces institutions de proximité. La direction des Affaires sociales avait donc en charge les attributions, mais aussi les liens avec les agences, à travers des relations directes entre cette direction et les chefs d'agence. À partir de 2003, la gestion des agences s'inscrit désormais dans une direction à part entière : la direction de la clientèle. Les liens entre les chefs d'agence et la direction s'effectuent désormais à travers la médiation du directeur de la clientèle, et de cadres intermédiaires. Les chefs d'agence dans leur ensemble critiquent leur éloignement de la direction, et l'incapacité de cette direction de la clientèle à faire remonter les « problèmes de terrain ». Leur opposition à ces transformations est interprétée par le responsable de cette nouvelle direction comme une réaction normale de personnes attachées au pouvoir et au statut qu'elles avaient dans l'ancienne direction.

Les équilibres entre les services liés à la gestion et ceux des services techniques ont également été modifiés. Ils s'inscrivent dans des tensions récurrentes entre les agences et ces services techniques, les uns critiquant le manque de réactivité des seconds, les autres l'incapacité des premiers à intégrer les contraintes nécessaires à la réalisation de prestations bien faites avec des coûts contrôlés. Toutefois, à l'issue d'une série de changements, la direction de la maintenance, regroupant les services techniques, a perdu ses capacités d'interventions directes. Plus généralement, son activité a été repositionnée sur le suivi de contrats passés avec des prestataires externes. Elle doit à ce titre suivre ces contrats et faire remonter à ces prestataires les dysfonctionnements ayant pu être constatés en agence. Toutefois, les tensions entre agences et services techniques n'ont pas disparu. Elles prennent toutefois moins pour objet l'absence de réactivité des services techniques, que son incapacité à faire valoir à des prestataires les dysfonctionnements constatés.

Cet organisme a répondu à l'obligation qui lui a été faite de rendre compte de la qualité de service rendu au locataire par le développement de démarches engagées pour améliorer la commercialisation de logements vacants. D'un ensemble de recettes importées dans cet organisme pour répondre à ce problème, l'engagement dans une démarche de certification est venu introduire une remise à plat des relations entre les différents services impliqués dans cette commercialisation des logements. Plus généralement, ce qui a été porté dans cet organisme est la nécessité de s'apprêter à une privatisation d'une partie de ses activités et de diversifier ses ressources, qu'il s'agisse de porter une stratégie active de développement *via* de nouvelles filiales, de développer des services devant à terme procurer des ressources complémentaires aux loyers, ou de faire porter équitablement sur les locataires une participation financière sur les opérations engagées. Ces transformations opèrent donc une transformation radicale de l'organisme, qu'il s'agisse des glissements opérés dans les manières de concevoir ce qu'est un service ou les missions sociales d'un organisme. L'urgence justifie de procéder à des transformations devant permettre la continuité d'un héritage, qui se trouve toutefois grandement modifié. L'appréciation de ces évolutions, dans une approche qui se veut pragmatique, est subordonnée aux résultats qu'elles auront produits, tout en inscrivant leur évaluation dans un nouveau cadre, ajusté à l'intégration, par des acteurs de marché, de préoccupations sociales et environnementales dans la production de biens et de services.

QualiHabitat : une organisation dans un marché

Le troisième organisme que nous avons étudié a servi à plusieurs égards de modèle au Logis, qu'il s'agisse de promouvoir une plateforme de produits et de services diversifiés, d'adopter une structure juridique permettant de garder le pouvoir vis-à-vis d'autres acteurs, ou de s'engager dans des démarches de responsabilité sociale de l'entreprise. Toutefois, pour cet organisme, s'inscrire dans un environnement concurrentiel ne constitue pas un horizon mobilisateur : ce n'est pas une nouveauté. Entrer dans cet organisme, c'est donc entrer dans une entreprise relativement plus « classique », proposant ses produits sur un marché et négociant avec ses locataires les contreparties financières d'une amélioration de la qualité du service rendu. Elle intègre d'emblée, dans les arrangements organisationnels qui la structurent, des dispositifs qualifiés pour s'inscrire dans des formes de coordination concurrentielles. Elle propose des produits et des services qui, par leurs qualités, sont susceptibles de rencontrer la demande de clients. Toutefois, comme n'importe quelle organisation[4], et *a fortiori* une organisation qui, par son statut, ne peut être lucrative et qui s'inscrit dans la mise en œuvre d'une politique publique, elle intègre d'autres formes de coordination, qu'il s'agisse de scrupules moraux bornant l'optimisation des équilibres gestionnaires ou des liens de confiance à entretenir dans la durée pour permettre le développement de ses activités. Pour cet organisme, les réformes engagées n'ont pour ainsi dire rien changé. Une solution a été trouvée pour satisfaire aux exigences de réforme de gouvernance. Ce contexte de réforme a été saisi pour mobiliser des relais politiques et porter, dans un contexte jugé favorable, une extension du champ de la négociation avec les locataires. On peut toutefois constater l'ampleur prise par les formes conventionnelles de description et d'évaluation de la qualité au sein de cet organisme. Toutefois, plutôt qu'elles n'accompagnent une révision des arrangements organisationnels existants, elles viennent décrire, avec les conventions qui leur sont propres, ce que des agents faisaient depuis des années. L'étude de cet organisme nous permet enfin de clarifier un aspect central pour comprendre la manière dont ces réformes sont portées. Nous avons vu comment, dans les expertises conjointes de l'administration des Finances et de l'Équipement[5], la négociation du service rendu au locataire devait à la fois permettre de dégager de nouvelles ressources, mais aussi porter une amélioration de la gestion de proximité et une prise en compte du point de vue de l'habitant. Nous avons vu également comment ces constructions normatives, mobilisant la reconnaissance de l'individu et de son point de vue pour asseoir la grandeur du marché, venaient faire épreuve dans des organismes se coordonnant jusque-là sur d'autres principes, et porter la critique de leur incapacité à intégrer ce que les gens veulent ou ce à quoi ils aspirent, en radicalisant, dans le droit fil du libéralisme politique, la tension entre ce qui est juste au nom de principes communs et ce qui est bien, car intégrant le point de vue des individus. Nous envisagerons par conséquent un organisme où ces

4. Ce qui a notamment été développé par de nombreux travaux dans le cadre de l'économie des conventions : BOLTANSKI L. et THÉVENOT L. (dir.), *op. cit.*, 1989 ; EYMARD-DUVERNAY F. (dir.), *L'économie des conventions. Méthodes et résultats*, t. I : *Débats*, Paris, La Découverte, 2006.

5. PREVOT M. et AILLERET B., *op. cit.*, 2004.

qualifications du nécessaire rapprochement d'un bailleur auprès de ses locataires ne viennent pas faire épreuve aux compromis existants, sinon de manière interne aux principes devant régir une coordination marchande, en questionnant la capacité des locataires à payer pour ces transformations. Nous envisagerons également la manière dont de nouvelles méthodes gestionnaires, basées sur un gouvernement par objectifs, rendent compte des engagements des agents de cet organisme.

Un organisme et ses produits : une histoire valorisée comme atout

QualiHabitat a été créée en 1965. Parmi les actionnaires de cette société, figure là encore un noyau dur de fondateurs, également présentés comme des notabilités locales. Ce sont essentiellement les notables de communes plutôt rurales situées dans le Nord de la France : notaires, présidents d'associations et élus. Ces fondateurs se retrouvent, dans les années 1960, sur un diagnostic commun : les habitants quittent ces communes rurales pour de grandes agglomérations alors en pleine croissance. Il faut donc contrer cette dynamique en proposant des logements à même de maintenir sur place une population locale, et permettre ainsi le maintien d'emplois et d'équipements dans ces territoires. À cela s'ajoutent les critiques des grands ensembles. Plutôt que de construire des logements dans les quartiers inhumains qui se développent en périphérie des agglomérations, il faut réaliser des opérations permettant de faire vivre ces territoires ruraux. Cet organisme se développe essentiellement à partir de la fin des années 1970, où il s'inscrit dans le projet de soutenir une offre de qualité, accessible financièrement, et répondant aux aspirations des Français en matière de « cadre de vie ».

Il réalise ainsi des opérations de petite taille et des maisons individuelles, ces dernières représentant environ la moitié du parc locatif de ce bailleur. Il s'inscrit par ailleurs dans le projet de diversification porté par la réforme de 1977, en développant des logements locatifs HLM mais aussi l'accession sociale à la propriété. Concernant les logements locatifs, cet organisme propose, comparativement à d'autres sociétés HLM des mêmes régions, des loyers réputés plus élevés. Cette cherté relative est justifiée comme la conséquence d'un parc plus jeune, relativement plus cher. Mais c'est aussi un choix, une politique de l'organisme, qui avance comme contrepartie un certain niveau d'exigence dans l'entretien du patrimoine et une politique de maîtrise des charges, impliquant des investissements pour réduire les coûts liés au chauffage des logements. Le locataire est qualifié par conséquent, selon un compromis entre des ordres de qualification marchand et civique, comme un ménage dont la consommation doit être soutenue pour qu'il puisse accéder à des produits de qualité.

Dès sa création également, l'organisme s'engage dans la réalisation de foyers pour personnes âgées, destinés à accueillir les veuves de guerre, anciennes fermières ou ouvrières agricoles, afin de leur proposer une solution pour « vieillir dignement ». L'organisme développe au fil des années la construction de foyers pour les jeunes travailleurs, les personnes handicapées, puis de l'ensemble des nouveaux « produits logement » ayant pu voir le jour au cours des dernières décennies : résidences sociales, maisons relais, produits spécifiques destinés aux personnes âgées, aux handicapés, aux personnes souffrant de maladies spécifiques ou encore, dans un autre domaine, des centres éducatifs fermés. Parmi le parc de ce bailleur, figure une part conséquente de ces « produits logement », dont la gestion est confiée à des structures essentiellement associatives. Sur 18 000 logements, 15 000 sont des logements locatifs sociaux gérés par le bailleur, et 3 000 sont gérés de manière indirecte par des structures de type associatif.

Pour se conformer aux exigences de réforme de la gouvernance des SA HLM, un groupe a été constitué, regroupant ces différents champs d'activité dans différentes filiales. Ce groupe est constitué sous forme de société par actions simplifiées (SAS), permettant de dissocier, *via* la constitution de différents collèges, les droits de vote des actionnaires de leur capital. Cette solution a été adoptée par un organisme qui disposait de compétences internes en matière de droit des sociétés, tant sur les différents statuts et ce qu'ils autorisent, que sur les jeux de participations croisées qui peuvent les accompagner. Il ne pouvait par ailleurs prendre appui sur une association d'utilité publique de la stature de celles qui furent placées en position d'actionnaire de référence dans les organismes précédemment étudiés. Cette réforme a également constitué l'opportunité de « prendre la main » sur deux autres structures, intégrées dans les différentes filiales ainsi constituées. Celles-ci sont au nombre de quatre : l'organisme HLM, une coopérative HLM concentrant les activités de promotion immobilière et de vente de logements sociaux, une association rassemblant les fondateurs de l'organisme ou ceux qui leur ont succédé, et une union d'économie sociale rassemblant le réseau associatif associé aux différentes formes d'habitat temporaire ou adapté.

Convaincre pour se développer

Cet organisme, pour se développer, a dû faire valoir à une multiplicité de communes l'intérêt des produits qu'il pouvait proposer, en ayant à se positionner soit vis-à-vis de la promotion immobilière privée, soit, sur d'autres communes, vis-à-vis d'un autre organisme HLM disposant à la fois d'une antériorité et d'un adossement privilégié à une collectivité locale ou à un collecteur 1 %. L'organisme a ainsi élargi de proche en proche son territoire d'intervention. La société intervient désormais auprès de 260 communes. Partant de territoires avoisinant une agglomération moyenne dont sont issus les fondateurs de l'organisme, la société s'est étendue dans l'ensemble du département, puis successivement dans deux autres départements limitrophes. À chaque fois, les contacts pris avec un élu formulant une demande d'intervention ont permis cet élargissement et ouvert l'extension des compétences territoriales accordées à cet organisme par les services déconcentrés de l'État, *via* son agrément en tant que SA HLM.

Pour porter ce développement, c'est en premier lieu une relation élective qui est invoquée. Pour faire valoir les produits que ce bailleur propose à une collectivité locale, encore faut-il que celle-ci soit disposée à accueillir sur son territoire des réalisations qualifiées de « sociales » et qu'elle y apporte son concours. Cette relation au commanditaire est par conséquent valorisée comme la rencontre de deux agents que leurs préoccupations amènent à travailler ensemble, pour développer des logements sociaux, ou des produits logement destinés aux personnes défavorisées. Des relations privilégiées sont donc entretenues avec des acteurs qui ont fait le choix de la solidarité. Cette capacité à travailler ensemble est également ce dont l'organisme doit faire la preuve aux élus, en s'adaptant à leurs demandes, qui peuvent être fort variées : répondre à des exigences techniques ou urbanistiques de nature à rebuter un intervenant privé, s'assurer que les logements sociaux construits seront bien gérés et que le bailleur sera un interlocuteur à même de prendre en charge les problèmes qui lui seront communiqués, garder une maîtrise du peuplement des logements et s'assurer, par exemple, que les quelques logements sociaux construits sur une commune iront bien aux besoins identifiés localement et non à de nouveaux entrants. La diversification des produits et des services vient par conséquent soutenir une coordination proprement marchande, attestant de la capacité de l'organisme à répondre aux désirs du client.

Pour se développer, cet organisme s'est appuyé également sur des liens constitués de proche en proche, fondant une réputation acquise sur la durée. Aussi, cet organisme s'est peu décentralisé, malgré sa forte dispersion géographique. C'est un organisme qui se dit « jacobin », pour marquer une forte volonté de contrôle de ses différentes entités. Des agences locales ont été créées mais, jusqu'au début des années 2000, elles ne regroupaient aucun cadre disposant d'une délégation de pouvoir. Elles comportaient des « techniciens » représentant chacun un « métier », travaillant en agence mais directement placés sous l'autorité des services du siège dont ils dépendaient. Cette réticence à décentraliser me fut justifiée par une première expérience de l'un des dirigeants, au cours de laquelle un bailleur social a mis fin à ses activités à la suite des dérives de l'une de ses agences locales. Le contrôle doit donc permettre d'éviter ces dérives, susceptibles de miner la réputation d'un organisme.

Une démarche commerciale ancrée dans la conception de produits

Dans cet organisme, la démarche commerciale renvoie originairement à la conception des produits. Avant 1985, il existe un commercial au siège de l'organisme, qui n'est investi que dans l'un des volets de l'activité du bailleur :

l'activité de promotion immobilière. Il n'intervient que pour des opérations de construction de logements destinés à être vendus en accession sociale à la propriété. En 1985, ce travail commercial sur la conception des produits s'étend à la conception des logements sociaux. Selon le responsable de la commercialisation, cette invitation, par la direction de l'époque, à ce que le commercial donne son avis sur la conception des « cellules » – à savoir les plans des logements – fait suite aux difficultés rencontrées lors d'une opération spécifique. Conçue par un architecte de renom, cette opération est emblématique de certaines des réalisations engagées à la fin des années 1970 pour répondre au besoin de singularisation des habitants, selon une réaction critique à la construction des grands ensembles que nous avons développé dans la première partie.

Les difficultés que rencontre le bailleur pour louer ces logements l'amènent à diagnostiquer un problème au niveau de leur conception. L'extension d'une démarche commerciale vers les logements locatifs sociaux consiste par conséquent à concevoir des produits susceptibles d'être loués, en faisant remonter les caractéristiques couramment attendues par de futurs habitants, telles que l'existence de placards à balais ou de pièces suffisamment larges et dotées d'angles droits, permettant d'accueillir les meubles que les locataires entendent apporter. Le commercial du siège est par conséquent celui qui intervient auprès des « techniciens » qui conçoivent les opérations, pour leur faire valoir les qualités qu'un produit doit intégrer pour être commercialisé. Ces qualités relèvent du « bon sens » que le commercial peut opposer aux services de la maîtrise d'ouvrage. Elles proviennent également parfois des observations communiquées par le commercial de chaque agence, lorsque ce poste fut créé aux alentours des années 2000. Ils font remonter des attentes présentées comme celles de certaines populations locales, habituées par exemple à disposer d'un cellier, investi comme lieu de stockage et de bricolage.

Toutefois, ce n'est qu'un rôle très marginal reconnu aux commerciaux d'agence. Leurs fonctions ne sont pas valorisées comme attestant d'une capacité de l'organisme à s'ajuster et à intégrer les aspirations de futurs locataires. Selon le directeur du service commercial, les commerciaux d'agence n'en ont tout simplement « pas le temps ». Dans leurs contacts avec les demandeurs de logements sociaux, les exigences de qualité sont de l'ordre du « quantitatif » : les dossiers de demandeurs doivent être rapidement enregistrés, mais le temps manque pour les recevoir ou examiner de manière approfondie les dossiers.

Négocier localement la qualité des services rendus

Au-delà de la conception des produits, d'autres modalités sont valorisées par la direction de QualiHabitat pour intégrer les attentes des locataires, à travers la concertation et la négociation. L'actuel secrétaire général fut ainsi fortement investi dans les commissions mixtes HLM usagers au niveau départemental et régional[6] et valorise le « goût pour la négociation » caractérisant selon lui QualiHabitat. Il a fortement investi la possibilité de passer des accords collectifs de location avec ses propres locataires et leurs représentants. Ces accords peuvent porter sur les loyers, les charges récupérables sur les locataires, l'amélioration et l'entretien des logements et des parties communes ou l'évaluation du coût des réparations locatives. Toutefois, les éléments négociés dans ces accords sont fortement encadrés. Les modalités par lesquelles un bailleur social peut augmenter les loyers sont fixées réglementairement dans le cadre des conventions signées avec l'État. Toutefois, les loyers réels peuvent être inférieurs aux loyers plafonds autorisés, et les négociations peuvent porter sur des augmentations moins fortes que celles autorisées. Il en est de même des charges locatives qui peuvent être demandées aux locataires, dont la liste est limitativement fixée. Toutefois, la complexité de certaines interprétations ou des mesures de gestion ayant un effet sur la possibilité de récupérer des charges sur les locataires peuvent faire l'objet de négociations[7].

Dans cet organisme, des accords ont été conclus pour répondre à la demande de locataires souhaitant, avant que ce ne soit précisé dans la réglementation, disposer d'interphones, ou à celle de locataires d'une autre résidence souhaitant étendre le ménage réalisé par le gardien à des espaces limitrophes. Cette extension du balayage à un palier ou un perron jusque-là non inclus a fait ainsi l'objet d'un accord collectif au sein d'une résidence, la prestation étant facturée deux euros aux locataires. Ces accords concernent également des mesures que le bailleur souhaite porter auprès des locataires, telles que l'abandon des vide-ordures ou la mise en place du tri sélectif des déchets. Sont négociés dans ce cadre aussi bien des demandes de locataires et des objectifs portés par le bailleur, ainsi que leurs incidences sur les loyers ou les charges. La passation de ces accords constitue une politique valorisée par l'organisme. Elle doit faire droit à la particularité de chaque site, dans un cadre réglementaire précisant les objets susceptibles d'y être négociés.

La loi dite « Engagement national pour le logement du 13 juillet 2006 » a permis de déroger à la liste réglementairement fixée des charges récupérables auprès des locataires par la voie d'un accord collectif local. Prenant acte d'une évolution des services susceptibles d'être proposés aux locataires, cette loi prévoit la possibilité de déroger à cette liste dans certains domaines : l'amélioration de la sécurité et la prise en compte du développement durable. Cette loi ouvre donc des possibilités plus larges de négociation, que QualiHabitat a d'autant plus investies qu'il s'était mobilisé et avait fait jouer ses relais politiques,

6. Ces commissions, instituées à partir de 1975, au niveau national, départemental et régional ont été remplacées en 2000 par une Instance de concertation nationale et des Instances régionales de partenariat.
7. Par exemple, le fait qu'un gardien habite ou non sur place a des effets sur les charges récupérables sur les locataires pour l'entretien des parties communes.

avant l'adoption de cette loi, pour plaider en faveur de cette mesure. C'est sur la poursuite de ces élargissements que, au moment de l'enquête, une réflexion était menée au sein de l'organisme pour proposer à la négociation des services à la personne, dans une réflexion menée conjointement avec le Logis. Ce projet, qui n'était qu'une intention au moment de l'enquête, soulevait des interrogations quant à ses modalités. Tel qu'il me fut présenté par le secrétaire général de l'organisme, ce projet consiste en une importation de ce que les Suédois appellent des « loyers chauds », et ce à un temps où le gouvernement entendait manifester une volonté de développement des services à la personne. L'idée de ces loyers dits « chauds » consiste à ce qu'un bailleur propose un ensemble de services tarifés venant s'adjoindre aux loyers. Ces services consistent, en Suède, en un ensemble de prestations, qu'il s'agisse pour un locataire de demander des travaux d'embellissement de son logement ou son accès à des services collectifs tels que des laveries. Les services envisagés par l'organisme consistent en des services à la personne, à savoir des services d'aide à domicile auprès de personnes âgées ou de gardes d'enfants.

Une des premières questions que soulève la formalisation de ces services, selon ce secrétaire général, réside dans le fait de savoir qui doit les réaliser. Les gardiens rendent souvent de petits services à des personnes âgées. Ils pourraient éventuellement bénéficier de formations sur les gestes nécessaires en cas de canicule auprès de personnes âgées ou dépendantes. Mais pour aller plus loin et publiciser ce service en tant que nouvelle prestation, il faut identifier une nouvelle compétence et, par conséquent, faire appel à des métiers qui ne sont pas ceux du bailleur. Toutefois le recours à des prestataires externes soulève quelques réticences, exprimées comme la crainte que l'organisme se transforme en « gabelou », en « vendeur de prestations ». Le terme de « gabelou » renvoie à ceux qui collectaient l'impôt sur le sel – la gabelle – sous l'Ancien Régime et qui, en payant d'avance le produit de cet impôt au Roi, se remboursaient ensuite sur ses sujets. Notre interlocuteur manifeste d'abord la crainte que le bailleur soit perçu comme tel par des locataires. Dans l'ensemble, il estime que les négociations actuelles se passent bien, *a fortiori* quand existe « un climat de confiance » avec les locataires, notamment du fait d'un « gardien sympa ». L'introduction par le bailleur d'un prestataire externe risquerait de soulever des questions, et de briser ce climat de confiance. Par ailleurs, il s'inquiète de la manière de contrôler ces prestataires ou partenaires futurs. Il lui faudra donc s'assurer qu'ils sauront être scrupuleux face à certains locataires vulnérables, et que la prestation ne sera pas délivrée de manière trop intéressée.

La possibilité de développer ces services renvoie également à un autre problème, à savoir la capacité des ménages à participer à leur financement. Le secrétaire général a réalisé quelques projections sur l'évolution de son peuplement. La solvabilité de locataires retraités au cours des prochaines décennies le rend sceptique sur leur capacité à s'offrir des services qui paraîtront des « fioritures » accessoires, par rapport à des besoins plus vitaux qui absorberont l'essentiel de leurs capacités financières.

> « On a eu une génération de *golden papys* qui ont pu être locataires chez nous, et qui ont eu les moyens de bien vivre. Aujourd'hui, ou après-demain, des gens qui auront pris leur retraite à soixante-sept ans avec un taux de remplacement qui sera autour de 52-53 % sur de petits montants... Si ces gens ne sont pas propriétaires de leurs maisons, ils vont être chez nous en secteur HLM. Et il n'y aura peut-être pas de poésie pour les fioritures d'à côté. Alors, entre ce qu'on pense maintenant et ce qui va se passer, il va peut-être y avoir distorsion. Je ne voudrais pas vous faire du Zola mais... Alors à titre personnel, je suis peut-être pollué aussi par le fait que lorsqu'on livre des produits style maison relais, ou centre éducatif fermé, on a affaire à des publics qui sont vraiment en très grande difficulté. »

Aussi, le scepticisme sur un projet conforme à la mission première de l'organisme – des produits et services de qualité à des prix modérés – est nourri d'une part par des instruments de planification, informant une mesure de l'accessibilité financière des locataires à ces services. Il l'est aussi par des expériences dissonantes, qui « polluent » son jugement et altèrent son enthousiasme pour porter l'organisme vers les nouveaux horizons du service rendu aux locataires.

Le trivial et l'essentiel : l'obligation d'amélioration continue

Dans cet organisme, la mise en place de ces procédures et de la formalisation des actions qu'elles appellent est venue optimiser un schéma fonctionnel auquel l'organisme était déjà adossé. Les réorganisations engagées dans les deux précédents organismes apparaissent dès lors comme des aspects « triviaux » de la qualité. Ce schéma fonctionnel suppose que soient délimitées des unités autonomes devant rendre des comptes sur le bon déroulement des actions à leur niveau, dans un organisme extrêmement centralisé, hiérarchisé et se reposant pour son extension vers le local sur des individus qui sont conçus comme des maillons avancés dans l'exécution de certaines fonctions. C'est par conséquent sur cette base que les responsables du management de la qualité dans cet organisme valorisent des formes de contrôles moins hiérarchiques, pour leur opposer l'engagement responsable et volontaire de chacun dans un bon fonctionnement collectif.

À la différence des organismes précédemment étudiés, les formes de certification adoptées par QualiHabitat ne consistent pas à importer un ensemble de techniques pour permettre soit une commercialisation plus efficace des logements vacants, soit de reprendre en main une gestion de proximité. Comme le souligne la responsable de la qualité de cet organisme, ils n'ont pas opté pour une certification qui aurait donné des « contenus », des « objectifs ». Ces formes de certification constituent pour elle des aspects triviaux. Elles manquent l'« essentiel » des démarches qualité : l'exigence d'amélioration continue.

Aussi, cette entreprise est certifiée selon les normes ISO 9001, relative à la « gestion de la qualité » et 14001, sur le « management environnemental » et non sur des standards axés sur la résolution de problèmes spécifiques. Les formes de certification de la qualité du service rendu aux locataires, par rapport aux autres organismes étudiés, ont pour particularité d'être applicables à toutes les organisations : elles ne traitent pas de problèmes spécifiques à une activité donnée, mais visent l'organisation de « systèmes de management » susceptibles d'être appliqués quelle que soit la nature de l'organisation[8]. La première de ces certifications, obtenue en 2000, a accompagné le passage mesuré vers une gestion plus décentralisée, par l'attribution à l'un des « techniciens » regroupés en agence du statut de « cadre », disposant d'une délégation de pouvoir. Ce statut ne se traduit pas par la création de nouveaux postes. L'un des « techniciens » présents en agence – agent technique, commercial ou gestionnaire – sera choisi pour avoir cette responsabilité et disposera ainsi de « deux casquettes » : le poste qu'il occupe et le rôle de chef d'agence.

Pour mettre en place ces certifications, des ateliers rassemblant différents groupes ont travaillé durant trois années au repérage de « morceaux de *process* », permettant ensuite que la certification s'applique. Ces travaux ont abouti à une architecture formelle détaillant des « macro-processus », intégrant des « procédures », rassemblant elles-mêmes des « modes opératoires ». Elle est adossée à une base de données, répertoriant les dysfonctionnements relevés et les actions de corrections menées depuis le début de la démarche. Dans ce cadre, chaque unité – agent ou service – peut être qualifiée en tant que « client » en fonction des interdépendances dans lesquelles elle est prise dans ce schéma fonctionnel. Un locataire faisant une demande d'intervention technique, un demandeur de logement ou un candidat à l'accession sont des « clients ». Avec la notion de « client interne », les différents services de l'organisme le sont également : l'agence sera ainsi considérée, dans certaines procédures, comme le client de la maîtrise d'ouvrage, dans la mesure où, dans un processus donné, elle dépend des actions de ce service pour pouvoir ensuite assurer normalement les tâches qui lui incombent. Il s'agit par conséquent d'un plan d'action à l'échelle de l'organisation, où chaque agent est responsable, à son niveau, de l'efficacité de l'ensemble d'une chaîne d'actions.

Ces certifications sont accompagnées de contrôles réguliers : audits externes, internes ou « revue de processus ». Des auditeurs externes, missionnés par l'organisme octroyant la certification – l'AFAQ –, font un audit de l'organisme tous les ans. Pendant quelques journées, ils rencontrent des membres du siège

8. Barraud de Lagerie P., « Quand l'efficacité anticipée d'une institution entrave sa pleine genèse. La construction de la norme ISO 26000 sur la responsabilité sociale », *in* François P. (dir.), *Vie et mort des institutions marchandes*, Paris, Presses de Sciences-Po, 2011, p. 169-194.

ainsi qu'un échantillon des agences. Des audits internes ont également été mis en place à partir de 2002, également chaque année. À la différence de l'audit externe dans lequel la crainte, pour un agent audité, est qu'un problème ne soit pointé par rapport aux engagements pris par l'organisme, ces audits internes viennent spécifiquement prendre en charge des problèmes identifiés, en fonction d'un programme établi conjointement entre la direction et le service qualité. Toutefois, les audits internes sont distingués des formes de contrôle jugées plus « hiérarchiques ». L'auditeur choisi ne doit pas être du même service que l'audité, et il ne peut exister de relations hiérarchiques entre eux. Pour mettre en confiance le personnel lors de l'instauration de ces audits, une charte a été signée stipulant qu'aucune sanction ne peut être donnée à un agent à la suite d'un rapport d'audit. Ce dispositif doit par conséquent permettre d'orienter les agents vers la recherche de solutions à des problèmes qui auraient été objectivés par le dispositif de suivi de la qualité.

Toutefois, la mise en valeur d'un problème révélé par des chiffres et dont il s'agirait de rechercher, ensemble, l'origine, constitue la plupart du temps une fiction, que le service qualité entend maintenir. Le programme de l'audit est défini conjointement par le service qualité et la direction, pour lesquels les écarts objectivés par des chiffres ne constituent qu'une partie des éléments fondant la décision d'auditer un service plutôt qu'un autre. De la même manière, le choix de l'auditeur suit d'autres principes que la seule neutralité : ceux qui auront du tact ou de la fermeté, mais aussi les personnes qu'il est bon de faire se confronter pour une meilleure gestion des « interfaces » entre différents services. L'auditeur est ainsi appelé à se mettre à la place de l'audité, ne serait-ce que par la lecture des comptes rendus de processus du service qu'il va auditer afin de préparer sa visite, ou par la confrontation avec l'audité. Le rapport d'audit doit ensuite être signé par les deux parties.

À ces audits annuels s'ajoutent des « revues de processus » semestrielles, pilotées par les responsables désignés pour chacun des vingt-cinq processus, mobilisant des représentants des différentes catégories d'agents ou des services impliqués dans leur réalisation. Elles doivent permettre de contrôler que les objectifs fixés seront effectivement tenus. Le service des ressources humaines, constatant par exemple qu'il ne tiendra pas ses objectifs en matière de réalisation d'entretiens individuels auprès des salariés, peut décider ainsi d'élargir la liste des personnes habilitées à faire passer ces entretiens pour atteindre les objectifs fixés. Ces revues de processus sont aussi l'occasion de faire participer les agents à l'amélioration de ces procédures. Ils peuvent ainsi discuter la pertinence de délais fixés de manière conventionnelle, et demander à modifier, par exemple, les dates de recouvrement des loyers pour les ajuster aux dates auxquelles les locataires touchent certaines prestations. Ils peuvent également faire valoir des aspects qui leur permettraient d'agir de manière plus efficace. Des gardiens ont ainsi demandé à disposer d'un petit budget, dont ils auraient directement le contrôle, afin de pouvoir mobiliser plus rapidement des artisans sur des questions de petit entretien.

Ces revues de processus doivent enfin alimenter l'obligation d'amélioration continue associée à ces certifications. De nouvelles actions doivent être envisagées, ainsi que leurs délais de réalisation. Il est ainsi constaté que, de manière générale, ces revues sont de moins en moins consacrées à des actions correctives, répondant à un problème identifié, mais à des actions dites « préventives ». Pour la responsable de la qualité, cette évolution est positive : ce sont de nouvelles « idées » et « initiatives » qui permettent d'alimenter le dispositif. Elle l'associe toutefois à un « effet pervers ». Ces nouvelles idées, devant nécessairement se traduire en objectifs quantifiés, conduisent, si les acteurs ne sont pas vigilants, à « tendre le bâton pour se faire battre ». Après s'être engagés dans la recherche de nouvelles idées, les agents retournent au travail. Leurs priorités ne vont pas nécessairement à ces nouvelles « idées ». Leur importance n'est en effet pas cruciale et les effectifs, notamment en agence, sont très limités. Les agents ont tendance à les oublier, les obligeant ensuite à « rattraper » des retards pris sur des objectifs qui doivent, au même rang que d'autres, être tenus.

À la différence d'autres organismes où la mise en place de démarches d'évaluation de la qualité met à l'épreuve les compromis stabilisés dans ces organisations, la mise en place des démarches qualité est peu critiquée. Les agents que nous avons rencontrés considèrent dans l'ensemble qu'elles décrivent leurs fonctions et qu'il est normal d'être contrôlé. Ils se plaignent par contre du temps qu'ils doivent leur consacrer, et de la charge de travail « administratif » qui pèse désormais sur eux. Chaque agent doit saisir par informatique un ensemble d'informations pour organiser ce suivi et alimenter le système d'information qui le sous-tend. D'autres, et notamment parmi les responsables de services, peuvent également critiquer la charge que fait peser une logique d'amélioration continue. Valorisant des démarches qui permettent à l'organisme d'être plus efficace, ils estiment qu'un peu de stabilité serait nécessaire pour que les « corrections » apportées puissent être intégrées et que les agents consacrent leur énergie à faire leur travail plutôt qu'à intégrer des révisions constantes de leurs activités. Des critiques internes se manifestent par conséquent au niveau des responsables des différents services, qui tendent à soupeser l'utilité de ce dispositif par rapport aux « métiers » du bailleur.

Aussi, au niveau des cadres dirigeants de l'organisme, les responsables de la qualité, qui sont deux femmes, relativement jeunes, alors que les autres dirigeants sont des hommes, peuvent être regardées avec une bienveillance qui les discrédite un peu : ce sont des êtres dotés de lubies et dont les intentions sont louables, mais qui restent d'une certaine manière périphériques en vis-à-vis d'activités plus sérieuses. Aussi, les deux responsables de la qualité affichent particulièrement leur souci de restreindre cette charge « administrative », en veillant à ce que les activités d'enregistrement de chaque agent soient autant que possible restreintes à ce qui regarde vraiment son activité. Ces critiques ont également été en partie intégrées dans un dispositif dans lequel un service, composé de deux personnes, doit spécifiquement porter l'organisation et le pilotage de ces démarches.

Le réalisme des épreuves de la qualité ou les basculements vers l'absurde

Au-delà des critiques explicites de ce dispositif, il est d'autres occurrences où les qualifications portées par ces dispositifs semblent parfois déconnectées d'une « réalité », qui se situerait sur un plan séparé. Nous verrons par conséquent en quoi ce management de la qualité manifeste un caractère absurde[9], à travers des formes d'évaluation qui semblent tout faire pour tenir à distance les épreuves pratiques évaluées par ces dispositifs qualité, mais aussi par une extension de formes langagières associées à la qualité, qui tendent à tout décrire, bien au-delà des épreuves de jugement que ces dispositifs qualité instrumentent effectivement.

Cette déconnexion est intrinsèque à des dispositifs qui doivent nécessairement détacher les actions du plan singulier dans lequel elles se réalisent, pour les inscrire dans des formats généraux de description et d'évaluation. Mais elle est aussi portée par la manière dont les responsables de la qualité entendent pointer des fautes et appeler à un réalignement des conduites. Lorsque la responsable qualité se décide à exposer un « dysfonctionnement » auprès d'un agent, elle ne le fait pas sur la seule base d'indicateurs chiffrés. Elle le fait sur la base de remontées d'informations ou d'observations qui lui donnent une idée des dépendances dans lesquelles s'inscrit ce dysfonctionnement. Comme elle l'indique souvent pour prévenir les critiques qui réduiraient le dispositif qualité, ses instruments et ses statistiques, à un « machin » prenant un peu trop de poids par rapport aux « métiers », la qualité est un outil qui doit permettre d'alerter, et d'engager vers une enquête permettant de clarifier l'origine de dysfonctionnements.

Toutefois, pour ne pas heurter les agents, elle estime plus adéquat de faire « comme si » un dysfonctionnement avait été révélé par le dispositif de suivi de la qualité, et propose, qu'ensemble, les causes en soient recherchées. La volonté d'éviter de heurter les agents est congruente avec une valorisation de l'horizontalité et l'autonomie de chacun. Elle porte également le souci de ne pas engager les agents vers des justifications, susceptibles de provoquer des tensions et de bloquer le basculement attendu dans la recherche des corrections à apporter. Elle indique ainsi le soin qu'elle prend à ne pas trop « différencier », à ne pas trop « localiser », à ne pas dire qu'il y a un « défaut » sur tel point précis. La réponse à un problème local doit prendre autant que possible la forme d'une réponse « globale ». La discussion avec un gardien qui fait mal le ménage ouvre

9. HIBOU B., *La bureaucratisation du monde à l'ère néolibérale*, Paris, La Découverte, 2012.

sur l'identification, menée de conserve avec ce gardien, d'un besoin de formation sur le ménage devant être proposé aux gardiens en général, et à celui-ci en particulier. Ces attentes sur le bon « management » de la qualité sont toutefois levées dans certaines circonstances. Lorsqu'il y a une réclamation, les problèmes sont traités de manière plus « singulière » et le contrôle hiérarchique revient : les faits doivent être établis par le biais d'une enquête et les fautes éventuelles seront pointées.

Cette déconnexion de ce que les agents font vraiment apparaît également lorsqu'un agent, ayant amélioré ses résultats, est valorisé. Les responsables de la qualité, soucieuses de montrer en quoi ce contrôle de la qualité se distingue de contrôles hiérarchiques, entendent ne pas manquer une occasion de féliciter les agents de leur contribution individuelle à l'effort commun. Certains agents accueillent ces bons résultats avec humilité et une feinte surprise, qu'ils signifient, aux dires des responsables de la qualité, par des : « Ah bon, on va faire mieux alors ! », lorsqu'elles leur annoncent qu'ils ont « progressé de quatre points sur la propreté des parties communes ». Ces formes de civilités des échanges, où les fautes ne sont pas pointées et les mérites humblement accueillis comme de bonnes surprises, entretiennent ainsi une forme de rapport quasi magique à l'autorité de ces résultats, dont la compréhension dépasserait l'entendement de chacun[10].

Toutefois, de la même manière que la responsable de la qualité a une idée des dépendances impliquées dans un dysfonctionnement avant de l'exposer à un agent, les agents savent ce qu'ils ont fait, connaissent les formats d'évaluation et ce qu'ils saisissent de leurs activités. Ils savent également ce que font d'autres agents ayant ou non les mêmes résultats. Comme nous le verrons dans les chapitres suivants, les agents se comparent et se situent entre eux, en opposant différents contextes d'intervention, mais aussi des manières de faire qu'ils jugent plus efficaces ou auxquelles ils se disent attachés. Aussi les agents que nous avons observés critiquent parfois les repères formels qui doivent désormais décrire et évaluer leurs activités comme étant absurdes. Toutefois, ils ne se meuvent pas dans un univers qui leur paraît absurde et dont ils seraient plus qu'avant dépossédés. Il est toutefois des occurrences où le langage conventionnel de la qualité apparaît comme une absurdité, lorsqu'il est déployé hors des espaces où peuvent sereinement être exposés leurs principes.

Ce fut le cas lors de visites réalisées avec la responsable de la qualité sur différents sites, qui amenèrent à une série de situations cocasses, provoquant

10. Aussi, nous pouvons constater, dans le prolongement des analyses de Laurent Thévenot, une réification des personnes et de leurs engagements associée à ces formes de gouvernement par l'objectif. Ce qui meut effectivement les personnes dans leurs engagements est ici réduit aux repères conventionnels devant évaluer leurs activités, pour être saisi comme un état de fait entièrement indépendant des personnes, de ce qu'elles engagent dans la réalisation de leurs activités, et des dépendances de ces engagements à un environnement approprié (THÉVENOT L., art. cité, 2015).

l'embarras ou des rires inégalement partagés. Prévues après un entretien où nous furent présentés le dispositif qualité, ses procédures et ses outils, ces visites devaient être l'occasion de nous introduire auprès de différents gardiens sur leurs sites. Dans l'une de ces visites, il nous fut indiqué que, pour que les choses « se passent bien » sur un site, il fallait qu'un gardien reste sur ses fonctions, ce qui impliquait de ne pas trop se familiariser avec certains locataires et de maintenir la bonne distance avec chacun. Le gardien approuvait et nous marchions ensemble, lorsqu'une voix s'éleva soudain de la cage d'escalier, invitant très familièrement ce gardien à se dépêcher de venir boire son café. Le gardien fila donc en s'excusant, mais il avait promis d'aller boire son café chez ce locataire. Le gardien ne parut pas embarrassé. Il fit mine de ne pas percevoir la contradiction. La responsable de la qualité le fut manifestement. Nous allâmes ensuite rencontrer un autre gardien, la discussion portant, dans sa loge, sur les transformations introduites dans les relations aux locataires par les approches orientées sur les « clients ». Une fois le pas de la loge franchi pour effectuer une petite visite, nous étions sur un site dont les fenêtres avaient été murées, et dont les derniers locataires, les plus réticents à partir, venaient enfin d'accepter une proposition de relogement. Le gardien nous exposa ces départs difficiles, et les mesures qu'il avait dû prendre pour prévenir l'intrusion d'enfants d'anciens locataires qui avaient fait de ces logements vides un lieu de réunion et d'exploration susceptible d'être dangereux. La discussion s'épuisant, nous relançâmes le fil de notre discussion initiale et prononçâmes donc, dans cette relance, le mot « client ». Nous ne pûmes ce faisant nous empêcher d'en être embarrassée. Nous voyant buter sur le mot, le gardien, encore dans les souvenirs qu'il venait d'évoquer, fut pris d'un bref éclat de rire : « Ouais, le client ! » Ceci venait donc rappeler que, si dans les dispositifs qualité, toutes les actions sont ordonnées par des « clients », les locataires ne sont pas les « clients » d'actions qui manifestement s'imposent à eux.

Dans une certaine mesure, et dans cette société, les dispositifs instaurés par les procédures de management de la qualité permettent d'élargir une participation des agents à la critique et à la justification des repères formels devant décrire leurs activités. Ils viennent également systématiser des actions de contrôle et d'enquêtes sur les éléments impliqués dans des dysfonctionnements qui ne sont pas révélés uniquement par ces instruments. En un sens, ces procédures systématisent des formes de rapprochements entre différentes catégories d'agent, tout en occultant ce qui soutient concrètement ces rapprochements. Nous développerons ceci plus loin en envisageant les formes de coordinations engagées en agence. Mais au niveau même du service dédié à la qualité, l'accent mis sur des ajustements de procédures formelles néglige les formes de coordinations que supportent en personne ces responsables de la qualité. Lorsqu'elles passent sur les sites, elles sont investies d'un ensemble de problèmes et de mécontentements que leur exposent des agents. L'agent commercial d'une agence se plaint que ses relations avec des élus soient affectées par un ensemble de dysfonctionnements constatés à la livraison d'une opération. La responsable qualité nous soulignera ensuite la manière dont elle – la qualité – est perçue comme un élément de réponse à des problèmes : elle envisage de proposer aux services de la maîtrise d'ouvrage un critère supplémentaire, devant compter pour un certain pourcentage, dans le choix d'une entreprise prestataire. Considérant la manière dont elles sont investies, lors de leurs déplacements, de ces problèmes et dysfonctionnements, elles ont mis en forme des fiches « grains de sable », que chaque agent peut leur transmettre directement, sans passer par les schémas hiérarchiques ou fonctionnels établis, lorsqu'ils ont un mécontentement à exposer. Les agents ne les utilisent pas. Quand elles vont les voir, ils préfèrent leur dire ces mécontentements plutôt que de remplir des fiches : des régularisations de charges mal conçues ayant conduit à mettre des locataires dans l'embarras, des gardiens qui ne disposent pas du matériel nécessaire pour faire les saisies informatiques qui leur sont demandées, etc. En attendant la procédure qui permettra de tout intégrer, ils communiquent des problèmes à des agents identifiés comme étant du siège, directement rattachés à la direction, et par conséquent en position de les faire « remonter ».

Conclusion

Les enquêtes réalisées au sein de ces trois organisations illustrent leur très inégale propension à porter une « culture du résultat » ou les bienfaits associés aux formes de coordination marchandes. Selon les cas, ce sont différentes composantes de ces transformations qui trouvent une extension inédite au sein des arrangements organisationnels existants. En revanche, force est de constater l'extension de formats d'action et d'évaluation adossés à la reconnaissance de l'autonomie et de la responsabilité des individus au sein de l'ensemble des organismes étudiés.

Nous ne verrons pas dans cette extension la fin des institutions « classiques », comme c'est le cas d'analyses qui opposent l'individu à l'institution. Cette reconnaissance de l'individu se fait à travers des formes instituées, qui délimitent des attentes de comportement et, en ce sens, des normes collectives. Toutefois, ce n'est pas parce que ces institutions « classiques » céderaient le pas à des formes institutionnelles plus ouvertes, laissant plus de liberté aux acteurs de base, tout en façonnant les pratiques *via* des formes de contrôle opérant de manière plus distante, inscrites dans des rapports sociaux plus horizontaux[11]. Dans les organisations que nous avons étudiées, nous avons mis en évidence les

11. Bezès P., Lallement M. et Lorrain D., « Introduction. Les nouveaux formats de l'institution », *Sociologie du travail*, vol. 47, n° 3 : « Les nouveaux formats de l'institution », 2005, p. 293-300.

ressorts de ces formats de reconnaissance, et des principes de hiérarchisation avec lesquels ils entrent inégalement en tension.

Le premier organisme que nous avons étudié s'apprête ainsi à passer une épreuve de nature industrielle, en réorganisant ses activités sur des standards professionnels, devant permettre une division du travail « normale » au sein de l'organisation et sa reprise en main. Elle fait surgir de fortes tensions au sein de dispositifs – gardiens, équipes de proximité et agences – qui devaient non pas se porter tout seuls, mais dont l'autonomie était valorisée en tant qu'engagement en personne, et vers des biens communs[12]. La composante marchande de ces transformations est en revanche clairement critiquée. La direction de cet organisme entend faire écart avec des formes d'évaluation alignées sur les métiers de l'immobilier, méconnaissant les spécificités de contextes d'intervention et les missions d'un bailleur social. Toutefois, les évaluations de la qualité de service ouvrent un ensemble de discussions en interne sur ce que les locataires veulent vraiment. On peut juger ces discussions salutaires, dans la mesure où elles relancent une exigence de composition entre des qualifications adossées à des biens communs, et des épreuves de réalité mettant en doute les prétentions de l'organisation à s'y adosser. Les termes de la discussion tendent cependant à orienter vers d'autres formes de composition pour apprécier ce qui doit être garanti aux personnes au sein de cette organisation. Les locataires sont-ils en demande de « lien social » ou entendent-ils être traités comme des individus parmi d'autres ? Adhèrent-ils à la stratégie de valorisation de cet organisme, ou bien sont-ils désormais plus enclins à ce que leur bailleur soit un bailleur « comme les autres » ? Une reconnaissance indexée sur le format de l'individu et l'expression de ses demandes est portée par les exigences de qualité de service et par des cadres intermédiaires alignés sur ses formats d'action et de jugement. Cette forme de reconnaissance soutient l'extension d'une grammaire libérale de composition au sein de cette organisation, où ce qui doit être garanti aux personnes n'est plus défini par rapport à des principes communs, mais doit découler de l'expression individualisée des locataires.

La direction du deuxième organisme développe différemment les nouvelles contraintes qu'elle doit intégrer : il faut inscrire l'organisation dans la modernité, cette modernité étant le marché. La grandeur du marché constitue un horizon

12. La décentralisation mise en œuvre au début des années 1990 dans cet organisme tend à n'être plus considérée que par défaut, en tant que ce qui aurait conduit à une absence d'homogénéité et à un défaut de standardisation : hétérogénéité des agences, des équipes et des équipements formels dont elles ont pu se doter (tableaux de suivi, formulaires types pour communiquer des informations aux locataires, etc.). S'opère ainsi l'oubli de conceptions antérieures de la « modernisation » des rapports entre organisation et usager, valorisant la décentralisation des actions comme le moyen de soutenir l'initiative locale et l'engagement des agents (BEZÈS P., *op. cit.*, 2009), à travers la mise en place, par ces agents, d'outils de gestion évolutifs, dans le prolongement de réflexions engagées alors au sein de « cercles qualité » (EYMARD-DUVERNAY F. et MARCHAL E., « Les règles en action : entre une organisation et ses usagers », *Revue française de sociologie*, vol. 35, n° 1, 1994, p. 5-36).

mobilisateur. Elle doit ouvrir de nouvelles opportunités, permettre un fonctionnement plus efficace et aboutir à une relation clientèle réformée. Parmi des dirigeants et des cadres toutefois très inégalement enclins à porter les bienfaits d'une coordination par le marché, l'invocation de la contrainte, une attitude pragmatique reportant le jugement sur ces transformations à l'appréciation de leurs résultats, ainsi que le jeu de promotions internes embarrassent l'expression de critiques sur les déplacements opérés quant à la définition des missions sociales de l'organisme et un relatif éloignement du « terrain ». Des articulations normatives, qui se nouent autour de différentes manières d'envisager ce qui vient supporter une écoute personnalisée, emportent également la conviction de ces agents. L'écoute bienveillante de locataires saisis dans leurs singularités est, dans cet organisme, valorisée. Celle-ci est mise en valeur depuis des constructions normatives distinctes : la bienveillance de l'« ancienne école », l'écoute organisée à travers des dispositifs d'aide à la parentalité, ou la valorisation d'un ancrage des agences dans leurs quartiers. Ces compromis, supportés par des dispositifs distincts au sein de l'organisation, tendent à être unifiés sous l'effet d'une critique, qui désigne comme « archaïques » un ensemble de jugements qualifiés de « moraux », par opposition à d'autres, plus ouverts, et dégagés de ces « préjugés ». Peuvent ainsi être visés successivement une « ancienne école » sur le déclin, mais aussi le *pathos* de « bien-pensants » s'autorisant à parler au nom des « pauvres », ou encore un personnel administratif jugé parfois trop « rude » dans l'accueil des demandeurs de logements. Pour réformer une « relation clientèle » et l'ajuster au « sens de l'histoire », cette écoute personnalisée doit être portée dans d'autres constructions normatives. Pour le responsable des attributions, il faut reconnaître en chacun un porteur de projet individuel et l'aider, sinon à trouver une solution, du moins à ajuster son projet. Pour le responsable de la clientèle, il faut organiser le traitement efficace des demandes de clients, et être en mesure de faire des « gestes commerciaux ». Pour le responsable du développement, la souplesse de l'échange commercial doit permettre d'entendre les contraintes et les désirs d'une clientèle diversifiée, accueillie de manière ouverte et sans préjugés, pour lui proposer les solutions adaptées. La reconnaissance de l'individu et de ses projets vient s'articuler alternativement avec des évaluations relevant d'un ordre industriel, lorsque ces projets sont indexés sur des schémas d'action standardisés, ou avec des évaluations adossées à un ordre de grandeur marchand, lorsque l'échange permet de proposer le produit adapté aux désirs et aux capacités financières du client.

La société QualiHabitat est une organisation d'ores et déjà fortement alignée sur la production de biens et de services sur un marché concurrentiel. Le développement des dispositifs de management de la qualité a accompagné l'extension de cet organisme et la constitution de ses agences. Le marché, tout comme la reconnaissance des locataires en tant que clients à travers des schémas fonctionnels ordonnant le traitement efficace de ses demandes, ne constituent pas – ou plus – des ressorts de mobilisation. C'est au sein de cette organisation fortement hiérarchisée que sont instaurées de nouvelles formes de contrôle devant permettre plus d'autonomie aux agents dans l'exercice de leurs fonctions et l'épanouissement de rapports sociaux plus horizontaux.

L'extension que prennent, au sein de cette dernière organisation, les dispositifs de management de la qualité constitue une charge pour ses agents : ils occasionnent un surcroît de « travail administratif » qui pèse dans l'exercice de leur métier. Ils ne peuvent toutefois s'apparenter au « calvaire bureaucratique » décrit par Béatrice Hibou[13]. L'importance accordée aux « métiers » dans cet organisme et l'expression de critiques, portées aux plus hauts niveaux de l'organisation, sur le fait que le dispositif qualité ne doit pas peser sur l'exercice de ces « métiers », contribue sans doute à borner cette extension. Toutefois, tel qu'il est thématisé par B. Hibou, ce sentiment d'absurde ne renvoie pas seulement à la manière dont des agents soupèsent l'utilité de ce travail bureaucratique par rapport à ce qui serait leur vrai « métier ». Il renvoie à une analyse de la nature de ces formalités qui, en tant que telles, sont au principe d'une dépossession du sens de la réalité. L'exacerbation de la nature formelle de ce que l'auteur appelle la « bureaucratisation néolibérale » renvoie à une intensification des opérations d'abstraction, celles-ci tendant ensuite à être assimilées à la « réalité ». B. Hibou souligne par ailleurs que ces abstractions sont utiles puisque, sans « concepts » et « catégories », il n'y a pas de pensée. L'assimilation de ces formalités à des « concepts » ou à des « catégories » de pensée nous semble manquer leur spécificité et, par conséquent, les dynamiques pouvant conforter une absence de prise en compte de « la situation "telle qu'elle est" et de qui nous sommes "réellement"[14] ». Dans l'approche qui est la nôtre, ces formalités ne sont pas des abstractions ou des artefacts. Elles sont encore moins des concepts ou des catégories de jugement. Ce sont des repères formels équipant des formes d'action et de jugement et, parmi elles, celles qui se prêtent le plus facilement à la formalisation. Le fait de considérer ces repères formels comme des fictions et des constructions de la réalité conduit nécessairement à poser la « réalité » ou la « vie quotidienne » sur un plan séparé, et envisager leurs effets dans les termes d'une imposition de sens, portée de l'extérieur, générant de la « confusion » et de l'« indiscernabilité ». Aussi, la réalité ou la vie quotidienne, en référence aux travaux de Michel de Certeau, est analysée d'emblée par B. Hibou comme le site d'une possible mise à distance de cette imposition normative, par des manières de « faire avec » la norme ou d'y résister.

13. L'ouvrage s'ouvre ainsi par la description de la journée d'une femme, travaillant à l'hôpital, et l'ensemble des formalités auxquelles elle doit se consacrer, qui lui paraissent « absurdes » et « dérisoires », pour se poursuivre chez elle, tentant de régler notamment des questions relatives à son abonnement téléphonique *via* une plateforme d'appel de son opérateur (HIBOU B., *op. cit.*, 2012).

14. *Ibid.*, p. 15.

Plutôt que de rechercher une variété d'attitudes dans la manière dont des agents acceptent ou résistent à ces impositions normatives, il nous faut rechercher ces tensions à partir des formes de jugement et d'action que ces repères formels viennent équiper. Dans ce chapitre, nous avons traité d'organisations et des formats d'épreuve qui y sont institués. Nous avons observé des formes d'embarras dans l'expression de critique ou de jugement. Toutefois, à ce niveau, ces situations de confusion normative nous semblent davantage liées aux déplacements des épreuves instituées au sein de ces organisations, qu'à l'extension des formalités qui accompagnent ces déplacements. Nous avons également commencé à envisager en quoi des dispositifs de management de la qualité pouvaient être perçus comme une charge pour des agents, mais aussi comme le moyen de mettre à l'épreuve des repères formels et de questionner leur capacité à soutenir et à décrire ce qu'ils estiment faire « réellement ». Aussi, dans le chapitre suivant, nous envisagerons la pluralité des engagements pratiques requis dans l'exercice de différents métiers, pour comprendre comment ces formalités, et leur extension sans précédent au sein des différentes organisations étudiées, soutiennent ou embarrassent ces engagements.

Chapitre VIII

RENDRE SERVICE AUX LOCATAIRES

Parler de « qualité de service » suppose d'adopter d'emblée une forme d'évaluation particulière, impliquant *a minima* de poser deux parties en vis-à-vis, en qualifiant la nature de leur relation. Cette formulation suggère un type d'enquête qui permettrait de documenter et d'analyser les satisfactions et insatisfactions recueillies sur les thèmes peu spécifiés que sont la propreté, la maintenance, la qualité de l'accueil, la communication, ou le cadre de vie. On risque dès lors de perdre de vue que les évaluations formulées par des habitants, et par tout autre acteur, gagnent à être resituées dans les relations que ceux-ci engagent avec leur environnement. Aborder la question par la « qualité de service » tend ainsi à détacher les évaluations des cadres d'appréciation dans lesquels elles sont formulées. Ainsi, et *a fortiori* quand le terrain observé inclus des lieux habités, l'analyse ne peut mettre de côté les façons dont les agents engagent des évaluations et des appréciations au quotidien sur ce qui les entoure. La prise en compte de ces engagements familiers permet de suivre le cheminement par lequel une simple tension, ressentie au plus près comme une « gêne » banale, peut conduire à la formulation d'un problème, susceptible d'être pris en charge par une organisation[1]. Il importe donc de travailler sur les modalités de ces cheminements plutôt que sur des opinions recueillies *ex post* sur des thèmes généraux. À défaut, l'analyse risque de manquer l'essentiel, à savoir l'extrême

1. Marc Breviglieri et Danny Trom ont proposé de décrire un ensemble de tensions constitutives de l'expérience citadine en partant de la manière dont des « troubles » surgissent, susceptibles de faire épreuve aux engagements pratiques dans lesquels sont pris les habitants d'un quartier urbain, pour envisager ensuite leur publicisation. C'est ce cheminement que nous avons cherché à décrire. Toutefois, celui-ci ne tend pas vers la confection d'un problème public. Nous nous sommes intéressée aux transformations requises pour que des « préoccupations » soient traitées en « demandes », susceptibles d'être prises en charge par une organisation. Cela suppose leur appariement à des « problèmes » stabilisés, équipés par des dispositifs intégrant des règles organisationnelles ou juridiques, qui ne visent pas le même genre de publicité – celle d'un espace public démocratique – que des « problèmes publics » (BREVIGLIERI M. et TROM D., « Troubles et tensions en milieu urbain. Les épreuves citadines et habitantes de la ville », *in* CEFAÏ D. et PASQUIER D. [dir.], *Les sens du public*, Paris, PUF, 2003, p. 399-416).

variété des préoccupations susceptibles d'être communiquées aux agents, ainsi que le travail qu'ils effectuent en amont pour se saisir de ces préoccupations et les transformer en « demandes », à même d'être traitées par un service.

Nous avons donc suivi en premier lieu le mouvement par lequel, dans ces différents organismes, les préoccupations des locataires étaient transformées jusqu'au format d'une demande, prise en charge par un service. Au fil de l'enquête, le terme de « préoccupation » nous a semblé le plus adéquat pour désigner une partie de ce qui est exposé aux agents de ces sociétés, sur laquelle des agents restant sur des formats conventionnels d'action ne sauraient avoir prise. Si la demande vise un objet bien défini, il n'en est en effet pas de même de la préoccupation : son objet n'est pas *a priori* formaté comme une demande susceptible d'être traitée. Se saisir d'une préoccupation suppose donc de la faire changer d'état et ce sont les opérations engagées par les agents pour transformer ce qui se donne comme « préoccupations » en « demandes » que nous avons analysées. Ce faisant, nous verrons que ces agents doivent composer avec des formes d'engagements extrêmement diversifiées, depuis des épreuves au cours desquelles un agent s'engage dans des expériences sensibles en considérant au plus près ce qui préoccupe un locataire, jusqu'à la figuration d'une arène où s'apprécie ce qui est juste, en passant par les formats de l'action en plan, que vont saisir les outils de suivi et d'évaluation de la « qualité de service ». Nous avons étudié les dispositifs qui supportent de manière privilégiée, mais non exclusive, ce travail de composition au sein des différentes sociétés. Cela nous permettra de faire retour, dans un chapitre suivant, sur les réarrangements organisationnels étudiés au chapitre précédent.

De nombreux travaux menés dans les années 1990 ont contribué à reprendre à nouveaux frais la question des rapports entre administration et usagers. Contre le schéma de l'application d'une règle à un cas, ces travaux ont cherché à ouvrir la « boîte noire du travail administratif[2] » et à rendre compte de ce qui, en interaction, venait cadrer les échanges et travailler les règles impersonnelles fixées par une organisation[3]. Ces travaux ont restitué la complexité du travail effectué par les agents en contact avec les usagers. Contre une réduction fonctionnelle de leur activité, ils ont montré les opérations de cadrage effectuées pour épurer les situations[4], l'importance des civilités ordinaires[5], et les principes de justice

2. Weller J.-M., « Le travail bureaucratique. Déplacements/résistances », *Travail*, n° 36-37, 1996, p. 57-67.

3. Eymard-Duvernay F. et Marchal E., *op. cit.*, 1994.

4. Jeannot G. et Joseph I., *Les métiers du public, les compétences de l'agent et l'espace de l'usager*, Paris, Éditions du CNRS, 1995.

5. Grosjean M., « La question dans les prestations de services, l'exemple du métro parisien », *in* Kerbrat-Orecchioni C., *La question*, Lyon, PUL, 1991 ; Weller J.-M., « Le guichet interactif. Ce que font les bureaucrates lorsqu'ils répondent au téléphone », *Réseaux*, n° 82-83, 1997, p. 129-148.

engagés dans les évaluations des agents[6]. Dans cette perspective, la relation avec l'usager a pris l'ampleur d'un espace de négociation. La proximité que les dispositifs publics visaient à aménager a dès lors été pensée comme la constitution d'un espace de coprésence, dont les contraintes situationnelles étaient, en partie, assimilables à celles d'un espace public. Notre propos vise à approfondir ces contraintes pragmatiques à partir des développements d'une sociologie des régimes d'engagement, explorant, en deçà de situations qui mettent à l'épreuve le sens du juste ou la volonté impliquée dans un agir intentionnel, celles où se communiquent des troubles éprouvés depuis des engagements familiers[7]. Ce faisant, nous envisagerons une autre acception de la proximité avec l'usager, qui s'est développée ces dernières années à travers les problématiques du *care*[8] ou de la reconnaissance[9]. L'agent n'est plus face à un usager, membre actif d'un échange quasi contractuel, mais face à une personne, potentiellement vulnérable, dont il doit repérer les besoins ou attentes parfois peu explicités. C'est dans cette rencontre entre les exigences posées par l'organisation et celles d'actions qui s'approchent nécessairement de l'intimité d'autrui que nous voudrions reprendre les travaux sur les relations aux usagers.

LES DEMANDES D'INTERVENTIONS TECHNIQUES : ASSURER DES PRISES FONCTIONNELLES À DES PRÉOCCUPATIONS

Les agents présents quotidiennement sur les sites sont sollicités pour répondre à des demandes. Mais ils le sont tout autant par des habitants s'engageant avec eux dans des conversations dont les sujets peuvent être plus ou moins anodins. Ces formes de conversation ordinaires participent à l'entretien d'un commerce de voisinage et n'impliquent pas nécessairement l'existence d'une demande, relative aux fonctions de l'agent. Pour désigner ces formes d'interconnaissance inscrites dans la durée, les travaux sociologiques sur les relations entre agents et usagers de services font référence à la catégorie d'« habitués ». Elle désigne ceux qui feraient un usage détourné d'un dispositif, en l'utilisant pour parler, se raconter ou s'y installer durablement, pour analyser les attitudes des agents face à ces comportements déviants[10]. La notion d'habitué apparaît

6. CAMUS A., LAFAYE C. et CORCUFF P., « Entre le local et le national : des cas d'innovation dans les services publics », *Revue française des affaires sociales*, vol. 47, n° 3, 1993, p. 17-48 ; ASTIER I., *Revenu minimum et souci d'insertion*, Paris, Desclée de Brouwer, 1997.
7. THÉVENOT L., « Le régime de familiarité : des choses en personnes », *Genèses*, n° 17, 1994, p. 72-101 ; THÉVENOT L., *L'action au pluriel : sociologie des régimes d'engagement*, Paris, La Découverte, 2006.
8. MOLINIER P., LAUGIER S. et PAPERMAN P., *op. cit.*, 2009 ; GILLIGAN C., *Une voix différente. Pour une éthique du* care, Paris, Flammarion, 2008.
9. PAYET J.-P. et BATTEGAY A. (dir.), *La reconnaissance à l'épreuve. Explorations socio-anthropologiques*, Villeneuve d'Ascq, Presses universitaires du Septentrion, 2008.
10. Pour une lecture critique de ces travaux, voir OGIEN A., « L'ordre de la désignation. Les habitués dans les services hospitaliers », *Revue française de sociologie*, vol. 27, n° 1, 1986, p. 29-46).

également dans les travaux sur les relations de services pour analyser les rites d'interaction entre agents et usagers d'une ligne de bus[11]. Quand bien même il s'agit d'étudier un « espace de proximité, segmenté par et pour des habitués[12] », ces échanges sont toujours le fait d'individus qui se croisent souvent, tout en restant de parfaits inconnus. Ces travaux analysent alors ces échanges comme faisant appel à des « ressources sûres[13] » – météo, santé, et autres banalités – qui permettent de meubler les discussions entre personnes qui se sentent obligées de parler tout en ayant rien à se dire, et de satisfaire, par ces banalités, aux exigences de détachement attendues sur des espaces publics. Aussi, décrits depuis telles exigences, ces habitués frôlent toujours le ridicule, en exposant ces banalités en public et en lestant la fluidité attendue d'une relation de service. La non-pertinence de ces analyses pour décrire les formes de désignations engagées sur certains de nos terrains d'enquête nous renseigne en premier lieu sur leurs spécificités. Lorsque les usagers du service habitent à côté de l'agent ayant pour charge de le gérer, leur présence peut moins aisément être considérée comme un détournement par rapport aux fonctionnalités d'un service. Plus généralement, cette proximité dispose vers d'autres formes d'engagement que les rituels de la civilité sur des espaces publics et l'analyse des opérations de catégorisations relancées à chaque interaction sont impropres à décrire.

Hervé Marchal, à partir d'une enquête sur des gardiens en habitat social, a justement souligné que, par rapport aux autres usagers traités dans la littérature sociologique sur la relation de service, le gardien a une particularité, dans la mesure où les contacts entre un gardien et les locataires sont fréquents et inscrits dans la durée[14]. Toutefois, dans une approche où l'activité des gardiens est avant tout considérée comme la définition relationnelle d'une identité, les accomplissements pratiques de ces gardiens se vident de leur épaisseur temporelle et matérielle, pour ne renvoyer qu'à des stratégies d'identification ou de mise à distance d'identités stigmatisées elles-mêmes constamment réengagées. Dans leurs activités les plus quotidiennes, les gardiens étudiés par H. Marchal

---

11. JOSEPH I., « Le temps partagé : le travail du machiniste-receveur », *Sociologie du travail*, n° 1, 1992, p. 3-22. Plus généralement, en faisant référence aux travaux sur la relation de services, nous entendons les travaux analysant les basculements et les tensions entre différents cadres structurant les échanges. Ils invitent à étudier la manière dont des agents basculent entre différentes compétences soutenant les interactions : des « compétences techniques », des « compétences rituelles » associées aux attentes de civilité sur des espaces publics et des « compétences contractuelles » par lesquelles des agents ouvrent ou clôturent les transactions avec l'usager (DARTEVELLE M., « Le travail du contrôleur. Les activités langagières des agents », *Les Annales de la recherche urbaine*, n° 57-58, 1993, p. 110-114).
12. JOSEPH I., art. cité, 1992, p. 12.
13. GOFFMAN E., « Les ressources sûres », *in* WINKIN Y. (dir.), *Erving Goffman : des moments et leurs hommes*, Paris, Éditions du Seuil/Les Éditions de Minuit, 1988, p. 104-113.
14. MARCHAL H., art. cité, 2007.

mettent à distance le stigmate associé à la concierge d'antan[15], se définissent contre les « jeunes des cités » en tant que « pôles de projection négative pour définir ce qui est normal », ou se rangent derrière d'autres locataires, avec qui ils défendent de mêmes normes[16]. En mobilisant une autre notion issue des travaux d'Erving Goffman pour analyser des interactions en public – le stigmate et la gestion d'attributs susceptibles de discréditer un individu[17] – le cadre d'analyse adopté ne permet pas d'approfondir ce qui pourrait constituer un point aveugle d'approches qui excluent par construction l'existence de relations qui s'ancrent dans la durée, pour privilégier le temps court de l'interaction et ses opérations de cadrages réengagées à chaque nouvelle interaction.

Les demandes d'interventions techniques permettent d'illustrer le mouvement par lequel une préoccupation portée par un locataire auprès d'un agent va être éventuellement constituée en tant que demande. Dans la proximité, c'est en effet sous la forme de préoccupations que se livrent les troubles rencontrés par un habitant dans ses rapports avec son environnement, avant même de se donner comme insatisfaction, réclamation, ou comme simple demande. Le fait de se rapprocher permet de se rendre accessible à ce format – en deçà de la demande – et de faire le travail de transformation nécessaire pour que ces préoccupations prennent la forme d'un problème clairement identifié. Nous détaillerons les formes récurrentes de préoccupations livrées aux agents telles qu'elles se sont manifestées au cours de l'enquête.

Des préoccupations saisies au plus près d'un côtoiement régulier

Au cours de nos observations, la catégorie d'« habitué » n'a pas été mobilisée spontanément par des gardiens. Pour rendre compte de la manière dont ils règlent leurs échanges avec les locataires, ils désignent toutefois les habitudes de ces derniers, et convoquent des précédents accumulés en personne et dans la durée. Cette saisie des personnes fait écart avec des formes de catégorisation ou de typification supposant, pour que la situation soit intelligible et cadrée, qu'elle puisse être rapportée à un type ou à une qualification générique. Au cours de leurs déplacements sur leurs sites, les gardiens s'inscrivent dans une série de petites conversations plus ou moins étoffées. Ils s'y engagent selon leur

15. Les activités de ménage des gardiens sont ainsi décrites dans la mesure où elles font l'objet de « tactiques de désidentification », permettant aux gardiens de mettre à distance la figure stigmatisée du concierge, ceux-ci se livrant continuellement à un ensemble d'opérations consistant à cacher au « public » tout indice de « sale besogne » (MARCHAL H., « Gardiens HLM d'aujourd'hui, concierges d'hier », *Ethnologie française*, vol. 35, n° 3, 2005, p. 513-519).
16. MARCHAL H., « Les "jeunes des cités" vus par les gardiens-concierges », *Déviance et société*, vol. 30, n° 1, 2006, p. 121-130.
17. GOFFMAN E., *Stigmates. Les usages sociaux des handicaps*, Paris, Les Éditions de Minuit, 1977 [1963].

disponibilité du moment. Ils le font également en fonction des locataires croisés. Aussi, lors des visites sur les sites avec les gardiens, ceux-ci déclinaient certaines invites à des conversations, y répondant par un salut tout en marquant par leur allure ou leur posture leur indisponibilité. À l'inverse, le salut de circonstance est redoublé d'un petit signe d'appel, par lequel un gardien ou un locataire indique qu'il a quelque chose à dire ou à demander, invitant l'autre à s'arrêter. Parfois aussi, ce sont de petites retrouvailles qui font obliquer les trajectoires, un gardien prenant des nouvelles d'une locataire qu'il connaît bien, et qu'il n'a pas vue depuis « longtemps ». Nous dûmes ainsi régler notre pas sur ceux de gardiens ou de femmes de ménage devenus soudain plus rapides. Nous fûmes également invitée par une femme de ménage, alors que nous étions avec elle dans un hall, à nous soustraire à la vue d'un locataire, en nous cachant avec elle sous une montée d'escalier. Elle souhaitait échapper au récit des faits d'armes de cet ancien militaire, que la présence d'une nouvelle venue n'aurait pas manqué de susciter, et qu'elle avait déjà maintes fois entendu.

Du fait de cette intrication des échanges dans un commerce familier, il nous fut parfois malaisé de faire le partage entre ce qui était adressé à l'agent au simple titre de la conversation, et ce qui était susceptible d'être constitué en tant que demande, appelant une intervention. Ce ne fut qu'en sollicitant un commentaire sur ces rencontres que nous pûmes comprendre ce sur quoi un agent se fondait pour apprécier de l'existence ou non d'une demande dans des cas qui furent pour nous ambigus. Les agents doivent apprécier le caractère sérieux et obligeant de ce qui leur est adressé, au cours de conversations qui prennent aisément pour objets la dégradation d'un hall, l'état des espaces verts en pied d'immeuble, ou de petits problèmes que rencontrent des locataires dans l'entretien de leur logement.

> « Il y a des locataires qui se sentent obligés de vous dire quelque chose quand ils vous croisent pour entamer une discussion. Des fois, quand c'est une réclamation technique et que vous y répondez, deux ou trois jours après ils s'en rappellent plus, mais c'était pour dire de créer une discussion, un dialogue. »

Dans ce cas, le caractère sérieux de ce qu'expose un locataire s'apprécie en fonction de repères extrêmement personnalisés, faisant appel aux manières de faire et d'être habituelles de ces locataires. Un gardien s'inquiète ainsi de la petite remarque d'une locataire, accompagnée d'une moue indiquant son embarras, dans la mesure où, d'habitude, celle-ci ne se plaint jamais de rien. Pour un autre locataire, le fait que tout aille mal est habituel. Nous fûmes ainsi surprise d'entendre un gardien nous expliquer, après une discussion de quelques minutes avec un locataire déplorant un ensemble de changements apportés par le bailleur au niveau des locaux techniques d'un immeuble, qu'il s'agissait de la manière propre à ce locataire d'engager un brin de conversation. L'exposé et l'écoute de ces tracas, accompagnés de moues soucieuses, cèdent sans transition le pas à des salutations échangées sur un ton jovial lorsque nous prenons congé de ce locataire. Selon le gardien, il s'agit de la manière dont ce monsieur – qualifié de « gentil » et comme buvant « un peu trop » – discute avec lui lorsqu'il le croise, et ce depuis des années. Quand bien même il a acquiescé au caractère peu pratique de nouvelles arrivées d'eau, le gardien tient à nous tirer de notre erreur : « tout va bien » et il n'y avait « rien », ni critique, ni demande relative à ces équipements.

Ces formes de jugement ouvrent par conséquent sur des formes de disqualification spécifiques, lorsque ce qui est exposé par un locataire tend à être systématiquement renvoyé à sa propension toute personnelle à « râler », qu'il s'agisse des propos sans conséquences d'un original ou de ceux, plus pesants pour un gardien, énoncés par ceux, « toujours les mêmes », qui ne sont « jamais contents » :

> « On le sent, et ce sont toujours les mêmes personnes. On leur demande de revenir si ça ne marche pas ou... S'ils ont vraiment un souci, ils vont revenir à la charge, ou ils vont nous contacter par téléphone. »

> « Ça se passe bien, mais il y a des gens qui ne sont jamais contents. Alors on apprend. Avec le temps, on sait un peu à qui on a affaire. On leur dit : "Oui oui !" Et puis si ça devient... S'ils me lâchent plus et que ça devient pénible, je leur dis : "Faut aller voir à l'agence." Parce que sinon, on s'en sort pas. »

Tous les gardiens auprès de qui nous avons enquêté engagent ces appréciations. Toutefois, tous ne s'en tiennent pas là. Ils s'assurent de la consistance du problème exposé en attendant qu'il leur soit réitéré, en leur demandant de leur téléphoner ou de passer lors des permanences en loge, ou de porter eux-mêmes les problèmes qu'ils exposent auprès de l'agence. Ce faisant, les agents laissent au locataire le soin de prouver la consistance de sa préoccupation. Ils leur demandent de la réitérer, ou s'abstiennent de faire le travail de facilitation qu'ils feraient pour d'autres, pour considérer ce qui leur est exposé et le constituer comme une plainte ou une demande, appelant une intervention.

Les préoccupations qui n'offrent pas de prises immédiates à l'action

Aux côtés de ces préoccupations communiquées dans un commerce familier entre un agent et un locataire, nous avons identifié d'autres formes de préoccupations qui font également écart avec des demandes « en bonne et due forme », dans la mesure où elles n'offrent pas de prises à l'action. Qualifier un problème technique suppose en premier lieu un minimum de compétences techniques quant aux équipements qui composent le logement. Les descriptions fournies par un locataire peuvent par conséquent s'avérer insuffisantes ou peu plausibles.

Il n'entre pas dans les attributions des gardiens comme des secrétaires d'agence qui reçoivent les appels ou les visites des locataires de fournir des diagnostics sur les problèmes techniques rencontrés. Il leur est toutefois indispensable de qualifier *a minima* ces problèmes pour pouvoir le cas échéant le transmettre au service compétent. Or les descriptions fournies n'offrent pas systématiquement de prises à l'action. Les gardiens ont dans ce cas la possibilité d'« aller voir », possibilité dont ne disposent pas les secrétaires.

Ce cas de figure en rejoint un deuxième qui souligne l'écart entre ce qui est exposé à ces agents et le récit attendu d'un problème. L'agent n'est pas embarrassé parce qu'il n'arrive pas à qualifier la nature d'un problème, mais parce qu'il ne voit pas quel problème doit appeler son attention. Pour reprendre un terme fréquemment utilisé par les agents, un locataire va « déballer » un ensemble d'éléments, qui font pour lui indissociablement partie de ce qui le préoccupe. Une locataire se présente ainsi au guichet d'une agence et commence à expliquer tous les déplacements que les différents membres de la famille sont appelés à faire en journée, pour des motifs et à des horaires variés. L'agent, après avoir un temps froncé les sourcils, marquant ainsi un effort de compréhension intense de ce en quoi il peut être concerné, demande à la locataire si elle fait référence aux badges d'accès au parking, distribués à chaque ménage en nombre limité. Celle-ci acquiesce, puis continue d'exposer les raisons pour lesquelles son fils ou sa fille ont besoin de se déplacer, et les disputes que cela génère au sein de la famille. Lorsque les secrétaires d'agence critiquent des locataires qui « déballent » au lieu d'aller directement à l'exposé d'un problème, elles pointent l'incapacité ou l'absence de souci de locataires à faire le partage entre ce qu'il est pertinent d'exposer et ce qui ne l'est pas. Ces locataires leur font « perdre du temps ». « Déballer », c'est par conséquent en dire plus qu'il n'est utile. C'est aussi, parfois, exposer davantage que ce qu'un agent souhaiterait entendre, lorsque son attention est convoquée inopinément sur les méandres de la vie amoureuse d'un locataire ou sur les tensions qui agitent une famille.

La gêne qu'entraîne parfois cette exposition des agents aux remous de la vie intime des locataires se mue en pression lorsqu'un locataire « débarque » en agence, sous l'emprise des troubles qui l'ont affecté ou d'un sentiment d'urgence. Les agents peuvent ainsi être exposés à des états de colère ou de panique qui disposent mal à transcrire ce qui préoccupe dans les termes d'un problème bien défini. Aussi une locataire, confrontée à un dégât des eaux important dans son appartement, n'est guère en mesure de s'engager dans un diagnostic par téléphone visant à en rechercher l'origine. Un locataire fera irruption en agence après une altercation avec un gardien, où il apporte avec lui un morceau de bois impliqué dans une dispute. Un autre arrive en agence après une altercation avec son ancienne petite amie, tout en continuant à proférer insultes et menaces après l'avoir quittée. La colère de locataires qui se déverse sur les agents peut parfois être jugée compréhensible par ces derniers. Elle laisse aussi poindre le soupçon d'une pression, d'une instrumentalisation de cette colère pour obtenir un passe-droit. C'est bien sûr le cas lorsqu'un locataire « fait un scandale » en agence, où il dénonce comme injuste une règle invoquée par une secrétaire d'agence ou un gardien et en appelle à leurs supérieurs hiérarchiques. Mais en deçà de ces scandales, les agents craignent parfois de se faire « embrouiller » par un locataire, en étant sommés d'agir ne serait-ce que pour atténuer la pression à laquelle ils sont exposés, sans toutefois être certains d'avoir pu appréhender la nature du problème qui leur était communiqué. Le terme d'« embrouille » a d'ailleurs été utilisé par Marc Breviglieri[18] pour caractériser la manière dont des tensions, qui prennent consistance à travers des jeux de provocation entre proches, pointent, de manière mal assurée, vers des arènes publiques. Ces embrouilles, qui surgissent au cœur de relations entre proches, n'ont pas eu le temps de se clarifier et de répondre aux attendus d'une épreuve publique de justification. Elles sont marquées par une certaine confusion et l'enchevêtrement d'histoires intimes et publiques. Aussi, elles se déploient sous le regard de proches, qui sont en mesure de s'engager dans l'arène ainsi constituée, et d'examiner les torts qui y sont exposés. Au cours de nos observations, nous avons vu également ces « embrouilles » se porter un peu plus loin, sous le regard de gardiens ou à l'accueil d'une agence, appelés à statuer sur les faits exposés. Nous y reviendrons plus loin, pour envisager les spécificités de conflits susceptibles de prendre consistance entre locataires et gardiens.

Les appuis mobilisés pour clarifier un problème à distance

Lorsqu'un agent ne peut se figurer à distance le type d'action à engager, il doit pousser plus loin l'enquête. Ce qui est communiqué par un locataire a dès lors valeur d'indices, à partir desquels les agents tentent de clarifier la nature du problème en question. La connaissance de la configuration des lieux et des équipements, des enjeux liés à l'obtention d'un document, ainsi que l'habitude des problèmes fréquemment rencontrés, sont mobilisés. À ces repères fondés sur l'habitude s'ajoutent ceux qui tiennent à une connaissance particulière des lieux et des personnes. Il ne s'agit plus dès lors de savoir que tel type d'équipement pose fréquemment tel type de problème, que les locataires énoncent généralement de telle façon. Ce qui est exposé à l'agent fait sens par rapport à des éléments très localisés, voire à la pratique qu'un agent a des lieux. À une locataire signalant des flaques d'eau dans les parties communes, une secrétaire conseille par téléphone

18. Nous faisons ici référence à un article analysant plus spécifiquement l'adolescence, comme une multiplication inédite et progressive d'épreuves publiques. Marc Breviglieri y caractérise différentes façons de tendre vers des épreuves publiques, en opérant des passages entre un monde proximal familier et ces épreuves publiques (BREVIGLIERI M., « L'arc expérientiel de l'adolescence : esquive, combine, embrouille, carapace et étincelle », *Éducation et sociétés. Revue internationale de sociologie de l'éducation*, n° 19, 2007, p. 99-113).

d'aller vérifier si les vasistas du dernier étage de l'immeuble sont fermés, car elle connaît non seulement leur existence, mais aussi la propension du système en commandant la fermeture à se bloquer. Ces connaissances extrêmement particularisées peuvent aussi renvoyer à une connaissance des personnes, constituée au fil de fréquentations plus ou moins assidues. Cette connaissance acquise au cours d'un côtoiement durable n'est pas l'apanage exclusif de gardiens, comme nous le verrons plus loin. Elle revêt une importance particulière lorsque ce qui est présenté s'avère incompréhensible à un non-familier. Les agents s'appuient alors sur leur connaissance de la personne et de ses entours (lieux, objets, autres personnes) pour décomposer les associations faites par certains locataires et faciliter la transformation de ce qu'ils exposent dans les termes d'une demande ou d'un problème clairement circonscrit. C'est à ces conditions parfois que des récits foisonnants ou, au contraire, à peine esquissés, sont pris en charge sans heurts par un agent.

Rendre service aux locataires

Une fois qu'une demande d'intervention technique a été identifiée, les gardiens ou des agents techniques, selon les organismes étudiés, doivent aller sur place pour préciser un diagnostic et qualifier la nature du problème soulevé. Ils s'engagent alors dans un régime d'évaluation bien spécifique, qui est celui d'une appréciation de la fonctionnalité des objets. Au cours de ces visites, gardiens ou agents techniques vont manipuler une porte pour voir si elle ferme normalement, repérer les obstacles susceptibles d'obstruer des systèmes de ventilation, ou apprécier si l'usure d'un équipement est « normale » ou si elle relève d'une mauvaise utilisation. Ils s'engagent ce faisant dans un régime d'action qui suppose une coordination relativement restreinte, entre un agent et un environnement matériel saisi dans sa fonctionnalité. Cette attention aux objets et à leur fonctionnalité est le plus souvent affichée de manière ostensible. Elle manifeste le sérieux accordé au problème soulevé par un locataire, et le fait que, en « allant voir » et en menant une enquête sérieuse, l'agent exclut de son jugement une considération *a priori* du locataire et de son problème. Toutefois, les gestes et les appréciations s'effectuent sous le regard du locataire, qui suit le plus souvent l'agent dans ses moindres mouvements. C'est par cette action qui se place sous le regard d'autrui que l'agent rend observable, plutôt qu'il ne communique, son jugement. Se constituent ainsi des repères, des éléments de stabilité, qui réduisent l'incertitude et orientent vers un accord. En cela, les dynamiques d'accord et de désaccord que nous avons observées s'apparentent aux « rapports d'intéressement » décrits par François Eymard Duvernay et Emmanuelle Marchal[19]. Mais dans cet espace commun de jugement, qui s'inscrit

19. Eymard-Duvernay F. et Marchal E., art. cité, 1994.

au plus près de l'usage, l'agent se rend également accessible à d'autres considérations. Les ressorts pratiques du jugement s'apparentent alors à ceux des « visites sensibles » décrites par Marc Breviglieri, au cours desquelles des attentes sur ce que doit être un logement normal sont composées avec la considération d'un monde habité, susceptible de faire écart avec ces attentes[20]. Au cours de ces visites, les agents se rendent sensibles à des gênes et des embarras, qui affectent la possibilité de s'approprier un logement, tout en ne résidant pas dans un écart à une fonctionnalité normalement attendue des objets. Ce sont par conséquent les jugements engagés au domicile des locataires que nous aborderons ici, en envisageant ce que le fait d'« aller voir » sur place permet d'intégrer dans les diagnostics.

Les ressorts cognitifs et moraux du jugement : des « visites sensibles » au jugement sur la fonctionnalité des choses

Lors des visites à domicile, le regard des agents va saisir un ensemble d'éléments qui vont nourrir une appréciation générale sur le logement et la façon dont il est habité. Bien que ces appréciations varient notablement selon les agents, la grande majorité d'entre eux estiment être attentifs au soin porté par un locataire à son logement. Il s'agit, selon eux, d'un élément qui compte dans leurs évaluations sur les problèmes particuliers pour lesquels ils ont été appelés. Les agents sont donc porteurs de conceptions de ce qu'est un logement soigné, qui excèdent ce sur quoi ils sont appelés à juger du fait de leurs seules attributions.

Cependant, lors des visites que nous avons pu observer, motivées par un problème technique, les agents ferment les yeux sur ce qu'ils peuvent éventuellement relever comme une absence de soin et restreignent leur propos à l'énoncé de problèmes fonctionnels ou de sécurité. Dans un logement particulièrement encombré d'objets et de dépôts de diverses natures, un agent prenait par exemple un air affairé en bougeant des meubles pour les besoins de son diagnostic. Sa gêne, voire une légère réprobation, pouvait éventuellement se déceler par une attitude moins détendue que dans d'autres visites. Ces mouvements évaluatifs ne se laissaient toutefois voir ou entendre aux locataires que dans la mesure où ils portaient sur la fonctionnalité des choses ou sur la sécurité des personnes. Une moue réprobatrice peut ainsi accompagner la désignation de la poussière, dans la mesure où elle obstrue une grille d'aération et l'empêche de fonctionner.

20. À partir d'une enquête effectuée auprès d'assistantes sociales intervenant dans des logements qualifiés d'insalubres, Marc Breviglieri décrit notamment comment ces assistantes sociales pointent un ensemble de « fautes mineures », appelant à réviser certains usages par des formes de sanctions diffuses ou par des conseils attestant d'une sollicitude, tout en orientant vers les attendus d'un logement normal (BREVIGLIERI M., « La décence du logement et le monde habité. Une enquête sur la positiondu travailleur social dans les remous affectifs de la visite à domicile », *in* ROUX J. et PERONI M. [dir.], *Sensibiliser. La sociologie dans le vif du monde*, La Tour d'Aigues, Éditions de l'Aube, 2006, p. 90-104).

Une critique explicite est en revanche portée sur l'installation d'un système de chauffage, à laquelle le locataire n'avait pas le droit de procéder sans autorisation et qui était, en l'état, potentiellement dangereuse car ne répondant pas aux normes de sécurité associées à ce type d'installation.

Ces évaluations engagent directement vers les questions de responsabilité, notamment quand il s'agit de clarifier si le problème en cause est locatif ou non, ou encore si le locataire a satisfait à ses obligations d'entretien. Elles sont susceptibles d'ouvrir sur des disputes, lorsqu'il s'agit d'attribuer une détérioration à une mauvaise utilisation ou à une usure normale des choses. Le tact avec lequel un agent prend soin de n'émettre des jugements que sur ce qui regarde le plus directement ses fonctions vient par conséquent préparer cette épreuve. Au cours de ces visites, les disputes sur le diagnostic furent extrêmement limitées. Le locataire accueille l'agent en lui exposant son problème, et il le suit ensuite attentivement dans tous ses gestes. Aussi, quand l'agent se redresse ou descend d'un escabeau, il a déjà livré, ne serait-ce que par sa gestuelle ou par de petits commentaires au cours desquels il semble penser à voix haute, l'essentiel de son diagnostic. Il a pointé en enlevant la poussière de la grille des questions relatives à l'entretien. Il a critiqué l'installation non conforme. Il veut bien faire quelque chose concernant le problème pour lequel il a été appelé, mais le locataire devra rectifier son installation. De manière générale, les échanges sont ponctués de moments de silence, où l'agent comme le locataire regardent les objets incriminés pour apprécier si, de manière globale, ce que propose l'agent paraît justifié. Aussi, des agents qui sont en mesure d'« aller voir » facilement se rapprochent pour porter un diagnostic, quand bien même le résultat d'une enquête leur semble évident. « Aller voir » constitue un gage pour l'habitant que sa préoccupation est prise au sérieux et, pour l'agent, le moyen de faire l'économie de vaines arguties ou de contourner la délicatesse qu'il y a à dire certaines choses :

> « On voit quand il va y avoir des problèmes, on vit ensemble. Alors des fois je me prépare et j'attends que ça vienne. Par exemple il y a une habitante qui vient dans mon bureau pour me dire : "Ce truc est cassé, c'est de la camelote !" Là, j'écoute, mais je vais pas répondre tout de suite que c'est locatif ou pas. Si je suis occupé, je montre que je suis occupé et je leur dis : "Dans une demi-heure vous serez encore là ? Alors je passe d'ici une demi-heure." Donc ensuite quand je vais constater, le locataire est déjà apaisé. Parce qu'en plus des fois, il y en a qui viennent pour impressionner. Mais elle sait bien ce qu'elle a fait et si c'est pour impressionner. Une fois qu'on va constater, elle voit bien que c'est pris sérieusement, et elle ne peut pas non plus raconter n'importe quoi parce que moi, je vois bien. »

Certains cas sont plus compliqués dans la mesure où les causes ne sont pas forcément évidentes. Les cas typiques de cela sont les problèmes d'humidité.

Un locataire s'attend à une intervention pour régler un problème d'infiltration, alors que l'échange se clôt sur la seule délivrance de prescriptions d'usage de la part de l'agent. La délicatesse de l'exercice tient donc autant à la surprise du locataire susceptible de juger qu'il n'est pas pris au sérieux, qu'à la délivrance de prescriptions sur l'usage que celui-ci doit avoir de son logement. Il lui est demandé de se chauffer davantage et d'aérer son logement, alors que le locataire juge important d'être économe en matière de chauffage. On lui indique que les rideaux, moquettes ou tapis installés sont en cause, alors que ce sont à ses yeux des aménagements n'ayant rien d'exorbitant, et par lesquels il estime de manière évidente avoir amélioré son logement. Dans ces cas-là, certains agents ont appris à se tirer d'embarras en dépersonnalisant la réponse. Lors d'une des visites observées, l'agent, avant même que celle-ci n'ait débuté, m'indique sur le chemin qu'il lui faudra avoir un tact particulier. Il est relativement jeune, et les locataires de ce site, occupant depuis longtemps de petites maisons individuelles, ne manquent pas de lui faire connaître leurs compétences en matière de bricolage et de travaux. Aussi il examine avec attention la possibilité d'une infiltration, susceptible d'expliquer une tâche apparue sur un des murs du salon, avant d'évacuer cette hypothèse. Ses premières références aux questions d'usage du logement – chauffage et aménagement – s'accompagnent de petites exclamations indignées du mari à sa femme, qui suit elle aussi, mais d'un peu plus loin, l'agent dans son enquête. Reprenant son examen, l'agent va entraîner ces locataires dans l'examen des causes les plus fréquentes pour les problèmes d'humidité, en les éliminant une à une de concert avec eux, avant de revenir sur leurs habitudes de chauffage et les aménagements susceptibles d'empêcher les circulations d'air dans le logement. En fin de visite, la liste des causes les plus fréquentes associées à ce type de problème fait l'objet d'une récapitulation. Ce systématisme donne ainsi tous les gages d'une enquête sérieuse. Le déroulement de la visite invite également le locataire à s'engager dans un autre registre que la justification, auquel l'avait conduit le sentiment d'être injustement mis en cause à travers des usages non conformes au sein de son logement.

> « Ce que je trouve le plus délicat, c'est quand les défauts sont liés à la vie dans le logement. C'est quasiment toujours le cas lors de problèmes d'humidité, de condensation. Là, ça m'ennuie. Alors j'essaie de dire les choses de manière générale. Je donne les généralités, et puis en espérant que les gens se sentiront concernés par les éléments que j'aborde. Les gens peuvent se sentir agressés si je leur dis que l'humidité c'est parce qu'ils ne chauffent pas assez. Alors j'essaie de leur faire comprendre que je ne suis pas là pour les juger [...]. Alors je peux essayer aussi d'insister sur un point, mais je ne vais pas dire clairement que c'est parce que les gens font comme ci ou comme ça. Enfin ça dépend, je fais comme je le sens, si ce n'est pas trop délicat. »

Appelés pour un problème technique, les agents s'estiment par conséquent souvent impliqués dans des situations délicates, appelant à circonscrire les évaluations sur le seul registre de la fonctionnalité.

Prendre en compte ce qui compte pour un locataire

Cependant, le fait de se rapprocher ne permet pas seulement d'approfondir l'enquête sur un problème et l'accord sur un diagnostic. Cela permet aussi de repérer ce qui compte pour un locataire et, éventuellement, de le prendre en compte. En effet, bien qu'agissant dans un environnement de règles, les agents disposent d'une certaine latitude pour qualifier la demande et pour peser sur la mise en forme d'un problème. Ainsi, une même préoccupation peut, dans une certaine mesure, être prise sous différentes descriptions. Le remplacement d'un linoléum « vieillot » et « laid » ne pourra être recevable que si son état d'usure normale le justifie. Le remplacement d'un élément pour de simples motifs esthétiques n'est pas recevable. Un agent peut toutefois influer sur la définition du problème. Pour une locataire que l'aspect de sa porte exaspère, comparé à celui de nouvelles portes qui ont été mises « ailleurs », et qui au cours de la visite fait état d'un ensemble d'éléments qu'elle aimerait voir changés, ou qu'elle a changé par elle-même, un agent va transcrire le désagrément qu'elle exprime en termes fonctionnels. Il relèvera que les joints autour de la porte sont abîmés. Il inscrit donc le tracas qu'exprime cette locataire envers un logement qui n'est pas à la hauteur de ses attentes dans un registre fonctionnel pleinement légitime. Ces gênes d'ordre quasi esthétique ont pu être relevées à plusieurs reprises. Elles illustrent particulièrement ce que nous pouvons appeler des « biens mineurs ». « Mineurs », ces biens le sont par rapport à d'autres, dont la prééminence est admise. Sous contrainte budgétaire, tous les motifs ne se valent pas et le caractère esthétique des éléments du logement doit venir bien après la considération de sa fonctionnalité et des atteintes à la sécurité des personnes que certains défauts risqueraient de provoquer. Toutefois, pour un locataire, des objets jugés inesthétiques et « déprimants » peuvent importer autant qu'une usure qui met en cause la fonctionnalité de l'objet.

Si un agent peut saisir des biens mineurs au regard de ceux posés par l'organisation, il peut aussi faire valoir des éléments qui, au plus près de l'usage, s'avèrent insupportables. Telle que définie par Marc Breviglieri[21], la notion d'« insupportable » renvoie à un phénomène qui s'inscrit dans le monde familier d'une personne, pour conduire à sa dislocation. L'insupportable se donne en premier lieu comme un empiétement, une fatigue d'être avec par excès de proximité. Si le linoléum marron qualifié de « déprimant » constitue un cas limite de ce qui peut

21. BREVIGLIERI M., « L'insupportable. L'excès de proximité, l'atteinte à l'autonomie et le sentiment de violation du privé », *in* BREVIGLIERI M., LAFAYE C. et TROM D., *Compétences critiques et sens de justice*, Paris, Economica, 2009.

légitimement être reconnu comme insupportable, d'autres sont plus aisément justifiables en tant que ce qui devrait être légitimement garanti à un locataire par son bailleur, à condition toutefois d'être identifiés.

Parmi les cas exposés par des locataires, on peut citer un vide-ordures dont le conduit passant par les chambres réveille à chaque fois qu'un objet de verre est lancé. Mais c'est aussi le cas d'un petit buisson non taillé, quand bien même le gros de la taille était fait correctement, dans lequel s'agglutinaient toutes sortes de déchets odorants dont des rats étaient friands, et qui masquait par ailleurs la lumière d'un des appartements. La présence de ces rongeurs et la perte de lumière liés à la croissance de cet arbuste sont insupportables à cette locataire qui voudrait voir cet arbre taillé, tout comme le fait de s'entendre répondre que la taille a été effectuée conformément aux engagements de service du prestataire chargé de sa réalisation. Elle voudrait qu'enfin un agent « vienne voir ». L'insupportable se donne par conséquent souvent par accumulation. Ce n'est pas un élément circonscrit qui entraîne le désarroi, mais l'association de plusieurs : aux fuites d'eau s'associent les fenêtres qui coincent, les volets qui grincent, et l'habitant « n'en peut plus ».

Enfin, le fait d'« aller voir » peut engager un agent à considérer des situations qu'il estimera, lui, intolérables, quand bien même un locataire semble tant bien que mal s'en être accomodé. Dans l'un des organismes étudiés où les budgets d'entretien sont particulièrement serrés, un gardien se rend chez un locataire à la suite d'une fuite, qui a été réparée. L'ouvrier ayant procédé à cette réparation est en effet passé à la loge du gardien pour lui faire signer un document. Il lui a indiqué ce faisant que les toilettes de ce logement devraient être changées. Un programme de renouvellement des équipements sanitaires est engagé sur une résidence voisine, mais celle-ci doit attendre encore un peu. Lorsque le gardien va « voir », il constate la vétusté des sanitaires, mais aussi la bassine dans laquelle sont lavés les enfants de la famille, selon une installation qui lui semble peu commode, car la baignoire est trouée. Il relève également les petits bricolages successifs – ayant de nouveau été insuffisants – réalisés par le locataire pour limiter les fuites constatées au niveau des toilettes. Ne l'ayant pas accompagné au cours de cette visite, nous voyons le gardien de retour dans sa loge, où il nous communique, navré, la « découverte » des problèmes de ce locataire qui ne s'est jusque-là jamais manifesté. C'est par contre son indignation qu'il laisse entendre à son responsable, auprès de qui il plaide en faveur d'une intervention en urgence, dérogeant au plan de renouvellement programmé, et dont la validation par ce responsable ne semble pas assurée. Le fait d'« aller voir » ouvre par conséquent sur des épreuves perceptives et affectives, susceptibles de fonder des indignations que ce gardien tente de communiquer. Sur certains sites dégradés et en attente de travaux, des gardiens ont pu, dans certains cas, non seulement tenter de « faire remonter » des problèmes auprès de leurs responsables, mais aussi d'aider des locataires à se mobiliser pour faire entendre leurs plaintes.

La prise en compte de ces atteintes varie selon les organismes étudiés, en fonction des budgets alloués à ces dépenses d'entretien. Mais elle suppose également des agents en mesure de les considérer. Cette attention n'est sans doute pas le fait de tous les agents œuvrant en proximité. S'il est courant de la réduire à des qualités personnelles telles que le fait de faire preuve d'un minimum de « bon sens » dans l'application de certaines règles, il faut souligner aussi la saisie des choses spécifiques aux différents niveaux d'engagement. Les agents qui se tiennent ainsi au plus près des engagements familiers des locataires sont en posture de se figurer ce qu'exige l'aisance dans un habitat ou ce qui, au contraire, la mine. Ils peuvent ainsi se rendre sensibles à des embarras pour les intégrer aux côtés d'autres formes de jugement qui doivent guider leurs actions et qui sont équipées par l'organisation : une hiérarchisation de l'urgence en fonction des risques présumés sur la sécurité des personnes, ou une planification des travaux d'entretien. Les agents techniques, dotés d'un niveau hiérarchique plus élevé que les gardiens et intervenant sur des échelles géographiques plus larges, peuvent, quand ils se rapprochent effectivement, disposer d'une certaine latitude pour procéder à ces arbitrages. Pour les gardiens, cela suppose que ces gênes puissent être communiquées auprès des échelons plus distants de l'organisation qui valident les demandes d'interventions et arbitrent sur l'opportunité des actions d'entretien.

Les « petits services » comme gestes de sollicitude

Ceci nous engage à étudier les ressorts par lesquels des agents rendent service à des locataires, en faisant pour eux ce qu'ils appellent un petit geste « en plus ». Nous distinguerons alors l'exception justifiée de la concession. Si la première se tient au plus près de l'arbitrage, et donc de la composition raisonnée entre différents biens, la concession relève d'une autre dynamique, et s'inscrit dans des rapports de proximité. Les exceptions justifiées qui sont citées le plus spontanément visent des personnes dont le besoin particulier est aisément figurable à une tierce personne. Les agents renvoient à des figures typiques de l'incapacité dont la simple mention suffit à justifier l'exception : les personnes âgées ou ayant un handicap. Cependant, les observations font valoir d'autres ressorts.

Le « geste en plus » relève en effet davantage de la sollicitude. Tel que défini par Luca Pattaroni[22], le geste de sollicitude suppose d'être en mesure de répondre à des attentes qui sont généralement peu explicitées. Faire preuve de sollicitude, c'est être en mesure de reconnaître une personne dans la singularité de son besoin et être en capacité de faire le geste adéquat. Les personnes âgées ou handicapées sont les figures archétypiques des personnes envers lesquelles un « geste en plus » est requis. Les agents ne le font toutefois pas pour toutes les

22. PATTARONI L., art. cité, 2001.

personnes âgées ou handicapées. Si tel était le cas, le geste risquerait au contraire d'être malvenu. En cela, le « geste adéquat » ne peut pas être rabattu sur une prestation ou un service spécifique dédié à un certain type de population : il n'est pas institutionnalisable[23].

Les gestes de sollicitude auxquels se livrent les gardiens permettent tout d'abord de couvrir une bien plus grande variété d'incapacités à satisfaire à un ensemble de règles ou d'usages conventionnels, que néglige la définition de catégories susceptibles d'être bénéficiaires de services. Ainsi, un agent sur place repère qu'une personne âgée a du mal à grimper sur un escabeau pour changer une ampoule, et le fait à sa place. Un autre agent intervient en aide à une mère exaspérée de voir que son fils, pourtant présent la journée, s'est encore endormi et n'a pas ouvert la porte pour le rendez-vous fixé avec un plombier. Les arrangements entre gardiens et locataires au sujet de leurs clés sont fréquents, et font l'objet d'un traitement qui varie selon les organismes, et au sein d'un même organisme. Le gardien, dans ce cas-là, ne prend pas les clés, mais il assure, avec un clin d'œil, que cette fois le fils sera réveillé. Dans un autre organisme, un gardien m'avoue qu'il prend encore parfois les clés même s'ils n'ont « plus trop le droit de le faire », lorsque cela arrange certains locataires, et quand cela ne le dérange pas. Dans certaines des agences observées, ce sont les secrétaires ou les agents d'accueil qui vont rendre de petits services aux locataires. Ils appellent notamment les entreprises à la place des locataires, quand bien même ceux-ci devraient normalement contacter directement une plateforme « multiservice ». Ils le font pour des locataires qui ne se sentent pas à l'aise au téléphone, ou pour d'autres pour qui le fait de téléphoner soulève des problèmes de disponibilité ou de coût, *a fortiori* lorsqu'ils doivent appeler plusieurs fois. Un agent d'accueil sait que les « manies » de telle personne âgée font qu'elle ne cessera de déranger l'ouvrier qui doit passer, voire de l'inquiéter. Il l'accompagne pour faire diversion et le prévient de la conduite à tenir. À une assistante sociale passant pour s'enquérir de travaux inachevés dans un logement, un autre explique que l'intervention devant permettre leur achèvement avait été programmée au cours d'une période particulièrement chaotique pour ce ménage, qui n'avait pas été de ce fait en mesure de se préoccuper de l'achèvement de ces travaux. Il fait ensuite à la place de ces locataires les démarches nécessaires pour prévoir une nouvelle intervention. Il existe ainsi une grande variété de gestes qui viennent pallier certaines incapacités, défaillances ou vulnérabilités, permettant notamment de faciliter la réalisation d'une intervention technique. Comme l'attestent les quelques exemples cités, ces gestes sont hautement singularisés. Ils illustrent la variété des raisons pour lesquelles une procédure ou une démarche s'avère difficilement accessible à certains locataires.

23. PATTARONI L., « Le *care* est-il institutionnalisable ? Quand la politique du *care* émousse son éthique », *in* PAPERMAN P. et LAUGIER S. (dir.), *Le souci des autres : éthique et politique du* care, Paris, Éditions de l'EHESS, coll. « Raisons pratiques », 2006, p. 177-203.

Ces petits services sont sans aucun doute particulièrement importants auprès de publics disposant moins que d'autres des compétences requises pour s'inscrire dans une action « normale », telle qu'elle est fixée par des procédures. Yasmine Siblot[24] a décrit ainsi la variété de ressources, très inégalement partagées, déployées par des habitants de quartiers populaires pour s'occuper de la « paperasse », à savoir de leurs démarches administratives. Elle souligne l'importance, pour certaines fractions de cette population, d'aides qui sont le fait de membres d'institutions inscrits dans le prolongement direct d'une entraide locale, distribuée dans le voisinage, et que l'on va voir directement, parfois en amenant avec soi toute sa « paperasse », pour « débrouiller » et « arranger » des questions. De la même manière que les « institutions familières[25] » décrites par Yasmine Siblot permettent à des personnes d'accéder à leurs « droits » dans des services publics, les gestes de sollicitude que nous avons observés conditionnent l'accessibilité de prestations d'une autre nature, qui tendent à exiger les mêmes compétences bureaucratiques.

Ces gestes de sollicitude interviennent également pour faciliter certains actes de la vie quotidienne, et ceci même pour des personnes qui disposent des compétences requises pour s'engager dans des rapports impersonnels régis par des supports formels. En ce sens, ils participent de l'organisation concrète d'un *care* domestique, en facilitant parfois le travail de ceux sur qui repose spécifiquement ce travail. Aurélie Damamme et Patricia Paperman[26] décrivent ainsi l'organisation concrète de ce *care* domestique, consistant à répondre aux besoins de proches en termes de soin, de soutien ou d'assistance. Elles envisagent plus spécifiquement les arrangements plus larges sur lesquels repose ce travail de *care*, pouvant inclure la famille, mais aussi des proches, des services publics ou privés. En analysant le travail effectué par des personnes identifiées comme des « pourvoyeuses principales » de *care*, elles soulignent le travail de coordination et la continuité qu'elles assurent pour permettre la réalisation de ces activités

24. Siblot Y., *Faire valoir ses droits au quotidien. Les services publics dans les quartiers populaires*, Paris, Presses de Sciences-Po, 2006.

25. Yasmine Siblot emploie le terme de « familiarité » – sans référence aux développements de cette notion dans le cadre d'une sociologie des régimes d'engagement – pour qualifier les institutions qu'elle a étudiées au sein d'un quartier populaire, à savoir des services de la municipalité, la Poste, ainsi qu'un centre social de quartier. Elle préfère le terme de « familiarité » à celui de « proximité » pour marquer une différence avec une proximité qui ne serait que spatiale et avec des rhétoriques politiques mobilisant la notion de « proximité ». Dans l'approche qui est la sienne, la familiarité des institutions qu'elle a analysées réside d'une part dans des pratiques relationnelles entre des agents et les usagers de ces services qui sont inscrites dans un espace local, et d'autre part au caractère généraliste et polyvalent des institutions étudiées, non destinées à des publics spécifiques et segmentés, contrairement aux politiques dites de « proximité ». Elles sont alors « familières » car tout le monde *a priori* peut avoir à faire avec elles, ce qui permet, selon Y. Siblot, des formes d'appropriation spécifiques de ces institutions (*ibid.*).

26. Damamme A. et Paperman P., « *Care* domestique : délimitations et transformations », *in* Molinier P., Laugier S. et Paperman P., *op. cit.*, 2009, p. 133-155.

de soin, impliquant des configurations plus ou moins larges. C'est précisément cette coordination et cette continuité que viennent soutenir les « petits services » que nous avons décrits.

Ces gestes de sollicitude se donnent parfois aussi comme simple réconfort. Il s'agit d'un geste auquel des agents se sentent tenus envers les locataires, notamment lorsque ceux-ci font face à l'adversité des choses :

> « La plupart du temps, on les règle par téléphone, mais quand c'est des incendies, des gros dégâts des eaux, on se déplace directement pour faire un constat, et puis, pour aider aussi le locataire. Souvent, ils sont un peu désemparés aussi, quand il y a un gros dégât des eaux, avec deux ou trois centimètres d'eau de partout dans le logement, il se sent un peu rassuré de voir quelqu'un arriver. »

D'autres se sentent obligés de pallier par leurs efforts des défaillances qui ne sont pas de leur ressort. Ainsi, dans des lieux où des travaux conséquents se sont fait attendre, ces gestes sont aussi le moyen par lesquels des gardiens manifestent qu'ils sont sensibles aux déconvenues de locataires. Un gardien nous fit ainsi le récit de ses interventions sur l'un des premiers sites où il a travaillé. Faisant remonter à sa hiérarchie les problèmes constatés, il a également aidé les locataires à s'organiser pour faire entendre leurs mécontentements, tout en intervenant directement auprès de certains d'entre eux pour faire de petites réparations. Sur un autre site, également en attente de travaux, et où les relations entre gardiens et locataires avaient pris une tournure extrêmement tendue, cette faculté de rendre de petits services a contribué, selon les nouveaux gardiens venus prendre la relève, à atténuer ces tensions :

> « [Ce n'est pas dans ses fonctions] mais c'est un très bon bricoleur. Et puis moi aussi je suis un bricoleur et je m'y connais pas mal et donc ça nous permet de rendre de petits services [...]. On intervient par exemple sur les volets qui coincent, car c'est assez fréquent ici : des volets qu'on peut plus bouger. Ou sur des portes à raboter. Et puis quand il y a une pièce qui manque, on fait un bon de commande. Ça, c'était important, ça a contribué à ce qu'on ait un peu de calme ici, ça a calmé les choses. »

Les petits gestes qui évitent l'offense ou diffèrent la pression

Au-delà de « petits services » facilitant la vie de locataires ou marquant l'attention qu'un agent a personnellement de leurs déconvenues, il est d'autres gestes que des agents se sentent obligés de faire et qui, tout en faisant écart avec leurs attributions, ne relèvent pas de la sollicitude.

Au regard des années passées par un locataire dans un logement qu'il s'apprête à quitter, certains agents se sentent gênés dans l'application de règles qui leur semblent déplacées. Pour justifier d'une très relative largesse dans la manière de faire les comptes lors d'un état des lieux, les agents citent régulièrement une autre figure que celle de l'incapacité : celui qui habite depuis longtemps, prend soin de son logement et n'a jamais rien demandé. Ils font valoir les qualités d'un « bon locataire », qui a dans l'ensemble satisfait à toutes ses obligations. Ils plaident ce faisant moins pour récompenser les mérites de ces « bons locataires », que pour la possibilité d'éviter ce qu'ils considèrent comme une façon mesquine de solder les comptes. Comme le dit l'un de ces agents, les gardiens veulent bien ne pas « familiariser » avec les locataires. Mais en habitant depuis des années à côté, en ayant été, dans ce cas précis, licencié des mêmes usines avant de devenir gardien, cet agent exprime à la fois son embarras et son indignation d'avoir à mettre au compte de locataires, du fait d'une codification accrue des formulaires d'état des lieux, de « petites choses » pour solder leur sortie :

> « Moi, [...] quand je fais un état des lieux, je le fais toujours en mon âme et conscience. Je ne veux pas faire payer les gens parce que ce sont des ouvriers comme moi. Alors, entendons-nous bien : je parle de payer pour de petites anicroches, pas pour de gros dégâts. Ça, c'est sûr et certain. Mais c'est gênant de facturer une petite bricole [...]. On essaye de ne pas familiariser mais on est obligé parce que moi, dans mon immeuble, je les connais presque tous, y en a je vois leur mère, je vois tout ça. Et déjà je les côtoie. Y en a s'ils me demandent un petit service, je leur rends un petit service. Le jour où ils partiront ces gens-là, ce sera assez dur. Y en a, même s'ils avaient fait quelque chose, alors pas de gros dégâts mais des petits dégâts, ben ça sera assez dur de facturer. »

Un autre agent, dans un autre organisme, critique également la standardisation des démarches d'état des lieux, et les coûts qui en découlent pour les locataires. Il fait valoir ce par quoi sont passés certains locataires en arrivant dans leurs logements, et qu'il ne peut s'empêcher de considérer lorsqu'il s'agit de faire les comptes et de leur imputer des travaux de remise en état.

> « Oui, on s'en foutait [de l'état des logements au moment de l'entrée dans les lieux il y a une vingtaine d'années]. Le budget a toujours été serré de toute façon, mais c'était quelque chose dont tout le monde se fichait. Et les locataires qui ont été reçus dans ces conditions... Ils s'en rappellent et ça leur est resté parfois en travers de la gorge. »

Des gardiens se montrent par conséquent soucieux d'éviter des offenses qui sont saisies depuis d'autres attentes que celles que nous avons précédemment étudiées. Nous avons vu en effet comment des cadres intermédiaires, alignés sur les formats d'action et de jugement portés par les équipements formels de la qualité, sont attentifs au respect scrupuleux de règles par les gardiens. Cela doit permettre de contrôler l'arbitraire des jugements engagés par les gardiens, mais aussi les rendre capables de justifier leurs refus et de savoir dire « non ». Toutefois, l'embarras des gardiens ne réside pas dans les pressions qui s'exerceraient, dans la proximité des locataires, sur leurs jugements. Il consiste dans le fait d'avoir à appliquer des modes de facturation normalisés, que ces gardiens présentent comme injustes.

D'autres ressorts de ces petits gestes en plus sont toutefois difficilement justifiables. S'ils sont rendus publics, c'est sous la forme d'un aveu. Certains agents avouent avoir « leurs têtes ». Le « geste en plus », justement parce qu'il n'entre pas dans les fonctions d'un agent, se fera par conséquent d'autant plus facilement qu'un agent n'a pas développé une certaine antipathie envers un locataire. Mais il peut aussi permettre à un agent de se débarrasser d'une pression, pour gagner temporairement sa tranquillité. Dans la proximité, cette pression peut être vécue comme un acharnement. Ainsi, un agent peut parfois « lâcher » parce qu'il en a marre, et qu'il n'a pas envie de se « bagarrer ». L'insistance d'un habitant peut être éprouvante pour un agent lors d'une interaction de courte durée, au guichet d'une agence ou au téléphone. Lorsqu'elle s'exerce auprès de gardiens, ils peuvent évoquer le sentiment d'être harcelés. Mais si elle invite parfois à « lâcher », cette pression est néanmoins le plus vif moteur pour veiller à des décisions justifiées et à un traitement équilibré entre locataires. La crainte que la concession ne fasse jurisprudence invite un gardien à se figurer une arène, dans laquelle ses décisions sont rapportées à ce que pourront en penser ou en dire les autres locataires. L'équilibre recherché ne peut se borner à une application scrupuleuse des règles, ce à quoi se résument le plus souvent les injonctions faites aux gardiens pour ne pas s'enferrer dans des situations inextricables et miner leur crédibilité. L'appréciation de ce à quoi engage un geste et l'exigence d'un traitement équitable s'apprécient à l'aune de la possible figuration de ce geste auprès d'un public plus large, qui est avant tout constitué par les autres locataires. Cela n'implique pas une abstention systématique de ce qui serait susceptible de constituer un précédent. Le gardien peut effectuer ce geste en veillant à une certaine discrétion lorsque, par exemple, il aide une locataire qui ne sait pas écrire à remplir des papiers ou lorsqu'il conclut un arrangement avec un locataire[27]. Mais il apprécie également la possibilité de justifier ces gestes, dans la mesure où la possibilité de les soustraire à un public constitué par les autres locataires apparaît très hasardeuse.

27. Un gardien a ainsi négocié avec un locataire le fait d'appuyer une demande d'intervention technique en échange d'un accord sur un plan d'apurement de dette de loyer. Il a fait valoir cet arrangement comme une opportunité de trouver une issue à une situation jusque-là bloquée auprès de sa hiérarchie. Il estime par ailleurs que ce « petit geste » attestera de sa sollicitude envers ce locataire et les difficultés particulières qu'il traverse dans sa vie professionnelle et familiale, tout en souhaitant être discret vis-à-vis de voisins, susceptibles de lui demander des comptes sur cet arrangement, passé avec un locataire connu dans le quartier pour être un locataire « à problèmes ».

Des routines et ce par quoi elles sont éprouvées

Le fait de s'inscrire dans la proximité des locataires ou de se rapprocher de leur intimité fait également épreuve aux engagements pratiques des gardiens. Les tâches attribuées à un gardien varient selon les organismes considérés, et parfois au sein d'un même organisme. Ils peuvent avoir la responsabilité du ménage, du contrôle de la sécurité des parties communes, des ordures ménagères, de la collecte des loyers[28] ou de l'enregistrement de demandes d'interventions techniques. Ces activités s'inscrivent dans un ensemble de routines qui structurent les journées, alternant des heures de ménage, de sortie des poubelles, des permanences en loge et des rendez-vous auprès de locataires. Nous envisagerons comment ces agents, tout en étant leurs voisins, font porter des rappels à l'ordre auprès de leurs locataires. Nous envisagerons également comment cette proximité des locataires est à l'origine de tensions spécifiques qui pèsent sur l'accomplissement régulier de leurs activités.

Apprécier le geste susceptible de porter

La capacité à porter les exigences du bailleur auprès des locataires est présentée par les agents dans le registre de l'action stratégique : il faut savoir être « diplomate », « savoir quel geste avoir pour arriver à obtenir quelque chose de quelqu'un », etc. Les agents apprécient le geste susceptible de porter – c'est-à-dire d'avoir les effets attendus – auprès d'un locataire singulier. Pour décrire ces ajustements, les agents indiquent qu'ils « sentent » le « type » de personne auquel ils ont affaire : ceux avec qui ils doivent « prendre des gants » ou bien ceux à qui ils peuvent dire les choses plus directement. Cette identification d'un locataire à un « type » s'appuie toutefois le plus souvent sur des précédents, accumulés sur les mêmes personnes, à partir desquels un gardien apprécie ce qu'il peut s'autoriser.

Cet ajustement extrêmement personnalisé se manifeste par exemple lorsqu'il s'agit de demander aux locataires d'enlever des objets qu'ils ont laissés sur les parties communes. Repérant des vélos, des meubles laissés en attente, le gardien, *a fortiori* si ces dépôts s'accumulent et dépassent ce qu'il tolère habituellement, va faire valoir aux locataires qu'il leur faut les enlever. Le gardien veille donc, conformément à ses attributions, à maintenir ces espaces de circulation dans leur fonctionnalité, et à en limiter les appropriations comme annexe des logements. Dans le cas de l'une de ces tournées, motivée au départ par la vérification des ampoules dans les parties communes, le gardien constate d'abord quelques objets, puis un plus gros. Un petit meuble à chaussures dans un coin est toléré, mais l'identification d'un vélo cadenassé à une rampe d'escalier, puis d'un buffet

28. Cette activité de collecte des loyers s'est toutefois au cours des dernières décennies considérablement réduite, avec la généralisation des prélèvements automatiques.

déposé sur un autre palier, viennent documenter un écart avec ce que le gardien estime pouvoir normalement tolérer. En plus de procéder à la vérification des ampoules, il en profite donc pour rappeler aux locataires qu'il ne faut pas laisser d'objets dans les parties communes.

Concernant le buffet, il va frapper à la porte des locataires auxquels il appartient. Il s'est permis de frapper, car il « connaît bien ». Il sait par conséquent qu'il peut se permettre de les déranger chez eux, pour procéder immédiatement à ce petit rappel. Tout en demandant si les travaux avancent bien dans l'appartement, il s'inquiète de savoir quand ils seront achevés, car le buffet ne doit pas rester trop longtemps sur le palier. Auprès d'un autre locataire que nous croisons en descendant l'escalier, il adopte un ton plus formel et invoque la réglementation : il lui faudra ranger son vélo dans les espaces normalement dédiés à cet usage, les parties communes ne devant pas être encombrées, conformément à la réglementation sur les incendies. À un autre étage, les sacs-poubelle laissés sur le palier sont considérés d'un air soucieux. Ces sacs agacent manifestement le gardien : les vide-ordures ont été condamnés pour éviter les cafards, ce n'est pas pour que les locataires laissent traîner des sacs-poubelle d'où dépassent les restes de repas. Il fronce les sourcils en regardant le sac-poubelle et nous expliquera après coup avoir soupesé l'opportunité de dire un mot à ce locataire. Les rapports avec ce dernier sont très vite tendus et il a déjà eu une autre remarque à lui faire il y a peu. Il craint donc que les échanges prennent rapidement une tournure conflictuelle. Il se peut donc qu'il lui dise un mot, plus tard. En attendant, de retour dans sa loge, il demandera à l'agence de lui communiquer une petite affiche, adressée à l'ensemble des locataires, indiquant que les objets laissés dans les parties communes feront l'objet d'un enlèvement au-delà d'un certain délai. Il ajuste donc ses rappels à l'ordre en fonction de ce qu'il s'autorise avec chacun. Cette modulation des façons de s'adresser aux locataires s'accompagne d'une diversification des supports. Le recours à des supports impersonnels, tels que les affiches placées dans un hall, vient le plus souvent marquer le retrait du gardien. Il permet de lui éviter de s'exposer en personne, comme agent actif de ce rappel à l'ordre auprès de certains locataires. Ces supports impersonnels sont également adressés aux « bons locataires », pour leur signifier que le gardien a cherché à agir :

> « Des fois les gens descendent des poubelles et ils font traîner les sacs, ça fait des traces. Des fois, il y a des spaghettis avec de la sauce et ça traîne. Je ne les vois pas toujours. Mais ce n'est pas toujours les petits qui font traîner, ce sont des gens qui ne font pas attention, qui ne regardent pas. Mais la plupart du temps, je les vois pas. Si je suis là pour les voir, ils le font pas. Alors je mets des notes. Avant, je mettais des notes comme ça [il me montre son calepin de papier quadrillé]. Maintenant, on a des notes avec du papier à en-tête : c'est bien, ça fait mieux.

> — Ça marche les notes ?
> — Les notes, c'est pour les bons locataires, les corrects : c'est pour eux. C'est pour leur montrer que le gardien, il fait son travail, et que le bailleur est là. Parce que sinon, pour les autres... Quand on met des notes sur les chiens : ceux qui ont des chiens, ils passent, et ils déchirent le papier. »

Le gardien doit également, dans deux des organismes étudiés, récupérer les loyers qui ne sont pas directement prélevés sur le compte bancaire de locataires et faire des relances pour obtenir les paiements. Là encore, dans un organisme, les gardiens disposent d'une certaine latitude pour s'ajuster, depuis le seul dépôt d'un papier signé du bailleur dans la boîte aux lettres, à de petits rappels « en passant ». Dans un autre organisme, ces modalités de relance sont formalisées et doivent suivre une procédure standardisée. Le gardien doit aller systématiquement frapper aux portes des locataires, et ce à une date précise. Cette règle doit pousser les gardiens à suivre davantage le règlement des loyers et à être informés des raisons d'éventuels retards. Le fait d'avoir à frapper à des jours précis, quels que soient les locataires, constitue toutefois pour certains gardiens une aberration :

> « On doit passer normalement à chaque fois chez un locataire qui n'est pas... Bon moi je le fais pour les deux locataires qui ont demandé à annuler leur prélèvement, ou je leur demande quand je peux passer. Mais quand ce sont des habitués que je connais depuis cinq ans et que je connais leurs habitudes de paiement et que je sais qu'il y a pas de soucis, c'est pas la peine que je passe le 28 ou le 29, parce que de toute façon je sais que j'aurai rien, et je sais que c'est le 6 ou le 7. Ce sont des habitudes sur place. »

Ce n'est pas l'embarras de demander à des locataires de payer un loyer qui est évoqué. Cet embarras existe, mais il est jugé constitutif de leurs fonctions. C'est en revanche le ridicule auquel ils sont exposés qui concentre la critique. La nécessité de procéder à des ajustements est bien identifiée par les supérieurs hiérarchiques des gardiens. L'attention forte à la sécurité de ces agents sur certains sites conduit à considérer avec sérieux ce qu'ils estiment pouvoir faire ou dire auprès de certains locataires. Toutefois, l'extension d'une formalisation de leurs actions, contrôlées à travers un ensemble de repères conventionnels venant fixer les délais et les modalités de ce rapprochement auprès de locataires, peut placer les agents dans des situations vécues comme embarrassantes. Ils se tirent d'embarras en ne respectant pas la règle ou s'excusent auprès de locataires de leur conduite aberrante, consistant à faire chaque mois comme s'ils ne connaissaient ni le locataire, ni ses habitudes et les dépendances qu'elles venaient intégrer, en invoquant une règle absurde venue tout droit « du siège ».

Repérer des écarts avec ce qui est « normal »

Les activités d'entretien et de ménage orientent également vers d'autres épreuves, où le monde proximal des locataires se manifeste parfois dans ce qu'il a de plus provocant auprès des gardiens. En assurant l'entretien des parties communes et des abords des logements, les gardiens doivent préserver certaines qualités normalement attendues de ces espaces. Ils doivent veiller à ce qu'ils satisfassent à certaines attentes en termes de propreté et au maintien de leur fonctionnalité. Comme nous l'avons précédemment évoqué, ils doivent vérifier si le dispositif d'éclairage et l'encombrement des parties communes permettent d'y circuler normalement. Aux abords des logements, ils essayent de faire en sorte que les espaces de stationnement restent dédiés à cette fonction, en signalant le dépôt d'objets encombrants tels que des machines à laver, la présence de véhicules manifestement abandonnés, ou encore en rappelant à l'ordre des locataires qui s'installeraient trop longtemps dans ces espaces pour y faire diverses réparations. L'attention à la propreté, à la présence de dégradations ou de tags ne renvoie pas seulement à un souci de conservation des propriétés normalement attendues de ces espaces. Elle doit porter l'affirmation d'une vie commune réglée, dans laquelle les locataires n'ont pas à subir les appropriations intempestives de certains occupants dans les espaces communs.

Les appréciations portées par les gardiens sur ce qui est propre ou ce qui ne l'est pas, de même que sur ce qui est normal ou ce qui appelle une intervention, varient selon les gardiens. En tant qu'agent d'une organisation ayant des obligations en matière d'entretien, ces évaluations ne peuvent toutefois ressortir de la seule convenance personnelle. L'agent est tenu de se rapporter aux exigences normales attendues par l'organisation, que celles-ci soient portées par un simple coup d'œil du responsable ou qu'elles soient équipées des repères conventionnels, permettant de définir, à partir de certains critères réputés objectifs, ce qui est propre et ce qui ne l'est pas, ou d'énumérer les désordres potentiels auxquels ces agents doivent prêter attention.

Cependant, dans la quotidienneté de leurs actions, l'agent qui effectue l'entretien va apprécier les écarts sur base perceptive, en notant ce qui fait écart avec l'état habituel des lieux. L'état « normal » pour un agent sera ce qui n'est pas trop différent de l'état habituel, et non ce qui se rapporte aux exigences définies de manière conventionnelle au niveau de l'organisation. Dans un hall d'entrée rutilant, un gardien va ainsi ramasser avec une moue réprobatrice un petit papier dont la présence est saillante. Dans d'autres espaces, ce petit papier ne serait pas perçu. Sur un des sites observés, un gardien nouvellement arrivé s'était mis en devoir de ramasser les mégots qui s'étaient accumulés aux abords d'un bâtiment. Son action a aussitôt recueilli l'assentiment de ses collègues, se disant que ces mégots, ils ne les voyaient même plus tant ils faisaient partie du paysage. Après avoir salué l'initiative, les remarques se sont toutefois portées sur les efforts à produire pour maintenir cet état dans la durée. Ceci illustre un des autres aspects de ce type de vigilance, et le fait qu'elle est fortement portée par des routines. C'est depuis ces gestes effectués au quotidien, ces cheminements réguliers, que des écarts sont perçus et appellent l'attention du gardien.

Des atteintes susceptibles d'affecter personnellement : le coup de colère et ses extensions possibles

Lors des visites effectuées sur leurs sites avec des gardiens ou, plus rarement, des femmes de ménage, le regard posé sur les traces ou objets déposés a entraîné systématiquement un commentaire de l'agent sur les efforts déployés. Ceci tient en partie à l'assimilation du sociologue avec un agent évaluateur ou, au moins, avec quelqu'un d'extérieur. Mais les récits de ces efforts ne viennent pas seulement attester de la volonté des agents à satisfaire à leurs obligations. Ils communiquent également la lassitude, l'exaspération ou la fierté devant la contemplation d'une réalisation personnelle tissée d'efforts quotidiens. C'est par conséquent depuis cette estime professionnelle que sont constituées des atteintes, qui sont bien souvent présentées comme des « manques de respect ». Les atteintes aux lieux ou les négligences des locataires sont des atteintes aux efforts que les agents ont déployés. De plus, les traces de saletés ou le dépôt d'objets qui sont, pour diverses raisons, désagréables, affectent les agents parfois encore plus intimement. Les agents expriment alors le sentiment d'un double mépris de la part des locataires : celui de leurs efforts, et celui de leur personne.

Ainsi, des agents exaspérés se laissent aller à un mouvement de colère quand ils perçoivent une trace qui excède la mesure, soit qu'elle signe le mépris d'efforts quotidiens, soit le peu de cas que des locataires font de leur propre personne en les exposant à des blessures ou à des souillures. Un gardien peut alors s'engager dans une dispute avec un locataire, voire lui faire expérimenter ce qu'il estime avoir subi. Ces disputes entre locataires et gardiens sont livrées avec réticence. Elles dérogent à la restitution que les gardiens entendent faire de leur rôle, en manifestant un emportement non professionnel. Ils estiment aussi que ces disputes seront systématiquement traitées par les auditeurs extérieurs comme de petites querelles ridicules. Aussi, les coups de colère dont parlent le plus volontiers les gardiens sont ceux qui rejoignent des motifs d'indignation aisément publiables à un tiers. La dispute n'est plus susceptible d'être jugée dérisoire ou grotesque par un observateur distant. Il en est ainsi d'un tag, comportant une croix gammée, au sujet duquel un gardien peut enfin faire partager son indignation envers un locataire auprès de ses responsables en agence. Les autres tags, comportant assez fréquemment des insultes, que ce gardien imputait au même locataire, l'irritaient tout autant. Mais son indignation peut désormais être rattachée à un problème regardant un collectif plus large – des injures racistes – et instruire un rappel à l'ordre porté au niveau de l'agence auprès de ce locataire.

De la même manière, un autre gardien m'évoque la colère qu'avait provoquée un sac-poubelle jeté depuis une fenêtre dans une aire de jeux d'enfants. Le sac-poubelle choquait le gardien par la négligence dont ce geste témoignait. Son indignation pouvait là encore être aisément publiée à un tiers, en faisant valoir un geste portant potentiellement atteinte à la sécurité d'enfants. Ainsi, ces motifs font valoir des biens de plus grande extension que le respect accordé à leur personne et à leur travail. Cependant, dans ce cas, les moyens employés pour l'enquête – fouiller le sac à la recherche du nom de la locataire – ainsi que la sanction supposée la faire réfléchir – en lui déversant le contenu du sac sur son paillasson – étaient toutefois un peu moins légitimes. C'est pourquoi le gardien ne justifie pas son geste uniquement par ces biens communs – la sécurité des enfants –, mais l'excuse en indiquant que c'était « plus fort que lui » et qu'« on fait tous ça ».

La plupart des agents ne vont pas aller porter ces disputes en agence. Ils estiment que ce sont des choses qui se règlent dans la proximité, « entre locataires » :

> « Et ce sont des choses que vous réglez tout seul. Vous n'avez pas de contacts avec l'agence, si par exemple vous aviez trop de soucis ?
> — Oh non, sinon, on s'en sortirait plus. On n'en sortirait plus. Et il y a beaucoup de choses vous savez que l'agence ne sait pas. Des choses qui se sont réglées ici, entre locataires. Et je pense qu'à la limite, ça les arrange quelque part, de ne pas avoir à gérer ce type de problèmes. »

Si le coup de colère reste généralement un acte isolé, voire une modalité jugée adéquate pour faire valoir auprès de locataires certaines exigences, il peut aboutir à des conflits qui prennent de l'ampleur entre un locataire et un agent, ou qui s'étendent plus largement. Les rapports s'engagent alors dans un jeu de provocation et de démonstration des capacités de nuisances de chacune des parties. Faire payer en retour à un locataire le désagrément subi peut entraîner d'autres locataires dans le conflit. Un gardien excédé de ramasser des ordures débordant des poubelles peut ainsi décider de les sortir de bonne heure, bien avant leur ramassage, en les déposant de telle sorte que certains locataires aient le loisir de profiter de leurs effluves. Devant le peu de cas que l'on fait de lui, il peut également mettre un soin particulier à se montrer indisponible, et rendre ainsi la monnaie de leur pièce à certains locataires. Dans ces cas-là, il n'est pas rare que le conflit s'élargisse à d'autres locataires qui se trouvent soit indirectement affectés par ces tensions, soit pris à témoin. Ces conflits, quand ils prennent une tournure sérieuse, peuvent remonter jusqu'à des niveaux hiérarchiques plus élevés. Cependant, leur intervention est le plus souvent embarrassée. Ils sont réticents à agir dans la mesure où ils ne sont pas certains de disposer des éléments nécessaires pour démêler des conflits par nature très personnalisés, et qui ont pris de l'ampleur dans la durée.

Dans l'une des agences observées, une de ces disputes fut transportée en agence, un locataire « débarquant » avec un morceau de bois impliqué dans une dispute avec un gardien, initiée par la manière dont ce locataire avait garé sa voiture. L'irruption de ce locataire, qui est rapidement reçu dans le bureau du chef d'agence, déclenche dans un premier temps la surprise et l'embarras parmi les secrétaires de l'accueil. Elles sont sommées de considérer une dispute et d'établir des torts, position qu'elles ne souhaitent pas endosser. Une fois le locataire reçu par le chef d'agence, le morceau de bois, laissé en dépôt à l'accueil, suscite les rires. Ces rires viennent clore un moment de tension. Ils permettent également aux secrétaires de statuer sur ce qu'il faut faire de cet objet, pièce à conviction un peu ridicule et encombrante en ce lieu, qui sera laissée en place jusqu'à ce que le conflit soit considéré clos. À l'issue de la journée, le chef d'agence me commentera la manière dont il a considéré les torts exposés :

> « Là, je les ai convoqués tous les deux [le gardien et le locataire] dans mon bureau parce que je sentais qu'il y avait des torts partagés. C'est important de bien connaître son équipe. Alors là, j'ai fait un rappel ferme à tout le monde. C'est important de bien connaître dans ces cas-là. D'ailleurs, j'aurais pu, dans ce cas, prendre le type tout seul et lui dire qu'il y a quelques années de ça, on avait été très conciliant sur un cas d'incendie déclenché par un certain gamin du quartier. Ça je le sais par les discussions avec les gardiens, avec I. qui est là depuis des années. Ça permet de savoir plein de choses. Là, je l'ai pas fait, parce que je sentais que ça déconnait aussi un peu du côté du gardien. Il n'avait de toute façon pas à l'insulter. »

Dans ce cas, le responsable hiérarchique du gardien est suffisamment proche pour s'estimer capable de discerner qui, du gardien ou du locataire, « déconne ». L'usage de ce terme signale qu'il s'agit moins, dans cette enquête sur les torts de chacun, de délimiter une faute sur un événement relativement circonscrit, que de pointer une mauvaise volonté manifeste à calmer le jeu. Cependant, les responsables hiérarchiques des gardiens, et ce *a fortiori* lorsqu'ils sont dans un relatif éloignement du « terrain », sont bien souvent dans l'incapacité d'intervenir dans des disputes qu'ils ont le sentiment de ne pas saisir dans leur complexité et, partant, dont ils sont embarrassés. Lorsque le conflit prend de l'ampleur et parvient en tant que problème avéré en agence, la solution consiste alors à changer le gardien de site. Toutefois, dans un cas où cette solution était envisagée pour mettre un terme à un conflit larvé entre certains locataires et leur gardien, ce dernier refusait toute mutation. Il préférait se maintenir dans cet état de conflit permanent, plutôt que d'accepter une mutation qui aurait signifié pour lui la victoire de locataires sans que les torts des uns et des autres n'aient été considérés et tranchés.

La routine comme neutralisation

Si le fait de partir n'est pas une solution aisément acceptée ou proposée, certains gardiens ont révisé leurs engagements selon d'autres modalités. Après avoir essayé dans un premier temps de réagir systématiquement, certains gardiens tentent de considérer progressivement comme « normal » ce qui les indignait auparavant :

> « Ben au départ, ça m'embêtait, je reprenais les gens. Et puis après, je l'ai pas pris avec fatalité, mais… En en discutant avec les collègues, c'est partout pareil. Donc on se dit que c'est la règle du jeu. Donc quelque part, on l'accepte. »

Cette intégration dans la routine s'accompagne d'une dépersonnalisation. Le gardien ne se met plus en demeure de chercher le responsable : il se contente d'effacer les traces ou les objets laissés par un habitant. En un sens, il se replie sur son engagement initial : celui de l'exécution normale de certaines tâches, tout en révisant les repères qui soutiennent son appréciation de la normalité. Cette révision n'est pas anodine pour certains agents. L'un d'entre eux, exaspéré par les tags qu'il voyait de nouveau chaque matin, avait cherché à intervenir auprès de leurs auteurs qui, selon lui, prenaient plaisir à l'agacer. Cette exaspération culmine quand à cela s'ajoute un conflit avec un locataire qui l'insultait régulièrement et « faisait exprès » de jeter ses déchets n'importe où. Ce qu'il perçoit comme une accumulation d'offenses et de provocations le mine profondément. Il m'indique avoir fait une dépression, pour laquelle un arrêt de travail lui a été prescrit. Il m'explique toutefois, cheminant de nouveau sur son site, qu'il est revenu en étant déterminé à ne plus se laisser atteindre par les faits et gestes de certains locataires. Levant les yeux en marchant, il nous désigne au loin quelques tags pour me signifier, non sans une certaine jubilation, que maintenant, il y en a, mais cela ne l'affecte pas. Ces traces ne l'irritent plus, et il considère comme une revanche de voir que le jeu a lassé :

> « Les tags, maintenant, je les enlève, c'est dans mon boulot, ça ne me dérange plus de les enlever dans mes halls tous les matins. D'ailleurs, c'est eux qui se sont fatigués ! Avant, tous les matins j'effaçais, et ça revenait, et puis je me suis rendu compte qu'il y en avait moins. Je les enlève : ça me dérange pas, c'est le quotidien, et ils se sont fatigués ! »

La tournure spécifique de ces conflits est par conséquent indissociable de leur ancrage au plus près des engagements familiers de locataires. Comme l'expriment de nombreux gardiens, leur présence suffit parfois à faire en sorte que certains locataires se plient à certaines attentes. Lorsque le gardien est dans les parages, ils penseront à faire attention à ne pas faire traîner des sacs-poubelle en marchant, à les déposer de manière adéquate, ils seront embarrassés des déjections de leurs animaux sur des espaces de circulation ou iront se garer sans empiéter sur les espaces verts. La présence du gardien, davantage que la crainte de ses éventuelles remarques, suffit à convoquer une épreuve publique, où les gestes sont rectifiés, repris, pour être rapportés à ce qu'il convient de faire « normalement ». Cette proximité permet également de comprendre comment sont constituées des provocations, sans même que soit établi le caractère intentionnel des gestes ainsi qualifiés. Le fait de voir se défaire ce qui vient d'être fait, de constater qu'une personne, sous les yeux même du gardien, se gare sur un talus et brise une petite rambarde délimitant les espaces, le dégoût éprouvé à devoir sentir et toucher les déchets des autres négligemment emballés ou rangés, a quelque chose provocant. Il ouvre par conséquent sur des indignations, qui ne peuvent être publiées sans encourir le risque d'être discréditées comme un peu ridicules ou relevant des aléas du métier. La nature des troubles qui viennent affecter la félicité des réalisations pratiques de ces gardiens, tout comme la difficile publication de ces indignations, nous semblent pouvoir expliquer ainsi la tournure spécifique que peuvent prendre certains conflits. Il arrive, parfois, que ces agents se laissent aller à rendre la pareille aux locataires. Ils font alors éprouver ce qu'ils estiment avoir subi à ceux qui sont supposés bénéficier de leurs services.

Le souci de ne pas s'engager dans un jeu de provocations se traduit également par l'évitement de certaines situations. Ceci conduit certains gardiens à fermer les yeux sur ce qui se passe sur certains sites, pour ne manifester leur attention que sur ce qui les regarde dans le sens le plus étroit de leurs fonctions. Arrivé sur un nouveau secteur, un gardien se voit conseillé d'éviter un hall. Sa présence dans ce hall ne pourra, selon ses collègues, être interprétée que comme une provocation par le petit groupe qui s'y est installé. Disposant d'une carrure physique et d'un sens de la repartie dont ne disposent pas forcément ses collègues, il m'indique y être allé dès son arrivée, en exposant très clairement qu'il se fichait de ce qui se passait dans ce hall, mais qu'il devait pouvoir intervenir sur un équipement de plomberie et faire son « boulot ». Ce faisant, il entend toutefois moins circonscrire le champ de ses préoccupations que s'engager, de manière moins frontale que certains de ses collègues, en étant attentif aux lieux et aux moments de ses engagements :

> « Ah non, moi jamais. Jamais [je ne me suis fait abîmer ma voiture]. Mais M. O., il ne s'y prend pas comme il faut là-dessus. Faut dire qu'il ne sait pas y faire ! Lui, il y va quand les jeunes sont en groupe, et il leur dit qu'il va appeler les flics ! Il n'a pas la manière ! Quand ils sont en groupe, ils ne laisseront pas passer, c'est pas possible. Moi quand j'y vais et que je veux faire une remarque sur les carreaux cassés ou autre, j'essaie de m'intégrer dans le groupe, de leur dire les choses comme ça. Sinon, c'est sûr, ils s'en prennent à votre voiture. Alors c'est vrai que M. O., il est allé jusqu'au bout une fois,

il a déposé plainte et d'un autre côté c'est bien aussi. Ça peut être bien de ne pas lâcher parfois. Mais bon… Pour les questions de tags ou autre, je ne vais pas déposer de plaintes comme ça. De toute façon, il y a quand même moins de dégradations parce qu'il y a d'autres relations qui se sont mises en place. Les gens sont mis en confiance. On sait que c'est leur boulot aux gardiens l'entretien de la cité. »

Ce gardien a été nommé sur un site où des affrontements entre gardiens et adolescents avaient abouti à une situation tendue dès que les premiers manifestaient leur intention de sortir de leur loge. Ces affrontements s'inscrivaient par ailleurs dans une temporalité plus longue, et dans des conflits plus sourds opposant certains de ces gardiens et des locataires, l'ensemble ayant conduit à des mutations de gardiens et au départ à la retraite anticipé de l'un d'entre eux, accusé plus ou moins ouvertement d'attitudes racistes[29]. Cette intrication des problèmes ayant abouti dans ce cas à défaire la crédibilité des gardiens sur un site, et dont les affrontements entre « jeunes » et « gardiens » ne constituent probablement qu'un épisode particulièrement visible, renvoie à un aspect pointé par d'autres gardiens. Être un « bon gardien », un gardien à qui on « tire son chapeau », un gardien qui est « respecté » constitue une autorisation à agir, qui peut dans certains cas transiter d'une sphère d'activités à une autre. Plusieurs gardiens nous ont ainsi indiqué que seule la reconnaissance obtenue auprès des parents les avait autorisés, sur certains sites, à se préoccuper de la présence sur leur secteur de groupes constitués en partie de leurs enfants :

> « La première fois, je leur dis aux enfants : "Hé là ! Si vous abîmez ça, vous savez que c'est vos parents qui vont payer hein ? Alors il faut faire attention." Et puis sinon, si je veux leur dire un mot, j'attends qu'ils passent pour en discuter, ou si je les connais suffisamment, je peux y aller directement et frapper à la porte, ça dépend. Mais c'est sûr que le fait d'avoir connu d'abord les parents, ça m'a aidé énormément. À la fois pour parler aux parents bien sûr, mais aussi avec les enfants. »

29. N'ayant pas effectué notre enquête au moment de ce conflit, ces accusations nous ont été communiquées, d'une part, par un responsable d'agence pour exemplifier un certain nombre de mauvaises attitudes qu'il convenait d'éradiquer et, d'autre part, au cours des observations, par la rencontre de cet ancien gardien, habitant toujours sur place, venant nous exposer alors que nous étions avec un de ses anciens collègues, qu'il avait été injustement accusé d'être raciste, alors qu'ayant fait, avant d'être gardien, sa carrière dans l'armée, il avait côtoyé « des Noirs, des Arabes, etc. », « sans faire de différence ». Un autre gardien nous évoqua ensuite des « dérives » d'une autre nature, et plus précisément le fait que des gardiens aient monnayé l'occupation de locaux vacants auprès de personnes à la recherche d'un logement.

CONCLUSION

On voit bien dès lors que les attentes qui pèsent sur un gardien font que sa responsabilité ne peut se limiter à ses obligations contractuelles. Elle est celle d'un être qui doit se soucier de ce qui l'autorise à agir. Ceci rejoint un aspect que nous avons déjà pointé, et la nécessité, pour les gardiens, de placer leurs gestes sous le regard d'une arène constituée avant tout par les locataires. S'y déroulent des épreuves où un gardien doit attester de sa grandeur dans plusieurs mondes. Dans un monde industriel, il est apprécié dans sa capacité à régler avec efficacité les problèmes qui lui sont exposés. Dans un monde civique, il doit manifester qu'il n'est pas de ceux qui réservent leurs bienfaits aux amis ou à ceux qui sont bien vus. Dans un monde domestique, il doit agir comme un être de confiance et avec bienséance, en sachant faire le départ entre ce qui est sérieux et ce qui ne l'est pas, et ce qui doit rester « entre soi ». Les gardiens ne font en effet pas seulement que toucher au plus intime de la vie de certains locataires dont ils ont eu à considérer les problèmes d'impayés ou de voisinage. Ils doivent également continuer de côtoyer dans la durée ceux qui leur ont, en des occasions bien précises, exposé cette intimité. Ces embarras sont évoqués lorsqu'un agent nous explique avoir vu « une vedette du quartier » s'effondrer en larmes, en lui demandant de ne pas ébruiter que sa femme l'avait quitté, alors que l'agent venait s'enquérir d'un retard de paiement. Il est évoqué par un autre qui s'est impliqué dans la résolution de problèmes de voisinage entre deux couples qui ont, pendant quelques journées, animé le quotidien d'un immeuble. Le gardien a finalement constaté qu'ils s'étaient « rabibochés tout seuls », laissant le gardien seul avec les histoires sordides qu'il aurait préféré ne pas avoir à entendre, et le tournant en dérision auprès d'autres locataires pour avoir vu des « histoires » là où, finalement, il n'y en avait plus. Il estime donc s'impliquer désormais avec plus de circonspections sur certains des problèmes pour lesquels on le sollicite. Tout ceci ouvre par conséquent sur des embarras qui s'estompent ou des précédents qui s'accumulent dans la durée pour fonder un jugement. Ceci est à l'origine de tensions susceptibles de se cristalliser par la mise en série et la mise en commun de ces micro-épreuves, mais aussi, à l'inverse, sur de solides amitiés, si l'on entend par là des relations qui ne sont pas confinées à une sphère privée ou à un cercle de proches, mais une inclination qui demeure envers certaines personnes – locataires comme agents –, qui se sont révélées estimables, en ayant su composer avec ces différentes exigences.

Chapitre IX

RETOUR SUR L'ORGANISATION

Nous avons jusque-là analysé non seulement la diversité des régimes d'engagement que doivent mobiliser des agents, et la possibilité d'intégration de « biens » et de « savoirs » propres à ces différents régimes. Nous allons désormais nous centrer sur les lieux qui supportent de manière privilégiée, mais non exclusive, ce travail de composition pour chacune des sociétés. Notre propos est d'approfondir ces contraintes pragmatiques, en envisageant les exigences que fait peser l'organisation sur l'action de ses agents. Nous avons fait le choix de nous concentrer sur la prise en compte des demandes d'intervention technique. En progressant dans l'enquête, leur suivi nous a semblé être un terrain particulièrement fécond pour suivre l'ensemble d'un cheminement : celui par lequel une gêne quelconque est communiquée à un agent, jusqu'à sa transformation éventuelle en « demande » à traiter selon des exigences et des modalités déterminées. La généralisation des démarches d'évaluation de la « qualité de service » suppose en effet une stabilisation des pratiques au sein d'une organisation, et leur mise en forme en tant que procédures, *process* ou règles. Ce formalisme intègre des exigences de justice, contre l'arbitraire de réponses données « selon le sens du vent » ou « à la tête du client ». Il soutient également des exigences d'efficacité, en comptabilisant les actes effectués ou en fixant les délais dans lesquels une réponse doit être apportée. Il laisse toutefois de côté le travail requis en amont pour considérer des gênes, des embarras, des désarrois éprouvés dans un environnement familier, et les porter ensuite jusqu'aux formats requis par une organisation, qui réclame des demandes bien identifiées et un monde d'objets saisis dans leur fonctionnalité.

Cette tension et cette nécessaire composition entre des formats d'évaluation distincts ont pu être observées dans les trois organismes étudiés. Selon les modes d'organisation adoptés, elles reposent de manière privilégiée sur un agent isolé – le gardien d'immeuble – ou sur un collectif – l'agence et ses secrétaires. Parmi les trois organismes étudiés, nous nous concentrerons sur deux d'entre eux, qui présentent à cet égard des options contrastées. Dans la société « Le Toit », ce sont les gardiens qui doivent être placés comme interlocuteurs privilégiés, voire exclusifs, des locataires. Dans la société « Le Logis », ce travail de composition repose sur l'agence.

LE LOGIS : DEUX AGENCES DE PROXIMITÉ

Dans l'une des trois sociétés observées, ce sont les secrétaires d'agence qui vont être chargées de recevoir les locataires, et de transformer ce qu'ils leur exposent dans le format requis par l'organisation. Elles reçoivent ainsi les locataires, les orientent vers l'interlocuteur approprié, ou saisissent sur informatique une demande qui sera transmise au service adéquat. L'activité des secrétaires nécessite un basculement continu de l'attention entre différentes tâches – courrier, saisie informatique, etc. –, les sollicitations de leurs collègues et celles des locataires qui se manifestent soit par téléphone, soit en venant en agence. L'essentiel de leur travail est de coordonner leurs actions entre ces différents foyers d'attention, qui coexistent dans un espace et dans un temps restreints. En cela, leurs activités s'apparentent aux situations de dispersion au travail[1] qui supposent la gestion quasi simultanée d'engagements multiples. Les échanges entre locataires et secrétaires supposent la plupart du temps une interconnaissance relativement faible, avec des attentes de civilités propres aux espaces publics. À ces attentes s'ajoutent celles d'un espace fonctionnel. L'agence n'est pas un espace public dédié à la simple circulation. La venue d'un habitant est légitime dans la mesure où elle est soutenue par une intention, qui doit correspondre à ce qu'un habitant peut normalement demander à son bailleur. L'environnement de travail en agence vient soutenir un engagement des secrétaires dans une coordination élargie à l'échelle de l'organisation. Cette coordination est soutenue par les objets présents à portée de main (dossiers, informatique, etc.) qui inscrivent son action dans un environnement de règles et de procédures impersonnelles.

Cependant, dans cette société, les deux agences observées s'inscrivent dans des relations de proximité qui les rendent particulièrement accessibles. Ceci renvoie tout d'abord à la proximité géographique des agences avec les logements qu'elles gèrent, ce qui est une spécificité de cet organisme par rapport aux deux autres que nous avons étudiés. Mais cette accessibilité spatiale vient aussi conforter une relative bienveillance envers les venues sans motifs consistants, les aides et conseils qui n'entrent pas strictement dans les missions de l'agence, dans une valorisation de ces agences en tant qu'institutions ouvertes sur un quartier. Ceci se traduit concrètement par une animation certaine, qui varie toutefois assez fortement selon les deux agences observées.

1. DATCHARY C., « Gérer la dispersion : un travail collectif », *Sociologie du travail*, vol. 50, n° 3, 2008, p. 396-416.

Des agences accessibles aux préoccupations diverses des locataires

Au sein de l'agence A, les passages de locataires sont fréquents, avec des temps forts à certains moments de la journée et lors des jours de marché, qui se tient sur la place qui jouxte l'agence. Des locataires passent pour signaler un problème, demander un conseil ou des informations, voire faire une photocopie dont ils ont besoin, en arguant que la photocopieuse de la Poste, située juste à côté, ne fonctionne plus. Il arrive également que des locataires soient présents aux cafés du matin, que l'équipe prend dans une petite salle soustraite aux yeux du public. C'est le cas essentiellement d'une locataire, actuellement retraitée, dont nous apprenons au fil des discussions qu'elle fut femme de ménage pour le compte de l'organisme. Ces proches qui viennent prendre le café se distinguent d'autres visiteurs réguliers, avec qui les relations sont à la fois professionnelles et familières, cette familiarité pouvant être valorisée et entretenue pour ses potentialités dans un cadre professionnel. Un couple d'une soixantaine d'années passe ainsi régulièrement, après être allé au marché. Ils envisagent de changer peut-être un jour de logement. Leur demande de mutation est en cours. Ils aimeraient éventuellement un logement plus petit, dans un endroit calme, avec des arbres. Ils ont fait quelques visites, mais ils ne sont pas vraiment décidés, et cela depuis plusieurs années. Ils viennent donc prendre des nouvelles, exposer leurs hésitations, et sans doute également se rappeler au souvenir du bailleur pour qu'il leur fasse de nouvelles propositions. Ces visites sont aussi le fait de membres d'associations locales, qui passent pour distribuer des affiches sur des fêtes de quartiers. Ils prennent le temps de discuter et d'échanger des nouvelles sur leurs activités respectives ou sur la vie du quartier. Ces visites, comme celles des locataires qui viennent demander de petits services – faire une photocopie, s'inquiéter auprès de l'agent d'accueil de la perte d'un chat –, sont appréciées et encouragées par la responsable d'agence. Elles le sont parfois un peu moins de la part de la secrétaire, lorsque les discussions s'engagent ou se prolongent dans son bureau, tandis qu'elle fait des saisies sur son ordinateur, ou répond au téléphone.

Au sein de l'agence B, dans un quartier classé en zone urbaine sensible, cette animation gagne en intensité et en écart avec ce que serait la description fonctionnelle de l'activité des agents. Les mêmes visites de bon voisinage s'y retrouvent. Un locataire passe annoncer une naissance, et dit que vendredi, il amène le thé et les pâtisseries. Une locataire en particulier tend à fréquenter assidûment l'agence, en guettant le moment propice pour engager une conversation, dans un coin de l'accueil ou depuis sa fenêtre, qui donne sur le perron de l'agence. Elle passe ainsi en agence pour exprimer à une secrétaire, lorsque cette dernière peut lui consacrer un peu d'attention, son ennui. Elle guette aussi le moment où une autre secrétaire sort fumer une cigarette sur le perron. Elle fond en larmes au milieu de l'agence un jour où sa présence, certes tolérée, tend à être oubliée. Aux secrétaires et au directeur adjoint venus lui demander les raisons de ses pleurs, elle finit par indiquer qu'une locataire lui a dit qu'elle allait faire le nécessaire pour qu'on lui prenne son chien, qui aboie lorsqu'elle s'absente de son logement. L'agence reçoit également la visite de membres d'associations présentes sur le quartier ou d'assistantes sociales. Nouvelles sur le secteur, elles sont venues se présenter au bailleur et faire état d'un problème technique dans le logement d'un locataire qu'elles suivent depuis son retour de prison.

Enfin, dans le cas de ces deux agences, il faut souligner que le territoire géré est un espace régulièrement pratiqué. Les membres de l'agence circulent sur les sites où sont situés les logements, à l'exception des secrétaires qui restent davantage à un point fixe. Ces cheminements réguliers disposent ces agents dans des formes d'évaluation identiques à celles que nous avons décrites pour les gardiens. Qu'il s'agisse du responsable d'agence ou des agents de clientèle, ceux-ci vont, dans leurs parcours, rencontrer des locataires, et jeter un œil sur ce qui leur semble inhabituel. La pratique quotidienne des lieux et de leurs occupants n'est par conséquent pas restreinte aux seuls gardiens d'immeuble. Elle est aussi le fait des membres circulants de l'agence : le chef d'agence, son éventuel adjoint et les agents d'accueil. Le responsable d'une de ces agences s'emporte ainsi à la vue d'un encombrant qui n'a pas été déplacé. Cette prise en charge par le responsable de l'agence de problèmes extrêmement localisés a des incidences sur la manière dont ils sont communiqués à des niveaux hiérarchiques plus élevés. C'est par conséquent à cette occasion que ce responsable me fait part de son exaspération à devoir désormais en passer par un échelon hiérarchique intermédiaire, qui en référera ensuite à la direction de la clientèle ou au service technique, qui contactera ensuite le prestataire qui a manqué à ses obligations pour une intervention. La révision de la place des responsables d'agence au sein de la hiérarchie interne de l'organisme, qui découle de la réorganisation, est critiquée comme une perte de capacité à faire valoir directement auprès de la direction de l'organisme des problèmes identifiés sur certains sites.

Aussi, les responsables de ces deux agences s'inquiètent, au cours des réorganisations engagées dans cet organisme, d'un relatif éloignement du « terrain ». La responsable de l'agence A me communique cette inquiétude en soulignant à plusieurs reprises ce qui fait selon elle son attachement à son métier. Au-delà d'une inscription de l'agence dans la vie associative, elle se dit attachée au fait de pouvoir parcourir régulièrement un site sur lequel les logements gérés par le bailleur se trouvent réunis dans un rayon de six cents mètres. Cette femme, d'une quarantaine d'années, arrivée dans le secteur du logement social « par hasard » après des études littéraires, entend faire valoir l'importance d'un rôle « social » sur un site considéré comme relativement tranquille. Elle communique ainsi des éléments qui seraient cachés au visiteur qui ne considérerait ce site que comme un site « tranquille ». Elle oppose ainsi des ambiances qui seraient caractéristiques de certains immeubles composant le patrimoine de l'agence :

celle de certains immeubles, de gammes intermédiaires, où des militaires à la retraite donnent le ton, et celle d'autres logements sociaux, qui lui évoquent des romans des années 1950 et les milieux populaires qui y étaient décrits. Elle indique également, pour faire état des problèmes susceptibles d'avoir lieu dans ce quartier « tranquille », avoir pu nouer des contacts auprès d'une jeune femme se prostituant dans une cave, pour tenter de l'orienter vers des services sociaux, ou être intervenue auprès d'une ancienne institutrice, atteinte de la maladie d'Alzheimer, habituée à ouvrir sa porte à d'autres locataires et se faisant progressivement dépouiller. Si elle n'intervient pas sur un site qualifié de « difficile », elle tente de faire valoir l'importance d'un rôle social qui lui semble toujours d'actualité et auquel elle s'est attachée au cours d'une fréquentation des lieux et de leurs occupants. Cette responsable d'agence exprime dès lors le sentiment que, sous une continuité des valeurs de l'organisme, est méconnue une capacité à se préoccuper et à s'impliquer dans un environnement local, qui trouvait auparavant plus d'écho.

Le responsable de l'agence B critique quant à lui une déconnexion de l'organisme des « problèmes de terrain ». Il ne vise pas la direction de l'organisme. Selon lui, quand des problèmes lui ont été exposés, elle a su en prendre la mesure et lui donner les moyens d'agir. Il est en revanche virulent contre les nouveaux échelons instaurés entre cette direction et les agences, désormais chapeautées par la direction clientèle au sein de l'organisme. S'il trouve normal que chacun s'aligne sur des procédures homogènes, il critique des transformations qui auraient pour résultat de « compliquer ce qui ne l'était pas ». Il énumère ainsi les tâches réalisées en agence, leur nombre, en leur ajoutant un coefficient multiplicateur lié aux spécificités du site : pour des actions nécessitant normalement un rendez-vous, il en faudrait quatre sur ce site ; chaque courrier adressé au locataire se traduirait par une visite de ces locataires en agence. Il inscrit donc sa critique dans un ordre fonctionnel, mettant en avant la spécificité d'un contexte pour réaliser des actions normales, définies au niveau de l'ensemble de l'organisation. Ce chef d'agence, qui a également des responsabilités syndicales, porte également une critique de la méconnaissance de la charge de travail reposant sur lui, et les agents qui travaillent à ses côtés. Il fait valoir une usure spécifique qui serait liée aux interventions en zones urbaines sensibles (ZUS) et préconise de faire tourner les agents travaillant dans ces conditions, pour éviter qu'ils ne s'épuisent.

Dans les réorganisations en cours, il a accepté d'être responsable pour cinq ans de cette agence. Il rejoindra ensuite une des filiales créées au sein du groupe, pour s'occuper de questions relatives à l'accession à la propriété, le passage en tant que directeur d'agence sur un site classé en ZUS constituant pour lui une parenthèse dans un parcours professionnel initié vingt ans auparavant chez le même bailleur. Il tient également à souligner l'importance qu'il faut accorder à un ancrage dans le « quartier », et aux liens à maintenir avec un tissu associatif relativement dense, tout en indiquant que c'est un aspect qu'il a personnellement négligé. Il estime vain de s'impliquer dans l'entretien de ces relations, dans la mesure où il ne restera qu'une période relativement limitée sur ce site. Par ailleurs, il s'agit peut-être de ce qu'il sait « le moins bien faire » et il se repose pour cela sur son adjoint, présent depuis vingt ans sur le quartier. Il le présente comme un véritable « pilier », sur lequel il peut s'appuyer. Par différence avec lui, il semblerait insensible à l'usure qu'il y aurait à travailler en ZUS et capable de maintenir dans la durée le plaisir qu'il aurait à y exercer.

L'accueil comme effort

Quand un locataire vient en agence, ce sont les secrétaires qui enregistrent le cas échéant une demande d'intervention. À la différence des gardiens, elles sont tenues de considérer qu'elles sont face à une demande, quand bien même elles jugeraient que cette demande est un prétexte pour une venue motivée par d'autres objets. Elles disposent toutefois de plus de latitude lorsqu'il s'agit de traiter une préoccupation. Elles doivent prendre le temps de considérer ce qui leur est exposé. Cette attention à ce qui ne se présente pas toujours comme une demande, prête à être enregistrée et communiquée au service adéquat, apparaît par conséquent comme un effort « en plus » de ce qu'exigerait une situation « simple » ou « normale ».

Dans ce cadre, et dans des situations de travail où l'agent doit souvent gérer en même temps un ensemble d'actions, les motifs invoqués par les secrétaires pour expliquer pourquoi elles se montrent plus ou moins accueillantes à ces sollicitations peuvent être rapportés aux attentes configurées par l'espace d'interaction : dans un lieu fonctionnel, celui qui vient sans motif consistant ou qui « déballe » ses histoires peut être malvenu, de même que celui qui « débarque » et déroge aux rituels de civilité attendus. Ces jugements des agents sur les situations qui méritent cet effort sont sans aucun doute portés par des dispositions personnelles. Un agent peut s'estimer choqué par certaines conduites, tandis qu'un autre ne s'en formalisera pas. Cependant, cette activité de jugement est également portée de manière collective. Elle est nourrie par de petits commentaires sur ce qui vient de se passer, qui font en quelque sorte jurisprudence. Cette activité collective de jugement vient ainsi « donner le ton » et, dans le cas des deux agences observées dans cet organisme, porter très concrètement une exigence d'attention aux préoccupations diverses exposées par les locataires.

Le caractère faiblement explicité de ces jugements constitue une forme de tact, visant à ne pas porter une critique directe à un collègue avec qui l'on travaille tous les jours. Des velléités de critiques plus frontales existent. La présence d'une enquêtrice peut constituer une occasion pour les faire porter. L'agence B comporte trois secrétaires. Aline est la secrétaire disposant de plus d'ancienneté. Elle est également celle qui rend le plus fréquemment de petits services. Aussi, c'est vers elle que s'orientent des locataires qui savent par avance qu'ils peuvent s'en remettre à elle, quand bien même l'objet de leur venue est peu assuré. Certains glissent sous son regard des documents administratifs qui ne relèvent pas du champ de compétence des secrétaires. Ils peuvent toutefois compter sur le fait que, en s'adressant à elle, ils seront bien accueillis, dans la mesure où tout se passera « comme si » leur sollicitation était pleinement légitime. Aussi, Aline s'apparente aux agents que Y. Siblot a décrits, dans le bureau de poste qu'elle a étudié, comme des agents qui valorisent le fait de « rendre service », occupant une position stable et valorisée au sein d'un collectif de travail[2]. Toutefois, à la différence des agents étudiés par Y. Siblot, Aline est peu diserte sur ce goût qu'elle manifeste à se montrer accueillante et serviable. Lorsque nous lui demandons un jour pourquoi elle fait « tout ça », elle nous répond d'un air gêné que c'est « plus facile » d'agir ainsi. Ceci révèle deux choses. En premier lieu, sa gêne indique que notre question a été prise comme un compliment, qu'elle accueille avec d'autant plus de modestie que la reconnaissance de sa manière de s'engager dans son travail est actée au sein de cette agence, et reconnue comme étant exemplaire. Il s'agit donc d'une manière de faire qui ne regarde pas uniquement Aline et sa manière personnelle de s'engager dans un poste de travail et de le valoriser. Elle est investie d'une certaine autorité par les autres membres de l'agence qui travaillent à ses côtés, dont le responsable d'agence. Par ailleurs, il faut prendre au sérieux le genre de félicité qu'évoque Aline dans l'exercice de son travail, sans le rabattre trop vite sur une gratification symbolique consistant à s'inscrire dans des relations personnalisées. Ce n'est en effet pas cette forme de gratification qu'elle pointe, mais un accomplissement pratique au cours duquel elle apprécie l'aisance avec laquelle elle peut répondre à une sollicitation, et qu'une reconnaissance par un tiers – un locataire ou des collègues – viendra peut-être sanctionner.

Béatrice est aussi une secrétaire disposant d'une ancienneté de plusieurs années dans le métier. Au cours des dernières réorganisations, elle a toutefois été affectée récemment à cette agence, à laquelle elle estime avoir du mal à s'habituer. De fait, nous avons pu constater ses mouvements de recul, vis-à-vis de locataires débarquant en agence manifestement énervés, ou de surprise, voire d'agacement, en considérant ce sur quoi son attention était appelée.

Cécile, la troisième secrétaire, est une jeune femme dont les parents habitent le quartier, elle-même l'ayant habité au cours de son enfance et de son adolescence. Elle a été embauchée pour un contrat de courte durée. Ce fut Cécile qui nous indiqua, au cours d'un temps de calme propice aux petites conversations, qu'elles ne s'adaptaient pas toutes de la même manière à cette agence. Béatrice, travaillant auparavant dans l'agence située au sein du quartier le plus ancien et réputé le plus tranquille dans la hiérarchie interne à ce bailleur, avait « du mal ».

2. SIBLOT Y., *op. cit.*, 2006.

La secrétaire s'exprimant ainsi mettait en avant son ancrage dans un quartier, la disposant à un ajustement aux locataires dont serait dépourvue sa collègue : elle connaissait certains des locataires depuis l'école, savait leur parler et s'adapter à leurs manières sans s'en offusquer. Elle exprimait ainsi une compétence dont aurait été dépourvue sa collègue, et ce d'autant plus que, embauchée pour un contrat de courte durée arrivant à son terme, elle était désolée de ne pouvoir rester. Béatrice était ainsi invitée à nous expliquer pourquoi elle avait « du mal », et à nous décrire en quoi les « locataires d'ici » se différenciaient de « ceux de là-bas ». C'est avec un certain embarras qu'elle nous indiqua, comme l'y avait invitée sa collègue, qu'elle était effectivement choquée par la manière dont certains locataires, au sein de cette agence, se conduisaient en « assistés » : sans même s'excuser, voire sans être polis, ils venaient pour faire remplir des papiers, demander un numéro de téléphone, etc. Aline, restée jusque-là silencieuse, intervint alors pour dire qu'il était vrai que, parfois, chacune d'entre elle avait « du mal ». Elle évoqua alors quelques anecdotes, illustrant le caractère particulier de cette agence : des situations incongrues comme le fait de garder pendant une semaine la planche à repasser d'un locataire avant son entrée dans les lieux, d'autres où elles avaient toutes eu peur, du fait de la virulence avec laquelle un locataire avait porté au sein de l'agence le conflit qui l'opposait à certains de ses proches, d'autres où elle aussi avait été choquée, lorsqu'une locataire lui avait demandé de remplir un papier en se bornant à poser le document sur le comptoir, en le désignant d'un index impérieux. Ce fut Béatrice, la secrétaire présentée comme ayant du mal à s'adapter, qui conclut la discussion. Elle le fit en reprenant les propos qui nous furent tenus par le responsable d'agence, commentant l'ambiance particulière au sein de cette agence. Cette agence et ces gens-ci avaient aussi leurs bons côtés : « Le thé et les gâteaux. Apporter un énorme couscous. Alors qu'on ne remercie pas normalement de cette manière. Ça aussi c'est étonnant, mais bon, c'est gentil. » Regardant alors ses collègues, il me sembla qu'elle cherchait à s'assurer qu'elle avait passé correctement l'épreuve à laquelle on l'avait soumise.

Dans ce cas, la présence d'une enquêtrice permet à l'une des secrétaires de convoquer une épreuve publique où sont appréciées les bonnes conduites à tenir vis-à-vis des locataires. Cécile s'engage en effet assez nettement dans une opération critique, où est désignée celle qui dérogerait aux conduites attendues. Elle tempère la violence de l'accusation en jouant sur la disponibilité d'un autre registre : la conversation est initiée au cours d'un moment de calme, et s'inscrit dans les conversations entre secrétaires qui ponctuent ordinairement ces moments. La présence d'une enquêtrice, qui n'a eu de cesse au cours des premiers jours d'indiquer qu'elle n'était pas là pour « juger », est constituée comme le prétexte à une simple conversation, où s'expose une diversité de manières de faire et de réagir aux situations. Cette ambiguïté suscite l'embarras de Béatrice, qui ne peut ignorer qu'elle est convoquée, dans cette petite conversation, pour illustrer de mauvaises pratiques et de mauvais jugements. Cécile, qui initie cette conversation, entend également faire porter un diagnostic auprès de l'enquêtrice, susceptible d'être endossé au terme de l'enquête : pour intervenir sur ces quartiers, il faudrait des personnes qui en sont issues, dans le prolongement direct d'une politique dite de « proximité », initiée auparavant par ce bailleur et désormais déclarée périmée, consistant à recruter sur les sites des agents de proximité parmi leurs habitants, et plus spécialement des « jeunes du quartier ».

L'intervention d'Aline vient tempérer l'embarras de Béatrice. Sans méconnaître l'horizon d'une accusation publique, puisqu'elle intervient très clairement à décharge de Béatrice en déclarant que toutes avaient parfois « du mal », elle renoue avec les formes de mises en commun observées lorsque, au cours de moments de calme, les secrétaires commentent ce qui vient de se passer. Ce faisant, elle atténue l'embarras d'une mise en cause relativement frontale de sa collègue.

Cette attention à ce qu'il en coûte parfois d'accueillir les préoccupations diverses des locataires se traduit également dans le cours même des activités, pour fonder des obligations pratiques d'entraide entre les agents. Comme nous l'avons indiqué, Béatrice marque parfois sa surprise, voire sa réprobation face à certaines sollicitations. Elle ne peut cacher son irritation lorsqu'une locataire demande avec impatience un numéro de téléphone de services administratifs qui n'ont rien à voir avec le bailleur. Elle ne peut toutefois manquer de considérer que, si elle décourage certains locataires, elle augmente de manière immédiatement perceptible la charge de travail qui incombe à sa collègue, par les visiteurs qui préfèrent attendre un peu pour exposer ce qui les amène à l'autre secrétaire. Aussi, après un petit soupir, elle convoque de la main une locataire avec un papier à la main, qui s'était rangée sans mot dire derrière un locataire occupé avec Aline : aucun mot n'est échangé, mais il est manifeste que la secrétaire consent à considérer une sollicitation qu'elle juge *a priori* déplacée. Inversement, Aline vient en renfort de sa nouvelle collègue, en intervenant avec tact pour reprendre la main dans certains échanges, ou lorsqu'elle pressent que sa collègue va se sentir mal dans une situation qu'elle ressentira comme violente, face à un locataire qui, ne serait-ce que par sa carrure ou sa manière de parler, lui en impose. Aussi, au sein de cette agence, le fait d'être accueillant envers les locataires n'est pas seulement la bonne attitude à avoir en général, et auprès de locataires qui dérogent à certaines attentes en particulier. Il est également reconnu comme une charge[3], que les agents se distribuent au cours de la

3. Cette charge associée à des situations de travail qui requièrent une dispersion forte des engagements dans un temps et un espace restreint a particulièrement été analysée par Caroline Datchary, qui souligne à la fois leur généralisation et la méconnaissance des compétences et des charges qui leur sont associées (DATCHARY C., *La dispersion au travail*, Toulouse, Octarès, 2011).

journée, en permettant que l'une d'entre elles profite d'un moment plus calme pour se soustraire à l'exposition du guichet et faire son travail administratif dans un bureau. C'est également la fatigue, voire l'humeur d'un agent qui est repérée, et qui incite à prendre le relais sur le moment, ou à commenter après coup des moments de flottement ou de ras-le-bol.

Une composition assurée de manière collective

Si les connaissances acquises par une familiarisation aux lieux et aux personnes facilitent la prise en compte de ce qui est exposé par les locataires en agence, les secrétaires ne sont toutefois pas les seuls membres de l'agence à en disposer. C'est un mode de coopération associant tous les agents qui va permettre l'intégration de ces savoirs de proximité.

Au-delà d'une différenciation entre les postes, un travail d'équipe s'effectue au sein de l'agence, porté très concrètement par la disposition des lieux. Les secrétaires sont situées dans une pièce qui ouvre sur les bureaux des autres agents, et au cœur des cheminements que doivent faire leurs collègues pour vaquer à leurs activités. Les différents agents sont souvent à portée de regard, et encore plus souvent à portée d'oreille, *a fortiori* si les voix montent. Cette configuration des lieux permet aux agents de laisser traîner une oreille sur ce qui se passe à côté ou de prendre avis ou confirmation auprès de collègues sans interrompre le cours des activités. Par conséquent, dès que les échanges se mettent à « coincer », c'est très naturellement que d'autres agents vont éventuellement être mobilisés, ou monter d'eux-mêmes au créneau[4]. Cette attention diffuse et continue à ce qui se passe à côté permet ainsi la mobilisation d'autres agents, avant même d'atteindre la confrontation à des problèmes consistants et avérés. Cet ajustement collectif repose essentiellement sur cette capacité à travailler tout en maintenant une attention périphérique sur leur environnement.

Ce type de coordination intervient par exemple lorsqu'un habitant fait irruption en agence, sous le coup d'une préoccupation qui le rend manifestement très énervé ou pour arriver à traiter un problème qui n'offre pas de prise aisée. Les secrétaires se livrent alors à une « pêche aux informations » ou cèdent la

4. Comme l'ont décrit des travaux portant sur les formes de collaboration engagées dans des espaces de travail, et notamment ceux d'Isaac Joseph (JOSEPH I., « Attention distribuée, attention focalisée : les protocoles de la coopération au PCC de la ligne A du RER », *Sociologie du travail*, vol. 36, n° 4, 1994, p. 563-585). Cette attention aux formes de coopération au sein d'espaces de travail permet d'analyser la manière dont des agents qui travaillent ensemble se coordonnent par une sensibilité à l'orientation des uns et des autres vers un environnement d'objet, qui ouvre sur des séquences où des agents se mettent à chercher ensemble une information, ou se rende un objet « digne d'attention » en signalant un élément potentiellement problématique (HEATH C. et HINDMARSH J., « Les objets et leur environnement local. La production interactionnelle des réalités matérielles », *in* CONEIN B. et THÉVENOT L. [dir.], *Cognition et information en société*, Paris, Éditions de l'EHESS, 1997, p. 149-176).

place à un autre membre de l'agence : une autre secrétaire, un agent d'accueil ou le directeur adjoint passe derrière le guichet.

Ces mêmes modes de coopération sont mobilisés pour anticiper ce qu'une action « normale », telle que celle que décrivent les procédures, peut éventuellement avoir d'exigeant pour certaines personnes. Aussi, pour traiter un problème apparemment banal, un agent va intervenir pour intégrer les déconvenues susceptibles de se présenter : il est ainsi en mesure de faire ce que nous avons décrit dans la section précédente comme relevant des « petits services » permettant de couvrir une grande variété d'incapacité à satisfaire au déroulement « normal » des interventions. C'est ainsi le gardien de passage pour récupérer des clés, le directeur adjoint, l'agent d'accueil ou les secrétaires qui sont ici en mesure de faire ces petits gestes en plus, appelés par la considération de certaines situations. La panne d'ascenseur est ainsi reliée au problème cardiaque d'une locataire, l'absence de disponibilité aux rendez-vous fixés pour une intervention technique à des épisodes de crise conjugale, etc. Le travail d'articulation[5] auquel se livrent ces agents est particulièrement manifeste pour l'usage de la plate-forme multiservice proposée aux locataires. L'accès à ce service, permettant l'intervention d'un prestataire pour les petites réparations dans les logements, suppose que le locataire appelle et qu'il prenne rendez-vous. Les agents ajoutent à cela d'autres exigences : que le locataire ait le téléphone, qu'il puisse se faire comprendre facilement et se sente à l'aise pour expliquer un problème, que l'accès à ce service ne soit pas trop coûteux pour certains locataires ayant des forfaits téléphoniques limités, etc. Dans les deux agences observées, les agents appellent donc souvent « à la place » de locataires, déposent des mots dans les boîtes de ceux qui ne sont pas joignables, et cela d'autant plus aisément que c'est ce qu'ils faisaient auprès de la régie technique de l'organisme, avant la mise en place de la plateforme multiservice.

Des agents diversement affectés par les réorganisations engagées

Au sein de ces agences, la division du travail entre les différents postes fait l'objet de nombreux accommodements. Si le chef de l'agence B tente de se tenir un peu en retrait dans son bureau, le directeur adjoint et les agents d'accueil participent très souvent à l'activité d'accueil des secrétaires. Aussi, la redéfinition des postes engagée lors des réorganisations semble avoir peu d'effet sur ces agents. Ce sont essentiellement les chefs d'agence, assumant la transmission entre le siège et ces agences, qui émettent des critiques sur ces transformations. Les secrétaires manifestent également parfois leur mauvaise humeur contre des

5. Au sens où l'entend Anselm Strauss (STRAUSS A., « Le travail d'articulation », *in* STRAUSS A., *La trame de la négociation. Sociologie qualitative et interactionnisme*, Paris, L'Harmattan, 1992, p. 191-236), ce travail d'articulation renvoie à tout ce qui est nécessaire pour donner forme aux anticipations effectuées pour la réalisation d'un travail donné.

procédures qui ne cessent d'être révisées, minant ainsi l'aisance habituée avec laquelle elles peuvent faire leur travail, sans avoir à se reporter au classeur répertoriant les procédures à suivre et intégrant leurs mises à jour. À l'occasion d'une altercation avec un locataire mécontent d'avoir à payer pour une prestation qui ne lui avait jamais jusque-là été facturée, et étant allé faire un « scandale » au siège de l'organisme, les secrétaires critiquent également la « souplesse commerciale » valorisée par le responsable de la clientèle. Elles avaient eu un doute sur le bien-fondé de leur réponse au locataire. Après son départ, l'une d'entre elles sort le classeur de procédures. Elles sont rassurées : la procédure avait changé, mais elle a bien appliqué la dernière version. Le fait que le responsable clientèle au siège consente à ne pas faire payer le locataire venu faire scandale emporte leur indignation. Cela revient, selon elles, à leur donner tort de manière injustifiée, ce que le responsable de la clientèle pointe comme une propension des secrétaires à se « formaliser ».

Le passage, au sein de ces agences, d'une politique dite « de proximité » à la valorisation d'un accueil commercial n'affecte en revanche guère les agents dont les qualifications doivent le plus directement attester de ce glissement. Recrutés en tant qu'agents de proximité, du fait de l'existence de certains financements publics dédiés à ces emplois, ils ont été remplacés par des agents d'accueil. Pour le responsable de la direction clientèle, les deux fonctions diffèrent complètement. L'agent d'accueil s'inscrit à un certain niveau de responsabilité dans un processus de commercialisation des logements : il a notamment pour fonction de faire visiter des logements. Au sein des agences, l'agent d'accueil a de fait cette fonction, aux côtés d'autres tâches qui lui sont attribuées. Il porte également cette propension de l'agence à « rendre service » ou à « aller voir » pour considérer les problèmes soulevés par des locataires ou des intervenants externes.

Les trois agents d'accueil que nous avons rencontrés conçoivent diversement leur métier. Avec l'assentiment du responsable d'agence, ils effectuent un ensemble de tâches qui leur incombe, mais ils s'engagent également vers ce à quoi ils s'estiment le plus disposés. Karim, agent d'accueil au sein de l'agence A, a été embauché initialement en emploi jeune comme agent de proximité sur l'agence B. Il a été recruté en sa qualité de « jeune du quartier ». Après quelques problèmes, où il indique avoir été pris dans des « embrouilles » initiées au départ par des clés données à certains jeunes pour accéder à des locaux susceptibles d'accueillir leurs activités, il a été muté dans l'agence A. Il est satisfait d'être passé d'« agent de proximité » à « agent d'accueil commercial » : il n'est plus seulement le « monsieur problème » d'un quartier ce qui, dans son cas, signifie qu'il n'est plus dans la position embarrassée de devoir s'occuper de « proximité » tout en n'ayant rien de « sérieux » à proposer. Désormais, il est aussi celui « qui règle des problèmes administratifs ». Hormis cela, le métier est selon lui le même. Ce n'est donc pas un changement de statut qu'il valorise, à travers l'accès à de nouvelles fonctions, mais une position qu'il juge plus confortable à la fois pour lui, n'étant plus en contrat temporaire, et pour continuer à exercer le même métier. Communiquant fréquemment à sa responsable le fait qu'il a du mal à rester trop longtemps assis en agence, il est fréquemment en déplacement, qu'il s'agisse de réaliser les différentes tâches qui lui incombent ou de proposer aux membres de l'agence d'« aller voir » pour de petits problèmes qui ont été signalés.

Nicolas et Stéphanie sont rattachés à l'agence B. À la différence de Karim, ils ont été recrutés récemment, directement en tant qu'agents d'accueil commercial. Au cours d'un entretien avec ces deux agents, ils se démarquent aussitôt l'un de l'autre pour nous décrire la manière dont ils se sont réparti le travail. Nicolas, après une première expérience dans une compagnie d'assurance où il dit s'être ennuyé, nous indique qu'il préfère être « dehors ». Il s'occupe donc des « contrôles ménage », des programmations de *pass* d'accès aux logements, de gérer les clés nécessaires à l'intervention d'entreprises. Stéphanie, après des études de psychologie, ne pensait pas travailler chez un bailleur. Elle a plus de mal que son collègue à « être dehors » et à s'exposer de cette manière aux locataires. Elle aime en revanche le travail à l'accueil et faire visiter les logements, activités dans lesquelles elle s'estime plus à l'aise. Elle préfère être « dedans ». Ils abordent, pour présenter ce qu'ils font, les manières dont ils préfèrent s'exposer aux sollicitations des locataires, au cours de leurs cheminements ou au sein de l'agence, avant le contenu de leurs fonctions.

Les gardiens sont toutefois plus directement affectés par ces transformations. Valorisés pendant quelques années pour leur travail de « proximité », leurs postes sont désormais jugés périmés. Les départs à la retraite ne sont pas remplacés, et il est admis qu'à terme, il n'y aura vraisemblablement plus de gardiens au sein de l'organisme. Ils critiquent par conséquent de manière plus ou moins ouverte la déloyauté d'une organisation qui, après avoir sollicité leur engagement autour d'une valorisation du travail de proximité, déclare leurs fonctions obsolètes et l'incapacité de personnels peu qualifiés, occupés notamment à faire du ménage et à sortir les bacs à ordures ménagères, à satisfaire aux exigences d'une relation qualifiée de plus « commerciale ».

LE TOIT : LE GARDIEN COMME DISPOSITIF EN PERSONNE

Une deuxième société observée présente une configuration différente au niveau de son organisation interne et de son inscription dans le territoire. Les trois agences qui la composent sont relativement éloignées du parc de logements qu'elles gèrent. Elles sont par ailleurs organisées selon deux pôles distincts. L'un a en charge les aspects liés à la gestion locative, l'autre, les aspects techniques. C'est à ce dernier que sont rattachés les gardiens, selon une hiérarchie qui va de ces gardiens au responsable de pôle, en passant par des agents intermédiaires encadrant les équipes de proximité sur des secteurs géographiques plus restreints. Du fait de cet éloignement géographique et de cette division du travail, les agences ne sont pas exposées directement aux habitants. Elles tiennent à distance, autant que possible, les éléments proches du format de la préoccupation. Les locataires qui se présentent en agence sont supposés venir sur rendez-vous, pour des aspects relatifs à leur bail, à des impayés ou encore des problèmes de voisinage suffisamment conséquents, et identifiés comme tels, pour qu'ils soient « remontés » en agence. En dehors de ces cas, la venue d'un locataire en agence n'est pas sollicitée. Elle est même assez nettement malvenue. Bien que couvrant un territoire plus vaste, les agences sont situées en pied d'immeuble, au sein du patrimoine du bailleur. Cette accessibilité physique est perçue essentiellement comme une contingence, parasitant ce que devrait être le schéma normal d'action. Le locataire se trompe en passant directement par l'agence. Sa venue peut également soulever un doute concernant un gardien que des locataires ne pourraient pas joindre ou auprès de qui ils n'auraient pas satisfaction. En l'absence de mise en cause explicite de son gardien par un locataire, la venue en agence du locataire embarrasse le gardien car elle témoigne de sa défaillance à assurer le rôle de « filtre » qui lui est imparti. Le travail de transformation n'est par conséquent pas supporté par l'agence, mais par les gardiens. L'agence ne traite que les demandes ou les problèmes déjà dûment qualifiés, selon une division du travail entre traitement administratif et social d'un côté, et gestion des aspects techniques de l'autre.

Faire remonter les demandes

Tout comme les secrétaires, les gardiens ont une pluralité de tâches à réaliser. Cependant, il n'y a pas, dans leur cas, coexistence de ces différentes tâches dans un temps et un espace restreint. Leur activité consiste davantage en une succession de séquences ordonnées, qui s'inscrivent dans différents lieux : le hall que l'on nettoie, les locaux où sont entreposées les poubelles, les cheminements réguliers qui sont l'occasion d'effectuer un contrôle de l'entretien des parties communes ou de certains équipements, la loge dans laquelle des permanences sont assurées, voire même le domicile du gardien.

Les sollicitations des locataires vont se présenter aux gardiens alors qu'ils sont pris dans ces différentes tâches. Cette configuration des activités va délimiter certaines attentes, et une manière spécifique de pointer des manquements de la part de locataires jugés inopportuns. Les secrétaires d'agence justifient l'indisponibilité qu'elles auront éventuellement manifestée à un locataire, en invoquant le plus souvent des manquements à des formes de civilités, ou des locataires qui se permettraient de les solliciter pour des aspects qui ne relèvent pas de leurs attributions. Pour pointer un dérangement, les gardiens attendent davantage d'un locataire qu'il considère l'activité dans laquelle ils sont engagés : être perché sur un escabeau pour changer des ampoules, terminer son ménage, être plongé dans une armoire technique. Nous avons déjà décrit les changements d'allure et la gestuelle par lesquels des gardiens manifestent leur plus ou moins grande disponibilité lorsqu'ils se déplacent sur les sites. Il en est de même des expressions par lesquelles un gardien manifeste que la conversation engagée alors qu'il est juché sur son escabeau le gêne, ou de la manière dont une gardienne, après avoir manifesté son envie d'écourter une discussion avec une locataire, peste ensuite sur le fait que l'eau de son sceau soit désormais refroidie. Cette disponibilité varie là encore selon les gardiens, depuis ceux qui semblent ne pas être dérangés, jusqu'à ceux qui renvoient systématiquement les locataires à leur temps de permanence en loge, en tant que lieu et plage horaire spécifiquement dédiés à l'accueil des préoccupations qu'ils peuvent exposer. Cette disponibilité varie également selon les locataires rencontrés et ce qu'ils ont à exposer. Chaque gardien dispose par ailleurs ses appuis pour transporter les préoccupations qui lui ont été exposées dans un hall ou dans une allée, jusqu'à la loge, espace davantage équipé pour leur traitement. Certains se servent de petits carnets. D'autres récapitulent, de retour en loge, ce qui doit être traité, en se remémorant les différentes séquences qui ont ponctué la demi-journée écoulée.

Une autre différence avec le travail des secrétaires réside dans l'horizon temporel dans lequel vont se jouer les épreuves entre l'agent et les locataires. Les attentes mutuelles entre un gardien et des locataires vont s'appuyer sur des liens plus consistants, des histoires plus épaisses constituées de précédents, d'épisodes, qui vont configurer une histoire. L'appréciation d'un gardien et de ses actes par les habitants ne se rejoue donc pas à chaque interaction. Elle se constitue au fil de micro-épreuves. C'est depuis ce côtoiement quotidien que se livrent les diverses préoccupations exposées par les locataires, et que s'apprécie ce qui est susceptible d'appeler une intervention. Dans ce cadre, une des premières modalités de passage d'une préoccupation à l'état de demande va être le conseil. Cette modalité, déjà relevée précédemment pour l'agence du fait de son accessibilité, trouve ici son entier déploiement. Donné depuis ces côtoiements familiers, le conseil est d'autant plus apte à porter sur les préoccupations exposées par les locataires qu'il n'est pas restreint d'emblée par une division fonctionnelle. À la personne familière, on peut éventuellement demander conseil sur des points dont on n'est pas sûr qu'ils entrent dans ses attributions. Si ces conseils participent à l'entretien d'un commerce entre familiers, ils sont à même d'orienter une préoccupation vers un traitement conventionnel.

Si l'essentiel du travail de composition repose sur les gardiens, ils ne possèdent pas les capacités de décision pour des interventions techniques relativement conséquentes. Ils doivent alors faire valoir auprès de leur hiérarchie le caractère urgent ou important d'une intervention. L'arbitrage dépend par conséquent d'un agent plus distant. Si cette disposition limite les risques d'arbitraire inhérents à des décisions prises en personne, elle pose la question de ce qui est susceptible d'être pris en compte à des niveaux plus élevés de l'organisation.

La considération de ce qui s'avère insupportable pour un locataire dépend tout autant de la capacité des gardiens à se rendre sensibles aux gênes éprouvées par un locataire, que de la possibilité qui leur est faite de faire valoir ces éléments auprès d'agents plus distants.

Or, comme nous l'avons indiqué, il est attendu du gardien qu'il sache « filtrer » ces demandes, attente qui est particulièrement présente dans cet organisme pour régler les rapports entre l'agence et les gardiens. Les premiers gardiens recrutés dans cet organisme l'ont été dans des situations assez conflictuelles, ayant à gérer des sites sur lesquels les problèmes techniques ont pris rapidement de l'ampleur et où s'imposait la nécessité de récupérer des loyers. De nombreux interlocuteurs, gardiens ou intervenants externes, ont fait valoir que l'idée de faire remonter auprès de l'agence les demandes de locataires pouvait déroger au contraire aux attentes vis-à-vis du rôle de gardien. Le rôle de « filtre » qui est celui du gardien consistait alors à contenir ce dont le traitement était différé, et non à « faire remonter » ce qui méritait de l'être, dans les formes appropriées. Plus généralement, l'appréciation de l'importance et du sérieux de ce que font remonter les gardiens repose sur des habitudes de travail entre les gardiens et leurs responsables hiérarchiques. Celles-ci permettent à un gardien de se figurer ce qu'il peut ou ce qu'il doit « faire remonter » auprès de ses responsables, et d'apprécier si ce qu'il leur a communiqué a été pris au sérieux.

Les mêmes formes de coordination soutiennent l'appréciation par les agents intermédiaires des éventuels renforts qu'un gardien pourrait avoir sur un site, qu'il s'agisse de repérer des tensions qui s'accumulent, ou de réagir à la sollicitation d'un gardien qui estime avoir atteint ses limites sur une question donnée. En effet, dans ce dispositif, toutes les tensions inhérentes aux problèmes de composition entre engagements vont être assumées en personne. Or cette difficulté à tenir ensemble ces engagements ne peut être appréhendée en envisageant une « bonne distance » que l'agent aurait à trouver vis-à-vis des locataires : il s'agirait alors pour l'agent d'être proche, mais pas trop, afin de rester centré sur ses fonctions. Ceci tend à affadir la nécessité du rapprochement et les tensions qu'il génère de manière structurelle. Or, les possibilités de se mettre en retrait, de laisser un autre agent monter au créneau, telles que nous les avons observées dans le modèle précédent, sont moins aisément mobilisables. Les possibilités de recours à des agents distants vont dépendre fortement de la capacité de ces derniers à se rendre accessibles ou à repérer ces difficultés.

De ce point de vue, la présence dans cet organisme de « gardiens responsables », encadrant un ensemble de gardiens sur un secteur donné, permet un recours relativement aisé. Basée sur des échanges de proche en proche, elle est à même de soutenir la mise en commun de savoirs très personnalisés et localisés, d'expériences et d'anecdotes n'ayant pas acquis la consistance de « problème » à « faire remonter ». La mise en place de nouveaux cadres en agence, appelés désormais à assurer ce suivi, vient conforter un recentrage sur des conventions et des règles communes au niveau de l'ensemble de l'organisation. En inscrivant les gardiens dans un plan d'action à l'échelle de l'organisation, le projet de réorganisation vient à la fois homogénéiser des pratiques et mettre en forme un nouveau cadre dans lequel ces demandes doivent être transmises. Mais outre les schémas organisationnels, ce sont plus généralement des routines de travail et les liens interpersonnels qui les soutenaient qui ont été déstabilisés par le projet de réorganisation.

Des gardiens à l'épreuve de la réorganisation

Pour comprendre les effets sur les gardiens de la réorganisation engagée au sein de cet organisme, nous partirons de la manière dont ces agents définissent leurs attentes sur ce que doit être leur travail. Comme nous l'avons mentionné, cette réorganisation a conduit, de manière inégale selon les sites et les agences, à des situations conflictuelles. Dans l'un des sites observés, où la réorganisation fait l'objet d'un conflit ouvert, les effets de cette réorganisation sont critiqués par les gardiens en tant que dégradation de leur statut et méconnaissance de la pénibilité de leur travail. Sur ce site, les gardiens n'étaient pas jusque-là affectés à des activités de ménage, qui incombaient à des sociétés prestataires externes. Du fait de la réorganisation et de la normalisation des tâches effectuées par les gardiens au niveau de l'ensemble de l'organisation, les gardiens de ce site doivent désormais faire le ménage. Ils dénoncent une activité supplémentaire accaparant un temps jusque-là consacré à d'autres activités. Pour faire valoir ce qu'ils n'ont désormais plus le temps de faire, ils exposent le côtoiement quotidien des locataires comme une charge, dont la pénibilité appelle une contrepartie. La mise en valeur d'une pénibilité du travail liée à une exposition directe aux locataires vient donc appuyer une demande de reconnaissance de ce qu'ils font, et ce d'autant plus qu'une autre formule conventionnelle qui supportait un compte rendu public et général de leurs activités – la référence à une fonction de « proximité », nécessaire pour créer du « lien social » dans les quartiers en difficulté –, est accueillie désormais avec scepticisme dans des organisations soucieuses de reprendre la main sur des dérives associées à cette proximité, ou d'objectiver l'utilité de ce travail. La mise en valeur d'une pénibilité du travail liée à une exposition aux locataires et à un contexte d'intervention dans des quartiers qualifiés de difficiles est invoquée dans une situation de dispute sur les contreparties attendues de ces gardiens en terme de statut et de rémunération.

Certains des développements récents de la sociologie du travail nous invitent à travailler en amont de ces formes publiques d'expression de la critique du travail, pour considérer, au plus près des activités de travail ordinaire, ce qui soutient un engagement dans le travail. Alexandra Bidet propose ainsi de thématiser les moments de félicité dans le travail, tels qu'ils sont communiqués par des agents, sans les rabattre directement sur des enjeux de reconnaissance statutaire[6].

6. BIDET A., *L'engagement dans le travail. Qu'est-ce que le vrai boulot ?*, Paris, PUF, 2011.

Avec la catégorie de « vrai boulot », elle entend identifier la manière dont des agents, dans un rapport personnel entretenu avec les éléments d'un faisceau de tâches à réaliser, désignent ce à quoi ils sont attachés. Le « vrai boulot » s'oppose ainsi à la catégorie de « sale boulot[7] », renvoyant, dans les analyses sociologiques des situations de travail, aux activités que des agents souhaiteraient voir confiées à d'autres. Ceci conduit à mettre à jour une relative diversité de ce que des agents, occupant un même poste, peuvent valoriser comme relevant du « vrai boulot ». De fait, selon les gardiens que nous avons rencontrés, ces moments de félicité ne sont pas associés aux mêmes accomplissements pratiques. C'est en restituant cette variété de foyers d'estime professionnelle, qui ont fortement à voir avec les conditions d'apprentissage et d'exercice de leur métier, que nous envisagerons l'expression de critiques adressées à la réorganisation.

M. Mimoun : étendre « aux pauvres » ce qui est « beau »

M. Mimoun travaille en tant que gardien dans cet organisme depuis 1980. Il a débuté dans ces fonctions dans une commune de la banlieue nord de Paris, au sein d'une équipe composée de deux gardiens et de personnels techniques, s'occupant de sept cent vingt-sept logements. Après quatre ans, un poste dans une commune voisine lui a été proposé. Il devait prendre la suite d'une équipe mutée en raison de tensions fortes avec les locataires et de l'alcoolisme de certains gardiens. Cette proposition ne lui fait guère envie. Il appréciait, dans son premier poste, l'équipe qu'il formait avec ses collègues, ainsi que le fait de ne pas habiter sur place. Seul l'autre gardien, ayant le statut de « responsable », logeait en effet sur le site. Il finit toutefois par accepter ce poste, dans lequel il restera seize ans, sur un secteur isolé par rapport aux autres implantations du bailleur, comportant trois cent soixante-quatorze logements. Cette cité d'urgence, construite dans les années 1950, présentait de gros problèmes techniques. Après plusieurs interventions permettant de remédier aux problèmes les plus urgents au niveau de l'étanchéité des bâtiments, elle fut démolie pour permettre la construction de nouveaux logements. M. Mimoun a donc attendu longtemps, avec ses locataires, des travaux pour lesquels il envoyait des rapports réguliers auprès de ses responsables en agence, parfois uniquement pour apaiser certains locataires en leur montrant le rapport qu'il avait produit. Il accompagnait les responsables

7. La notion de « sale boulot » (*dirty work*) a été forgée par E. C. Hugues dans ses analyses du travail infirmier, pour analyser la division du travail entre aides-soignants, médecins et infirmières à l'hôpital sous l'angle d'une division morale du travail, et de la manière dont certaines tâches participent à une conception idéale du rôle de ces agents. Hugues est attentif à la manière dont des agents tentent de préserver au regard des autres une définition de leur métier, et aux arrangements par lesquels ils dissimulent ou délèguent les aspects de leurs métiers considérés comme peu honorable, sale ou minable. Ces arrangements visent par conséquent la préservation d'une dignité liée à la définition d'un rôle, inscrite d'emblée sous le rapport de sa valeur pour autrui (Hugues E. C., *Le regard sociologique. Essais choisis*, Paris, Éditions de l'EHESS, 1997).

techniques du siège devant faire les arbitrages entre les différents sites sur les programmes à engager, pour montrer qu'« ici, le problème, c'était le bâti, pas les locataires ». Dans l'attente des travaux, il fait de petites réparations pour certains locataires : des joints, des portes qui coincent. Il aide également des locataires à se faire entendre auprès du bailleur, en les aidant dans la rédaction de courriers, pour leur préciser ce qu'il fallait écrire et à qui.

Après ces vingt années de travail en tant que gardien, il lui est proposé de devenir gardien responsable, et par conséquent d'assumer, en plus de ses fonctions de gardien sur un nouveau secteur, le suivi d'une équipe. Il accueille cette promotion avec un mélange de fierté et d'amertume. Elle vient sanctionner une reconnaissance de son travail, qui intervient toutefois de manière jugée tardive : il aurait accepté volontiers cette proposition, s'il avait été plus jeune. Il décrit alors non sans fierté les discussions qu'il a eues avec un autre gardien, plus jeune, à qui cette promotion fut ensuite proposée, et qui ne s'estimait pas autorisé à l'accepter sans l'approbation de M. Mimoun, qui l'avait formé au métier. Une autre forme de promotion lui est par conséquent proposée, à travers la possibilité de travailler et d'habiter sur d'autres sites. Une première proposition lui est faite dans un autre département d'Ile-de-France, où il aurait été gardien d'un ensemble de petites opérations intégrant notamment de l'habitat pavillonnaire. Après d'intenses discussions au sein de sa famille, il refuse cette proposition. L'endroit, qu'il a visité avec sa femme, était « joli », à proximité d'une grande forêt : le couple est séduit, mais les enfants auraient été coupés de leurs connaissances et de leurs amis. Il lui est par conséquent proposé d'être gardien dans le même département, mais sur des opérations « neuves ». Une opération située en bord de Marne offre pour lui un équilibre satisfaisant entre le souhait de ses enfants de ne pas être coupés de leurs amis et des lieux qu'ils fréquentent, et les aspirations du couple à habiter dans un cadre plus « joli ». Pour M. Mimoun, le fait d'habiter sur place est pesant. Il n'estime pas que les locataires le dérangent indûment, et qu'il serait exposé ainsi à leurs continuelles sollicitations. Il juge au contraire que, si les locataires le dérangent parfois chez lui, ils ne le font que lorsque « c'est grave ». En revanche, il évoque le sentiment de n'avoir jamais l'impression de sortir de son lieu de travail, le fait d'y rencontrer les « mêmes têtes », dans les mêmes lieux, l'empêchant de se sentir, à certains moments, pleinement à l'aise, dégagé des préoccupations relatives à son métier. Aussi, il nous emmène dans un petit coin qui représente pour lui à la fois un endroit « joli » qu'un visiteur bien accompagné ne saurait manquer, et un havre de tranquillité qui lui procure le dépaysement dont il estime parfois avoir envie. Nous l'accompagnons alors sur un petit terre-plein entre deux immeubles, aux confins de son secteur, où nous avons été conviée à nous absorber dans la contemplation de la rivière et de ses abords.

M. Mimoun, au cours de ses déplacements sur son site, est le plus souvent ostensiblement sérieux, comme s'il était toujours soucieux et imprégné de ses fonctions. Ce sérieux cède la place à toute une gamme d'expressions selon les personnes qu'il croise, et qu'il salue en demandant de rapides nouvelles des enfants auprès d'une locataire, en serrant des mains en passant, ou en hochant la tête en se croisant. Il rend également de petits services à des locataires. Il s'absorbe ainsi dans la considération de boîtes aux lettres, laissant à un locataire, ayant des difficultés à se déplacer, le temps d'arriver à hauteur de la porte d'entrée. Il se retourne alors vers la porte qu'il lui tiendra ouverte, tout en échangeant avec ce locataire, qui a également des difficultés à s'exprimer, un regard qui atteste une petite blague récurrente, un petit jeu coutumier entre ce locataire et le gardien. Il aide également une locataire à remplir des documents administratifs, à l'abri de sa loge : il veut bien le faire pour elle, mais pas pour n'importe qui. Il autorise les locataires à déposer dans un local des objets encombrants dont ils veulent se débarrasser, prenant à sa charge de les déplacer ensuite jusqu'à l'endroit où ils seront enlevés à des dates précises par les services de la municipalité.

M. Mimoun est extrêmement attentif à l'entretien de son immeuble. Il a occupé le site avant même que des locataires arrivent. Il n'avait été jusque-là que le gardien d'immeubles présentant de forts problèmes d'entretien. Il a eu un site « neuf » et il veut que ces espaces restent « comme neufs ». En marchant, il fait fréquemment de petits écarts par rapport à sa trajectoire, pour récupérer de petits papiers, son attitude sérieuse laissant place à des sourcils froncés lorsqu'il voit une trace à enlever, un objet à ramasser. À la vue de ces halls rutilants et de ces garages occupés par de seules voitures, nous eûmes la malencontreuse idée de penser, au cours de notre première visite, que ces logements étaient peut-être de gamme intermédiaire. Nous nous fîmes sévèrement reprendre : « Ici » – à savoir, chez ce bailleur – « ce qui est beau, c'est aussi pour les pauvres ». Au cours de l'entretien réalisé avec ce gardien, il fait également référence au fondateur de cet organisme lorsqu'il nous communique sa volonté de maintenir les espaces communs non seulement dans leur fonctionnalité, mais « comme neufs » : si ce fondateur, par son engagement envers les mal-logés, a permis de fonder cet organisme, il peut bien continuer de ramasser les papiers, d'effacer les traces qui souvent l'irritent profondément, sans réviser le niveau de ses exigences et sans s'emporter envers des locataires qui ne respecteraient pas son travail. Aussi, pour M. Mimoun, l'entretien de ces parties communes supporte sans conteste la mise en valeur d'un foyer d'estime professionnelle, et la considération d'un travail bien fait. Cet attachement à maintenir en l'état et à préserver comme « neuf », c'est-à-dire « beau », renvoie bien évidemment à des tâches attribuées conventionnellement aux gardiens. Il se communique également dans l'attitude même de M. Mimoun, et dans la manière dont, par son attitude sérieuse et ses froncements de sourcils, il invite à considérer l'attention qu'il porte à la propreté et à l'ordre. Toutefois, pour valoriser publiquement les exigences qu'il place dans son travail, M. Mimoun ne met pas en avant une manière personnelle à laquelle il est attaché, et qui en vaudrait une autre. Il s'en réfère à une obligation, selon laquelle il doit, par un effort de volonté, se porter au-dessus du contingent ou du particulier, pour étendre aux « pauvres » ce qui doit être « beau », selon un compromis entre des formes d'autorité civique et domestique dont nous avons vu la prégnance en tant que forme instituée au sein de cette organisation. Aussi, notre erreur, consistant à penser que ces logements seraient de gamme intermédiaire, suscite certes une expression indignée. Mais ce n'est pas tant la colère qui monte qu'un sentiment de fierté puisque, avant de procéder à une inférence déplacée, nous avons reconnu, selon M. Mimoun, qu'« ici » c'était « beau ».

Si les exigences de M. Mimoun en matière d'entretien outrepassent celles qui peuvent être attendues de ses fonctions, il a également un rapport décalé avec les règles formelles qui doivent régir ses interventions. M. Mimoun est extrêmement scrupuleux. Il ne donne pas à un locataire venu le solliciter sur un problème au sein de son logement une réponse qui varierait « selon le sens du vent ». Toutefois, pour nous expliquer comment il procède, il met à distance toute référence à des règles juridiques ou organisationnelles. Toutes ces règles ne sont pour M. Mimoun qu'une manière de compliquer ce qui est simple en pratique : « Les règles, c'est la logique. » De fait, M. Mimoun est embarrassé lorsqu'il s'agit de faire référence à l'appareillage de règles et de procédures sous lequel les gardiens doivent désormais placer leurs actions. Il ne va donc pas invoquer ces sources devant faire autorité, mais ce qui est juste, et ajusté à une situation particulière : ce qui est « logique ». Partant, cela n'a selon lui rien de compliqué de suivre les « règles » ou d'expliquer à un locataire ce qui est logique et ce qui ne l'est pas. L'extension de cet appareillage formel ne change pas profondément ses habitudes. Il a toujours prêté attention aux problèmes d'entretien et, dans des contextes parfois tendus, il a été placé en situation de faire comprendre « la logique » de ce qu'il pouvait faire ou non auprès des locataires. De la même manière, il a travaillé, à l'exception de son premier poste, de manière isolée, à distance de l'agence. Il estime par conséquent avoir toujours dû s'accommoder de ses interlocuteurs successifs en agence, pour s'assurer que ses demandes étaient prises au sérieux ou pour trouver les moyens de les faire valoir sans s'exposer à des tensions ouvertes avec ces responsables, comme lorsqu'il donne à des locataires des conseils sur les moyens de faire entendre plus efficacement leurs plaintes. Au moins les nouveaux cadres passent-ils le voir sans doute plus régulièrement. Sa réputation de bon gardien, sur qui ses responsables pouvaient compter, avait jusque-là plutôt eu pour effet de le placer, puis de le maintenir, dans un relatif isolement. En conséquence, M. Mimoun n'est pas affecté par le projet de réorganisation. Il indique seulement regretter la fonction de gardien responsable, à laquelle il se dit attaché. Elle évoque pour lui l'équipe dans laquelle il a appris son métier, et ceux qui pour lui avaient réellement autorité à apprécier la manière dont il l'exerçait.

M. Dezeraud : une « autosatisfaction » à résoudre des problèmes

M. Dezeraud travaille en tant que gardien depuis 1987. Il a commencé à travailler dans une commune limitrophe de Paris. Il fut ainsi pendant dix ans gardien dans un immeuble qu'il qualifie de « tranquille », occupé par de nombreux retraités. Il est embauché sur ce poste en CDD, après le départ d'un gardien qui avait eu quelques conflits avec ses locataires. Il est désormais gardien responsable sur la même commune, à proximité des lieux où il a débuté. Il exerce donc les fonctions de gardien, dans un nouvel immeuble qui abrite par ailleurs l'une des trois agences de l'organisme. En tant que gardien responsable, il supervise également une équipe de treize personnes, constituée de gardiens et d'agents d'entretien. Lorsqu'au cours d'une de ses tournées, nous l'accompagnons dans le groupe d'immeubles où il a débuté, il s'amuse de trouver dans le hall un message affiché par une locataire. Ce message fait état de manière détaillée d'un ensemble de récriminations sur le ménage. Le texte manuscrit est assez long et comporte des phrases surlignées en jaune. Il s'amuse de reconnaître dans ce message une locataire qu'il a bien connue, et qu'il m'évoque avec une moquerie affectueuse, comme un personnage pittoresque, au sein d'un immeuble auquel sont attachés de bons souvenirs. Cette locataire avait eu un rôle actif dans les conflits qui avaient opposé certains des locataires de cet immeuble au gardien précédent. C'est dans cet immeuble qu'il a dû faire ses preuves, avant d'être embauché définitivement. Après nous avoir exposé rapidement ces conflits, il nous indique que les autres locataires de cet immeuble se sont progressivement désolidarisés de cette locataire, au motif qu'elle en « faisait trop », en étant extrêmement « procédurière » et en constituant des dossiers épais sur tous les problèmes touchant à l'immeuble et à ses abords. Aussi, à partir de cette anecdote, il valorise sa capacité à faire reconnaître ses compétences auprès de locataires présentés comme exigeants, et une capacité plus stratégique, consistant à « savoir s'y prendre » avec chacun.

À cause de ses différentes fonctions et de la proximité de ses espaces d'intervention avec l'une des agences de l'organisme, le fait que ses locataires puissent parfois avoir du mal à le trouver constitue pour lui une angoisse diffuse. Il attache une importance extrême à ce que le gardien soit le premier interlocuteur de ses locataires, celui par qui tout locataire doit passer lorsqu'il a un problème à exposer. En cela, il rejoint la conception du gardien en tant que « filtre », particulièrement présente au sein de cet organisme, qui est dès lors parasitée autant par la proximité physique de l'agence que par ses déplacements fréquents en qualité de gardien responsable. Si un locataire va directement s'adresser en agence, cela l'embarrasse vis-à-vis des membres de l'agence, qui ne sont pas supposés répondre « à [sa] place ». Mais cela affecte également le positionnement qu'il entend avoir vis-à-vis de ses locataires, qui consiste à être identifié comme celui qui « règle les problèmes » et « trouve des solutions ».

Il valorise ainsi les tâches dites « administratives » que les gardiens ne faisaient pas « avant » : la réalisation des états des lieux, le chiffrage des travaux à effectuer suite aux états des lieux de locataires sortants, les déclarations de sinistres, le contrôle périodique de la sécurité des équipements d'un immeuble, l'encaissement des loyers. Il ne dévalorise pas pour autant les tâches dites « manuelles », à savoir la manutention des poubelles et le ménage de cages d'escaliers et d'entrées. Cette diversité des tâches permet selon lui qu'il n'y ait « pas de trous », et de pouvoir répondre « à tout ». M. Dezeraud est également particulièrement attaché aux possibilités qui lui sont faites de « faire remonter » des problèmes dans les arbitrages engagés sur les travaux d'entretien. Il ne remet pas en cause la priorité donnée par l'organisation aux interventions « urgentes », à savoir celles qui peuvent prévenir des accidents susceptibles de porter atteinte à l'intégrité physique des personnes. Il juge par ailleurs que les budgets en matière d'entretien sont serrés : ils l'ont toujours été et ils le seront encore à l'avenir. Il entend en revanche défendre la possibilité de pouvoir agir sur des problèmes qu'il considère comme urgents, lors de la découverte de situations qu'il juge intolérables ou pour mettre fin à de petits problèmes que les locataires trouvent insupportables. Il tient ainsi à nous emmener rencontrer l'ouvrier de maintenance, et le local qu'il s'est aménagé. Dans cette pièce sont rangés un ensemble d'éléments permettant de faire de petites réparations en matière d'huisserie ou d'électricité. Ce sont des pièces neuves, mais aussi des objets récupérés : pièces de lampes, poignées de porte, etc. Là encore, M. Dezeraud profite de cette visite pour nous dire à quel point il lui semble important de pouvoir régler certains petits problèmes. Au cours de la discussion qui s'engage avec l'ouvrier de maintenance, tous deux expriment le souhait que la « qualité de service » acquiert une place plus importante au sein de l'organisme. Ils critiquent ainsi un « avant », qui renvoie aussi bien à un passé du logement social en général qu'à des pratiques au sein de l'organisme, marqué par une absence complète d'attention à un ensemble de « petit trucs » auxquels les locataires étaient sensibles : le volet, la fenêtre qui ne glissent plus, la porte qui frappe sur un mur, les sanitaires sales pour l'entrée dans les lieux de nouveaux locataires, etc. Plus généralement, M. Dezeraud et l'ouvrier de maintenance estiment qu'« avant » prévalait l'idée selon laquelle les locataires mécontents n'avaient pas à se plaindre, car ils étaient logés, tandis que d'autres ménages seraient contents d'occuper leur logement, s'ils venaient à partir ou à refuser une offre après une visite.

S'il critique un organisme qui aurait été peu attentif à la satisfaction de ses locataires sur les questions d'entretien, M. Dezeraud est toutefois très critique vis-à-vis du projet de réorganisation engagé. Il est favorable aux démarches d'amélioration de la qualité, qu'il investit d'attentes spécifiques, en tant que manière de conduire des agents, et plus généralement une organisation, à se rendre sensible à des gênes, des embarras qui affectent les locataires. Toutefois, pour armer une critique du projet de réorganisation, il prend tout d'abord appui sur un bienfait plus communément attendu de ces démarches. Selon lui, les changements introduits par cette réorganisation sont contre-productifs au regard même des objectifs qu'elle devait favoriser : réaliser les interventions techniques avec plus d'efficacité. Le renforcement des compétences en agence porté par la réorganisation constitue selon lui une mauvaise priorité : plutôt que de recruter des cadres intermédiaires, il aurait fallu consacrer les efforts sur les sites où plus de « bras » étaient nécessaires. Par ailleurs, le chaînage hiérarchique instauré avec la réorganisation est également selon lui source d'inefficacité. Dans l'objectif de procéder à un réalignement et à un contrôle des interventions des agents, toute demande d'intervention doit désormais être reçue par l'assistante technique, puis validée par le responsable du pôle technique ou, en son absence, par le gestionnaire habitat, que leurs fonctions appellent parfois à être difficilement joignables en agence. Ce chaînage hiérarchique est jugé encore plus pesant lorsqu'il s'agit non plus de faire valider des interventions relativement ordinaires, mais de « faire remonter » des problèmes. Avant, il allait les exposer soit au responsable d'agence, soit au gestionnaire technique de l'agence, selon leur disponibilité ou la nature du problème soulevé. Il doit désormais en passer par ce chaînage, et attendre que le problème ait été transporté à ces différents niveaux, sans pouvoir s'assurer de la manière dont son importance est communiquée au cours de ces différentes médiations. Aussi, sa critique d'une absence d'efficacité ouvre sur une mise en opposition systématique des formes de coordination telles qu'elles existaient avant, et de ce que négligeraient les nouveaux formats institués. C'est ce qu'il pointe également en critiquant une réorganisation qui se serait limitée à redéfinir des secteurs d'intervention et à préciser des fonctions, sans considérer qui étaient les gardiens ainsi redéployés, ce qu'ils faisaient réellement, et s'ils étaient en mesure de répondre aux exigences associées à la redéfinition de leurs fonctions. Il critique donc un projet dans lequel les gardiens sont déplacés comme des « pions », sans considération de ce que requiert leur ajustement aux secteurs où ils sont affectés.

Enfin, il décrit des formes d'atteintes ressenties de manière plus personnelle, en tant qu'elles mineraient le plaisir qu'il prend à faire son métier. Comme nous l'avons indiqué, il définit ce que nous pourrions appeler, en référence aux travaux d'Alexandra Bidet, son « vrai métier », comme la satisfaction qu'il éprouve à « régler des problèmes » et à « trouver des solutions ». C'est précisément ce plaisir qu'affecte la réorganisation et qu'il évoque comme un plaisir égoïste. Au cours de l'entretien, le fait de parler de ce qui lui procure cette « autosatisfaction » le gêne doublement. D'une part, cela fait écart avec d'autres aspects auxquels il s'est déclaré, au cours de cet entretien, attaché, et qui sont de l'ordre de biens communs à étendre : répondre aux locataires avec efficacité, se montrer attentif à ce qui les préoccupe. Exposer ensuite en quoi le fait de « résoudre des problèmes » lui procure du plaisir et contribue à ce qu'il ne s'ennuie pas dans son métier apparaît par conséquent comme un ressort moins légitime de ses engagements. D'autre part, faire état des accomplissements pratiques dont il retire satisfaction revient à communiquer l'assurance qu'il a intimement acquise de son habileté à les produire. Il fait donc état de sa « gêne » au cours de l'entretien à expliciter cette source de satisfaction, pour appeler son interlocuteur à excuser cette immodestie et à lui faire crédit de sa prétention à « trouver des solutions » :

> « Comme je vous l'ai dit, cela fait vingt ans que je suis chez [Le Toit] et les dix premières années, j'étais gardien d'immeuble. J'étais, comment dire... Très autonome sur mon site. Quand je dis "très autonome", c'est... Bon, il y avait déjà à l'époque un responsable de secteur, mais bon, moi, mon petit défaut, mon gros défaut parfois aussi, c'était d'essayer d'agir de façon autonome, de régler des problèmes. Enfin, pardon d'être... Voyez, ça me gêne, mais bon... [...] Ce que j'aime bien moi, sur un site, c'est pouvoir, de manière autonome, gérer à mon niveau, pouvoir essayer de trouver la solution au problème. Ça, c'était... Ça remonte à il y a quelques années en arrière, quand je suis devenu responsable de secteur, en 1996.
> — Et quand vous dites que vous aimez bien, qu'est-ce que vous aimez bien là-dedans ?
> — C'est de trouver des solutions, de trouver des solutions à un problème donné, pouvoir le régler. Pour moi, c'est de l'autosatisfaction, je dirai. Ça va peut-être me prendre la tête, ça prend la tête quand on se retrouve face à un problème et tout, mais j'apprécie le fait de pouvoir agir de manière autonome pour régler les problèmes. Aujourd'hui, c'est plus tout à fait la même chose. »

Il estime par conséquent que la réorganisation le prive de ce foyer d'estime professionnelle, à travers la parcellisation des actions et des responsabilités qu'elle organise. Bien que très critique vis-à-vis du projet de réorganisation engagé, M. Dezeraud n'est pas en situation de conflit avec sa nouvelle hiérarchie. S'il a eu du mal à supporter la délivrance de consignes jugées « ridicules » et blessantes lui indiquant, de manière standardisée, de faire ce qu'il estimait faire depuis toujours, l'entente qui s'est progressivement constituée avec son supérieur hiérarchique atténue ce qui avait été constitué comme une marque de mépris. Plus généralement, elle lui permet de pouvoir continuer à agir dans l'ensemble comme avant. En ce sens, pour M. Dezeraud, la réorganisation constitue une occasion manquée, un gâchis de moyens et d'énergie qui auraient pu être mieux employés, mais il estime toutefois pouvoir s'en accommoder :

> « On travaille ensemble et, pour l'instant, ça se passe bien. Mais c'est vrai que ça a changé, que ça a bouleversé, je dirais, le rôle du responsable de secteur qui lui s'est retrouvé un peu je dirais... un peu désemparé puisque bon, à partir du moment où on lui demande de faire ce qu'il sait faire. Je ne sais pas comment vous expliquer ça, mais bon !

— C'est le fait de se référer à...

— Ben oui ! Et puis sur tel problème, je sais pertinemment qu'il faut faire telle chose. Mais se voir... Par exemple, je vais aller sur *Outlook*, et puis je vais voir un message me disant : "M. Dezeraud, faites ceci." Ben oui ! mais je le sais ! Je sais faire puisque je l'ai fait pendant dix ans ce genre de trucs, donc bon ! Vous voyez ? C'est assez... Quelque part, ce n'est pas bon parce que quelque chose que l'on sait faire et qu'on nous demande de faire, ça devient... C'est même parfois un peu insupportable. Au début, c'est vrai que, pour parler vulgairement, ça me gonflait. Quelqu'un qui sait faire, on n'a pas à lui demander de faire, puisqu'il sait faire depuis des années ! C'est, je dirais même, un peu ridicule. Mais c'est le fait que, effectivement, se retrouver comme ça en position hiérarchique, ben voilà ! Vous pouvez plus agir de façon autonome. Encore une fois, ça va parce que je m'entends bien avec mon gestionnaire habitat, donc ça va. Je peux continuer à agir comme je le faisais, donc ça va. »

M. Dumoulin : une réorientation sur les « trucs classiques des bailleurs »

Nous envisagerons les critiques portées par un autre gardien responsable, M. Dumoulin. Il dépend d'une autre agence que celle de M. Dezeraud, avec laquelle les tensions liées à la réorganisation sont beaucoup plus fortes, sur ce site en particulier. M. Dumoulin concentre en effet les critiques des nouveaux cadres recrutés en agence. Il illustre les défauts du mauvais « manager », oscillant envers son équipe entre une bienveillance coupable et des « coups de gueule » intempestifs, et négligeant les formes de suivi et de compte rendu réguliers sur un ensemble de points précis. Quant à l'équipe présente sur ce site, ces cadres suggèrent qu'ils ne savent pas ce qu'elle fait, et laissent entendre que certains ne font pas grand-chose.

De fait, les gardiens sur ce site sont engagés pour certains dans une sorte de « grève du zèle ». Pour marquer leur mécontentement envers les consignes qui proviennent de leur direction, ils tentent de s'abstenir de faire ce qui n'entre pas explicitement dans leurs fonctions. Lors de nos premières rencontres avec ces gardiens, consistant à les accompagner dans leurs tournées, ceux-ci nous exposèrent essentiellement ce qu'ils n'avaient pas « le droit » de faire, pour des questions de sécurité au travail ou au nom du respect de la vie privée des locataires. Ce formalisme étroit constitue une réponse à la méconnaissance, de la part de leur direction, de ce que font les gardiens et de la pénibilité de leur travail. C'est ce qui nous fut expliqué lors d'un moment où l'essentiel de l'équipe était réuni. Après que l'un d'entre eux refuse de participer à des actions proposées par l'un de ses collègues, cette volonté d'abstention nous est explicitée comme telle, ainsi que l'injustice que constituait pour eux cette réorganisation. Cette prise de parole fut réalisée par deux gardiens, manifestement plus à l'aise dans cet exercice et sans doute plus confiants dans l'utilité d'une critique argumentée, dont l'un était par ailleurs représentant syndical. Le fait d'avoir à effectuer des tâches de ménage emporte notamment la colère de ces gardiens, qui ne peut toutefois être exprimée dans une critique générale du projet de réorganisation. Les gardiens des autres sites ont en effet des tâches de ménage à réaliser, ce qui embarrasse la dénonciation d'une « mise au ménage » en tant que dégradation statutaire. Ils s'estiment désormais fatigués, surchargés, appelés à courir à travers la cité, dans des conditions de travail pénibles, du fait d'une exposition permanente aux locataires et des spécificités de leur quartier d'intervention.

M. Dumoulin n'est toutefois pas uniquement critiqué par ses nouveaux responsables comme étant le mauvais manager d'une équipe peu efficace et faisant preuve de mauvaise volonté. Il nous fut également qualifié de « beau parleur ». En effet, M. Dumoulin ne dénonce pas uniquement la méconnaissance des difficultés inhérentes au travail de gardien sur des sites identifiés comme difficiles, mais un changement d'orientation de l'organisme qui ne serait assumé comme tel.

Le site sur lequel travaillent M. Dumoulin et son équipe est un des lieux historiques de la société. Il représente le site le plus important en termes de nombre de logements, qui furent pour l'essentiel construits dans les années 1970, sur des terrains ayant accueilli en urgence des mal-logés dans les années 1950. L'une des cités d'urgence, créée lors de ces premières années, existait encore au moment de notre enquête. Elle accueillait un centre de promotion familiale, devant inscrire l'accueil des familles hébergées dans un projet d'action sociale globale. Il s'agit par conséquent d'un lieu où existe un réseau associatif important, dont les liens avec le bailleur s'inscrivent dans la durée et sont constitutifs de l'organisme et de son histoire spécifique, ces liens s'étant perpétués par des partenariats formalisés impliquant le bailleur et ces associations, mais aussi, de manière plus diffuse, à travers des personnes impliquées, au sein du bailleur, dans ces mouvances associatives.

Au cours des années 1990, le directeur de l'agence à laquelle est rattaché ce site entend développer un réseau de « correspondants d'immeuble ». Il ne s'agit pas d'une politique menée de manière homogène au niveau de l'ensemble de l'organisme, mais d'un projet, porté par des personnes impliquées au sein de l'organisme, aussi bien au niveau du siège que de l'agence. Ces « correspondants » n'ont pas le statut de gardien. Il s'agit, dans une perspective que M. Dumoulin décrit comme « sociale », de procurer une activité à temps partiel à des locataires qui ont des difficultés à trouver un emploi. Ceux-ci sont rémunérés par le bailleur pour réaliser des tâches relativement simples, telles que la sortie des ordures ménagères ou la distribution des quittances de loyers. Ces correspondants, n'étant pas gardiens, ne disposent ni de logement de fonction, ni de loge. Une entreprise effectue les ménages, tandis qu'un gardien responsable assure les tâches dites « administratives » : états des lieux, déclarations de sinistre, etc. Ce réseau de correspondants d'immeuble intègre également des correspondants bénévoles, qui doivent permettre une implication et une participation des locataires.

M. Dumoulin fut, à partir de 1997, l'un de ces correspondants d'immeubles bénévoles. Locataire, il travaillait alors dans le secteur de l'action sociale, en dirigeant un club pour « adolescents difficiles » financé par la ville. En 2001, le directeur d'agence lui propose de devenir gardien responsable sur ce site, pour développer des « médiations de cages d'escaliers ». Il accepte cette proposition, démissionne de son emploi, et développe ces médiations en prenant appui sur les correspondants d'immeubles, bénévoles et salariés, tout ou partie de ces derniers ayant acquis au fil du temps le statut de gardien. Ces médiations avaient lieu chaque mois dans une cage d'escalier différente, afin de répertorier les problèmes soulevés par les locataires présents à cette réunion ou transmis par leurs correspondants, et d'établir des propositions pour répondre à ces problèmes.

M. Dumoulin dénonce, à travers le projet de réorganisation, une réduction des missions de l'organisme aux « trucs classiques des bailleurs » et un reniement des « valeurs » portées par son fondateur :

> « Moi j'ai quelqu'un en tête : c'est [nom du fondateur]. Vous savez, s'il m'avait dit quelque chose : ça m'aurait fortement touché, je me serais plus que remis en question. Mais dans les différents échanges que j'ai eus avec lui, et je l'ai rencontré à six reprises, ça a toujours été : “Une porte sur l'autre, faites votre travail au mieux, accompagnez les gens, faites comprendre pourquoi on fait les choses, mais pas d'assistanat : on responsabilise et on travaille ensemble, on se réunit ensemble, les réunions d'équipe, c'est travailler ensemble. Quand il y a un problème, il faut qu'on comprenne qu'on est proche des gens.” Et ce côté [nom du fondateur], on ne le sent plus. Depuis qu'il est parti, c'est encore plus flagrant. Et ceux qui sont là, les anciens, ben ! Peut-être que notre avis n'est pas vraiment en adéquation avec ce qu'ils veulent à l'heure actuelle. Mais qu'ils le disent, tout simplement, au lieu de faire les choses par-derrière. »

M. Dumoulin valorise par conséquent des actions qui doivent attester d'un engagement personnel dans l'édification de collectifs solidaires, qui renvoient alternativement à des communautés de travail où chacun doit pouvoir prendre sa place pour travailler ensemble, et à l'horizon d'une implication des locataires dans la gestion de leur cité. L'idée selon laquelle son travail se réduirait à traiter de manière efficace ce qu'il nomme les « doléances » des locataires heurte ses convictions et néglige une hiérarchisation de ce qui doit appeler son attention. M. Dumoulin disqualifie par conséquent les petites choses qui affectent les locataires et dont ils se plaignent, au regard d'un engagement civique où chacun doit faire l'effort de contribuer aux choses communes et où doit prévaloir une exigence de solidarité.

Toutefois, M. Dumoulin émet également des critiques envers son organisation, en prenant appui sur des attentes portées par le projet de réorganisation. Il retourne ainsi contre d'anciens responsables – ceux-là mêmes qui l'ont recruté – les critiques dont il est désormais l'objet, sur le caractère peu « professionnel » de l'organisation de cette gestion. Il indique ainsi que, lorsqu'il est arrivé en tant que gardien responsable, aucun « outil » n'avait été constitué. Avec son équipe, il a donc mis en forme un ensemble de documents permettant une coordination au niveau du site, et avec l'agence. De fait, comme nous avons pu l'observer sur d'autres sites, gardiens responsables ou agents techniques avaient constitué leurs propres outils pour mémoriser et organiser les informations relatives à l'entretien. Ces outils peuvent sembler compliqués à des observateurs extérieurs : celui qui les a faits les utilise et se retrouve dans des classifications, des arborescences de documents ou des codes couleurs organisant le suivi des actions. Les outils dont se sont dotées les agences et, sur des sites importants, les équipes travaillant autour des gardiens responsables, apparaissent ainsi à un consultant externe comme des « usines à gaz ». Ils n'ont toutefois pas été conçus pour être standardisés et diffusés avec un mode d'emploi, qui permettrait à un utilisateur non familier de s'y retrouver. Aussi, même pour M. Dumoulin, ce défaut de standardisation est constitué comme une négligence, une incurie gestionnaire d'anciens responsables ayant du « cœur », mais considérés comme « laxistes ». Les renseignements que nous avons pu recueillir sur les personnes qui, entre la fin des années 1960 et le début des années 1990, ont occupé les postes de direction de cet organisme, conduisent à éclairer autrement cette négligence du standard. Anciens membres des mouvements de jeunesse catholique, syndicalistes actifs proches des mouvements dits de « la deuxième gauche », ces anciens dirigeants ont valorisé, dans le droit fil de leurs engagements, une organisation « à la base » portée par des personnes impliquées comme principe d'organisation, plutôt qu'ils ont négligé un bon sens gestionnaire par leur excès de bon « cœur ».

M. Dumoulin concède également aux critiques qui lui sont faites sur l'incompétence de son équipe et les problèmes rencontrés pour la « manager ». Dans la formation de cette équipe, où certains des correspondants d'immeubles sont devenus gardiens, il y aurait eu selon lui un peu trop d'« assistanat ». La redéfinition des fonctions des gardiens se traduit néanmoins selon lui par des exigences exorbitantes portées auprès de certains gardiens, d'une manière qu'il estime brutale. D'un fonctionnement en équipe où les tâches étaient distribuées selon ce qu'il y avait à faire et le « potentiel » de chacun, les fonctions de ces gardiens doivent désormais être normalisées et individualisées. Au-delà d'une redéfinition des tâches que ces gardiens ont à engager, la réorganisation suppose de placer chaque gardien en tant que responsable d'un secteur donné. Ils doivent y faire une partie du ménage des parties communes, mais aussi gérer les tâches dites « administratives » et traiter les demandes des locataires de leur secteur. Certains des gardiens qui se retrouvent dans cette position ont des difficultés à assumer ces nouvelles responsabilités. Selon leur gardien responsable, certains font des « erreurs », ce qui a des effets sur les locataires dont les demandes ne sont pas traitées, mais aussi sur ces gardiens désormais placés en situation, selon les termes de leur gardien responsable, de « se faire lapider ».

> « Faut pas prendre les gens par-derrière, et surtout, faut pas déconsidérer les gens, on n'est pas des imbéciles. Et surtout dans le domaine du logement où les gens font un travail très dur, difficile. Les gardiens, je peux vous dire, entre les agressions verbales, les agressions physiques, les agressions pour rien. Parfois, ils y sont pour rien et les locataires ne comprennent pas. Ce qu'on leur demande de payer alors que parfois ce n'est pas toujours justifié, ce n'est pas toujours locatif. Un volet à l'extérieur où le treuil à vingt ans, et il est "HS" : je suis désolé, on va pas dire au locataire : "Vous payez !" Et puis, c'est à l'extérieur en plus. Il faut être un peu réaliste aussi : il y a des choses qu'on peut faire et d'autres qu'on ne peut pas faire. Donc voilà ! »

Il ne s'estime plus en mesure d'accompagner les gardiens rencontrant les plus fortes difficultés, étant pris par les nouvelles tâches qui lui incombent : celles de tout gardien, et celles de gardien responsable. Il doit par ailleurs remplacer des arrêts maladie de gardiens qui ont fortement crû avec la réorganisation. Aussi, M. Dumoulin retourne aux cadres intermédiaires recrutés en agence la critique faite à certains gardiens responsables de se conduire comme des « petits chefs ». Au « petit chef » qui affirme son pouvoir en se montrant bienveillant ou en « gueulant » sur ses subalternes, est opposée par M. Dumoulin une autre figure du « petit chef ». Lui aussi prend un plaisir personnel à exercer son pouvoir auprès de ses subalternes, en leur montrant cette fois de toute sa hauteur leur incompétence – « Moi je suis chef, en gros, toi t'es rien » – et en étant sourd à toute remise en cause des règles qu'ils entendent imposer pour faire « prendre le pli » à l'organisation.

M. Cissé : un gardien « faible » et son intégration

M. Cissé, à son arrivée en France, a d'abord travaillé plusieurs années dans l'industrie. Il en a gardé une blessure à la jambe, ce qui lui a laissé un léger handicap qui se manifeste dans sa démarche. Il a par ailleurs une élocution rapide, et laisse souvent une partie de ses phrases inachevées. Ayant perdu ce premier emploi, il est resté ensuite longtemps au chômage, avant d'obtenir un poste de gardien dans un organisme HLM. Il perd ensuite ce travail, tout en étant soutenu par l'un de ses anciens responsables, dont l'intervention lui a sans doute permis d'être recruté dans la société « Le Toit », où il travaille désormais depuis cinq ans. M. Cissé fait partie de ces gardiens qualifiés de « faibles », de pas très « autonomes », « qui n'ont pas trop de dialogue », par leurs responsables.

Prenant soin d'ordinaire de mettre en confiance les gardiens lors des premières rencontres et de ne pas les gêner dans la réalisation de leurs activités, nous fûmes d'abord décontenancés par l'inanité de ces précautions. M. Cissé ne nous a pas constituée comme une enquêtrice, certes intéressée par ce que les équipes de proximité faisaient « sur le terrain », mais étant tout de même une personne extérieure à l'organisme, introduite de plus *via* leurs responsables hiérarchiques. Il fut ainsi immédiatement en confiance avec une personne dont les fonctions semblaient n'avoir pour lui aucune pertinence. Nous fûmess essentiellement saisie à travers nos qualités d'auditoire acquis pour l'accompagner, le fait que nous passions du temps avec lui étant également vu comme une marque de confiance de son responsable, qui lui laissa le soin de nous présenter l'ensemble du site. Aussi, au cours de cette visite, il nous communiqua immédiatement les détails les plus piquants ayant marqué l'histoire récente de ce site, et la nature des « dysfonctionnements » de l'ancienne équipe, ayant valu l'éloignement de certains gardiens et un changement de leur responsable. Il ne s'agissait pas pour M. Cissé de porter une critique de ces anciens gardiens ou de leur éviction du site, mais de nous raconter des situations cocasses, des aventures épiques, à même d'animer notre conversation.

Plus tard, alors que nous discutions en nous déplaçant sur le site, son responsable vint nous chercher pour rappeler à M. Cissé qu'il était attendu pour faire visiter un logement. Le jeune homme qui nous attendait, demandeur d'un logement social ayant reçu un bon de visite, avait manifestement préparé sa venue avec sérieux. Il est vite décontenancé : ses questions sur les équipements de chauffage à l'intérieur du logement, ses remarques sur des traces d'usage sur certains murs, agacent M. Cissé. Il lui présente sommairement l'emplacement de la cuisine, du salon et de la chambre, avant de reprendre la discussion qu'il avait avec nous. Notre embarras lors de cette visite, qui fait écho à la stupéfaction dont nous avait fait part un des nouveaux cadres intermédiaires recrutés en agence, nous a conduite à intervenir auprès du jeune homme manifestement dépité, et à prendre en charge, sinon les réponses à ses questions, du moins la considération minimale de sa présence que nous semblait appeler la politesse. Comprenant qu'il aurait avantage à poser ses questions aux personnes rencontrées dans la loge plutôt qu'au gardien, il n'essaya plus de poser de questions, fit un dernier tour du logement, et mit un terme à la visite.

Son indifférence, voire l'agacement qu'il manifeste envers ce jeune homme qui l'ennuie avec ses questions, contraste avec les discussions que M. Cissé engage avec les différents locataires que nous croisons. Ces discussions se manifestent comme des échanges entre proches ou entre voisins, avec qui il évoque la météo, ou qu'il implique dans nos discussions, en demandant aux « anciens » de quand datent précisément les logements, ou en les prenant à témoin pour nous dire qu'il y a ici des gens « gentils » et puis d'autres, qui sont « agressifs », pour se désoler avec eux de la présence continuelle de tags, de papiers, de lampes brisées aussitôt qu'elles sont changées ou encore pour regarder ensemble les traces qui témoignent de l'ancienneté de certaines installations. Lui et sa femme, qui travaille également sur le site, constituent des « personnages » au sein de ce quartier. Les locataires les connaissent et ils savent également sur qui ils peuvent compter pour exposer un problème. Le nouveau gardien responsable de ce site intervient facilement à la place, avec ou après M. Cissé pour certaines tâches, tout en sachant qu'il peut compter sur lui pour d'autres. Ce gardien responsable est également attentif aux problèmes que peut rencontrer M. Cissé, avec des locataires et, plus spécialement, leurs enfants. Ceux-ci font des tags et autres petites dégradations sur l'ensemble de la cité, mais aussi près de l'appartement de M. Cissé, pour le « narguer ». M. Cissé semble ainsi avoir été un temps leur cible privilégiée parmi les gardiens, ainsi que des religieuses habitant le quartier. Comme lui, elles représentent des « personnages » bien identifiés tout en étant un peu risibles, et sans attaches avec les principales familles présentes sur le quartier. M. Cissé fait d'ailleurs l'objet de moqueries de la part d'autres gardiens. Ils le plaisantent notamment au sujet de notre présence avec lui, ce qu'il accueille avec des rires gênés, sauf une fois où il part brusquement, vexé. Concernant le petit groupe d'adolescents cassant des carreaux, des lampes ou faisant des tags sur le site, M. Cissé nous explique que cela « se passe mal », mais qu'il a « gagné » un peu. Il les surveille et il a su leur montrer qu'il n'avait « pas peur ». Après s'être fait chahuté par ce petit groupe, il a en effet porté plainte pour des dégradations. Les personnes visées par la plainte sont ensuite allées à son domicile, où elles l'ont « bousculé ». Il a déposé plainte à nouveau, et en retire une source de fierté.

Le chef et son autorité : connaître ses hommes et savoir les gérer

Le gardien responsable sous l'autorité duquel travaille M. Cissé a tenu à m'expliquer en quoi ce gardien constituait un élément important de son équipe. Qualifié de « faible au niveau technique » et comme ayant des difficultés à s'exprimer, il souligne la disponibilité de M. Cissé pour des « coups de main », des « coups durs », en plus de la réalisation des tâches manuelles qui lui incombe sur son secteur. En revanche, M. Cissé se révèle incapable de satisfaire aux exigences attendues pour la réalisation de certaines tâches dites « administratives » – visites des logements, états des lieux, etc. Si l'on voit bien les exigences que fait peser sur certains gardiens une individualisation de leurs fonctions, nous conclurons sur ce qui autorise, au sein de ces petites équipes, les évaluations de ce que font les gardiens.

Pour caractériser le suivi exercé par les gardiens responsables, il faut en souligner le caractère rapproché, dans lequel l'expression d'une colère ne peut être rabattue sur l'impulsivité d'un petit chef qui se laisserait guider par ses affects, opposé au manager, concentré sur les résultats, et pointant les « dysfonctionnements » tout en respectant l'individu impliqué dans ce dysfonctionnement. C'est le plus souvent au cours de ses déplacements réguliers sur un site qu'un gardien responsable va exercer ce contrôle, en des occasions destinées à « faire le point », mais également lors de rencontres plus ou moins inopinées. Le basculement vers des rappels à l'ordre un peu plus vigoureux s'effectue par accumulation, par mise en série. Un gardien responsable s'emporte ainsi à la lecture d'une fiche horaire que lui remet un gardien. Il la qualifie de « pas possible » et estime qu'il y a de « l'abus » : là, « ça va plus du tout ». Il est mis fin à un arrangement sur les horaires de ce gardien, dont le responsable estime qu'il évalue trop largement des récupérations pour des actions effectuées sur ses temps de repos. Lors d'une tournée sur un site avec un autre gardien responsable, M. Dezeraud, celui-ci se fait interpeller dans un premier temps par un gardien. Ce dernier lui indique que « ça va pas » et qu'il faut qu'il le voie : son collègue n'a encore une fois pas sorti ses poubelles et c'est donc lui, sur le secteur d'à côté, qui les sort régulièrement. Il en a marre et il veut en parler. Plus tard dans la journée, nous rencontrons une locataire. Au cours d'une petite conversation, elle laisse entendre qu'avec le nouveau gardien, les choses ne vont pas bien. Elle demande sur un ton anodin s'il est vrai que les tapis sur les paliers relèvent du domaine privatif pour le ménage, « parce que le gardien d'avant, lui, il les secouait ». Comme il lui est répondu qu'il n'est pas interdit au gardien de secouer les tapis, elle met plus directement en cause le gardien de son immeuble : « Ah oui, parce que pour lui, tout est interdit : les tapis, c'est interdit. C'est locatif. Et le ménage aussi d'ailleurs, c'est interdit. Vous lui direz ? » Il ferme les yeux, et acquiesce. Le gardien visé par ces critiques est le même que celui mis en cause plus tôt par son collègue. Nous croisons juste après ce gardien. Son responsable manifeste qu'il n'est pas content. L'intensité de l'échange ne réside pas dans le fait que le ton monte, mais dans l'expression du responsable qui ne répond ni au salut cordial du gardien, ni aux propos qui le suivent, pour se contenter de demander sèchement si le gardien a terminé de faire une chose dont ils étaient convenus. Il ne répond pas aux excuses qui lui sont données, et manifeste qu'il est particulièrement « remonté ».

Le fait d'avoir été gardien soi-même constitue, selon ces gardiens responsables, un appui indéniable auprès des agents placés sous leur responsabilité : ils savent ce qu'implique la réalisation d'une tâche et disposent de l'autorité qui leur est reconnue du fait de leur expérience du « terrain » :

> « C'est que ces personnes-là me connaissent depuis vingt-cinq ans. J'ai été leur collègue, on a travaillé ensemble. Ils savent que, si je leur dis quelque chose, je sais pourquoi je le dis. Il y a une bonne raison. Ils savent aussi que je connais le métier. Il m'est déjà arrivé de dire des fois à des gardiens qui sont arrivés après, qui ne m'ont pas connu à cette époque, quand je leur demande de me dire combien de temps ils mettent pour sortir leurs OM [ordures

> ménagères] dans tel ou tel immeuble et qu'ils m'écrivent "deux heures". Bon, j'y vais, et je dis : "C'est bien, deux heures, mais je te propose un échange. — Ah bon, on échange quoi ? — C'est simple, tu me donnes tes gants, et moi je te donne ma montre. Je prends les gants. Je sors les containers, et moi, je te garantis qu'il n'y aura pas plus d'une demi-heure. Si tu veux, on le fait tout de suite et on fait un petit pari. Ou alors, tu rectifies ta feuille. Tu choisis." Il n'a jamais voulu me donner les gants. Il a rectifié la feuille tout de suite. »

Cette valorisation de l'expérience et de l'autorité qu'elle confère conduit à des formes de coordination proprement domestique. Un bon gardien responsable, qui a su se faire reconnaître comme tel, dispose d'une autorité personnelle à dire aux gardiens ce qu'ils doivent faire.

Cette valorisation structure l'opposition entre les gens « du terrain » et les autres. Les gardiens sont valorisés au sein de l'organisme en tant que personnels de terrain, avant-poste de l'organisation sur les sites. Cette mise en valeur s'effectue lors de célébrations officielles, vœux adressés à l'ensemble du personnel, lors desquels le fondateur de cet organisme tenait à venir rencontrer ces équipes de terrain. L'importance accordée à ces moments, évoqués avec nostalgie, m'a été signifiée par de nombreux gardiens. Pour les cadres ou la direction de l'organisme, la célébration de cette importance des personnels de terrain est un exercice imposé, mais dont l'accomplissement semble plus délicat. Aussi, aux débuts de l'enquête, nous avons observé une réunion, lors de laquelle le directeur général de l'organisme était appelé à aller à la rencontre des équipes de terrain. Cette rencontre constitue un exercice propice à l'expression d'une critique sur l'authenticité de cette reconnaissance et de ce qui l'autorise. Le directeur général, qui est une directrice, est en retard. Le bruit circule qu'elle se serait perdue pour accéder au site en voiture. S'échangent alors des coups d'œil complices, brocardant la direction sur sa méconnaissance du site, des moyens d'y accéder aux différentes heures de la journée comme de s'y garer. À l'issue de cette réunion, la directrice s'engage dans une discussion avec un intervenant extérieur et le responsable du service technique. Après un coup d'œil circulaire, elle met fin à ces discussions : elle doit aller à la rencontre de « ses troupes », serrant la main à chacun et discutant avec les gardiens autour d'un petit buffet. Cette capacité à connaître le « terrain » et « ses hommes » est ainsi une attente de ces gardiens envers leurs responsables et ce qui fonde leur autorité. Elle se dit particulièrement lors des entretiens avec les « gardiens responsables », lorsqu'ils rendent compte des personnes qui leur ont permis de monter en grade depuis le statut de simple gardien, ou pour mettre en avant les qualités de ces responsables d'équipes de proximité. Celles-ci ne sont pas sans affinités avec la référence aux « troupes » que la direction se devait de rencontrer : il doit s'être frayé un chemin au contact direct du « terrain » et de « ses hommes ».

CONCLUSION

Les agents que nous avons étudiés s'engagent dans la réalisation d'un ensemble de tâches planifiées, prévues dans leurs fonctions. Ces formes d'engagement sont particulièrement saillantes dans le cas des secrétaires, mais elles structurent également l'activité des gardiens. Ces derniers ne sont pas seulement inscrits dans un côtoiement durable des locataires et dans un environnement familier. Ils ont des tâches à réaliser, sur lesquelles pèse parfois le familier des autres, dans toute son étrangeté. Plutôt que d'opposer la froideur d'opérations rationnalisées et segmentées à la chaleur de relations humaines, il nous faut par conséquent travailler sur ces formes d'engagement et leurs compositions, ainsi que sur des positions, au sein de ces organisations, qui n'appellent pas les mêmes arts de composition.

Le fait de distinguer des engagements de nature instrumentale, gagés sur un environnement saisi dans sa fonctionnalité, et des repères conventionnels permettant de les décrire et de les contrôler, permet de comprendre comment des politiques organisant une révision constante de ces repères formels peuvent affecter l'aisance et l'assurance acquise dans l'exercice d'un métier. La secrétaire qui, lorsque sa responsable fait état de la nécessité d'être accueillant envers les locataires, pointe d'un regard désabusé son classeur de procédures, indique très nettement ce à quoi elle doit consacrer son attention. Le développement, au sein de ces organisations, de services dont la raison d'être est une révision constante de ces formalités, soutient fortement cette dynamique. Nous n'avons pas tant observé des méfaits inhérents à une action de nature instrumentale, qui conduiraient à des formes de réification, que les tensions suscitées par une déstabilisation de cet agir instrumental, qui obligent les agents à s'inquiéter de la conformité de leurs actions à des conventions constamment révisées. Ces révisions constantes minent des appuis sur des routines qui, plutôt qu'elles ne figent des agents dans des formes d'action et de jugement préétablies, sont les conditions nécessaires pour que des agents, qui doivent nécessairement composer avec des formats d'évaluation distincts, puissent consacrer leur attention à d'autres aspects que la conformité de leurs énoncés ou de leurs actions à ces conventions.

Par ailleurs, il faut souligner que, pour les dirigeants des organisations que nous avons étudiées, le fait de borner ce que font les agents à la lettre d'un engagement en plan est considéré comme réducteur, en ce qu'il néglige d'autres formes d'engagement et de conduites attendues de ces mêmes agents. Ce qui « reste » d'une telle réduction fait l'objet d'un travail de qualification et de valorisation, qu'il s'agisse de faire valoir la « proximité » comme une fonction ou les spécificités d'un travail « relationnel », dont l'intensité varierait selon les contextes d'intervention. Il ne faut donc pas uniquement étudier l'extension de ces formalités au sein de ces organisations, mais également les opérations par lesquelles ce « reste » est publicisé. Nous avons décrit des épreuves qui structurent les activités de ces agents – depuis la manière dont on les dérange ou dont on les choque –, pour envisager les formes de mise en commun de ces troubles, leur attestation par des collègues dans le cours de l'activité, ou leur indexation à des « problèmes » bien constitués pour le public, qu'il s'agisse du diagnostic selon lequel les « gens » seraient de plus en plus assistés ou de la charge spécifique associée à une exposition à certains publics. Ce faisant nous avons mis l'accent non pas sur les dispositions des personnes susceptibles d'expliquer une variété d'attitudes parmi des agents occupant un même poste, mais sur des tensions qui structurent leurs activités. Nous conclurons plus spécifiquement ce chapitre sur le traitement, dans différentes approches sociologiques, des conduites par lesquelles des agents manifestent leur sollicitude envers les bénéficiaires de leurs services.

S'en remettre à des agents et consentir à un ordre institutionnel

V. Dubois, étudiant les interactions aux guichets de caisses d'allocations familiales, est particulièrement attentif au fait que les allocataires s'en remettent aux agents de ces institutions. Les formes de « remise de soi[8] » qu'il analyse sont entretenues par une asymétrie de compétences entre agents et allocataires, leur relation pouvant être assimilée à un rapport d'expert à profane compte tenu de la technicité des règles servant à déterminer les situations et à calculer le montant des prestations. Ces formes de remise de soi vont de l'expression par certaines personnes de leur peu d'appétence pour la « paperasse », jusqu'à des formes qualifiées de plus « extrêmes », dans lesquelles des allocataires s'avèrent incapables de dire ce qui les amène au guichet. Ces différentes manières de s'en remettre à un agent sont saisies de manière négative, V. Dubois voyant notamment dans le fait que des agents écrivent des lettres pour les allocataires « en se mettant à leur place » des « pratiques d'assistance [qui] confinent parfois à la mise sous tutelle et à l'infantilisation[9] ».

Pour V. Dubois, le fait que des allocataires s'en remettent à des agents pour le suivi de leurs prestations les prive de la capacité à s'engager dans la critique : si l'allocataire demeure dans l'incapacité de connaître les critères applicables à sa situation, il ne pourra les contester. Plus fondamentalement, cette remise de soi entretient le consentement à un ordre institutionnel et une mise sous dépendance de ces institutions. Les agents travaillant aux guichets participent à l'entretien de ces dépendances, qui leur permettent notamment de justifier leur utilité. Mais elles sont essentiellement le produit de relations externes aux guichets, conduisant à l'encadrement social de ceux qui ont perdu toute autonomie. L'analyse de V. Dubois s'inscrit en effet dans une approche des rapports

8. DUBOIS V., *La vie au guichet. Relation administrative et traitement de la misère*, Paris, Economica, 1999, p. 65.
9. *Ibid.*, p. 68.

aux institutions en tant que rapports de domination. Dans les interactions qu'il a étudiées « s'opère en pratique l'inculcation des catégories d'État : celles en l'occurrence qui ouvrent ou non la possibilité de recevoir des allocations[10] ».

Cette critique des institutions et de la violence symbolique qu'elles exercent prend pour objet les formes d'action les plus classiquement associées à l'État social. La délimitation de catégories d'ayant droit opère l'assignation de ces individus à un statut. Tout en ayant pour objet de compenser des inégalités sociales, ces opérations de catégorisation participent de mécanismes plus généraux de reproduction de l'ordre social. Toutefois, ces opérations et la violence dont elles seraient porteuses ne sont pas documentées en tant que telles, V. Dubois ayant ancré son étude sur les interactions entre agents et allocataires, en tant qu'elles produisent le consentement à cet ordre institutionnel. Tout se passe en effet comme si l'on avait deux niveaux dont l'articulation n'est pas systématiquement questionnée : les opérations de jugement inscrites dans les équipements que mobilisent les agents – les « catégories d'État » –, et les schèmes de jugement qu'ils activent du fait de leurs dispositions personnelles, et avec lesquels ils gèrent les écarts sociaux avec leurs publics.

La notion d'épreuve, telle qu'elle a été formulée dans les travaux de Luc Boltanski et de Laurent Thévenot, vise précisément cette articulation[11]. Elle traite des opérations de qualification attribuant des états aux personnes ou aux choses impliquées dans une évaluation, en référence à des ordres de grandeur, et en intégrant les dispositifs matériels impliqués dans ces évaluations. L'articulation entre ces jugements sociaux et cet ordre institutionnel est parfois suggérée dans l'ouvrage de V. Dubois quand il est fait état d'un agent qui se permet des jugements « personnels » sur les liens qu'entretient une femme avec son mari dont elle est séparée, et des qualifications administratives de ce qu'est un couple et, partant, des obligations mutuelles associées à ceux dont les liens ont été ainsi qualifiés. L'ordre institutionnel auquel ces allocataires devraient consentir apparaît toutefois le plus souvent obscur. D'autres attentes de comportement, également portées par ces agents, apparaissent toutefois de manière saillante. Elles sont très nettement alignées sur le format d'un individu autonome et responsable, capable de savoir répondre à un ensemble d'attendus formels et d'y engager sa volonté. Les agents étudiés par V. Dubois déplorent ainsi le fait qu'un nombre croissant d'allocataires ne soient pas « autonomes » et valorisent un travail pédagogique consistant à leur expliquer les règles afin qu'ils puissent « se prendre en charge ». Ils critiquent la mauvaise volonté de

10. *Ibid.*, p. 18.

11. Jeanne Lazarus, en mobilisant cette notion, a ainsi analysé les relations entre les banquiers et leurs clients comme le produit de deux définitions de la banque : la banque solennelle, héritée de l'histoire de la haute banque, des caisses d'épargne et des banques mutualistes, et la banque commerciale. Cette tension normative structure les épreuves instituées par la banque et les opérations de classement des individus qui y sont engagées (LAZARUS J., *L'épreuve de l'argent. Banques, banquiers, clients*, Paris, Calmann-Lévy, 2012).

certains allocataires ou l'incapacité croissante des usagers à engager les actions nécessaires au suivi de leurs prestations.

Pour V. Dubois, cette mauvaise volonté ou cette incapacité renvoie d'une part à des publics en perte d'autonomie, et d'autre part à des individus qui manifestent leur mauvaise volonté, et ce faisant résistent à un ordre institutionnel. Il nous semble que sont ainsi méconnues des formes d'oppression qui ne proviennent pas de catégories d'État assignant à des statuts, mais de dispositifs qui supposent de chacun qu'il s'engage dans des actions finalisées et mettent en œuvre par lui-même les moyens disposés à ces fins. De fait, les conduites des allocataires pour V. Dubois renvoient exclusivement à l'acquiescement ou à la résistance à un ordre institutionnel, qui assignerait les individus à des statuts. Le fait de se présenter au guichet d'une caisse d'allocations familiales en déclarant « je suis rmiste » ou « je suis au parent isolé » est ainsi analysé comme le résultat d'un travail d'imposition normative, par lequel des individus se définissent d'eux-mêmes sous des catégories réputées stigmatisées. Le fait d'anticiper les demandes des agents consiste à faire preuve de bonne volonté, tandis qu'exposer des aspects personnels revient à se livrer à une forme laïcisée d'aveu, par laquelle un allocataire s'en remet encore plus intimement à l'ordre institutionnel qui s'impose à lui[12].

Il n'y a donc qu'un seul format d'épreuve qui est ici considéré : des épreuves de qualification assignant à des statuts. Les attentes de comportement associées à un agir autonome ne sont en revanche pas considérées, ou ce sont des jugements moraux portés par les agents. Leur considération permettrait de préciser les attentes normatives portées par des agents et des dispositifs qui valorisent précisément le fait de ne pas porter de jugements « moraux ». Elle suggérerait également que la possibilité de s'en remettre à des agents compétents, voire parfois bienveillants, peut être au contraire un bien à étendre. C'est précisément ce que les théories du *care* appellent à considérer, en portant l'attention sur ce qui permet, de la manière parfois la plus triviale, de satisfaire à ces épreuves de l'autonomie. Ce faisant, elles peuvent mettre l'accent sur des formes de violences et d'oppression que méconnaît une grammaire libérale, posant comme unité de base des rapports sociaux des individus autonomes engageant leur volonté dans un projet individuel, mais aussi ce que méconnaît une grandeur civique, inquiète

12. V. Dubois souligne toutefois l'existence de certaines formes de personnalisation des rapports entre agents et allocataires qui ne sont pas assimilées à des formes de contrôle rapproché. Il évoque ainsi le ton amical de certaines conversations, les attitudes par lesquelles des agents signifient leur écoute, ou la connaissance personnelle que des agents ont de certaines situations, qui permettent de faciliter l'accès de certains allocataires à cette institution. Toutefois, ces bienfaits appellent en retour la hantise d'une mise sous dépendance. Le fait que certains allocataires attendent le retour d'un interlocuteur avec qui ils ont l'habitude de traiter redouble la dépendance à l'institution de celle d'une dépendance à la personne de l'agent (DUBOIS V., *op. cit.*, 1999).

des dépendances vicieuses entretenues par des institutions d'encadrement, pour conforter un ordre où doit prévaloir l'égalité de tous.

Toutefois, V. Dubois avance à la fin de son ouvrage une hypothèse qui invite à un autre regard sur ces institutions investies de liens personnalisés. Il pose l'hypothèse d'un déplacement des fonctions de ces institutions sociales et de leurs guichets, qui se substitueraient à d'autres instances de socialisation. Pour des populations désaffiliées, du fait de l'absence d'emploi, de l'éclatement des structures familiales, et des échanges marchands limités qui leur sont accessibles, le guichet des institutions sociales constituerait bien souvent « le dernier lieu où l'on parle[13] ». Un ensemble d'« usages latéraux » de l'institution contribuent à en redéfinir les fonctions : certains allocataires se livrent à des visites régulières et non justifiées, d'autres recherchent un soutien moral, voire des conseils en tous genres. Nous comprendrons alors que cette institution et son ordre sont traversés par des relations que n'épuise pas l'analyse des seules interactions de guichet, au sein de caisses d'allocations familiales situées dans de petites agglomérations, dont les agents croisent parfois leurs allocataires en voisins.

Dans un cadre d'analyse qui pose toute forme de dépendance personnalisée avec un environnement institutionnel investi en familiarité comme une allégeance vicieuse et une menace pour l'autonomie des allocataires, cette redéfinition « par les usages » des fonctions de ces institutions est donc d'emblée considérée comme problématique. Le fait de rabattre ces usages latéraux sur de nouvelles fonctions risque par ailleurs de manquer ce qui les autorise. S'il s'agit des derniers lieux où l'on parle, ce n'est peut-être pas parce qu'ils sont « ouverts à tous », et en particulier aux publics sociaux. Sans doute que, après avoir eu quelque chose à y faire, certains allocataires ont conçu la possibilité que ces lieux pouvaient être à peu près accueillants.

Publiciser le service rendu et mettre en forme de nouveaux besoins

Dans les organisations que nous avons étudiées, l'identification de ce que les agents font nécessairement « en plus » des tâches et des objectifs qui leur sont fonctionnellement impartis fait l'objet d'un travail de valorisation. La « proximité » en tant que fonction, impartie spécifiquement à certains agents, tend, dans les organisations que nous avons étudiées, à céder la place à une volonté de recentrage sur les métiers classiques des bailleurs sociaux. Ce sont dès lors les spécificités d'un travail relationnel qui sont mises en avant, dont l'intensité varierait selon les contextes d'interventions. La valorisation de ce travail relationnel ne vient pas tant instruire l'existence d'une nouvelle fonction, que tempérer une réduction de leurs activités à la délimitation des tâches qu'ils doivent réaliser ou des objectifs qu'ils doivent atteindre.

13. *Ibid.*, p. 190.

Les organisations que nous avons étudiées sont toutefois activement engagées dans des opérations visant à publiciser les services qu'elles rendent à leurs locataires. Les injonctions faites aux organisations du logement social de valoriser leurs ressources et de négocier des améliorations du service rendu avec leurs locataires plaident directement en faveur d'une mise en valeur marchande de ces services. Il s'agit de formaliser des prestations, pour les faire valoir à des locataires susceptibles de payer pour en bénéficier[14]. Dans des organisations soucieuses de maintenir un écart avec une qualification marchande de leurs activités, ce travail de publicisation est également requis : il doit rendre compte des « services » que ces organisations rendent à leurs locataires, en évitant le double écueil d'un alignement sur les métiers de l'immobilier et d'une action « sociale » qui serait désormais trop négativement connotée. Ces opérations de publicisation, à destination de ceux qui sont appelés à reconnaître ces services et à les financer, s'inscrivent par conséquent inévitablement dans une certaine configuration du débat public autour des missions assignées à ces organisations, ce que nous avons analysé dans les chapitres précédents.

En amont des formes distinctes dans lesquelles s'inscrivent ces stratégies de valorisation, il convient également de s'interroger sur leurs effets sur les pratiques qu'elles visent à publiciser. Elles consistent le plus souvent à identifier certaines actions, pour les faire valoir comme services susceptibles d'être proposés à des clients ou comme besoins devant être pris en charge par la collectivité. Ce faisant, ce sont aussi les dynamiques de composition subtile entre différentes formes d'engagement qui se trouvent affectées. La publication de ces « services » prend en effet le plus souvent appui sur un travail d'identification et de reformulation de pratiques existantes, pour promouvoir leur extension. Toutefois, quand bien même le développement de ces nouveaux services peine à se concrétiser, ces réflexions ont pour effet d'entériner l'incompétence de certains agents à les réaliser. Chez QualiHabitat, les petits services rendus par un gardien « sympa » sont valorisés et reconnus. Toutefois, pour être en mesure de publiciser l'existence de nouvelles prestations, il faut que le service soit proposé par des personnes qualifiées. Alors que les responsables d'agences du Logis sont appelés à s'investir dans le suivi de nouvelles prestations – label senior service et plateforme multiservice –, certains d'entre eux regrettent que soit négligé le travail de « terrain », tandis que les gardiens, personnels peu qualifiés, un temps valorisés dans leurs fonctions de « proximité », sont désormais considérés comme incapables de satisfaire aux attentes d'un service moderne et efficace. Ces réflexions peuvent par conséquent laisser présager des formes de décomposition des activités

14. Pour une analyse des inflexions récentes des politiques de soutien au développement des services à la personne, dans le sens d'une stratégie d'extension marchande de services banalisés, voir Florence Jany-Catrice (Jany-Catrice F., « La construction sociale du secteur des services à la personne : une banalisation programmée ? », *Sociologie du travail*, vol. 52, n° 4, 2010, p. 521-537).

identiques à celles qui ont pu être observées dans d'autres entreprises ayant des missions de service public. Bénédicte Bras a ainsi décrit les études engagées par la direction de la Poste pour identifier des « services hors cadre », organisant la décomposition des actions considérées en une gamme de services marchands susceptibles d'être proposés à des clients[15]. Plus récemment, Yasmine Siblot[16] a décrit, dans un bureau de poste, les effets aussi bien sur les agents que sur les usagers de ce bureau, d'une décomposition de leurs activités ordonnant d'une part un alignement de ces agents sur des pratiques commerciales et, d'autre part, l'instauration de nouveaux services – écrivains publics, etc. – supposés tenir compte du travail spécifique réalisé dans ces bureaux de poste, et appuyer les demandes de financement de ces services.

La question de la bonne distance

Cependant, nous avons observé des questionnements davantage préoccupés par la composition à laquelle se livrent des agents travaillant dans un côtoiement direct avec les locataires. Tout en valorisant le travail de ces agents directement exposés « au terrain », les cadres dirigeants de ces organismes s'inquiètent du bon accueil fait aux locataires par des secrétaires, et des limites à ne pas franchir de la part des gardiens. Les secrétaires administratives travaillent le plus souvent à proximité de leurs responsables. Ces derniers, prompts à critiquer l'accueil un peu rude de certaines, trop rigides ou se formalisant à l'excès de l'attitude de certains locataires, sont toutefois le plus souvent en mesure de considérer ce que requiert pratiquement la disponibilité qui est attendue d'elles. Elles font par conséquent, dans les cas que nous avons étudiés, l'objet d'une politique douce de révision des conduites, portée en personne par leurs responsables, dans la dynamique même de leurs activités.

Il en va autrement des gardiens. Les cadres dirigeants ne s'inquiètent pas de leur seule propension à se montrer accueillant et serviable, mais de leur capacité à tenir certaines limites avec les locataires. Le fait qu'ils soient inscrits dans un côtoiement quasi quotidien avec ces derniers est associé à l'exercice de pressions, susceptibles de peser sur le discernement de ces agents, voire de les faire basculer hors des bornes fixées par l'organisation. Des gardiens achèteraient ainsi la paix avec leurs locataires en rejetant systématiquement sur d'autres la responsabilité de certains dysfonctionnements, ou en étant incapables de dire non à des locataires qui leur en imposent ou dont ils seraient trop proches. Ils devraient également s'abstenir de ces petits services, susceptibles d'être à

15. BRAS B., *La Poste, entre le service public et le marché. Le cas de la distribution*, Paris, thèse d'économie des institutions de l'université de Paris 10-Nanterre, 1995, cité *in* THÉVENOT L., « Des institutions en personne. Une sociologie pragmatique en dialogue avec Paul Ricœur », *Études ricœuriennes/Ricœur Studies*, vol. 3, n° 1, 2012, p. 11-33.

16. SIBLOT Y., *op. cit.*, 2006.

l'origine d'« embrouilles » indémêlables, voire d'ouvrir sur la complicité d'agissements illicites. Remplacer les gardiens par des managers de proximité ou organiser leur rotation systématique doit soulager à la fois les gardiens et l'organisation de ces pressions qui s'exercent dans ces côtoiements durables. Dans des organisations qui continuent de valoriser ces figures de gardiens, travaillant « au front » et capables de « tenir leurs sites », la reconnaissance d'un travail de proximité s'accompagne d'une inquiétude sur le contrôle d'agents peu qualifiés, œuvrant dans les confins de l'organisation. La solution consisterait dès lors à les repositionner sur des fonctions clairement délimitées. Ces diagnostics considèrent par conséquent la variété des attentes dont ces gardiens peuvent être investis : réaliser de manière efficace les tâches qui leur sont prescrites, faire remonter des éléments jugés dignes d'attention, être « sympa » avec leurs locataires tout en prenant soin d'exclure toute forme d'arbitraire de leurs jugements. La réponse consiste à veiller à ce que ces agents tiennent un juste milieu, ce qui est présenté comme un bien pour l'organisation, mais aussi pour les gardiens : il faut qu'ils s'impliquent, mais pas trop.

Nous avons déjà souligné que, sous cet apparent rappel à la règle, sont engagées des formes de révision des épreuves instituées au sein de ces organisations. Les réticences exprimées par l'ensemble des gardiens que nous avons rencontrés à facturer de petites réparations relevant normalement des locataires suggèrent que leurs appréciations reposaient sur d'autres conventions. Ces usages faisaient écart aux réglementations en matière de réparations locatives, sans pouvoir être pour autant assimilables à l'arbitraire de jugements personnels de gardiens répondant selon « le sens du vent » ou « à la tête du client ». Aussi, les gardiens jugent pour la plupart injuste ou mesquin cet impératif dont ils doivent désormais se faire les relais, consistant à facturer systématiquement de petits travaux qui incombent réglementairement aux locataires. Certains s'indignent également de dispositifs actant leur incapacité à composer en personne avec des exigences de différentes natures, sans que leurs jugements ne soient *a priori* suspects d'arbitraire, de partialité, ou d'une bienveillance coupable envers des locataires devant être placés, pour leur bien, devant leurs responsabilités.

Plus généralement, ces difficultés à tenir une « bonne distance » ne résident pas dans une propension de certains gardiens à en faire trop ou à céder trop facilement aux pressions. Elles sont avant tout le résultat des sollicitations auxquelles ils sont exposés. Le fait de borner l'attention et la responsabilité des gardiens à la réalisation des tâches qui leur sont attribuées apparaît manifestement réducteur lorsque les responsables de ces gardiens s'indignent du « bon sens » élémentaire auquel auraient manqué certains d'entre eux. Ce « bon sens » réside dans des gestes que tout le monde devrait se sentir tenu de faire en considérant certaines situations, mais dont la réalisation repose toutefois de manière exclusive sur ces gardiens. Le faisceau d'attentes qui leur sont adressées s'apparente alors à celui que Pascale Molinier a décrit comme étant caractéristique du travail de *care*[17] : le travail peut être sans fin et appelle parfois un état de disponibilité permanent. Les gardiens se sentent en effet très ordinairement tenus de produire des gestes et des attentions qui ne rentrent pas dans leurs fonctions. Il en est ainsi du gardien qui se sent obligé de sortir les poubelles qu'un autre gardien a laissées, ou de celui qui reste écoper avec des locataires dans un appartement inondé. Il en est de même des petits services qu'un gardien peut rendre à ses locataires. Même interdit de prendre les clés, le gardien ne va pas laisser la locataire exaspérée de ne pouvoir tenir le rendez-vous fixé avec le plombier. Il a compris d'un mot ce qui la tracasse : le fait qu'elle doive partir et qu'elle ait besoin de quelqu'un sur qui compter. Le dérangement est minimal : il ne peut pas refuser.

Les travaux sociologiques qui analysent la manière dont des rôles professionnels sont définis dans des interactions s'inquiètent également de la distance au rôle. Ceci renvoie en premier lieu à l'identification d'engagements de nature compassionnelle, qui viendrait éprouver l'individu et sa capacité à tenir son rôle. Mais ceci renvoie également à d'autres exigences associées à ces rôles professionnels, qui tendent à constituer toute forme de sollicitude ou de familiarité comme problématique. C'est le cas des travaux de Vincent Dubois, s'inquiétant des formes de pouvoir pastoral au cœur des institutions sociales[18], mais aussi de ceux d'Hervé Marchal. Ce dernier ne s'inscrit pas dans une analyse des rapports aux institutions comme rapports de domination. Il décrit la manière dont les gardiens définissent de manière relationnelle leur identité. Dans un article qui entend montrer en quoi le gardien ne s'inscrit pas dans la recherche de profit économique qui serait associée à la qualification « commerciale » de leur rôle vis-à-vis de « clients », la spécificité du gardien tient à ce qu'il s'inscrit « dans la recherche de profits symboliques et identitaires d'une autre nature[19] ». L'analyse illustre donc un écart avec une définition institutionnelle du rôle qui serait « commerciale », pour s'inquiéter toutefois des effets de ces stratégies d'identification au regard d'autres attentes. La proximité est ainsi constituée comme un problème qui serait celui de toutes les relations de services, prenant ici plus d'acuité : les gardiens « sont enclins à s'inscrire non sans excès » dans « des attitudes d'exclusion » envers des locataires stigmatisés (« jeunes », « mauvais locataires ») ou dans « des rapports de proximité » sources de confusion[20]. Sans être indifférent aux risques d'arbitraire inhérents à un jugement en personne, il nous est toutefois apparu que ces attentes étaient fortement portées à ces agents par leurs organisations, et participaient en cela de la définition institutionnelle de leur rôle, plus que les injonctions à adopter des conduites proprement marchandes.

17. MOLINIER P., *Le travail du* care, Paris, La Dispute, 2013.
18. DUBOIS V., *op. cit.*, 1999, p. 129.
19. MARCHAL H., art. cité, 2007, p. 366.
20. *Idem.*

Une activité de care *?*

Les approches en termes de *care* s'attachent à décrire des relations le plus souvent dites informelles ou personnelles, sans faire immédiatement peser sur ces descriptions une exigence d'impartialité[21]. Une telle exigence peut être jugée cruciale lorsqu'il s'agit de décrire des conduites qui s'inscrivent dans des institutions, ayant en charge des missions de service public. Il nous semble toutefois fécond de ne pas constituer d'emblée toute forme de saisie en personne des êtres qui ont à frayer avec ces institutions à travers la menace d'une mise en dépendance ou d'un traitement partial. Toutefois, dans quelle mesure les activités des gardiens et des secrétaires que nous avons décrites dans ce chapitre peuvent-elles être considérées comme du travail de *care* ? Et quelles sont les exigences spécifiques susceptibles d'être portées par ces approches ?

Tout en pointant la spécificité de conduites éthiques orientées vers les préoccupations et les besoins d'autrui, les approches en termes de *care* entendent ne pas les cantonner à des sentiments se déployant entre proches ou en privé, ni les restreindre à des relations duales où serait d'emblée marquée une asymétrie entre le compétent et le vulnérable. C'est pourquoi, selon Joan Tronto[22], le *care* ne peut être réduit à une attitude éthique. Il doit être considéré comme un travail à faire et une activité devant être organisée et reconnue publiquement.

Décrire le *care* comme une activité appelle par conséquent pour J. Tronto une première délimitation, opérant un partage entre ce qui relève ou non d'une activité de *care*. Les activités de soin relèvent du *care*, tandis que d'autres en sont *a priori* exclues. Elle précise ainsi que « Jouer, accomplir un désir, mettre sur le marché un nouveau produit ou créer une œuvre d'art ne relèvent pas du *care* ». Ces délimitations s'avèrent toutefois complexes, et J. Tronto souligne le caractère « emboîté » de certaines activités : leur finalité principale est d'une autre nature que l'attention aux besoins concrets d'autrui, mais elles intègrent d'autres activités, susceptibles d'organiser cette attention. Elle note ainsi que certains aspects du travail policier peuvent relever des activités de *care*. Si l'on suit cette première délimitation fonctionnelle, les activités des gardiens et des secrétaires que nous avons décrites peuvent relever des activités de *care*.

À l'inverse, tout ce qui participe des activités de soin ne relève pas du *care*. Cette délimitation fonctionnelle est donc nécessaire, mais pas suffisante. J. Tronto exclut ainsi du *care* les soins délivrés de manière routinière et instrumentale, sans considération des personnes soignées dans leur singularité ou dans ce qui les affecte. Elle propose par conséquent de parler de *care* lorsqu'une

21. Ce que souligne, notamment, Patricia Paperman, en indiquant que dans « la vie ordinaire, celle qui précisément n'est pas jugée intéressante du point de vue de la théorie morale dominante, l'impartialité n'est plus une exigence cruciale de la moralité ni même de la justice » (PAPERMAN P., « D'une voix discordante : désentimentaliser le *care*, démoraliser l'éthique », *in* MOLINIER P., LAUGIER S. et PAPERMAN P., *op. cit.*, 2009, p. 84-110, p. 95).

22. TRONTO J., *Un monde vulnérable. Pour une politique du* care, Paris, La Découverte, 2009.

activité a pour visée une attention aux besoins d'autrui et que les agents engagés dans cette activité font preuve des dispositions éthiques associées au *care*. Cet emboîtement entre une qualification fonctionnelle et une disposition éthique conduit par conséquent à décrire tout ce que font des agents œuvrant dans des activités de *care* lorsqu'ils ne sont pas attentifs aux besoins concrets d'autrui comme étant toujours du *care*, mais du « mauvais ». Ce faisant, la pluralité des formes d'engagement requises dans ces activités est négligée. Leur description est d'emblée travaillée par une inquiétude sur les formes viciées de ce travail.

Or, dans les organisations que nous avons étudiées, ce sont précisément les agents les plus directement exposés aux locataires, à leurs usages des lieux habités et aux préoccupations qu'ils exposent, qui sont sans doute les moins disposés à se décrire comme étant perpétuellement mus par une attention sans cesse renouvelée à ceux qui bénéficient de leur travail. Ces agents ne sont pas tous accueillants envers ce qui préoccupe les locataires, et pas tout le temps. Ils ont aussi d'autres choses à faire. Le fait de ne pas décrire d'emblée ces agents comme exerçant un travail de *care* permet d'envisager des tensions entre des exigences de différentes natures, sans faire des agents qui ne font « que » leur métier les agents d'un mauvais *care*, indifférents aux besoins de ceux qu'ils ont à côtoyer. De la même manière, décrire ces accomplissements pratiques et ce par quoi ils sont éprouvés permet d'analyser des gestes d'hostilité, sans en faire le versant ténébreux d'actions mues par le souci des autres. Certains gardiens entendent en effet retourner aux locataires ce qu'ils estiment avoir subi et qu'ils ne peuvent communiquer, ce qui peut s'analyser sans avoir nécessairement recours à des hypothèses sur une ambivalence intrinsèque des sentiments qui se déploient dans les côtoiements du plus intime.

Nous sommes par ailleurs réservée sur les glissements opérés dans les approches en termes de *care* entre des gestes de sollicitude et la thématisation de la finalité de certaines actions, investies d'une attention aux autres. Dans les organisations que nous avons étudiées, la plupart des agents investissent leurs actions d'une attention pour les autres. M. Mimoun investit ses activités de ménage de son souci de faire « beau » pour ses locataires, voire de faire « beau » pour les « pauvres ». M. Dézeraud entend quant à lui se soucier de locataires qui ne supportent plus les grincements de volets, et se mettre à la place de nouveaux entrants, dégoûtés par les traces laissées par de précédents occupants. M. Dumoulin revendique une autre forme d'attention aux autres, et son ambition d'impliquer les plus faibles, qui doivent selon lui davantage bénéficier de son attention que les doléances du locataire moyen. De la même manière, les cadres intermédiaires, responsables hiérarchiques de ces gardiens, investissent l'extension des outils de la qualité et de démarches « clients » d'une attention aux autres, entendue cette fois comme la possibilité donnée à chacun de se faire entendre et d'obtenir dans certains délais une réponse à ses demandes. Eux aussi peuvent se soucier de ce qui est susceptible d'affecter des locataires, lorsqu'ils s'inquiètent, par exemple, des délais dans lesquels un ascenseur sera réparé. Ces différentes manières de thématiser la finalité de certaines actions et de les investir d'une attention à autrui renvoient à l'identification de besoins que l'on pourrait sans doute qualifier de « concrets ». Elles ne relèvent pas pour autant de l'exercice pratique d'une sollicitude ou de la composition raisonnée entre des exigences de différentes natures. Elles font valoir ce qui devrait être garanti à chacun, le plus souvent en lien étroit avec les tâches qui relèvent de ces différents agents.

À partir du moment où s'opère le glissement, depuis l'identification de conduites ayant une tonalité éthique spécifique, vers la délimitation d'actions inspirées par une attention aux autres, la détermination du « bon *care* » s'apparente à un exercice démocratique : il s'agit de confronter des conceptions plurielles des attentions à avoir envers les bénéficiaires du travail de *care*. Pour J. Tronto, cet exercice démocratique doit permettre de conjurer certains maux : le « localisme », consistant à accorder de l'importance aux besoins de ceux qui seraient les plus proches de nous, et le « paternalisme », par lequel certains s'arrogent la capacité de déterminer ce dont d'autres ont besoin[23]. Pour s'en prémunir, la détermination du bon *care* et des besoins qu'il importe de prendre en charge collectivement doit être discutée le plus largement possible. D'autres auteurs discutant les travaux de J. Tronto en France visent toutefois moins l'édification d'espaces où se confrontent des conceptions plurielles que, dans le prolongement de la critique anti-institutionnelle, des dispositifs organisant d'autres formes d'expression et de confrontation. Liane Mozère, qui participa à la clinique de La Borde et fut membre du CERFI, entend souligner, dans l'avant-propos à l'édition française de travaux de J. Tronto, les articulations avec les pragmatiques institutionnelles conceptualisées autour de F. Guattari. Elle valorise l'intérêt des travaux de J. Tronto pour entretenir un « accueil des singularités », l'ouverture et l'expérimentation de « nouveaux champs de virtualités », en déplaçant ces actions inspirées d'une attention aux autres vers la notion de « désir », en tant qu'attentes non prédictibles et hautement singulières, et moteur de révision des formats institutionnels[24]. Pascale Molinier[25] opère également cette articulation, avec une analyse qui explicite toutefois certaines tensions entre cet élargissement de la délibération et les dynamiques pratiques par lesquelles, dans des collectifs de travail, des agents se communiquent des problèmes dignes d'attention et apprécient ce qu'il y a « à faire ».

Pascale Molinier est attentive à la pluralité des conceptions de ce qui compte pour les résidants d'un établissement d'hébergement pour personnes

23. *Ibid.*, p. 15.

24. En nous cantonnant à la lecture de l'ouvrage préfacé, cette articulation entre les travaux de J. Tronto et ceux de F. Guattari ne nous est pas apparue manifeste (Mozère L., « Avant-propos », *in* Tronto J., *op. cit.*, 2009, p. 5-18).

25. Molinier P., *op. cit.*, 2013.

âgées dépendantes[26]. Elle décrit ainsi les tensions qui se manifestent entre les soignantes (« hôtelières » et « femmes de ménage ») et le personnel qui les encadre. Elle est plus attentive encore à ce qui soutient l'expression de ces différentes « voix » morales. Elle décrit ainsi des formes de mise en commun et d'expression de différends qui font notablement écart avec les attendus formels d'une délibération publique. Elle souligne en premier lieu les formes expressives mobilisées par ces soignantes entre elles, et l'importance de moments « informels », « non cadrés par la présence des chefs ou par une prescription de réunion[27] ». Ces moments soutiennent, au plus près des accomplissements pratiques de ces soignantes, des formes de « délibération » sur les implications morales de situations.

Elle interroge par ailleurs les conditions d'intelligibilité mutuelles de ces différentes « voix » : celles des soignantes, et celles de leurs encadrantes. Cette intelligibilité ne va pas de soi et l'expression des différends ne saurait être portée par des dispositifs alignés sur les exigences formelles d'une délibération publique. Elle souligne ainsi une « rupture conceptuelle[28] », qui fait que l'expérience des soignantes ne peut se décrire dans le langage de leurs encadrantes. Elle analyse ainsi l'embarras suscité, tant chez elle que chez les soignantes, devant un ensemble d'activités spécialisées organisées pour animer la vie de cet établissement – tai-chi, art-thérapie, lectures, etc. – alors même que d'autres activités sont désormais interdites. Les soignantes n'ont ainsi plus le droit de faire des « crêpes », activités qu'elles organisaient auparavant spontanément, lorsqu'elles en avaient envie, pour faire plaisir aux résidants, à leurs visiteurs, et pour se faire plaisir. Cette opposition entre « crêpes » et « tai-chi » est resituée dans un mouvement de spécialisation des activités de services qui dépasse largement le cas étudié, et dans des manières de concevoir ce qui importe pour les résidants, renvoyant à l'expression de rapports de classes dans ce contexte de travail exclusivement féminin. Les encadrantes ne peuvent concevoir les activités « crêpes » comme ce dont les résidants ont besoin et ce qui atteste la dignité qui leur est conférée, tandis que les soignantes se gaussent entre elles du ridicule qu'elles associent aux activités désormais proposées aux résidants. Au-delà d'un antagonisme de positions, Pascale Molinier souligne que, dans ce différend, une certaine forme de vie morale ne trouve pas son expression : les modalités par lesquelles ces soignantes traitent les résidants comme des personnes, en partageant des crêpes, en chantant des chansons avec eux, en échangeant des

26. Pascale Molinier restitue ainsi les différentes manières de concevoir ce qui compte pour les résidants de ces institutions, selon que l'on adopte la perspective des soignants, de leurs encadrants ou des membres de la famille de ces résidants. Les tensions observées dans cet établissement font écho à celles que nous avons pu observer, à travers des formes de dévaluation systématique, de la part de leur encadrement, de soignantes jugées paresseuses, insuffisamment distanciées, trop affectives ou partiales (*ibid.*).

27. *Ibid.*, p. 129.

28. *Ibid.*, p. 146.

plaisanteries parfois grivoises ou en rythmant la vie de ces résidants de leurs conversations. Considérer cette forme de vie morale ne suppose pas d'en passer par une clarification de ce qui compte pour les personnes et ce dont elles ont besoin. Cela suppose de rendre compte des modalités ordinaires par lesquelles ces résidants peuvent être inscrits dans un monde commun, dans lequel ces soignantes sont également à l'aise. Aussi, pour rendre compte de ce qui peut soutenir l'intelligibilité mutuelle de ces différentes voix, Pascale Molinier propose de faire appel à la notion de confiance. Elle entend ce faisant mettre l'accent sur des côtoiements et des manières de faire ensemble, qui entretiennent une conversation sur ce qu'il faut faire et ce qui importe[29]. Dans ces formes de conversations, peuvent s'exprimer une confiance en son art et le souci de son perfectionnement. C'est donc depuis cette analyse que Pascale Molinier fait retour sur la psychothérapie institutionnelle, en tant que « répertoires d'expériences[30] » déjà constitués pour l'invention « de nouvelles formes d'institutions, moins rigides et spécialisées, laissant place au buissonnement des initiatives et des échanges, à l'articulation et à l'hybridation des visions[31] ». Elle porte une critique de la hiérarchie et de la spécialisation qui ne repose pas sur une tension entre des désirs et la norme réglée. Elle plaide pour une « politique au ras des pâquerettes[32] », inquiète de ce qui se perd dans des ambitions de généralisations, pour scruter des espaces de dissension qui ménagent à chacun la possibilité de s'y sentir à l'aise et d'y communiquer son art. Ce sont précisément ces arts de composition que nous avons étudiés et les conditions de leur expression. Plus que des espaces horizontaux d'expérimentation, nous avons étudié des dispositifs et leur capacité à accueillir, en deçà des formats institués, des troubles faiblement constitués, mais aussi des engagements orientés vers des biens communs à étendre et inquiets de ce qui doit être garanti à chacun.

29. Pascale Molinier développe la notion de « confiance » dans une opposition à celle de « reconnaissance », plutôt que l'opposition, à laquelle nous serions plus attentives, entre conversation et délibération, pour préciser les exigences qui pèsent sur différentes modalités de mises en commun. Elle entend en effet marquer l'écart avec la thématique de la reconnaissance au travail, qui tend à négliger le fait que, même dans une société parfaitement équitable, la question du « sale boulot » ne serait pas évacuée, et qui tend à réduire le travail à des tâches et à des compétences dûment identifiées, pour envisager les gratifications statutaires qui leur sont associées (*ibid.*, 2013).

30. *Ibid.*, p. 89.

31. *Ibid.*, p. 167.

32. Expression qu'elle reprend à Hélène Chaigneau, figure importante de la psychothérapie institutionnelle (Chaigneau H., *Soigner la folie. Une vie au service de la clinique*, Paris, Éditions Campagne première, 2011, p. 117), cité *ibid.*, p. 189.

CONCLUSION

Dans cette partie, nous avons étudié des organisations qui mettent en œuvre les politiques du logement social. Nous l'avons fait dans une démarche comparative, en enquêtant sur trois d'entre elles, particulièrement contrastées dans leurs choix organisationnels et dans leur histoire.

Ces organisations permettent de revenir sur l'histoire du logement social, d'une manière très différente de la démarche adoptée dans la première partie de cet ouvrage. Nous avions distingué différents moments de ces politiques, au regard des arguments mobilisés pour qualifier ce qui devait être assuré aux personnes logées. Nous avions analysé le passage de qualifications adossées à des biens communs, à des constructions plus libérales de la chose publique. En revanche, dans les transformations de ces organisations, ce sont leurs dirigeants et, parfois, d'autres agents, qui convoquent l'histoire, pour faire valoir ce dont une organisation hérite et les horizons de son évolution[1]. Ils établissent un récit de ces transformations, agençant une continuité de « valeurs » ou un nécessaire arrachement au passé. Ces récits diffèrent selon les organismes étudiés. Ils ne peuvent toutefois être considérés comme des constructions purement particulières et locales, tant ils articulent des tensions qui structurent l'histoire de ces organisations. On risque de méconnaître de telles tensions si on assimile trop vite ces organisations à des services publics ou à des organisations bureaucratiques.

Les dispositifs de contrôle de la qualité de service rendu aux locataires répondent aux exigences faites à ces organisations par leur administration de

1. En nous rapprochant de ces organisations, nous avons donc changé de posture pour appréhender les liens entre action publique et temporalités. Pascale Laborier et Danny Trom distinguent en effet deux postures adoptées dans les travaux sociologiques pour penser ces liens. Dans un premier cas, le sociologue va déléguer aux acteurs le soin de dire ce qu'il en est du passé, pour mettre l'accent sur les opérations de temporalisation engagées. Dans un autre cas, le sociologue occupe une position davantage en surplomb, pour envisager des configurations spécifiques de l'action publique ou questionner ce qui du passé historique peut être effectif dans l'action (LABORIER P. et TROM D., « Introduction », *in* LABORIER P. et TROM D. [dir.], *Historicités de l'action publique*, Paris, PUF, 2003, p. 5-22).

tutelle. Chacune des sociétés étudiées a toutefois opéré une sélection parmi une gamme d'outils existants, en fonction de problématisations plus locales des réformes à engager : les unes ont fait appel à des outils forgés par des bureaux d'études ancrés dans le monde professionnel du logement social ; d'autres sont allées chercher des formes de certifications indifférentes à la nature de cette activité. Toutes les trois se sont associées à d'autres bailleurs sociaux en France, puis au niveau européen, pour établir des outils devant permettre d'attester des qualités sociales et environnementales d'entreprises produisant et gérant des logements. On comprend bien dès lors qu'on ne peut trop rapidement assimiler ces différents outils à un ensemble de techniques managériales qui s'imposeraient de l'extérieur[2]. En les ressaisissant dans une analyse des politiques des formats d'information[3], nous avons essayé en premier lieu de préciser le rapport de ces différentes formalités avec les épreuves auxquelles les dirigeants des organismes considérés entendent préparer leurs organisations. La mise en forme des actions sous la forme de procédures standardisées et de repères formels permettant d'en contrôler la réalisation est au cœur d'une épreuve de nature industrielle. Ce processus de normalisation est également central dans une épreuve de nature marchande, pour établir les qualités de biens et de services et permettre leur identification commune sur un marché.

Nous avons étudié ensuite les justifications engagées dans ces réorganisations, et les critiques formulées par des agents qui estiment méconnus, dans ces révisions, des principes auxquels ils se disent attachés et qu'ils souhaitent voir investis d'autorité au sein de ces organisations. En deçà des tensions suscitées par ces réorganisations, nous avons étudié le travail d'accommodement requis pour que ces politiques de la qualité puissent trouver le lieu de leur application. Lorsqu'elles se portent au plus près de lieux habités, ces organisations ont à traiter de tout autre chose que d'individus exprimant des demandes directement alignées sur des engagements de service bien délimités. À partir de l'étude des formes d'engagement de ces agents, nous avons envisagé ce que méconnaissaient des opérations de mise en ordre qui vont réduire le travail de composition réalisé par ces agents à une bonne distance à tenir pour résister aux tensions qui s'initient dans la proximité. Cette réduction tient pour suspectes d'autres formes d'implication des agents, convoquant l'expression de ce qui est juste ou injuste, ou dérogeant avec les formes de civilités impersonnelles attendues, pour documenter leur propension à s'emporter, à être trop familier, à se formaliser ou à faire preuve de partialité. Aussi, au-delà des justifications sur les bienfaits

2. Ce à quoi invitent Philippe Bezès et Didier Demazière pour questionner une opposition parfois trop systématique entre un ensemble de principes et d'instruments tirés des méthodes du *New Public Management*, et des groupes professionnels dont l'autonomie serait remise en cause par ces réformes. BEZÈS P. et DEMAZIÈRE D., « Introduction. *New Public Management* et professions dans l'État : au-delà des oppositions, quelles recompositions ? », *Sociologie du travail*, vol. 53, n° 3, 2011, p. 293-305.

3. THÉVENOT L., art. cité, 1997.

à attendre d'un alignement des agents sur un ensemble de procédures et de règles, nous avons envisagé la manière dont des collègues ou des cadres intermédiaires étaient en mesure de venir en soutien à certains agents, en considérant les dépendances dans lesquelles peuvent être prises leurs activités.

Pour traiter des tensions suscitées par ces réorganisations, la différenciation de régimes d'engagements nous a été particulièrement utile. C'est à partir de cette architecture des régimes d'engagement que nous avons analysé les éventuelles tensions entre les formats institués au sein de ces organisations, et les engagements avec lesquels doivent ordinairement composer les agents au contact des locataires. Luc Boltanski place au cœur de son ouvrage *Énigmes et complots*[4] un écart entre réalité vécue et réalité instituée. Aux manifestations de la réalité vécue, en tant qu'elle fait l'objet d'expériences vécues par des acteurs dans la diversité des situations quotidiennes, s'oppose une réalité instituée, c'est-à-dire une réalité stabilisée, totalisée, et rendue prévisible. Cette dernière repose « sur une trame de formats, de règles, de procédures, de savoirs et d'épreuves prétendant à un caractère général, et soutenue par des institutions qui en déterminent les contours[5] ». C'est dans cet en-deçà des formats institués, des engagements pratiques et des formes de jugements qu'ils viennent délimiter, que se situe le régime de familiarité. Il stipule une forme de coordination bien particulière d'une personne avec ce qui l'entoure au quotidien, qui s'effectue selon des repères personnalisés, constitués dans la durée[6]. Il ne s'agit pas de considérer que ce régime, tel qu'il a été défini, épuise ce reste de la « réalité vécue ». Il nous a donné un outil pour comprendre les tensions et les transformations requises pour passer de la considération de ce qui se joue dans des rapports de familiarisation, à des formats institués, venant soutenir des coordinations élargies à un plan d'action ou à des conventions justifiées.

4. BOLTANSKI L., *Énigmes et complots. Une enquête à propos d'enquêtes*, Paris, Gallimard, 2012.
5. *Ibid.*, p. 39.
6. THÉVENOT L., art. cité, 1994, p. 72-101.

CONCLUSION GÉNÉRALE

Interroger les conceptions du logement, des principes et des actions auxquels il doit venir en soutien, c'est dans une large mesure étudier ce qui doit être garanti à des individus pour qu'ils puissent figurer en tant que citoyens. Dès lors que le logement est constitué comme objet de politiques, ses qualités ne sont pas réductibles à celles d'un abri, dont dépendrait la seule survie. Elles renvoient aux propriétés d'un environnement matériel dont des individus dépendent pour faire société avec leurs semblables. Historiquement, cette dépendance des personnes au lieu où elles sont logées est centrale dans la façon dont les politiques se sont saisies du logement. Pour les premiers réformateurs à l'origine d'un projet de réforme de l'habitat ouvrier, l'assise que confère un logement ne saurait se réduire à la seule propriété privée ou à une habitation salubre. L'individu dépend de son logement parce que ce lieu est celui de l'édification de sa famille et l'inscrit dans une communauté plus large. L'essor de la construction dans les années 1950 et la volonté d'en industrialiser les procédés opèrent sans conteste une réduction de cette dépendance de la personne logée au logement. Mais c'est bien toujours l'idée d'une dépendance qui reste centrale : chaque ménage dépend de son besoin d'un logement moderne et confortable. Dans des constructions plus libérales de la communauté, les individus dépendent toujours d'un logement, mais en tant que support de capacités d'action. À travers un logement s'assure la capacité à faire des choix, à s'engager dans des projets, à répondre à des opportunités. Le logement assure la possibilité de s'affirmer en tant qu'individu autonome. Ce faisant, les figures des mauvaises dépendances auxquelles des individus seraient exposés dans leur habitat sont également déplacées. Le repli sur un habitat intimement communautaire ou sur l'enceinte privative du logement inquiète dès lors que le logement est saisi en tant que support de mobilisation. La délimitation d'un « territoire privé » dans des lieux d'hébergement ou le rappel des limites à tenir avec les locataires doit contenir les pressions susceptibles de s'initier dans la proximité.

En suivant ces déplacements, nous avons envisagé en quoi les critiques adressées aux politiques font partie de cette histoire, et notamment celles façonnées par les sciences sociales. Nous les avons rencontrées dans des arènes d'expertise qui convoquent des travaux académiques, mais aussi lorsqu'elles sont mobilisées par des acteurs pour armer leurs argumentaires critiques.

Au terme de ce travail, nous souhaitons revenir sur des questionnements qui sous-tendent nos différentes enquêtes. Dans chacune, nous avons étudié des remises en cause des politiques, dans leur prétention à prendre en charge ce qui devait être assuré à travers un logement. Nous avons étudié des acteurs engagés dans un régime de justification, où la définition des principes et des actions auxquels un logement doit venir en soutien est celle que ces acteurs voudraient voir garantie par des pouvoirs investis d'autorité. Nous avons envisagé également les réponses apportées à ces critiques, par des acteurs qui vont justifier l'intérêt de nouveaux modèles pour mettre en forme les comportements des ménages en matière de logement, définir les propriétés d'hébergement devant venir en soutien à des individus fragilisés, ou décrire les bienfaits à attendre des changements organisationnels. Nous reviendrons par conséquent sur les critiques que vient prendre en charge la reconnaissance d'un individu et de ses capacités d'action. Mais en deçà de ces dynamiques de révision de l'action publique, nous reviendrons sur les tensions impliquées dans la mise en œuvre de politiques, et les différents formats d'action avec lesquels doivent composer des acteurs qui interviennent au plus près de lieux habités.

DES DYNAMIQUES DE RÉVISION DE L'ACTION PUBLIQUE

Dans une première partie, nous avons suivi une succession de critiques, mettant en cause l'autorité de l'État à définir ce qui doit être assuré à travers un logement.

Les discussions engagées sur la planification des besoins en logement dans les années 1960 relancent des débats qui ont structuré la mise en forme de ces conventions. Leur prétention à décrire la réalité est questionnée au regard de leur capacité à intégrer une variété de milieux géographiques, ou à tenir compte de contraintes et d'aspirations qui varient selon les milieux sociaux. Ces mises en cause vont également prendre la forme d'une critique de l'aliénation et de conventions qui, en tant que telles, menacent des expériences plus authentiques susceptibles de s'inscrire dans la relation à un habitat. Les documents produits au cours des années 1970 offrent des modèles épurés des articulations qui sont tissées entre ces critiques et l'efficacité du marché. Le rapport issu des travaux de la commission Barre, constituée en 1975 en marge des instances de la planification, se présente comme une réponse à la nécessité d'approches plus qualitatives, intégrant une réflexion sur les modes d'habiter et les aspirations des Français. Il déclare toutefois l'inanité de débats pris alors en charge par d'autres groupes de travail, consacrés à ces thèmes au sein du Commissariat général au plan : nul ne saurait dire à la place des individus ce à quoi légitimement ils aspirent, mais davantage de concurrence doit conduire à une offre plus diversifiée et de meilleure qualité. Les critiques auxquelles ce rapport entend répondre sont reformatées en tant que nécessité de prendre en compte des désirs et aspirations individualisés, pour faire valoir l'autorité du marché pour organiser l'expression du choix autonome des ménages. Ces mêmes reformulations interviennent pour mettre un terme aux controverses structurant les débats partisans sur le logement au cours des années 1980. Selon les termes d'un rapport produit en 1991, au sein des instances de la planification, les autorités publiques n'ont pas à privilégier une forme d'habitat par rapport à une autre. Elles doivent garantir aux ménages l'exercice de leurs choix résidentiels, sans se prononcer sur la valeur relative du logement social, de l'accession à la propriété ou du parc locatif privé. L'État doit donc rester un acteur central, mais il doit s'abstenir de tout abus d'autorité au regard des choix autonomes des ménages, pour assurer l'existence de marchés équilibrés et permettre aux ménages l'exercice de leurs choix résidentiels.

Les rapports produits dans les instances qui, à partir de 2006, ont succédé au Commissariat général au plan, déplacent encore cette articulation. Il ne s'agit pas de plaider en faveur de la neutralité de l'État au regard des choix autonomes des ménages, mais de libérer l'expression de ces choix d'un ensemble de dépendances qui contrarient le fonctionnement efficace des marchés de l'emploi ou du logement. C'est dans ce cadre que sont formulées les réponses à apporter aux populations captives de territoires ségrégés, aux individus empêchés de saisir des opportunités d'emploi par un prêt immobilier, ou les mesures à instaurer auprès de locataires de logements sociaux peu enclins à les quitter, quand bien même ils ont acquis les capacités financières de se loger aux conditions du marché.

Ces argumentaires permettent de comprendre en quoi les réponses libérales ou néolibérales qui ont été portées dans des arènes d'expertise instituées par l'État ne se limitent pas à faire valoir l'efficacité et les économies budgétaires à attendre du marché. Elles viennent prendre en charge, tout en les déplaçant, un ensemble de critiques qui ont dénoncé ce que négligeait ou opprimait des formes de connaissance et d'action instituées par l'État. Ces articulations laissent entrevoir les reformulations possibles de critiques des politiques, dans une grammaire libérale dont elles étaient initialement éloignées, et qui n'est pas réductible à la grandeur attribuée au marché.

L'analyse des dynamiques argumentatives engagées pour définir les qualités d'hébergements d'insertion fait précisément ressortir de telles articulations. Lors de consultations organisées par les pouvoirs publics auprès de leurs partenaires associatifs sur la définition des caractéristiques d'hébergements d'insertion, les remises en cause prennent systématiquement appui sur la dénonciation de catégories jugées stigmatisantes, pour leur opposer les bienfaits de dispositifs « banalisés » et « ouverts » sur un quartier. La critique des institutions asilaires et de la mise à l'écart qu'elles organisent prend, dans ces arènes de consultation, la forme d'un lieu commun. Elle vise toute référence à des catégories d'action publique, qualifiant des publics et leurs besoins, en tant qu'elles risqueraient d'induire une mauvaise lecture des inégalités sociales. Ce faisant, il ne s'agit pas de dénoncer l'injustice d'un état des choses, mais des qualifications qui menacent la reconnaissance de ces publics en tant qu'êtres capables, et devant être publiquement reconnus comme tels. Les qualités de ces habitats doivent attester de la reconnaissance des publics accueillis en tant qu'êtres capables d'autonomie, en mesure d'utiliser fonctionnellement les composantes élémentaires d'un logement « normal » et de se porter volontairement vers les différents services qui peuvent leur être proposés. Ces qualifications contraignent fortement la mise en valeur d'autres principes et actions auxquels ces lieux pourraient venir en soutien. La programmation de cuisines collectives, soutenant des formes de commensalité ou de solidarité économique, ne peut ainsi valoir qu'à titre d'exception, et sous la forme de prestations individualisées que les occupants de ces structures peuvent choisir de consommer. Ce format de reconnaissance vient également embarrasser la justification même de ces politiques sociales. Dans la mesure où il est admis que les conventions qualifiant des publics et leurs besoins ne représentent pas la réalité, et qu'elles portent en elles-mêmes une forme de violence en stigmatisant des individus, elles menacent en tant que telles la reconnaissance de leur égalité fondamentale. Les mobilisations associatives engagées à partir de 2007 ont contribué à réarticuler les termes de cette opposition. Plutôt que de dénoncer l'extension indue de réponses dérogatoires au « droit commun », elles ont acté la présence injustifiée de publics dans des lieux où ils ne devraient légitimement pas être, matérialisant la dette de la collectivité à l'égard de ceux qui ne sont pas logés.

C'est en considérant ces déplacements dans les conceptions des politiques et de ce que doit être un service du côté des institutions du social que nous avons étudié des organisations du logement social et leurs transformations.

L'efficacité avec laquelle ces organisations assurent un ensemble de prestations techniques auprès de leurs locataires nous est apparue relativement accessoire dans les argumentaires engagés par les hauts fonctionnaires qui, au niveau de l'État, qualifient les bienfaits à attendre des différentes réformes engagées entre 2003 et 2010. La capacité de ces réformes à produire de nouveaux comportements, susceptibles de permettre une plus grande intégration du « point de vue des habitants », s'inscrit très nettement dans une qualification marchande. Un ensemble d'incitations, d'obligations et de sanctions doivent conduire ces organisations à redéfinir leurs politiques de loyer en référence à l'attractivité de leurs logements sur un marché et à valoriser au mieux leurs actifs immobiliers. La référence au point de vue de l'« habitant » et à une « gestion de proximité » renvoie à une coordination par les prix, et à un rapprochement du bailleur de ses locataires pour négocier les contreparties éventuelles de hausses de loyers.

L'extension prise, au sein des trois organismes étudiés, par des instruments devant garantir aux locataires la réalisation efficace d'un ensemble de prestations, relève de logiques plus diversifiées. Elles ont été encouragées par les pouvoirs publics. Mais les directions des organismes étudiés se sont dotées de ces instruments, en opérant une sélection parmi une palette d'outils existants, selon des problématisations plus locales des réformes à engager. Ces réorganisations sont valorisées comme un mouvement de reconnaissance des locataires et de l'autorité de leurs demandes. Ils doivent pouvoir exiger la résolution efficace de problèmes fonctionnels qui incombent à leur bailleur. Dans un cas, ces dispositifs ne font pas épreuve aux arrangements organisationnels existants. Ils s'inscrivent dans la continuité d'une réflexion engagée avant ces réformes, pour organiser des contrôles internes et faire valoir les performances et la qualité des prestations proposées par une organisation, qui doit convaincre des clients de faire appel à ses services. Dans un autre cas, un projet de réorganisation vient prendre en charge des questionnements sur la maîtrise à assurer sur des équipes de proximité jugées hétérogènes et porteuses de certaines dérives. Au sein d'une organisation dont les anciens dirigeants ont valorisé la constitution de petites équipes décentralisées, devant être portées par des personnes impliquées, coexistent des dispositifs supportant des définitions extrêmement diverses de ce qui doit être garanti aux locataires. La réorganisation ordonne leur confrontation, pour porter un réalignement, de la part des agents comme des locataires, sur le respect d'un ensemble d'obligations contractuelles ou quasi contractuelles. Dans un troisième cas, les réorganisations engagées doivent permettre à une organisation de se débarrasser d'un ensemble d'archaïsmes, pour s'apprêter résolument à une épreuve de marché. La critique d'anciennes formes d'autorité paternalistes doit conduire à une rencontre jugée plus authentique avec les locataires, débarrassée d'un ensemble de préjugés moraux et de préalables formels. Si ce discours emporte l'adhésion des agents d'encadrement au sein de cette organisation, dont les responsables d'agences locales, il contraint toutefois fortement la mise en valeur de certaines activités. L'intrication de ces agences dans un ensemble de liens fortement personnalisés trouvait auparavant une expression, à travers la figure d'une institution sociale, organisant la représentation du bailleur dans chaque quartier. La rencontre avec le locataire et son écoute, particulièrement valorisée au sein de cet organisme, doit désormais s'ériger sur d'autres principes. Elle doit reconnaître en chaque locataire un individu qui a des projets, qu'il faut accompagner en lui donnant les informations nécessaires et avec qui il est également possible de négocier.

LES TENSIONS LIÉES À LA MISE EN ŒUVRE

En deçà de dynamiques de révision de l'action publique, nous avons également étudié les appréciations engagées par des agents qui mettent en œuvre des politiques au plus près des personnes logées. Les travailleurs sociaux qui accompagnent des personnes dans l'accès à un logement vont s'inquiéter de la passivité d'individus accueillis dans des hébergements d'insertion, qui ferment leurs portes et menacent ainsi un mouvement de sortie devant conduire à leur insertion. Mais ils s'inquiètent également d'un mouvement d'entrée dans un logement ou dans un hébergement. Leurs récits illustrent alors des tensions d'une autre nature, lorsqu'ils considèrent en quoi les solutions proposées affectent des convenances personnelles ou des liens auxquels ces personnes peuvent être attachées. Ils font également valoir la protection qu'un logement assure pour le futur et la sécurité que procure un statut d'occupation.

Depuis le partage de ces récits, nous avons étudié les basculements vers la définition de problèmes, appelant un traitement devant avoir une validité plus large. L'opportunité de mettre en forme de « nouvelles formes d'habitat », pour donner un statut à la manière dont des personnes se sont accommodées de caravanes pour s'y loger, est mise à l'épreuve d'un débat public. Les attitudes à adopter envers des individus qui menacent la tranquillité ou la sécurité de leurs voisins ouvrent sur des échanges controversés. Les dynamiques de montée en généralité observées ne conduisent pas à indexer ces expériences sous la qualification d'un problème, susceptible de regarder le collectif. Au contraire, les principes invoqués dans ces disputes conduisent à justifier leur maintien dans le registre des tensions et des arrangements ordinaires avec lesquels ces agents doivent nécessairement composer.

Les agents travaillant au contact des locataires dans les organismes de logements sociaux sont amenés à considérer l'extrême variété des dépendances dans lesquelles la réalisation d'une tâche réputée simple peut être prise, et des préoccupations de locataires qui font notablement écart avec une « demande », directement alignée sur un service. La composition subtile des engagements requis de la part de ces agents est reconnue de proche en proche, à travers des expériences qui s'accumulent dans la durée. Elle s'exerce sous le regard de locataires, et parfois d'autres agents. C'est pourquoi nous avons discuté des figures d'agents présupposées dans une sociologie des interactions en public et de leur pertinence pour traiter d'expériences qui se déploient dans la durée et dans la proximité. La démarche adoptée a consisté à partir des activités ordinaires de ces agents, pour envisager les modalités de mise en commun de ces « arts de composition[1] ». Nous avons tenté de comprendre ce qui venait en soutien à l'exercice pratique d'une sollicitude envers les locataires, dans de petites équipes de gardiens ou dans des agences de proximité. Mais la capacité de ces agents à se rendre sensibles à ce qui affecte des locataires au plus près de leurs engagements familiers suppose également d'envisager ce qu'il leur est possible de communiquer à des échelons plus élevés.

Les dirigeants des organisations que nous avons étudiées sont particulièrement attentifs au fait que les actions des agents « de terrain » ne se réduisent pas

1. THÉVENOT L., art. cité, 2012.

à la lettre de leurs fonctions. L'attention qu'ils portent à ce que font les agents « en plus » des tâches qui leur sont attribuées ne se traduit pas par un travail de décomposition de leurs activités en différentes prestations, susceptibles d'être proposées à des clients. Cette décomposition de l'activité, observée dans de nombreux travaux[2], ne vient pas peser sur l'activité des agents observés, bien que des réflexions en ce sens soient engagées dans certaines des organisations étudiées. Nous avons toutefois analysé d'autres formes de reconnaissance des tensions liées à cette exécution et de méconnaissance de ces « arts de composition », de la part de responsables qui entendent reconnaître la valeur et la difficulté du travail « de terrain ». Elles consistent à rabattre ces tensions sur la question d'une bonne distance à tenir vis-à-vis des locataires, que les instruments de la qualité doivent venir rappeler.

Plus généralement, s'intéresser aux agents qui mettent en œuvre les politiques et aux tensions auxquelles ils sont confrontés permet de questionner la manière dont le rapport au logement est problématisé par l'action publique. En deçà des mises en forme les plus publiques de ce rapport, il permet également d'appréhender le genre de rapport à l'habitat sur lequel fait pression l'impératif d'autonomie individuelle, en s'attachant aux questionnements et aux activités obscures engagés par des agents dits subalternes qui interviennent au plus près des espaces habités.

2. BRAS B., *op. cit.*, 1995 ; SIBLOT Y., *op. cit.*, 2006 ; THÉVENOT L., art. cité, 2012. ; MOLINIER P., *op. cit.*, 2013.

BIBLIOGRAPHIE

AMIOT Michel, *Contre l'État, les sociologues : éléments pour une histoire de la sociologie urbaine en France : 1900-1980*, Paris, Éditions de l'EHESS, coll. « Recherches d'histoire et de sciences sociales », 1986.

ANGELETTI Thomas, « (Se) rendre conforme. Les limites de la critique au Conseil d'analyse économique », *Tracés*, n° 17, 2009, p. 55-72.

ARRONDEL Luc et MASSON André, « Le patrimoine et ses logiques d'accumulation », *in* SUPIOT Alain (dir.), *Tisser le lien social*, Paris, Éditions de la Maison des sciences de l'homme, 2004, p. 253-273.

ASTIER Isabelle, *Revenu minimum et souci d'insertion*, Paris, Desclée de Brouwer, 1997.

ASTIER Isabelle et LAÉ Jean-François, « La notion de communauté dans les enquêtes sociales sur l'habitat en France. Le groupe d'Économie et humanisme, 1940-1955 », *Genèses*, n° 5, 1991, p. 81-106.

AUTÈS Michel, *Les paradoxes du travail social*, Paris, Dunod, coll. « Action sociale », 1999.

AUTHIER Jean-Yves, BONVALET Catherine et LÉVY Jean-Pierre (dir.), *Élire domicile. La construction sociale des choix résidentiels*, Lyon, PUL, 2010.

BACQUÉ Marie-Hélène et SINTOMER Yves, « Peut-on encore parler de quartiers populaires ? », *Espaces et sociétés*, n° 108-109, 2002, p. 29-45.

BACQUÉ Marie-Hélène, REY Henri et SINTOMER Yves (dir.), *Gestion de proximité et démocratie participative. Une perspective comparative*, Paris, La Découverte, coll. « Recherches », 2005, p. 9-46.

BALLAIN René et MAUREL Élisabeth, *Le logement très social*, La Tour d'Aigues, Éditions de l'Aube, coll. « Société et territoire », 2002.

BARBOT Jeannine, *Les malades en mouvements. La médecine et la science à l'épreuve du sida*, Paris, Éditions Balland, coll. « Voix et regards », 2002.

BARBOT Jeannine, DOIDY Éric, RENOU Gildas, SIMÉANT Johanna et STAVO-DEBAUGE Joan, « Y a-t-il de nouveaux mouvements militants ? », *Mouvements*, n° 3, 1999, p. 32-45.

BARRAUD DE LAGERIE Pauline, « Quand l'efficacité anticipée d'une institution entrave sa pleine genèse. La construction de la norme ISO 26000 sur la responsabilité sociale », *in* FRANÇOIS Pierre (dir.), *Vie et mort des institutions marchandes*, Paris, Presses de Sciences Po, coll. « Gouvernances », 2011, p. 169-194.

BAUDRILLARD Jean, *Pour une critique de l'économie politique du signe*, Paris, Gallimard, coll. « Les Essais », 1972.

BÉGUIN Hélène, « La transformation des foyers de travailleurs migrants : des "accommodements raisonnables" ? », *Métropolitiques*, 23 mai 2011, [http://www.metropolitiques.eu/La-transformation-des-foyers-de.html].

BELORGEY Nicolas, *L'hôpital sous pression. Enquête sur le « nouveau management public »*, Paris, La Découverte, coll. « Textes à l'appui/enquêtes de terrain », 2010.

BERGUES Hélène, « Publications de l'Institut national d'études démographiques », *Population*, n° 4, 1946, p. 761-764.

BERTEN André, DA SILVEIRA Pablo et POURTOIS Hervé (dir.), *Libéraux et communautariens*, Paris, PUF, coll. « Philosophie morale », 1997.

BEZÈS Philippe, « Rationalisation salariale dans l'administration française, un instrument discret », *in* LASCOUMES Pierre, LE GALÈS Patrick (dir.), *Gouverner par les instruments*, Paris, Presses de Sciences Po, 2004, p. 71-122.

BEZÈS Philippe, *Réinventer l'État. Les réformes de l'administration française (1962-2008)*, Paris, PUF, coll. « Le lien social », 2009.

BEZÈS Philippe et DEMAZIÈRE Didier, « Introduction. *New Public Management* et professions dans l'État : au-delà des oppositions, quelles recompositions ? », *Sociologie du travail*, vol. 53, n° 3, 2011, p. 293-305.

BEZÈS Philippe, LALLEMENT Michel et LORRAIN Dominique, « Introduction. Les nouveaux formats de l'institution », *Sociologie du travail*, vol. 47, n° 3 : « Les nouveaux formats de l'institution », 2005, p. 293-300.

BIDET Alexandra, *L'engagement dans le travail. Qu'est-ce que le vrai boulot ?*, Paris, PUF, coll. « Le lien social », 2011.

BLONDIAUX Loïc, « Démocratie locale et participation citoyenne : la promesse et le piège », *Mouvements*, vol. 5, n° 18, 2001, p. 44-51.

BLONDIAUX Loïc, « La démocratie participative, sous conditions et malgré tout. Un plaidoyer paradoxal en faveur de l'innovation démocratique », *Mouvements*, n° 50, 2007, p. 118-129.

BOLTANSKI Luc, *La souffrance à distance. Morale humanitaire, médias et politique*, Paris, Métailié, 1993.

BOLTANSKI Luc, *Énigmes et complots. Une enquête à propos d'enquêtes*, Paris, Gallimard, coll. « NRF essais », 2012.

BOLTANSKI Luc et THÉVENOT Laurent (dir.), *Justesse et justice dans le travail*, Paris, PUF, 1989.

BOLTANSKI Luc et THÉVENOT Laurent, *De la justification. Les économies de la grandeur*, Paris, Gallimard, coll. « NRF essais », 1991.

BONNET Lucie, *Associations et politiques publiques du logement. La constitution d'un acteur associatif ?*, mémoire de DEA de sociologie de l'EHESS, Paris, 2003.

BONVALET Catherine, « Sociologie de la famille, sociologie du logement. Un lien à redéfinir », *Sociétés contemporaines*, n° 25, 1997, p. 25-44.

BONVALET Catherine, GOTMAN Anne et GRAFMEYER Yves (dir.), *Le logement : une affaire de famille. L'approche intergénérationnelle des statuts résidentiels*, Paris, L'Harmattan, coll. « Villes et entreprises », 1993.

BONVALET Catherine, GOTMAN Anne et GRAFMEYER Yves (dir.), *La famille et ses proches. L'aménagement des territoires*, Paris, PUF/Ined, 1999.

BONVALET Catherine, MAISON Dominique, LE BRAS Hervé et CHARLES Lionel, « Proches et parents », *Population*, 1993/1, p. 83-110.

BORKOWSKI Jean-Louis, « Étude des conditions de vie : une enquête sur le cumul des inégalités », *Courrier des statistiques*, n° 40, 1986, p. 49-50.

BORKOWSKI Jean-Louis, CHARRAUD Alain, CHOQUET Olivier et LEMEL Yannick, « La construction d'indicateurs par dimensions de pauvreté à partir de l'enquête "situation défavorisées" », *Courrier des statistiques*, n° 24, 1982, p. 49.

BOURDIEU Pierre et CHRISTIN Rosine, « La construction du marché. Le champ administratif et la production de la "politique du logement" », *Actes de la recherche en sciences sociales*, n° 81-82, 1990, p. 65-85.

BOUTALEB Boubeker, « Vivre en foyer : les immigrés algériens retraités dans les foyers de la région parisienne », *in* LÉVY-VROELANT Claire (dir.), *Logements de passage. Formes, normes, expériences*, Paris, L'Harmattan, coll. « Habitat et sociétés », 2000, p. 145-173

BRAS Bénédicte, *La Poste, entre le service public et le marché. Le cas de la distribu-*

tion, thèse d'économie des institutions de l'université de Paris 10-Nanterre, 1995.

BREVIGLIERI Marc, *L'usage et l'habiter. Contribution à une sociologie de la proximité*, thèse de l'École des hautes études en sciences sociales, Paris, 1999.

BREVIGLIERI Marc, « La décence du logement et le monde habité. Une enquête sur la position du travailleur social dans les remous affectifs de la visite à domicile », *in* ROUX Jacques et PERONI Michel (dir.), *Sensibiliser. La sociologie dans le vif du monde*, La Tour d'Aigues, Éditions de l'Aube, 2007.

BREVIGLIERI Marc, « L'arc expérientiel de l'adolescence : esquive, combine, embrouille, carapace et étincelle », *Éducation et sociétés. Revue internationale de sociologie de l'éducation*, n° 19, 2007, p. 99-113.

BREVIGLIERI Marc, « L'insupportable. L'excès de proximité, l'atteinte à l'autonomie et le sentiment de violation du privé », *in* BREVIGLIERI Marc, LAFAYE Claudette et TROM Danny, *Compétences critiques et sens de justice*, Paris, Economica, 2009.

BREVIGLIERI Marc et TROM Danny, « Troubles et tensions en milieu urbain. Les épreuves citadines et habitantes de la ville », *in* CEFAÏ Daniel et PASQUIER Dominique (dir.), *Les sens du public*, Paris, PUF, 2003, p. 399-416.

BRODIEZ-DOLINO Axelle, *Emmaüs et l'abbé Pierre*, Paris, Presses de Sciences Po, 2008.

BURLEN Katherine, « Henri Sellier et la doctrine de Suresnes : techniques du social et services urbains », *in* COHEN Yves et BAUDOUI Rémi (dir.), *Les chantiers de la paix sociale (1900-1940)*, Fontenay Saint-Cloud, ENS Éditions, 1995, p. 265-286.

CAMUS Agnès, LAFAYE Claudette et CORCUFF Philippe, « Entre le local et le national : des cas d'innovation dans les services publics », *Revue française des affaires sociales*, vol. 47, n° 3, 1993, p. 17-48.

CANTELLI Fabrizio et GENARD Jean-Louis, « Introduction. Jalons pour une sociologie politique de la subjectivité », *in* CANTELLI Fabrizio et GENARD Jean-Louis (dir.), *Action publique et subjectivité*, Paris, LGDJ, coll. « Droit et société », 2007.

CARREL Marion, *Faire participer les habitants ? La politique de la ville à l'épreuve du public*, thèse de l'École des hautes études en sciences sociales, Paris, 2004.

CASTEL Robert, *Les métamorphoses de la question sociale. Une chronique du salariat*, Paris, Fayard, 1995.

CASTEL Robert, *La montée des incertitudes. Travail, protections, statut de l'individu*, Paris, Éditions du Seuil, 2009.

CEFAÏ Daniel, « La construction des problèmes publics. Définitions de situations dans des arènes publiques », *Réseaux. Communication, technologie, société*, n° 75, 1996, p. 43-66.

CEFAÏ Daniel et GARDELLA Édouard, *L'urgence sociale en action. Ethnologie du Samu social de Paris*, Paris, La Découverte, coll. « Bibliothèque du Mauss », 2011.

CEFAÏ Daniel et LAFAYE Claudette, « Lieux et moments d'une mobilisation collective. Le cas d'une association de quartier », *in* CEFAÏ Daniel et TROM Danny, *Les formes de l'action collective. Mobilisations dans des arènes publiques*, Paris, Éditions de l'EHESS, coll. « Raisons pratiques », 2001, p. 195-228.

CEFAÏ Daniel et TERZI Cédric (dir.), *L'engagement ethnographique*, Paris, Éditions de l'EHESS, coll. « En temps & lieux », 2010.

CEFAÏ D. et TERZI Cédric (dir.), *L'expérience des problèmes publics*, Paris, Éditions de l'EHESS, coll. « Raisons pratiques », 2012.

CEFAÏ Daniel et TROM Danny (dir.), *Les formes de l'action collective. Mobilisations dans des arènes publiques*, Paris, Éditions de l'EHESS, coll. « Raisons pratiques », 2001.

CHAUVIÈRE Michel, « Le monde de l'action catholique spécialisée : techniques sociales et ambivalences face à la professionnalisation », *in* COHEN Yves et BAUDOUI Rémi (dir.), *Les chantiers de la paix sociale (1900-1940)*, Fontenay Saint-Cloud, ENS Éditions, 1995, p. 157-165.

CHARLES Julien, *Une participation éprouvante. Enquêtes sur l'autogestion, le management participatif, la participation citoyenne et l'empowerment*, thèse de doctorat de sociologie, Paris/Louvain-la-Neuve, EHESS/UCL, 2012.

CHEYNS Emmanuelle, « Multi-stakeholders for sustainable agriculture: The limits of the "inclusiveness" paradigm », *in* PONTE Stefano, VERSTERGAARD Jakob et GIBBON Peter (dir.), *Governing through standards: Origins, drivers and limits*, Londres, Palgrave, 2011.

CHOMBART DE LAUWE Paul Henri, « Introduction : Hypothèses sur la genèse et le rôle des aspirations et des besoins », *in* CHOMBART DE LAUWE Paul Henri, *Aspirations et transformations sociales*, Paris, Anthropos, 1970, p. 15-30.

CLAUDE Viviane, « Technique sanitaire et réforme urbaine : l'Association générale des hygiénistes et techniciens municipaux, 1905-1920 », *in* TOPALOV Christian (dir.), *Laboratoires du nouveau siècle. La nébuleuse réformatrice et ses réseaux en France, 1880-1914*, Paris, Éditions de l'EHESS, 1999, p. 269-298.

COHEN Yves et BAUDOUI Rémi (dir.), *Les chantiers de la paix sociale (1900-1940)*, Fontenay Saint-Cloud, ENS Éditions, 1995.

COING Henri, *Rénovation urbaine et changement social. L'îlot n° 4 (Paris 13e)*, Paris, Les Éditions ouvrières, coll. « L'évolution de la vie sociale », 1976 [1966].

COING Henri et TOPALOV Christian, « Crise, urgence et mémoire : où sont les vraies ruptures ? », *in* ASCHER François (dir.), *Le logement en questions*, La Tour d'Aigues, Éditions de l'Aube, 1995, p. 261-289.

COLLECTIF, *Les hommes, leurs espaces et leurs aspirations. Hommage à Paul-Henry Chombart de Lauwe*, Paris, L'Harmattan, 1994.

COLLOVALD Annie, « Transformation du militantisme ou transformation dans le militantisme ? », *in* COLLOVALD Annie (dir.), *L'humanitaire ou le management des dévouements*, Rennes, PUR, 2002, p. 9-13.

CORCUFF Philippe et SANIER Max, « Politique publique et action stratégique en contexte de décentralisation. Aperçus d'un processus décisionnel après la bataille », *Annales. Histoire, sciences sociales*, vol. 55, n° 4, 2000, p. 845-869.

CRIBIER Françoise et KYCH Alexandre, « La migration de retraite des Parisiens : une analyse de la propension au départ », *Population*, 1992/3.

DAMAMME Aurélie et PAPERMAN Patricia, « *Care* domestique : délimitations et transformations », *in* MOLINIER Pascale, LAUGIER Sandra et PAPERMAN Patricia (dir.), *Qu'est-ce que le* care *? Souci des autres, sensibilité, responsabilité*, Paris, Payot/Rivages, 2009, p. 133-155.

DAMON Julien, *La question SDF*, Paris, PUF, coll. « Le lien social », 2002.

DAMON Julien, « La prise en charge des vagabonds, des mendiants et des clochards : une histoire en mouvement », *Revue de droit sanitaire et social*, vol. 43, n° 6, 2007, p. 933-951.

DARTEVELLE Michel, « Le travail du contrôleur. Les activités langagières des agents », *Les Annales de la recherche urbaine*, n° 57-58, 1993, p. 110-114.

DATCHARY Caroline, « Gérer la dispersion : un travail collectif », *Sociologie du travail*, vol. 50, n° 3, 2008, p. 396-416.

DATCHARY Caroline, *La dispersion au travail*, Toulouse, Octarès, coll. « Travail & activité humaine », 2011.

DE MUNCK Jean, « Qu'est-ce qu'une capacité ?, » *in* DE MUNCK Jean et ZIMMERMANN Bénédicte (dir.), *La liberté au prisme des capacités. Amartya Sen au-delà du libéralisme*, Paris, Éditions de l'EHESS, coll. « Raisons pratiques », 2008.

DEROUET-BESSON Marie-Claude, *Les murs de l'école. Éléments de réflexion sur l'espace scolaire*, Paris, Métailié, 1998.

DESCOMBES Vincent, *Le complément de sujet. Enquête sur le fait d'agir de soi-même*, Paris, Gallimard, coll. « NRF essais », 2004.

DESROSIÈRES Alain, « Du singulier au général. L'argument statistique entre la science et l'Etat », *in* CONEIN Bernard et THÉVENOT Laurent (dir.), *Cognition et information en société*, Paris, Éditions de l'EHESS, coll. « Raisons pratiques », 1997, p. 267-282.

DESROSIÈRES Alain, « Démographie, science et société : le cas français », *in* CHASTELAND Jean-Claude et ROUSSEL Louis (dir.), *Les contours de la démographie*, Paris, Ined/PUF, 1997, p. 57-93.

DESROSIÈRES Alain, *La politique des grands nombres. Histoire de la raison statistique*, Paris, La Découverte/Poche, 2000 [1993].

DEWEY John, *Le public et ses problèmes*, *Œuvres philosophiques*, t. II, Pau/Paris, Publications de l'université de Pau/ Farrago/Éditions Léo Scheer, 2003 [1927].

DONZELOT Jacques, *La police des familles*, Paris, Les Éditions de Minuit, coll. « Critique », 1977.

DONZELOT Jacques, *Quand la ville se défait. Quelle politique face à la crise des banlieues ?*, Paris, Éditions du Seuil, coll. « La couleur des idées », 2006.

DONZELOT Jacques, MÉVEL Catherine et WYVEKENS Anne, *Faire société, la politique de la ville aux États-Unis et en France*, Paris, Éditions du Seuil, 2003.

DRIANT Jean-Claude, « Conventionnement », *in* SEGAUD Marion, BRUN Jacques et DRIANT Jean-Claude (dir.), *Dictionnaire critique de l'habitat et du logement*, Paris, Armand Colin, 2002, p. 93-94.

DRIANT Jean-Claude et LI Mingye, « The Ongoing Transformation of Social Housing Finance in France: Towards a Self-financing System? », *International Journal of Housing Policy*, vol. 12, n° 1, 2012, p. 91-103.

DUBOIS Vincent, *La vie au guichet. Relation administrative et traitement de la misère*, Paris, Economica, coll. « Études politiques », 1999.

DURIF Pierre, « Les sources statistiques relatives aux conditions de logement des ménages », *in* AFFICHARD Joëlle (dir.), *Pour une histoire de la statistique*, Paris, INSEE/Economica, 1987, p. 303-313.

DUMONT Marie-Jeanne, *Le logement social à Paris (1850-1930)*, Liège, Mardaga, 1991.

ELIASOPH Nina et LICHTERMAN Paul, « Culture in Interaction », *American Journal of Sociology*, n° 108, 2003, p. 735-794.

ELIASOPH Nina, *L'évitement du politique. Comment les Américains produisent l'apathie dans la vie quotidienne*, Paris, Economica, coll. « Études sociologiques », 2010.

EYMARD-DUVERNAY François (dir.), *L'Économie des conventions. Méthodes et résultats*, t. I : *Débats*, Paris, La Découverte, coll. « Recherches », 2006.

EYMARD-DUVERNAY François et MARCHAL Emmanuelle, « Les règles en action : entre une organisation et ses usagers », *Revue française de sociologie*, vol. 35, n° 1, 1994, p. 5-36.

FAUCHER-KING Florence et LE GALÈS P., *Les gouvernements New Labour. Le bilan de Tony Blair et de Gordon Brown*, Paris, Presses de Sciences Po, coll. « Nouveaux débats », 2010.

FAURE Alain, « Paris, le peuple, la banlieue », *in* FAURE Alain (dir.), *Les premiers banlieusards. Aux origines des banlieues de Paris (1860-1940)*, Paris, Créaphis, 1991, p. 73-119.

FAURE Alain et LÉVY-VROELANT Claire, *Une chambre en ville. Hôtels meublés et garnis à Paris 1860-1990*, Paris, Éditions Creaphis, 2007.

FAURE Alain, POLLET Gilles et WARIN Philippe (dir.), *La construction du sens dans les politiques publiques. Débats autour de la notion de référentiel*, Paris, L'Harmattan, coll. « Logiques politiques », 1995.

FESTY Patrick, « Statut d'occupation du dernier domicile conjugal et mobilité résidentielle à partir de la séparation », in *Transformations de la famille et habitat*, Paris, Ined/DREIF/MELT, 1988, p. 95-106.

FIJALKOW Yankel, *La construction des îlots insalubres. Paris 1850-1945*, Paris, L'Harmattan, coll. « Habitat et sociétés », 1998.

FIJALKOW Yankel, « Hygiène du logement, l'évolution des normes », *in* SEGAUD Marion, BRUN Jacques et DRIANT Jean-Claude (dir.), *Dictionnaire critique de l'habitat et du logement*, Paris, Armand Colin, 2002, p. 238-243.

FLAMAND Jean-Paul, *Loger le peuple. Essai sur l'histoire du logement social*, Paris,

La Découverte, coll. « Textes à l'appui », 1989.

FOUCAULT Michel, *Surveiller et punir. Naissance de la prison*, Paris, Gallimard, coll. « Tel », 1995 [1975].

FREY Jean-Pierre, *Société et urbanistique patronale*, t. II : *La généalogie des types de logements patronaux (1836-1939)*, Paris, MULT-DUP-MRU, 1987.

FREY Jean-Pierre, *Le rôle social du patronat. Du paternalisme à l'urbanisme*, Paris, L'Harmattan, coll. « Habitat et sociétés », 1995.

FUNG Archon et WRIGHT Erik Olin, « Le contre-pouvoir dans la démocratie participative et délibérative », *in* BACQUÉ Marie-Hélène, REY Henri et SINTOMER Yves (dir.), *Gestion de proximité et démocratie participative. Une perspective comparative*, Paris, La Découverte, coll. « Recherches », 2005, p. 49-80.

GALLAND Olivier, « Formes et transformations de l'entrée dans la vie adulte », *Sociologie du travail*, n° 1, 1985, p. 32-52.

GAUDIN Jean-Pierre, *Desseins de villes*, Paris, L'Harmattan, coll. « Villes et entreprises », 1991.

GENARD Jean-Louis, « Une réflexion sur l'anthropologie de la fragilité, de la vulnérabilité et de la souffrance », *in* PÉRILLEUX Thomas et CULTIAUX John, *Destins politiques de la souffrance*, Toulouse, Érès, 2009, p. 27-45.

GILLIGAN Carol, *Une voix différente. Pour une éthique du* care, Paris, Flammarion, 2008.

GODARD Francis et BLÖSS Thierry, « Décohabitation juvénile : stratégies juvéniles et conjoncture de l'existence », *in* BONVALET Catherine et FRIBOURG Anne-Marie (dir.), *Stratégies résidentielles*, Paris, Ined/PCA/MELT, 1990, p. 205-222.

GODARD Francis, BLÖSS Thierry et FRICKEY Alain, « Cohabiter, décohabiter, recohabiter : itinéraires de deux générations de femmes », *Revue française de sociologie*, n° 31, 1990.

GOFFMAN Erving, *Stigmates. Les usages sociaux des handicaps*, Paris, Les Éditions de Minuit, 1977 [1963].

GOFFMAN Erving, « Les ressources sûres », *in* WINKIN Y. (dir.), *Erving Goffman : des moments et leurs hommes*, Paris, Éditions du Seuil/Les Éditions de Minuit, 1988, p. 104-113.

GOFFMAN Erving, « Calmer le jobard : quelques aspects de l'adaptation à l'échec », *in* CASTEL Robert, COSNIER Jacques et JOSEPH Isaac (dir.), *Le parler frais d'Erving Goffman*, Paris, Les Éditions de minuit, coll. « Arguments », 1990, p. 277-300.

GOTMAN Anne, « Vers la fin de la transmission ? De l'usage du logement pour assurer ses vieux jours. Le prêt à hypothèque inversée », *Sociologie*, vol. 1, n° 1, 2010, p. 141-159.

GROSJEAN Michèle, « La question dans les prestations de services, l'exemple du métro parisien », *in* KERBRAT-ORECCHIONI Catherine (dir.), *La question*, Lyon, PUL, 1991, p. 247-262.

GUERRAND Roger-Henri, *Propriétaires et locataires. Les origines du logement social en France (1850-1914)*, Paris, Quintette, 1987.

GUIADER Vincent, « L'invention des groupes de prospective du Plan : sélection des acteurs légitimes, politisation de l'expertise et transformation des modes de publicisation de l'action publique », communication au Colloque international « Sélection des acteurs et des instruments dans l'action publique contemporaine », Institut d'études politiques de Lyon, 26 juin 2008.

HABERMAS Jürgen, *De l'éthique de la discussion*, Paris, Éditions du Cerf, 1992.

HACKING Ian, *The Social Constructions of What?*, Cambridge, Harvard University Press, 1999.

HALBWACHS Maurice, *L'évolution des besoins dans les classes ouvrières*, Paris, Alcan, 1933.

HARLOE Michael, *The People's Home? Social Rented Housing in Europe & America*, Oxford, Blackwell Publishers, 1995.

HEATH Christian et HINDMARSH Jon, « Les objets et leur environnement local. La production interactionnelle des réalités matérielles », *in* CONEIN Bernard et THÉVENOT Laurent (dir.), *Cognition et information en société*, Paris, Éditions de l'EHESS, coll. « Raisons pratiques », 1997, p. 149-176.

HEURTIN Jean-Philippe, *L'espace public parlementaire. Essai sur les raisons du législateur*, Paris, PUF, coll. « Droit éthique société », 1999.

HIBOU Béatrice, *La bureaucratisation du monde à l'ère néolibérale*, Paris, La Découverte, 2012.

HILGARTNER Stephen et BOSK Charles L., « The Rise and Fall of Social Problems: A Public Arenas Model », *American Journal of Sociology*, vol. 94, n° 1, 1988, p. 53-78.

HOUARD Noémie, « Le logement social aux Pays-Bas », *Revue de l'OFCE*, vol. 2, n° 128, 2013, p. 49-72.

HUGUES Everett Cherrington, *Le regard sociologique. Essais choisis*, Paris, Éditions de l'EHESS, 1997.

ION Jacques (dir.), *Le travail social en débat[s]*, Paris, La Découverte, coll. « Alternatives sociales », 2005.

JANY-CATRICE Florence, « La construction sociale du secteur des services à la personne : une banalisation programmée ? », *Sociologie du travail*, vol. 52, n° 4, 2010, p. 521-537.

JEANNOT Gilles et JOSEPH Isaac, *Les métiers du public, les compétences de l'agent et l'espace de l'usager*, Paris, Éditions du CNRS, 1995.

JOBERT Bruno, « Rhétorique politique, controverses scientifiques et construction des normes institutionnelles : esquisse d'un parcours de recherche », *in* FAURE Alain, POLLET Gilles et WARIN Philippe (dir.), *La construction du sens dans les politiques publiques. Débats autour de la notion de référentiel*, Paris, L'Harmattan, coll. « Logiques politiques », 1995, p. 13-24.

JOBERT Bruno, « Une approche dialectique des politiques publiques : l'héritage de *L'État en action* », *Pôle Sud*, vol. 21, n° 21, 2004, p. 43-54.

JOBERT Bruno et THÉRET Bruno, « France : la consécration républicaine du néo-libéralisme », *in* JOBERT B, *Le tournant néo-libéral en Europe*, Paris, L'Harmattan, coll. « Logiques politiques », 1994, p. 21-85.

JOSEPH Isaac, « Le temps partagé : le travail du machiniste-receveur », *Sociologie du travail*, n° 1, 1992, p. 3-22.

JOSEPH Isaac, « Attention distribuée, attention focalisée : les protocoles de la coopération au PCC de la ligne A du RER », *Sociologie du travail*, vol. 36, n° 4, 1994, p. 563-585.

LABORIER Pascale et TROM Danny, *Historicités de l'action publique*, Paris, PUF, 2003.

LAFAYE Claudette, « Réorganisation industrielle d'une municipalité de gauche », *in* BOLTANSKI Luc et THÉVENOT Laurent (dir.), *Justesse et justice dans le travail*, Paris, PUF, 1989, p. 43-66.

LARES et GIS HABITAT, *Gestion de l'habitat : habitat social et copropriété*, actes du séminaire « Gestion sociale » du GIS socio-économie de l'habitat, 25-26 novembre 1999, Rennes.

LASCOUMES Pierre, « Des acteurs aux prises avec le "Grenelle Environnement". Ni innovation politique, ni simulation démocratique, une approche pragmatique des travaux du Groupe V », *Participations*, vol. 1, n° 1, 2011, p. 277-310.

LASCOUMES Pierre et LE GALÈS Patrick (dir.), *Gouverner par les instruments*, Paris, Presses de Sciences Po, 2004.

LAZARUS Jeanne, *L'épreuve de l'argent. Banques, banquiers, clients*, Paris, Calmann-Lévy, 2012.

LE GALÈS Patrick et SCOTT Alan, « Une révolution bureaucratique britannique ? Autonomie sans contrôle ou *"freer markets, more rules"* », *Revue française de sociologie*, vol. 49, n° 2, 2008, p. 301-330.

LEFEBVRE Henri, *Le droit à la ville*, Paris, Anthropos, coll. « Société et urbanisme », 1968.

LELIÈVRE Éva, « Cycle de vie », *in* SEGAUD Marion, BRUN Jacques et DRIANT Jean-Claude (dir.), *Dictionnaire critique de l'habitat et du logement*, Paris, Armand Colin, 2002, p. 99-100.

LÉVY-VROELANT C. et TUTIN C. (dir.), *Le logement social en Europe au début du XXIe siècle. La révision générale*, Rennes, PUR, 2010.

MAGRI Susanna, « Des "ouvriers" aux "citoyens modestes. Naissance d'une catégorie : les bénéficiaires des habitations à bon marché au tournant du XXe siècle », *Genèses*, n° 5, 1991, p. 35-53.

MAGRI Susanna, *Les laboratoires de la réforme de l'habitation populaire en France*, Paris, ministère de l'Équipement, du Logement, des Transports et du Tourisme, coll. « Recherche », 1995.

MAGRI Susanna, « Les propriétaires, les locataires, la loi. Jalons pour une analyse sociologique des rapports de location, Paris 1850-1920 », *Revue française de sociologie*, vol. 37, n° 3, 1996, p. 397-418.

MARCHAL Hervé, « Gardiens HLM d'aujourd'hui, concierges d'hier », *Ethnologie française*, vol. 35, n° 3, 2005, p. 513-519.

MARCHAL Hervé, « Les "jeunes des cités" vus par les gardiens-concierges », *Déviance et société*, vol. 30, n° 1, 2006, p. 121-130.

MARCHAL Hervé, « Sous le "client", la qualité ? Les gardiens d'immeuble de l'habitat social », *La Revue du Mauss*, n° 27, 2007, p. 351-376.

MARPSAT Maryse et FIRDION Jean-Marie (dir.), *La rue et le foyer. Une recherche sur les sans-domicile et les mal-logés dans les années 1990*, Paris, PUF/Ined, coll. « Travaux et documents », 2000, p. 1-27.

MAUREL Élisabeth, « Les publics du logement très social », *Informations sociales*, n° 77, 1999, p. 56-67.

MAUREL Élisabeth et ALFANDARI Élie (dir.), *Hébergement et réadaptation sociale*, Paris, Dalloz, 1996.

MAURIN Éric, *Le ghetto français. Enquête sur le séparatisme social*, Paris, Éditions du Seuil, coll. « La République des idées », 2004.

MAURY Yan, *Les HLM. L'État providence vu d'en bas*, Paris, L'Harmattan, coll. « Logiques politiques », 2001.

MAZEAUD Alice, « "Le débat national sur l'avenir de l'École" ou des partenaires sociaux à l'épreuve de la démocratie participative », *Politix*, vol. 3, n° 75, 2006, p. 143-162.

MEUNIER Jules-Mathieu, « "Quand on veut tuer son chien, on dit qu'il a la rage". Le rôle de l'expertise dans la réforme de la gouvernance du 1 % logement », communication aux Douzièmes journées internationales de sociologie du travail, Nancy, les 25 et 26 juin 2009.

MICHEL Hélène, La cause des propriétaires. État et propriété en France, fin XIXe-XXe siècle, Paris, Belin, coll. « Socio-histoires », 2006.

MOLINIER Pascale, *le travail du* care, Paris, La Dispute, coll. « Le genre du monde », 2013.

MOLINIER Pascale, LAUGIER Sandra et PAPERMAN Patricia (dir.), *Qu'est-ce que le* care *? Souci des autres, sensibilité, responsabilité*, Paris, Payot/Rivages, 2009.

MORET Frédéric, « Logement et habitat de la monarchie de Juillet à la fin du Second Empire », *in* SEGAUD Marion, BONVALET Catherine et BRUN Jacques (dir.), *L'état des savoirs. Habitat et logement*, Paris, La Découverte, 1998, p. 19-26.

MOUFFE Chantal, « Deliberative Democracy or Agonistic Pluralism? », *Social Research*, vol. 66, n° 3, 1999, p. 745-758.

MURARD Lion et ZYLBERMAN Patrick, *Le petit travailleur infatigable. Villes-usines, habitat et intimités au XIXe siècle*, Paris, Éditions Recherches, 1976.

MUSSELIN Christine, « Sociologie de l'action organisée et analyse des politiques publiques : deux approches pour un même objet ? », *Revue française de science politique*, vol. 55, n° 1, 2005, p. 51-71.

NEVEU Erik, *Sociologie des mouvements sociaux*, Paris, La Découverte, coll. « Repères », 2002 [1996].

NORMAND Romuald, « La délégation aux objets dans le mobilier scolaire », *in* DEROUET Jean-Louis (dir.), *L'école dans plusieurs mondes*, Bruxelles, De Boeck, 2000, p. 103-124.

OGIEN Albert, « L'ordre de la désignation. Les habitués dans les services hospitaliers », *Revue française de sociologie*, vol. 27, n° 1, 1986, p. 29-46.

PADIOLEAU Jean-Gustave, *L'État au concret*, Paris, PUF, 1982.

PALIER Bruno, « La politique des retraites en France » *in* LASCOUMES Pierre et LE GALÈS Patrick (dir.), *Gouverner par les instruments*, Paris, Presses de Sciences Po, 2004, p. 273-300.

PAPERMAN Patricia, « D'une voix discordante : désentimentaliser le *care*, démoraliser l'éthique », *in* MOLINIER Pascale, LAUGIER Sandra et PAPERMAN Patricia (dir.), *Qu'est-ce que le* care ? *Souci des autres, sensibilité, responsabilité*, Paris, Payot/Rivages, 2009, p. 84-110.

PATTARONI Luca, « Le geste moral : perspective sociologique sur les modalités du vivre ensemble », *Carnet de bord*, 2001/2, p. 67-77.

PATTARONI Luca, « Le *care* est-il institutionnalisable ? Quand la politique du *care* émousse son éthique », *in* PAPERMAN Patricia et LAUGIER Sandra (dir.), *Le souci des autres : éthique et politique du care*, Paris, Éditions de l'EHESS, coll. « Raisons pratiques », 2006, p. 177-203.

PAYCHA Sian, « De l'hôtel meublé à la résidence sociale : le cas de Montreuil », *in* LÉVY-VROELANT Claire (dir.), *Logements de passage. Formes, normes, expériences*, Paris, L'Harmattan, coll. « Habitat et sociétés », 2000, p. 221-239.

PAYET Jean-Paul et BATTEGAY Alain (dir.), *La reconnaissance à l'épreuve. Explorations socio-anthropologiques*, Villeneuve d'Ascq, Presses universitaires du Septentrion, 2008.

PELÈGE Patrick, *Hébergement et réinsertion sociale : les CHRS. Dispositif, usagers, intervenants*, Paris, Dunod, 2004.

PÉRILLEUX Thomas et CULTIAUX John, *Destins politiques de la souffrance*, Toulouse, ERES, 2009.

PINÇON Michel, *Besoins et habitus. Critique de la notion de besoin et théorie de la pratique*, Paris, CSU, 1978.

POLLAK Michael, « La planification des sciences sociales », *Actes de la recherche en sciences sociales*, n° 2-3, 1976, p. 105-121.

POLLARD Julie, « Soutenir le marché : les nouveaux instruments de la politique du logement », *Sociologie du travail*, vol. 52, n° 3, 2010, p. 323-339.

QUERRIEN Anne, « Le CERFI, l'expérimentation sociale et l'État : témoignage d'une petite main », *in* BEZÈS Philippe, CHAUVIÈRE Michel, CHEVALLIER Jacques, MONTRICHER Nicole de et OCQUETEAU Frédéric (dir.), *L'État à l'épreuve des sciences sociales. La fonction recherche dans les administrations sous la Ve République*, Paris, La Découverte, coll. « Recherches », 2005, p. 72-87.

QUILICHINI Paule, « *La convention d'utilité sociale. Quelle est la nature de cette convention ?* », colloque régional « Conventions d'utilité sociale et politiques locales de l'habitat » organisé par l'université d'Orléans, Orléans, 18 juin 2010.

RAZ Joseph, *The Morality of Freedom*, Oxford, Clarendon Press, 1986.

DOLING John et RONALD Richard, « Home ownership and asset-based welfare », *The Journal of Housing and the Built Environment*, n° 25, 2010, p. 65-173.

SAUVÊTRE Pierre, « Michel Foucault : problématisation et transformation des institutions », *Tracés*, n° 17, 2009, p. 165-177.

SAUVY Alfred, « Logement et population », *Population*, n° 3, 1946, p. 441-452.

SAVOYE Antoine, « Présentation Le Play et la méthode sociale », *in* LE PLAY Frédéric, *La méthode sociale. Abrégé des Ouvriers européens*, Paris, Éditions Méridiens Klincksieck, 1989, p. 7-61.

SAVOYE Antoine, « Les enquêtes sur les budgets familiaux : la famille au microscope », *in* COHEN Yves et BAUDOUI Rémi (dir.), *Les chantiers de la paix sociale (1900-1940)*, Fontenay Saint-Cloud, ENS Éditions, 1995, p. 33-54.

SEN Amartya, *L'économie est une science morale*, Paris, La Découverte, 2003.

SIBLOT Yasmine, *Faire valoir ses droits au quotidien. Les services publics dans les quartiers populaires*, Paris, Presses de Sciences Po, coll. « Sociétés en mouvement », 2006.

SIRINELLI Jean-François, « Chapitre XIX : Le patrimoine », *in* SIRINELLI Jean-François (dir.), *Histoire des droites en France*, t. III : *Les sensibilités*, Paris, Gallimard, coll. « NRF essais », p. 731-755.

STRAUSS Anselm, « Le travail d'articulation », *in* STRAUSS Anselm, *La trame de la négociation. Sociologie qualitative et interactionnisme*, Paris, L'Harmattan, 1992, p. 191-236.

TAFFIN Claude et AMZALLAG Michel, *Le logement social*, Paris, LGDJ, 2010.

THÉVENOT Laurent, « La politique des statistiques : les enquêtes de mobilité sociale », *Annales. Économies, sociétés, civilisations*, 1990/6, p. 1275-1300.

THÉVENOT Laurent, « Le régime de familiarité ; des choses en personnes », *Genèses*, n° 17, 1994, p. 72-101.

THÉVENOT Laurent, « L'action en plan », *Sociologie du travail*, vol. 37, n° 3, 1995, p. 411-434.

THÉVENOT Laurent, « Émotions et évaluations dans les coordinations publiques », *in* PAPERMAN Patricia et OGIEN Ruwen (dir.), *La couleur des pensées. Émotions, sentiments, intentions*, Paris, Éditions de l'EHESS, coll. « Raisons pratiques », 1995, p. 145-174.

THÉVENOT Laurent, « Un gouvernement par les normes. Pratiques et politiques des formats d'information », *in* CONEIN Bernard et THÉVENOT Laurent (dir.), *Cognition et information en société*, Paris, Éditions de l'EHESS, coll. « Raisons pratiques », 1997, p. 205-241.

THÉVENOT Laurent, « Les justifications du service public peuvent-elles contenir le marché ? », *in* LYON-CAEN Antoine et CHAMPEIL-DESPLAT Véronique (dir.), *Services publics et droits fondamentaux dans la construction européenne*, Paris, Dalloz, 2001, p. 127-143.

THÉVENOT Laurent, « Les enjeux d'une pluralité de formats d'information », *in* DELAMOTTE Éric (dir.), *Du partage au marché. Regards croisés sur la circulation des savoirs*, Villeneuve d'Ascq, Presses universitaires du Septentrion, 2004, p. 333-347.

THÉVENOT Laurent, *L'action au pluriel : sociologie des régimes d'engagement*, Paris, La Découverte, 2006.

THÉVENOT Laurent, « Conventions for measuring and questioning policies. The case of 50 years of policies evaluations through a statistical survey », *Historical Social Research*, vol. 36, n° 4, 2011, p. 192-217.

THÉVENOT Laurent, « Des institutions en personne. Une sociologie pragmatique en dialogue avec Paul Ricœur », *Études ricœuriennes/Ricœur Studies*, vol. 3, n° 1, 2012, p. 11-33.

THÉVENOT L., « Autorités à l'épreuve de la critique. Jusqu'aux oppressions du "gouvernement par l'objectif" », *in* FRÈRE B. (dir.), *Le tournant de la théorie critique*, Paris, Desclée de Brouwer, 2015, p. 216-235.

THÉVENOT Laurent et MONSO Olivier, « Les questionnements sur la société française pendant quarante ans d'enquêtes Formation et qualification professionnelle », *Économie et statistique*, n° 431-432, 2010, p. 13-36.

THOMAS Hélène, *La production des exclus. Politiques sociales et processus de désocialisation socio-politique*, Paris, PUF, coll. « Sociologie d'aujourd'hui », 1997.

TILLY Charles, « Les origines du répertoire de l'action collective contemporaine en France et en Grande-Bretagne », *Vingtième Siècle*, n° 4, 1984, p. 89-108

TISSOT Sylvie, *L'État et les quartiers. Genèse d'une catégorie de l'action publique*, Paris, Éditions du Seuil, coll. « Liber », 2007.

TOPALOV Christian, « Le centre de sociologie urbaine », *Politix*, n° 20, 1992, p. 195-201.

TOPALOV Christian, « Nouvelles spécialités », *in* TOPALOV Christian (dir.), *Laboratoires du nouveau siècle. La nébuleuse réformatrice et ses réseaux en France, 1880-1914*, Paris, Éditions de l'EHESS, 1999, p. 419-459.

TRONTO Joan, *Un monde vulnérable. Pour une politique du* care, Paris, La Découverte, coll. « Textes à l'appui/philosophie pratique », 2009.

VERDÈS-LEROUX Jeannine, *Le travail social*, Paris, Les Éditions de Minuit, coll. « Le sens commun », 1978.

WARIN Philippe, *Les usagers dans l'évaluation des politiques publiques. Étude des relations de service*, Paris, L'Harmattan, coll. « Logiques politiques », 1993.

WARIN Philippe, « Les politiques publiques, multiplicité d'arbitrages et construction de l'ordre social », *in*

FAURE Alain, POLLET Gilles et WARIN Philippe (dir.), *La construction du sens dans les politiques publiques. Débats autour de la notion de référentiel*, Paris, L'Harmattan, coll. « Logiques politiques », 1995, p. 85-101.

WELLER Jean-Marc, « Le travail bureaucratique. Déplacements/résistances », *Travail*, n° 36-37, 1996, p. 57-67.

WELLER Jean-Marc, « Le guichet interactif. Ce que font les bureaucrates lorsqu'ils répondent au téléphone », *Réseaux*, n° 82-83, 1997, p. 129-148

ZITTOUN Philippe, *La politique du logement. 1981-1995. Transformations d'une politique publique controversée*, Paris, L'Harmattan, coll. « Logiques politiques », 2001.

TABLE DES MATIÈRES

sepec
numérique
Impression & brochage - France
Numéro d'impression : N05045160106 - Achevé d'imprimer : Janvier 2016
IMPRIM'VERT®